La Donna

Niccolò Tommaseo

Nabu Public Domain Reprints:

You are holding a reproduction of an original work published before 1923 that is in the public domain in the United States of America, and possibly other countries. You may freely copy and distribute this work as no entity (individual or corporate) has a copyright on the body of the work. This book may contain prior copyright references, and library stamps (as most of these works were scanned from library copies). These have been scanned and retained as part of the historical artifact.

This book may have occasional imperfections such as missing or blurred pages, poor pictures, errant marks, etc. that were either part of the original artifact, or were introduced by the scanning process. We believe this work is culturally important, and despite the imperfections, have elected to bring it back into print as part of our continuing commitment to the preservation of printed works worldwide. We appreciate your understanding of the imperfections in the preservation process, and hope you enjoy this valuable book.

LA DONNA

SCRITTI VARII

DI

NICCOLÒ TOMMASÉO

CON ASSAI GIUNTE INEDITE

SECONDA EDIZIONE

MILANO
TIPOGRAFIA E LIBRERIA EDITRICE GIACOMO AGNELLI
via Santa Margherita, num. 2
1872

PROPRIETÀ LETTERARIA

PREFAZIONE

Farei, piuttosto che una prefazione al libro mio, un libro sulle prefazioni: e potrebbe farlo dotto e piacevole chi sapesse. Ma le benevole leggitrici, meglio ch'io non sappia, ci faranno la prefazione da sè: perchè le donne indovinano quando vogliono; e se non vogliono, i preamboli fanno peggio che mai. Leggano, prego, col cuore; e col cuore scrivano, quello che possono, libri di suo, correggendo e confortando gli uomini, ma non ripetendo le loro parole: perchè la donna, quando parla di cose che ha provate e che sente, ha parole maggiormente efficaci. Le qui stampate non erano parole scritte per farne libro; dettate dal dovere e dal cuore, non le foggiò l'ambizione o il capriccio: e la varietà delle occasioni fa meglio risaltare l'unità dell'intento. Libro composto per provare un assunto, può parere sospetto; e qualche volta, nella materiale unità dell'assunto, manca l'unità del fine, l'ispirazione dell'unico sentimento. Questo io posso ben dire, che pochi e scrittori e uomini hanno verso la donna, verso i suoi pregi e i suoi difetti, i suoi dolori e i suoi benefizii, sentito stima più schietta, più riverente pietà, gratitudine più profonda.

N. Tommaséo.

Parte I. - LA FAMIGLIA

Più la società è perfetta, cioè concorde e contenta, e più si fa simile a buona famiglia. Chi cerca le origini della società civile in uno stato selvaggio ove i vincoli della società domestica sognansi o ignoti o rotti, crea penosamente un tristo e brutto romanzo, smentito dalle tradizioni de' popoli, dal buon senso e dalla coscienza umana, dal cuore de' figliuoli e da quel delle madri. I nostri studii abbiano principio e ispirazione dal santo nome di madre.

Alla donna è concesso il sacro privilegio e doloroso del far nascere l'uomo al mondo: e da' dolori di lei cresce il suo amore, e cresce il diritto all'amore nostro. Più dolce lode non si può fare ad uomo nè più affettuosa che esclamando: Beato il seno che ti portò! I dolori e i tedii del parto son nulla alle cure dell'allattamento, ch'è quasi una continuazione di malattie; nulla alle ambasce del cuore materno, che quanto più ama, più teme. Così la madre si viene educando a una scuola diurna e notturna di misericordia; e questa ricca vena, siccome il latte, ella trasfonde ne' figli ed in tutti. L'affetto materno è tra le più indubitabili delle umane cose, e porta in sè il testimonio di sè. Nè più certo segno d'affetto può l'amico lasciare all'amico, che facendolo figliuolo della madre sua propria; nè donna può usare verso il figliuolo d'altr'uomo titolo più intimo, nè uomo può a donna attestare con altro nome più pieno la sua riverenza. L'amore del figliuolo sin nell'età più tenera è congiunto a rispetto; e questo gemino sentimento è che aiuta a svolgere non pur l'affetto ma eziandio la ragione. Ed è tanto potente l'autorità della madre, perchè affettuosa; i suoi rimproveri più penetranti, perchè li fa quasi più risaltare la consueta sua natural tenerezza: penetranti appunto, perchè più soavi.

Alla madre è massimamente affidata l'educazione prima: ed ella ama più teneramente, perchè più sensitiva e più delicata, perchè il figliuolo è il frutto delle intime viscere sue; perch'ella patisce più, e il dolore insegna l'amore; perchè più convive i primi anni col bambino, e l'abito rafforza l'affetto; perchè vede svolgersi la sua intelligenza e il suo cuore, e infonde in lui l'intelligenza e il cuore proprio; perchè, chiusa tra le pareti domestiche, esercita quasi unicamente sul figliuolo la propria attività e potestà; perchè nel figliuolo ama il padre e si sente più amata da esso; perchè dal figliuolo spera negli anni avvenire conforti ed aiuti; perchè più esercita verso lui le virtù dell'anima propria, e più suolsi amare a chi più bene si fa.

Il dolore materno è di tutti il più acuto, perchè al sentimento continuo congiunge la riflessione continua; e sarebbe dolore umanamente inconsolabile se la virtù dell'alto non lo temperasse. Da esso la donna apprende la compassione a' dolori delle altre madri e de' figli non suoi; e quell'amore che parrebbe doverla rinchiudere in sè stessa, l'apre ad ogni pietà. Non è maraviglia ch'esso la faccia tanto animosa al pericolo da soggiogare con l'aspetto sin la crudeltà delle fiere; non è maraviglia ch'essa dimentichi per la vita de' figli la propria vita; quando il sentimento materno trae da sè la forza per vincere sè stesso, e in memoria del figliuolo beneficare chi nocque al proprio figliuolo.

Non si può pienamente discorrere di quanto il padre e la madre deve al figliuolo, e questi a quelli, senza congiungere entrambi in uno; perchè, la loro unione costituendo la famiglia, le loro persone costituiscono una morale e civile unità. E di qui provasi necessaria l'indissolubilità del vincolo coniugale; perchè se ammettiamo, con quante mai precauzioni si voglia, che il padre e la madre si possano dividere, primieramente quest'idea turba la sicurezza del reciproco amore, cioè ferisce nel più vivo l'amore, che di fiducia vive; e poi, potrebbe accadere che il matrimonio si sciogliesse quando altra prole è non ancor nata, altra tenera e abbisognante del soccorso d'ambedue i genitori, e quando all'uno de' genitori per infermità o per età o per altro abbisognasse il soccorso e del compagno e de'figli. I quali al padre e alla madre, divisi, non potrebbero, volend'anche, prestarsi così come farebbero uniti a loro; e l'affetto dalla rotta convivenza sarebbe, se non ispento, intiepidito.

Ancora più forte necessità è quella che dimostra il debito de' genitori verso la prole, e della prole verso di loro. Senza tale vincolo della natura e del cuore, l'uomo bambino o perirebbe deserto, o crescerebbe tristo e del corpo e dell'anima. E quando i più urgenti bisogni del corpo cominciano a scemare, quelli dell'anima crescono, e l'educazione richiede più cure dell'allevamento; e l'educazione non ha termine fisso in cui possa dirsi compiuta: anzi i meglio educati sentono più potente il bisogno di convivere cogli educatori più a lungo; e la forza dell'abitudine fa sentire più tale necessità. Ma quando a figliuoli cessa l'uopo delle cure assidue de' parenti, incomincia, e talvolta anche prima, a' parenti l'opportunità delle cure di quelli; e dal mutuo sovvenimento il vincolo domestico, e quindi il civile, prende maggiore tenacità e santità. Or le cure tra genitori e figliuoli, acciocchè producano questi buoni effetti, debbono essere non a fine di reciproca utilità, ma sincere e cordiali: sì perchè in tanto valgono e durano in quanto sono cordiali; sì perchè, se il padre o la madre o il figliuolo si pensasse di poter mancare a' proprii uffizi quando dall'adempirli non gli venisse, o non gliene paresse venire, vantaggio, la società domestica, sì naturale e sì intima, sarebbe un giuoco di materiali e sovente immaginarii interessi, una perpetua menzogna e maledizione. Ed ecco come il dovere sia radice dell'utile, non questo di quello; e come la indeclinabile necessità del dovere si fondi in libera moralità.

I genitori amano più i figliuoli che questi i genitori, perchè li sentono essere parte della vita propria, più che dei genitori non possano sentirlo i figliuoli; sentono d'avere, nel metterli al mondo, partecipato a qualche modo della potenza del Creatore cooperando a' suoi fini; perchè cominciano a conoscerli prima che i figliuoli possano conoscere loro, e l'abito fa più valido il sentimento, e la maggior conoscenza aggiunge all'amore; perchè studiano e ammirano nel bambino lo svolgersi della intelligenza sincera e del cuore innocente; perchè aiutano a questo svolgimento, e si fanno ancor più veramente creatori; perchè, nell'educare altri, possono venire educando sè stessi; perchè patiscono intanto, e più l'oggetto costa, e più caro è (laddove il figliuolo non ha per molti anni da essi che alleggerimento di pene, e tutta sorta piaceri); perchè ritornano con la memoria a' begli anni della loro innocenza, e sentono rinnovellarsi la vita; perchè si ricordano di quel che debbono alle cure de' genitori proprii, e però più si tengono in debito d'esercitarne di somiglianti; finalmente perchè la natura, facendo che i genitori possano vivere senza i figliuoli, non questi allevarsi senza quelli, volle provvidamente che dov'era minore la necessità, ivi fosse più vivo, appunto perchè più generoso, l'amore.

E ancorchè alle cure materne sia eccitamento anche un istinto della natura corporea, e quantunque l'amor proprio possa anco nell'affetto paterno e materno insinuarsi, certo è nondimeno che quello de' genitori è affetto più disinteressato, e più tiene della provvidenza di Dio, il quale ama gli uomini per la loro utilità. Quindi è che giunto il figliuolo all'età di conoscere queste cose, deve, quanto mai può, ricompensare con disinteressata affezione chi gli diede e gli svolse la vita; deve, a cose uguali, prima prendere cura de' proprii genitori, e aver loro ogni riguardo, che de' proprii figliuoli quand'egli ne avrà.

Dovere de' genitori, è rispettare primieramente nel figliuolo l'umana dignità, la quale essi non gli diedero, ma debbono cooperare a mantenerla e educarla. Onde l'amore o troppo imperioso o troppo debole, non è amore vero, perchè nel figliuolo non riconosce l'uomo, e invece di allevare e educare, abbatte e conculca. I Romani chiamavano liberi i figli di genitori godenti de' diritti civili; or nel cristianesimo essendo uguali gli uomini tutti, e però uguali tutti i matrimonii, tutt'i figliuoli, anco del servo, debbonsi considerare, come liberi, almeno da chi li ha generati.

De' doveri che nascono dalle relazioni tra la famiglia ond'è uscita la madre e quella a cui il padre appartiene, non è qui luogo di dire specificatamente; ma tutti già si comprendono ne' doveri che corrono tra' congiunti. La legge civile dava, e in più luoghi dà tuttavia, privilegi iniqui al maschio sopra la femmina, al primogenito sopra gli altri figliuoli. E la predilezione del primogenito ha ragione o pretesto nell'essere lui il primo frutto concesso da Dio, e preposto quasi da lui medesimo agli altri, il primo pegno d'amore recente, e più ardente; nell'esercitare egli il primo le virtù che richieggonsi all'educare, nel più lungo abito che contraesi d'amarlo, nell'autorità che deve egli per la sua precedenza naturale tenere sopra i fratelli minori, nel dover lui essere per ordine naturale il continuatore della famiglia, il padre di famiglia novella.

Senza parlare di privilegi, la legge civile, siccome più imperfetta, è costretta di porre differenze tra cognati ed affini; ma la legge naturale ne ammette assai meno, e molto meno la legge morale: e l'esperienza ci mostra sovente più amati ed amanti i congiunti della moglie e della madre, che i più prossimi di sangue; i quali hanno il vantaggio di conoscenza anteriore più intima, ma gli altri, dico gli affini, possono superarli nella libertà della elezione, la quale aggiunge merito ad ogni affezione retta.

Nelle relazioni tra genero e suocero, tra suocera e nuora, tra zii e cugini delle due linee, tra cognati, questa norma può porsi sicura; che i congiunti e gli affini in grado ascendente siano riguardati siccome genitori; in discendente siccome figliuoli, in laterale siccome fratelli. Dico che questa norma è sicura perchè nell'amore abbonda; e l'abbondanza nel bene non è mai difetto se osservinsi le debite proporzioni. E invero, nelle famiglie e nazioni buone, la nuora è figliuola, lo zio come padre, il cugino come fratello; e però dicesi fratel-cugino. In società che si dissolve, siffatti vincoli si allentano, e divengono cosa strana; così come la venerabilità dell'avo e dell'avola acquista un non so che di ridicolo. La società vera domestica, ch'è la radice della società vera civile, unisce strettamente a un sol ceppo tutti gli sparti rami della generazione; e non solo i maggiori viventi, ma i morti da secoli, e i nepoti nascituri son tutti una casa ed un'anima; e di tutti è Dio il Dio vivente.

Quindi è che i doveri verso i congiunti, anco più remoti, si raccolgono nella bella parola *pietà*. La quale suona riverenza, fiducia, consentimento, cooperazione. Laddove non è riverenza anco tra i pari e intimi, non è vera moralità: perchè l'affetto è di natura sua verecondo; e chi non rispetta, non ama. Onde le familiarità manesche e materiali tra congiunti ed amici logorano, anzichè mantenere, i legami del vero affetto. Dalla massima familiarità deve venire il gran bene della fiducia piena, e quindi quel della fede ferma; della fede, il cui abito preso nella consuetudine domestica, si mantiene poi e si rassoda nella convivenza della famiglia sociale. Lo zelo dell'onore dei congiunti insegna a dare l'esempio di riverirli in ogni atto e parola, e dell'onorare noi stessi, acciocchè ad essi non venga da noi disonore. Lo zelo del bene loro ci insegna a diffondere in essi quanto mai bene si può coll'esempio, perchè l'esempio dei più prossimi è una scuola continua; più efficace in quant'è più soave, e opera sopra le anime, anco che inavvertito, come sui corpi fa la luce e l'elettrico ed il magnetico ed il calore. Principalmente gli esempi del bene si diffondono, e unificano le anime de' congiunti; e l'esempio anco d'un più giovane, d'un meno autorevole, fu veduto volgere in meglio l'intera famiglia.

PER NOZZE

ALLA MADRE.

Queste che sono forse delle ultime parole ch'io potrò scrivere di mia mano, m'è grato indirizzarle a voi che m'amate, e ne' cui occhi mi parrà, anche dopo perduta, vedere la luce. Nel matrimonio dell'unica vostra non fo congratulazioni; chè rallegrarsi d'incerto avvenire in tempi incerti, mi parrebbe scherno; ma fo preghiere, che da anima degna sono il faustissimo degli augurii; e io vorrei poter farle quali ed ella e voi meritate. Lei bambina, pôrsi a voi lunghi consigli del come educarla; consigli vi pôrsi perch'ero giovane: adesso io li invoco da voi e da lei, e vorrei saperli intendere e farne profitto. Alla Eloisa, perchè sia buona madre, basterà custodire, come sua dote vera e propriamente sua, le memorie domestiche e gli esempi avuti di pazienza virtuosa e di gentile pietà, e serbarle pe' suoi figli, come madre povera serba il vestito festivo dell'unico suo figliuolo. Nata d'origine e greca e italiana, di sangue e cefaleno e ciprio, ella lascia in Italia le ceneri dell'ava sua, sepolte in cimitero latino; lascia il padre che i più saldi âmici ha tra gli uomini di rito latino: e queste memorie le ispireranno rispetto a tutti e due i riti. Allevata più tra gl'inconvenienti che tra i vantaggi del ricco e dell'umile stato; costretta da casi più deplorabili d'ogni calamità a nascondere quasi colpa le affezioni debite e il coraggioso amore del meglio; vissuta in solitudine mesta e in consorzii più malinconici ancora; testimone delle gioie incaute de' popoli e de' loro non ben patiti dolori, e di qualche atto magnanimo lucente come raggio tra nuvole a temperarne e a farne insieme visibile l'oscurità; la figlia vostra saprà compatire alle allegrezze de' fortunati, congioire alle intime consolazioni ineffabili degli afflitti; tacere il vero inutilmente spiacevole, professare il vero nobilmente pericoloso; vivere solitaria, e non si sentire mai sola tanto quanto nella frequenza del mondo adulatore, maledico e vano; facendosi della famiglia una patria, preparare a' suoi figli una patria; formarli a tutte le virtù cittadine, insegnando ad essi generosa carità e nel sentire e nell'operare.

Io prego lei che, nel dipartirsi dal vostro seno, vi ringrazii per me de' conforti onde voi sosteneste l'animo mio ne' due miei esilii, e in quel soggiorno di Venezia che fu a me degli esilii il più affannoso. E voi pregatela che, quando il corpo mio sarà polve, ella non dimentichi la mia sfortunata famiglia.

Al padre di giovane sposa che va lontana da lui.

(SCRITTO IN NOME D'UN AMICO DEL PADRE.)

Una pianticella educaste per anni con cura trepida e lieta; e l'affetto rendeva la tema più ansia, e la tema rendeva più acuta la gioia del vedere la pianticella, umile e riconoscente a voi, levare al cielo la tenera cima. E temevate non le nuocesse l'alito de' venti, non le nuocesse lo stesso vostr'alito, che infondeva in ogni fibra delle sue foglioline la vita. E adesso che, dopo assai primavere, ella è in fiore, adesso è tolta da voi. Speravate poterla affidare a chi sotto i vostri occhi ne prendesse custodia amorosa; e nell'ombra di lei sulla sera sedervi stanco. La trapiantano in ignoto terreno; e voi non sapete se a quello consentiranno le inesperte radici, se così amiche le aurore le arrideranno, così le notti benigne. Sapete bensì di commetterla a mani fidate; e delle frutte di lei, per lontana ch'ella sia, a voi verrà la dolcezza, e dei fiori che spunteranno quasi a gara col frutto, nel vostro spirito spirerà la fragranza. Come canto di mesto rusignuolo, il pensiero vostro errerà tra i giovani rami; e di tra que' rami a voi voleranno pensieri, come rondinelle che di lontano rivengono ai dolci nidi.

Dalle care memorie del passato aspirerà l'anima alle speranze degli anni avvenire; e tra le memorie e le speranze, messaggiera gentile, ricorrerà la preghiera. Le lagrime del memore affetto si solleveranno in preghiera, e tra le nuvole malinconiche l'iride della speranza dipingeranno.

Questa è valle d'esilio veramente; e lo sa il cuore dei poveri genitori, che penano tanto a allevare i figliuoli, per vederseli, quando più ne godrebbero o ne abbisognano, togliere dalle braccia; lo sa la donna, che non cresce e non si matura se non all'esilio dalla casa paterna, e che di nuovi esuli sarà madre, quanto più consolata dello stringerli al petto che li nutrì, tanto più dolente del perderli, orbata di loro tuttavia vivi. E ora in questo desiderato rivolgersi delle nostre vicende, moltiplica il grande esercito de' pellegrini, che di paese in paese girano senza meta, e camminano sotto il peso del dovere, gravoso a portarsi e pur soave, sì che il deporlo farebbe la via con più affanno noiosa. Esperto anch'io di siffatti esilii nel bel mezzo della patria, condolgo, o buon padre, al vostro dolore, perchè congioisco alla gioia. E conforto me stesso e voi, ripensando che nel dolore, come in saldo e fecondo terreno, pon radici l'amore; e che dal contemperarsi che fanno insieme i dolori e le gioie, l'armonia della vita terrena riesce più compita e più degna di consuonare alle celestiali armonie.

Per le nozze di Vincenzo Solitro con Maria Bosio.
A Vincenzo e Giulio gemelli.

Quando un vostro antenato, o gemelli, lasciava le amene spiagge napoletane per recare alle coste dalmatiche un'industria novella; non presentiva che quella rimarrebbe al paese infeconda, che non stillerebbero manna gli alberi della povera terra nostra; ma che due nepoti di lui al grand'albero della italiana civiltà chiederebbero refrigerio d'ombra amica, e, coltivandolo essi stessi ne'rampolli crescenti, ne'tesserebbero al vero corona. Quand'io vensette anni fa, rivenendo d'esilio, approdavo alla Corcira dalmatica che da'suoi boschi ebbe già nome di nera, e il buon vostro fratello Michele, a voi padre, medico di cuore caldo e d'ingegno sereno, accoglieva me, non mai visto, con quella gioia riverente che fa dell'ospizio una religione, e in poche ore mi legava a sè per la vita e oltre ai termini della troppo breve sua vita; io non presentivo che sarei dopo dieci anni approdato a un'altra Corcira, e, riperdendo la patria, ci avrei rinvenuta una famiglia, e, compenso alla spenta luce degli occhi, i conforti dell'anima; non presentivo che v'avrei riveduti in più parti d'Italia, e in luoghi diversi ricevute da voi liete e meste novelle, e che, ora all'un di voi due, fatto sposo, verrebbe in Trieste la mia parola d'augurio insieme con altre di più gradita armonia, che da più regioni d'Italia convengono, quasi canto d'uccelli di vario colore, di varii climi. Nè, quando, o sposa, voi nata nel piano ove scorre il fiume di Virgilio, veniste lungo il fiume di Dante, e Rosa Ferrucci vi amò, credevate che il nome vostro vivrebbe nelle pagine d'una madre sconsolata perchè la sua figliuola non è della terra, e che auspici avreste alle vostre nozze non le congratulazioni d'un'amica, ma le benedizioni d'un angelo. Tenete cara questa viola conserta alla vostra ghirlanda, viola cresciuta appiè d'un sepolcro, irrorata dalle lagrime d'una madre, nelle quali si specchia lo sguardo di una celeste, come raggio che all'alito della prim'alba si rifrange nei fiori. Se Dio a voi prepara le consolazioni e le angosce materne, serbate questo fiore di morte, che non morrà; serbatelo, che i vostri figliuoli dell'aura sua soave s'ispirino; e dite ad essi: « Sinchè l'età della fiducia v'arrida, educate l'affetto dell'amicizia; coltivatelo senza pretenderne frutti; temete d'inaridirne i teneri germi. Voi non sapete quale nè dove sia l'anima che più alla vostr'anima risponderà; che vi farà consolata del suo consorzio e delle sue memorie la vita. Il presente è mistero: e solo l'avvenire potrà rivelarlo. Risparmiate i tesori che serba a voi l'avvenire. Con fede non credula ma generosa, ingegnatevi di leggere nell'altrui cuore. Profondo più che l'Oceano il cuore dell'uomo; nè senza lungo tentare nè faticare lungo può collocarsi ne'suoi abissi, e mantenervisi fermo incontro al fluttuare incessante, quel filo che le distanze raggiunga, e trasmetta vivente da spirito a spirito in un attimo la parola. Non giudicate con severità, per non essere con severità giudicati. Più puro è chi vi sta dinnanzi e più grande; più difficile indovinarlo. Quel che a' voi pare un atomo errante nell'alto, è aquila forte che sorvola le regioni abitate da' fulmini; quell'acqua che si lascia per trastullo passare ne'guadi, crescerà tra poco fiumana fecondatrice a chi sa, a chi non sa, minacciosa. Dopo un lungo smarrirvi in sospetti calunniosi, riconoscerete l'errore con vergogna consolata, se pur buoni siete; e la parola e l'opera del calunniato, quanto più generosa, tanto sopravverrà rimprovero più tremendo; tremendo e soave come buona novella, se buoni siete. »

Da Trieste, ove dimorò la vostra sposa per anni, o Vincenzo, e dimora la vostra sorella, io più volte passai, costeggiando l'Istria a me cara, come primizia dell'Italia, per arrivare all'Italia; e innanzi che i vapori austriaci tra Grecia e Dalmazia e Istria e Italia si facessero mediatori di più prossima domestichezza, i venti avversi in Trieste mi respingevano, e il breve tragitto teneva della peregrinazione odissea. In cotesta città il vostro Giulio rimase non senza dar luce d'ingegno; e altri gli precedettero, altri gli seguirono, che nella storia e intellettuale e civile d'Italia lasciano diversa traccia di sè. Quale di morte spontanea perì, quale di subitanea, quale di languore lungo; quali iti altrove a languire; quali l'esilio rapì vorticosamente agitato, o quietamente operoso: altri sopraggiunse con giovani forze, altri rimase benemerito al modesto lavoro quotidiano. E Trieste giovò quasi a tutti: e al commercio degli spiriti recarono tutti, con più o men civile intenzione, il loro valore. Così da un volante che passa, cade il piccolo seme, e lo accoglie la terra in sè, avida e fida, e lo fa crescere in pianta grande; e altri volanti intesseranno tra le ombre tremole i gracili nidi, e di lì spanderanno nel puro sereno la gioia dell'ale e de'canti.

Nelle nozze di Alfonso Zecchini con Emilia Clinestz.
Al dott. Pierviviano padre di lui.

Ella che sin dall'età giovanile amò nella Grecia le glorie dell'ingegno conserte alle glorie del valore guerriero, e conobbe taluni fra gli uomini che mostrarono queste al nostro secolo rinnovate; e pellegrinò per i luoghi testimoni di antica storia e di moderna, storia e poesia viva essi stessi, e agli Italiani li ritrasse in iscritti di verso e di prosa; e, a imitazione di grandi italiani e greci scienziati, credette non semplice fregio della vita ma potente bisogno dell'anima confortare l'esercizio della medicina coll'assiduo culto delle arti che fanno del bello una dottrina insieme e una religione; Ella, signore, meritava che l'unico di Lei figlio offrisse alla patria le primizie della propria giovanezza; che facesse al padre, trepidante a un tempo e consenziente, provare le angoscie e le gioie d'un sacrifizio iniziato con doppio pericolo, e con inopinabile felicità consumato. Bisognava affrontare il risico del coraggiosamente fuggire per giungere al passo dell'ambito pericolo; e ai giovani che si sottraevano dal paese tuttavia austriaco, il campo di battaglia era rifugio di salute. Egli ne ritornava, senza poter, nel segnato intervallo del militare servizio, rincontrare i cercati nemici; il suo Alfonso, ne ritornava non per pascersi di boriosi vanti, ma dall'adempimento precoce d'un dovere prender vigore a meglio adempierli tutti. E però con la prontezza che aveva, deponendo il libro di mano, dato all'armi di piglio, alla polvere de'libri tornò, sperata indarno la polvere delle battaglie; sentendo che in tutti ormai gli ordini sociali, in qual meno, in qual più, devesi alternamente, se non a un tempo, esercitare la virtù del braccio e dell'animo e della mente.

Nelle nazioni più conscie della libertà, gli uomini che più fecero per la patria, e i più ragguardevolmente noti e gl'ignoti (nè questi furono i meno benefattori), passata la necessità dell'opera loro, ritornarono alle consuetudini della privata vita, come l'operaio ritorna dal riposo al lavoro e dal lavoro al riposo; la mano che soccorse alla patria non tesero per mendicare favori o per afferrare ricchezze, accattoni cospicui, briganti di palazzo e di piazza. Un esempio recente, narratomi giorni sono, porgeva di tale temperanza alla sua e nostra Grecia il figlio di quell'illustre Lazzaro Conduriotti, di lui che in Idra agl'isolani suoi nella chiesa adunati, esitanti se dovessero in guerra disperata mettere a repentaglio la vita de'cari loro e il destino delle proprie famiglie, parlò confortando, e promettendo sacrificare alla patria il suo avere e la vita, e coll'esempio trasse tutti; e i trenta legni mercantili che aveva fece armare alla meglio; e, invece de'perduti, altri di suo costruirne: sicchè nulla quasi vi restò della tanta ricchezza, ma il titolo gli rimane d'uno tra i liberatori della Grecia più benemeriti e sacri. Al figlio di lui, insieme con altri discendenti di que' che patirono per la patria splendidi danni, largironsi dianzi dignità nella marineria con stipendio: ma egli, nel confessare di non aver redata la perizia marineresca del padre, ne rifiutò dalla patria i compensi ringraziando, e così, meglio che se fosse un mediocre capitano di mare, dimostrandosi degno del nome paterno.

L'esempio, signore, di modesta operosità, che offre il figlio di Lei, sarà, più che lunghe parole, ammaestramento efficace a' figliuoli che, se a Dio piace, di lui nasceranno. D'esempi d'astinenza il mondo non ha mai abbondato per verità: ma adesso più che mai ci bisognano in tanta falange d'apostoli riposati, di martiri agiati, di gente, come la chiamano, in *aspettativa,* che intanto si gode i premii non delle fatiche ma delle brighe; in questa turbinosa vicenda di mezzi soldati che montano in cattedra, di cattedranti e dottori che si mascherano con le spalline di colonnelli e di generali. Ciascuno di cotesti uomini che si spostano per trovar posto più comodo, e spostano tutta la società, pare a me un quadrilatero a crescenza, che si allarga e viene su su minaccioso assai più dell'austriaco a' nostri danni.

Altro malanno del tempo odierno è la femmina, che, per voler fare da uomo, non sa più essere donna; zoologa dall'infanzia, dottora nella puerizia, e, prima che nubile, deputata. Io chiederei alla moglie e alla madre tanto di dottrina cristiana quanto serva ad accorgersi se il professore insegna al suo bambino spropositi; tanto di medicina che la faccia avveduta a non volerlo ammalare per la smania di farlo troppo star bene; tanto di diritto patrio da mostrare co' fatti ch'ella sa non essere schiava nè nutrice di schiavi, ma neanco tiranna nè fomentatrice di tirannidi bambine e adulte: le chiederei molta, tra le poche cose, ma molta cucina. Sento che la dal figlio di Lei scelta a sposa, promette d'essere nè più nè meno che donna; che, sapendo apprendere docile e ubbidire dignitosa (le quali due cose il popolo italiano nella parola *ascoltare* congiunge sapientemente), potrà e comandare con garbo e insegnare con frutto. Modesta la forza nell'uomo, forte la modestia nella donna; in entrambi pudore: ecco rigenerata la patria.

A Spiridione Artale, nelle sue nozze con Ernesta figlia di Francesco Salghetti pittore.

AL SIG. GIOVANNI SFORZA A LUCCA.

Il dì ventuno del corrente, s'accosterà al Sacramento ch'Ella il venzei, un mio figliastro che è a Zara. Le mando quel che a lui scrivo, e perchè non mi sento autorità di rivolgere consigli a Lei proprio, e, non conoscendo i particolari, non so le cose più a dire opportune; e perchè così mi par quasi di approssimare alla mia la sua famiglia novella. Entrambe Dio buono le benedica.

Caro Spiridione,

Le memorie e gli esempi della famiglia a cui Dio buono vi unisce, gli esempi di vostra madre, saranno a voi e alla vostra compagna consiglio autorevole e luce di tutta la vita. Aggiungo, ancorchè non necessaria, per dovere e per segno d'affetto, la mia parola.

L'ordine, senza servile minuziosità ma con salda costanza osservato e nelle grandi e nelle minime cose, avrete, io spero, provato già e proverete sempre meglio come valga a rendere tranquilla, serena, fruttuosa la vita. L'ozio già vi sarebbe insopportabile; ma conviene assuefarsi a saper profittare anco di que' ritagli di tempo che tra l'una e l'altra occupazione s'interpongono sterili e tediosi, e fiaccano le forze dell'anima: conviene serbare a quegli interstizii, per riempierli, certe faccenduole che richieggono meno cura, ma che risicano di portar via poi più tempo e più prezioso. Bisogna saper tenere in gran conto ogni minuzzolo di tempo; perch'esso è meglio che moneta, come gl'Inglesi dicono, è il valore che l'anima può acquistare a sè stessa; cioè a dire che il tempo è l'eternità. Non è perduto quel che si spende nel soddisfare ai doveri di famiglia e di patria; ma spesso nel mondo confondonsi coi sociali gli uffizii di mera civiltà, se civiltà può dirsi il ricambio di cerimonie o bugiarde o imbecilli. Dunque, il far visite semplicemente per renderle, e così provocarne delle altre; il sedere a crocchio delle ore, sprecandole o nel giuoco o in chiacchiere dove la maldicenza è alla scipitezza condimento unico e amaro; l'andare a far le viste di divertirsi perchè gli altri ci vanno; il far checchessia per semplice imitazione, quando si può non lo fare senza taccia d'affettata singolarità; è un farsi schiavi delle apparenze, un pagare a caro prezzo la noia, la calunnia, e forse i pericoli della colpa. Bisogna saper vivere in compagnia, ma più ancora sapere star soli: e quelle famiglie che sanno bastare a sè stesse, meglio di quelle che si dissipano nel mondo, trovano affetti e tempo e modi da dimostrarsi socialmente giovevoli, da provvedere al vantaggio degli altri e consolarne i dolori.

Facendo il possibile per risparmiarli ad altri, e per non li meritare voi stessi, non vi dimenticate la possibilità dei dolori; ricordatevene anco ne' momenti più lieti per ringraziarne Dio buono, e per temperarvi dalla sfrenata allegria, la quale è augurio sinistro. Anco ne' leciti diletti, usate temperanza provvida e virtuosa. Anco dalle spese che far potreste, e alle quali l'affetto altrui dolcemente quasi vi sforza, sappiate astenervi; risparmiate e per i bisogni avvenire vostri, e per le necessità continue de' tanti, nè estranei a voi, che patiscono. Nel vitto e nel vestire, nelle parole e ne' desiderii, vogliate non solamente non gareggiare con que' che sono o pretendono essere maggiori di voi, ma tenetevi, senza viltà nè ostentata modestia, anche un po' sotto la vostra condizione; e conserverete meglio la vostra dignità e la comune benevolenza.

Custodite i segreti domestici e di coloro che si fidano a voi. Per imparare la difficile virtù del silenzio, sappiate moderar la parola anco nell'intima vita della famiglia; la parola dell'affetto, nonchè dello sdegno. Chi sa tacere, sa anco parlare a tempo; risparmia a sè e ad altri umiliazioni e rammarichi; agli altri è rispettabile, e padrone di sè. Nel risentimento non rispondete; non risolvete nell'impeto: sempre che si può, giova prendere e dare tempo.

Con quelle persone a cui la natura e con quelle a cui l'affinità vi congiunge, osservate al possibile uguaglianza d'affetto, quanto la giustizia consente, sì che non possa in voi notarsi oltraggiosa parzialità. Verso quelle che sono sin qui note a voi, non ha luogo certamente il consiglio che sono per dire; ma, potendosene altre sopraggiungere ignote a me e a voi, dico facciate in maniera che questione d'interessi non possa mai sorgere, che le condizioni vostre e loro siano nettamente determinate, e, come insegna il proverbio, i conti chiari. Se chiari non fossero con estranei, sappiateli voi schiarire più che di fretta, condonando quanto si può, largheggiando. In cose tali è sovente guadagno la perdita: ci si gnadagna almeno, preziosissima delle ricchezze, la pace e il decoro.

E co' più stretti congiunti, e co' figliuoli, se Dio ve ne dà, osservate e fate osservare quella familiarità riverente che il pudore insegna alle anime gentili, e l'affetto insegna a quelle che amano più fortemente. L'esempio varrà più d'ogni precetto e in questa e in ogni altra cosa. Coll'esempio, meglio che co' sermoni e colle pratiche di pietà (da non si trasandare per altro, anzi da farne e incremento alle gioie domestiche e consolazione ai dolori), formerete le anime de' cari vostri a quella religione che conferma gli affetti moderandoli, le gioie purificando conserva, rattempera santificando i dolori, e sublimando a fine eterno i pensieri, nobilita tutta intera la vita. L'uomo non religioso di che bene può egli vantarsi, che il credente non abbia in grado e in copia maggiore? L'amore della scienza e del bello, la carità della patria, il vigore delle opere grandi; splendidi esempi ne diedero uomini devoti alla verità cristiana: ma beneficare lontani e ignoti e nemici; ma sacrificare al bene altrui le sostanze e la vita, e (che più costa talvolta) i comodi proprii e i piaceri, se l'uomo non religioso può farlo, per farlo non ha le alte ragioni e le forze che dalla sua fede attinge chi crede sinceramente, e le attinge ricorrendo a Dio fonte inesauribile di verità, di bellezza, d'amore. Egli vi benedica.

EDUCAZIONE DELLA DONNA NEL MATRIMONIO

« Vedi quella striscia di luce che la luna inclinata alla nostra diritta, dipinge nel mare a forma di piramide, la quale si stende dalla spiaggia alla barca: vedi come il raggio scherza con le acque commosse dal vento, e pare ch'esso medesimo le agiti con movimenti di vita. Mira dall'altra banda lo scintillare di quell'altissima stella solitaria, forse più grande del sole: e se guardi nelle acque, non trovi di tanto tesoro di splendori pure un raggio che arrivi a ingemmarle. L'affetto dell'uomo è simile a questo mare, o cugino mio. Donna vivacemente leggiera, che desti in esse un passeggero moto, lo fa brillar tutto, e in ogni pensiero lascia quasi errante un raggio della propria immagine, sì che la vita sembra un soave ondeggiamento d'amore. Ma l'anima della donna che di molto sovrasti ai desideri d'uomo depravato, sia pure splendida e ardente, non lascerà di sè in quell'instabil cuore nemmeno un'immagine. »

Così m'andava non declamando ma discorrendo con semplicità mia cugina, donna singolare, alla quale erano permessi i pensieri strani e le immagini mezzo poetiche, gettate a guisa di ferro rovente nel ghiaccio sociale: perch'ella sapeva farsele perdonare col dar a vedere chiaramente ch'erano in lei frutto spontaneo del proprio pensiero.

Era già quasi l'alba: e noi due seduti da prua, vedevamo fuggirci dinanzi le povere isolette e gli scogli del continente deserti, tra i quali biancheggiava qualche croce e qualche cappelluccia, per dirci che su quell'ingrato terreno vivevano nostri fratelli, anime più felici di noi.

M'accorsi che mia cugina era in vena di tenerezza: e per non inaridire con interrogazioni esploratrici quella ingenua facondia, mostrai di mutare discorso, e le parlai di mia figlia. La donna non manifesta mai così volentieri i segreti del cuore, come quando si mette a parlare d'altri: allora, giudicando e interpretando gli affetti altrui, ella palesa sè tanto più schiettamente, che non si avvede della estensione che pigliano certe parole in sua bocca.

Entrai dunque a parlar di mia figlia; ed ella s'internava nel proprio cuore per meglio parlare al mio: e, dopo molte altre cose, seguitava così:

« Difficile educare il cuor di una donna. Chiunque vi si accinge, dovrebbe tremar di sè stesso; e, considerando la buona riuscita come un miracolo, sperarlo da solo Dio. Per bene educare una donna converrebbe poter comandare a tutte quelle circostanze che possono operare sull'animo di lei, molle a riceverle, a conservarle tenace: circostanze non previsibili, minutissime, e sempre varie. Chi giungerà a computare gli effetti che una conoscenza, una parola, un cenno, possono fare sull'animo femminile? Egli è un piccolo mondo, dove le lontane e menome cagioni, in modo invisibile concatenate, producono effetti sempre nuovi; come gli elementi stessi in varia proporzione composti, diventano o l'aria animatrice del fiore nascente o l'acqua che scende con impeto a corromperne la bellezza.

» Io non ti parlerò che del punto quando il cuor della donna s'apre all'amore, punto da cui suole dipendere tutta forse la vita. Molti in ciò si lasciano illudere: veggono un amore che sorge puro, tranquillo; e lo alimentano: molti, laddove fiamma non era, s'affannano per suscitarla.

» Ecco innanzi a noi l'aurora nella sua lieta bellezza. Vedi di sotto a quella collina una vampa d'incendio lontano tingere d'oro e di porpora l'orizzonte che le sovrasta: più là verso dritta sulla medesima linea vedi una lunga striscia del più vivo zaffiro che possa armonizzare col verde de' campi; al di là dell'azzurro e al di sopra della collina stanno sospese poche nuvole d'un rosso cupo, quali sogliono accompagnare il sole che cade; nuvole che, prima confuse nel cenericcio dell'aria, la luce novella comincia a rendere visibili un poco. Tale è sovente il primo spuntar dell'amore. Quel lume allegro e modesto annunzia una vampa vicina che sorgerà tutt'a un tratto dominatrice dell'anima: senonchè accanto accanto brilla ancora di luce tranquilla la verginale innocenza; e la purità dell'innocenza e il fuoco dell'amore s'abbelliscono insieme. Ma già sorgon le nubi del sospetto, del timore, e di que' tanti affetti che nel nome del pudore s'abbracciano e sovente son altro: e l'amore crescendo rende più visibili queste nubi lontane; e la sua luce viene dilatandosi a poco a poco come quella del sole, che tu scorgi uscire, anzi uscito, e non sai appuntino quando sia balzato intero sopra alla cima della deserta collina.

» Ma ora mi rammento che le similitudini lunghe a mio cugino non piacciono. Lascio le immagini e i consigli, e vengo a un racconto che tu sarai forse voglioso di sentire, e io molto più vogliosa di fare. Ti parlerò di un amore mio: non sorridere, te ne prego. Niente di romanzesco, niente di quello che tu forse immagini; e te n'avvedrai dalle prime.

» Tu conosci quel bravo signore che saluta tutti con aria d'affetto, e con aria d'affetto è salutato da molti; che ha pronto sempre un discorso accomodato all'umore della persona a chi parla, pronto un sorriso per gli allegri di qualunque allegria, un compianto per i malinconici di qualunque dolore; che non ha mai sparlato di nessuno, ma che sa comentare ingegnosamente l'altrui maldicenza; che ha avuti uffizi pubblici sotto tutti i governi; ha avute tre mogli e molte amiche, con fama sempre d'uomo tenero ed illibato; che nella conversazione sa piacere alle vecchie senza sgradire alle giovani; nelle faccende sa stare co' furfanti senza che gli uomini onesti lo prendano a noia; in fatto di religione sa dirsela cogli increduli, senz'essere nemico dei preti; uomo che sa un po' di tutto, che non ostenta nulla; che non vorrebbe per cosa del mondo perdere fama di prudente e avveduto. Quest'uomo.... ma tu mi rispondi che d'uomini tali se ne conta parecchi, e mi domandi il suo nome. Il signor D. (giacchè vuoi ch'io lo denunzi) fu il mio primo amore. Tu eri allora bambino; poi, uscito di casa all'età di sette anni, non mi conoscesti più se non già maritata, e poco lontana dall'essere vedova: io posso dunque, senza timore di confidarti cosa alcuna di noto, fare una di quelle esposizioni che in certe tragedie riescono tanto inverisimili e tanto comode.

» Domandò di poter frequentare la nostra casa; mio padre se ne tenne onorato. Cominciò egli ad entrare in familiari discorsi meco; io risposi volentieri, e lo ascoltai con diletto. Mio padre che lo credeva un eccellente partito, cominciò, parlando così in generale a sua moglie o ad altri amici di casa, a lodarlo in presenza mia: pochi facevano eco alle lodi; nessuno s'opponeva: e tutti concludevano con chiamarlo *una brava persona*. Io lo presi a stimare. E, perchè la stima conduce a certa confidente franchezza, gli palesavo le mie opinioni, e, non volendo, gli affetti. Egli mi metteva a parte (parole di lui) de' segreti del cuore proprio. Non aveva opinioni; in lui era sentimento ogni cosa. Quella ingenuità mi vinceva. Aggiungi l'autorità che a lui veniva dalla ricchezza, dai titoli, dalla stima di mio padre, dalla sua già matura esperienza (egli aveva trent'anni, io sedici); e intenderai com'io abbia potuto affezionarmegli di vero cuore. Io lo interrogavo volentieri di cose nuove a me; egli rispondeva con sempre uguale franchezza. Parevami aver trovato un uomo col quale io potessi dimenticare la mia debolezza: e questa è delle più frequenti ragioni per cui le donne inesperte amano. Ciò che in lui mi piaceva sopra ogni cosa, era quell'aria di cordialità, quel desiderio di trovarsi solo in qualche istante meco per potermi dire infinite cose ch'io immaginavo bellissime. Quindi la brama viva di vederlo, e vederlo solo; quindi a poco a poco le gioie e le pene d'un primo amore.

» Quella insolita fiducia, non solo alternata ma mista con timore insolito; quel senso continuo di grata inquietudine, di desiderio vago, di malessere inesprimibile con parole; quel bisogno di espandere i proprii affetti senza saper come; quel piacere di trovare negli altri una somiglianza, sia pur lontanissima, col proprio stato; quelle nuove simpatie e antipatie che cominciano a tingere di nuovi colori gli oggetti che ci stanno d'intorno; quegl'impulsi, più forti che mai, di compassione, di benevolenza, di stima; quella cura di prestare attenzione a tante piccole circostanze del mondo morale e dell'esterno, che prima ci sfuggivano inavvertite; quelle distrazioni súbite che in mezzo allo sforzo dell'attenzione ci colgono spesso, togliendoci alle nostre abitudini; quel patimento visibile, accompagnato da un visibilissimo svolgersi delle forme e delle forze vitali; tu, cugino, in parte le puoi indovinare per osservazione fatta su noi povere donne.

» L'affetto mio, prendendo qualità dal temperamento, era più malinconico che non suole in altre; e, solo di quando in quando, dava in cert'impeti di esultazione, ch'io rattenevo, perchè non vi sarebbero state parole nè movimenti capaci a sfogarla. E, acciocchè tu non ti faccia un troppo tristo concetto del mio buon gusto in amore, ti dirò che i momenti dell'allegrezza e della malinconia più profonda non erano quelli ne' quali io pensassi all' oggetto de' miei desiderii: ma quando rientravo in me, quando meditavo nel segreto dell'anima i miei vergini sentimenti, quando raccoglievo intorno al pensiero le memorie del passato, i presagi dell'avvenire, le illusioni della fantasia, le rimembranze de'libri, tutto quanto di più commovente io avessi potuto raccapezzare o creare; allora il cuor mio si sentiva quasi scoppiare dall'esuberante vitalità dell'affetto. Con questa disposizione, tu vedi che ogni piccola circostanza diventava feconda; ogni parola era soggetto a pensieri infiniti, ogni affezione altrui era scintilla che non cadeva in fallo: una veduta, una forma, un colore diventavano dentro me amore pretto, poesia viva.

» Stetti così qualche mese contenta, e tranquilla della mia inquietudine stessa. Non so se la perseveranza del mio desiderio si possa spiegare con l'arte che il signor D. sapeva usar bene, di farmi sempre immaginare qualcosa, di lasciarmi sempre con la brama di conoscere tutta l'anima sua, e però di convivere a lungo e libera seco. Io per me credo, la regola, che l'amore viva d'ostacoli, essere di quelle tante regole che la natura rispetta sin che può e sin che vuole. A confessarti la verità, il suo silenzio mi pareva non troppo eloquente; e le sue parole mi lasciavano da indovinare assai meno di quel ch'io avrei bramato; ma questo m'era allora motivo a sempre più desiderar di conoscere le qualità che in lui mi piacevano. E quello che sempre più mi obbligava, era il rispetto da lui dimostrato a mia madre, la parte ch'e' prendeva ai rammarichi troppo frequenti che le venivano dalle strane maniere di suo marito.

» Tu l'hai conosciuto in vecchiaia quel buon padre; e sai che non era di lui la colpa se l'anima sua non poteva accordarsi con l'anima di mia madre. I dispiaceri ch'e' le dava, erano tutti di parole; ma tali che, s'egli ne avesse inteso il significato e presentito l'effetto, avrebbe inorridito al profferirle: senonchè per presentirne l'effetto, gli sarebbe bisognato conoscere il cuor di sua moglie. Le profferiva dunque com'una inevitabile associazione d'idee; e le lasciava cadere sull'anima della mia buona madre, quasi ferro che piomba dall'alto, e trapassa ogni resistenza che incontri.

» Una sera (e c'era il signor D.) che quel benedetto uomo le aveva confitta nel cuore una di quelle parole taglienti contro le quali uno spirito delicato non trova nè vendetta nè difesa, mia madre più al vivo del solito ne rimase ferita. Fosse la presenza d'un estranio, fosse disposizione d'animo, la vidi, all'uscir ch'egli fece, non irritata (e come poteva ella essere irritata mai?), ma turbata.

» Il signor D., te l'ho detto, aveva pronta per tutti i dolori una lunga serie di consolazioni, variata secondo le circostanze, ma uguale nella varietà. A me medesima i conforti di lui molte volte parevano atti a irritare più che a sopire il dolore. Io poi attribuivo quel difetto all'inesperienza di certe piccole traversie proprie di noi altre donne, e recavo la prolissità di quelle consolazioni a tenerezza di cuore. Non avevo ancora pensato che un solo dolore, sentito vivamente e virtuosamente, basta a farne indovinare altri assai. Quella sera incòminciarono al solito le condoglianze. Il dispiacere di mia madre s'andava per esse inasprendo, e prorompeva in qualche lamento inusitato alla sua prudenza mansueta. Lo stato di lei mi destava rispetto e pietà: io le leggevo in viso i rapidi movimenti dell'anima, e sentivo in me sorgerne di corrispondenti insieme e diversi. Dal suo stato passavo al pensiero del mio (tanto l'amor proprio è avveduto a trar pascolo da ogni più nobile affetto): mi confrontavo con lei; mi sentivo più tranquilla, ma più malcontenta; più rispettata, ma più diffidente: più sicura del presente, ma dell'avvenire incertissima. E a questi pensieri si mescolava di nuovo la pietà del dolor di mia madre, e li vestiva di una quasi sacra mestizia: nè saprei dire s'io fossi del suo turbamento più commossa, o del mio. Poi volgendo lo sguardo alla persona che mi sedeva di faccia, cercavo in quegli occhi, in quei lineamenti allora a me cari, un indizio di commozione, qualche cosa che m'aiutasse a dichiarare a me stessa il turbamento mio, o a vincerlo. Nulla. Li vedevo fissi sopra di me, quasi in atto di spiare i miei moti, con certa fredda tranquillità, con certa compiacenza, mista di forzata compunzione e di evidente dubbiezza, che mi rammentava, ma in peggio, lo sguardo esploratore e arido di mio padre. Questo confronto che mi passò come un lampo dinanzi alla mente, mi fece paura: volsi di nuovo gli occhi a mia madre, e la vidi in quel breve silenzio guardarmi più intenerita che mai. Allora mi sfuggì di bocca una parola ch'ella soleva profferire spesso, e nella quale compendiava tutti i documenti della educazione materna. Noi siamo nate a soffrire: le dissi con voce commossa. Per sottrarsi alla propria commozione e alla mia, e più forse allo sguardo di quell'uomo, ella esci della stanza.

» In quel momento che pareva tutto sacro alla tenerezza di figlia, io non pensavo veramente che all'uomo dell'amor mio. Quando a un tratto lo sento sedermisi accosto, sento il suo braccio al mio collo, e la bocca di lui confondere il suo alito col mio sospiro. Io ero così sopraffatta che non ebbi il tempo di corrucciarmi. In quel bacio a me parve intravvedere la pietà che l'uomo sentiva di una moglie infelice, l'attitudine a intenerirsi sui mali di una donna, l'orrore di quelle maniere e di que' sentimenti che sono le spine del letto maritale; intravvedersi un indovinamento de' sospetti che m'erano balenati alla mente riguardo all'indole sua, il desiderio di sperdere que' sospetti; insomma una concordia di pensieri tacita, e tanto più cara. Ciò che in quell'atto era di troppo forte per una fanciulla allevata rigidamente, me lo rendeva insensibile il bisogno d'essere rassicurata. Le anime tenere e fantastiche sono diffidenti; e le anime diffidenti han di bisogno di prove straordinarie, che facciano succedere alla solita agitazione una nuova agitazione più viva. In questa si acquetan per poco; e diventano credule (perchè credula a riprese è la diffidenza); sinchè non sorgano nuovi dubbi e nuovo bisogno di commozioni più forti ancora, che finalmente conducono all'infelicità estrema o al male. Il cielo ha voluto risparmiarmi questa rovina, trabalzandomi per poco sopra un'altra via, non declive, ma ripida e affannosa.

» Mentr'io chinavo la fronte sul petto, e mi floriva sul viso il rossore, veggo rientrare mia madre. Il suo turbamento, che ancora durava, non le fece scorgere il mio. Poco dopo il sig. D. ci lasciò.

» Quella sera, la mattina dopo, tutte le occupazioni della giornata e i discorsi riuscivano alla memoria del bacio. E quel punto così diverso dal resto della scorsa vita, sfuggiva quasi alla mia credenza, se il cuore non me ne avesse troppo ben persuasa. Or mi pareva un fallo tutto mio; ora un ardire di lui, da perdonare all'affetto; ora i pensieri si volgevano a mia madre, e lo stato suo m'era scusa e incentivo al rossore.

» Quando lo rividi, m'accorsi ch'egli aveva acquistato più dolcezza insieme e più forza sopra di me: la sua compagnia mi parve più necessaria; e pur mi cagionava un malessere più inquieto. In sua assenza, parlavo a mia madre di lui più spesso di prima.

» Di lì a poco, s'andò noi due a confessarsi. Il mio confessore era uomo non di sfoggiata dottrina ma di prudenza rara; che s'era fatto prete assai tardi, conosceva le debolezze dell'uomo, e sapeva computare le circostanze che ne attenuano la reità. Dissi la cosa. Non credette di perdersi in interrogazioni che creano sovente il pericolo; e si contentò di dirmi:

— » Spetta a lei esporre le circostanze che crede proprie a rendere più o meno grave la cosa. Dica tutto quello che sa, con schietta modestia; ma badi, quel che le sembra modestia, non sia orgoglio. »

» Rincorata da quella parola *più o meno grave,* aggiunsi poche cose, più per aggravare il fatto che per iscusarlo. Egli allora conchiuse, che il pensiero e ogni atto della donna sono tutti dell'uomo al quale ella un giorno dovrà appartenere; prelibarne una stilla, essere furto al bene dell'uomo che Dio ci destina; che certi segni d'affetto non è da profonderli neanche a' genitori, perchè il vero affetto non ne ha punto bisogno; che l'uomo al quale io ho manifestata la mia benevolenza sarà certamente onesto, ma conviene temerlo s'egli ha potuto in sì poco tempo turbar la mia pace; che, se i genitori intendono darmelo per compagno, a me si conviene aspettare la volontà loro e le disposizioni del cielo, giacchè da mille casi la nostra unione poteva essere impedita e per sempre; che allora tutti gl'indizi di affetto, inutili o inconvenienti, che ci fossimo dati a vicenda, ci tormenterebbero il cuore; che le affezioni, anco innocenti, conviene temperarle, perchè d'ogni cosa conviene far risparmio nel mondo, e il piacere vive di mortificazioni; che quand'anco quell'atto nulla avesse di male in sè, bisogna considerarlo come occasione di male; che dal non essere una volta nociuto un alito insalubre, non viene ch'e' non si debba temere; che il mio rossore e l'inquietudine ben m'avvertono non essere indifferente quell'atto al quale io non accompagnai sull'istante alcun reo sentimento.

» Questi consigli, detti in brevi e quasi socchiuse parole, mi rasserenarono in parte: ma la possibilità, pur pensata, che l'unione nostra fosse impedita, e per sempre, mi passò l'anima. E tutto quello ch'egli mi disse, era vero: e l'esperienza non solo de' miei falli, ma de' miei patimenti, mi dimostrò come la religione, più sapiente d'ogni filosofia, prevenga il dolore col prevenire le occasioni del male, e insegni la sicurezza della virtù coll'ispirare il non vile timor del pericolo.

» In questo mentre, mio padre viene a scoprire che gli affari del signor D. non si trovavano tanto in buon essere quanto pareva: e ciò servì per avverare il vaticinio del buon prete. Accolto con freddezza, e con chiari discorsi avvertito della risoluzione che gli rimaneva a prendere, il signor D. la prese senza esitazione, e, pare, senza rammarico. Fosse orgoglio irritato, o speranza nella mia debolezza, la quale, secondo lui, sarebbe riuscita a piegare l'animo di mio padre; o fosse disperazione di nulla ottenere, o voglia di gettare almeno sopra i miei le apparenze del torto; e' si ritirò tutt'a un tratto, dopo una visita di congedo fatta a mia madre. S'egli abbia domandato di me, s'ella l'abbia pregato di non mi vedere, non so. Non ho mai avuto il coraggio di muoverle questa interrogazione; perchè c'è delle scoperte ch'è meglio non fare.

» Quale rimanessi all'annunzio, tel puoi pensare. Vedevo che da mio padre veniva la cosa: l'uomo prediletto da me, me lo figuravo trafitto da un dolore più pungente del mio. Le lodi dategli da mio padre una volta, le facilità concedutemi di vederlo, mi tornavano alla mente come tante permissioni, anzi comandi, d'amarlo, tanti lacci tesi alla mia giovanile semplicità. Gli è un tradimento, io dicevo fra me. Il non conoscerne la ragione, invece di rendermi rassegnata, m'irritava più. Erano ingiusti in gran parte i lamenti, lo so: nulla aveva promesso mio padre; ma assai m'aveva permesso, assai che bastasse a rendermi desiderosa, vale a dire, infelice. Quante volte in mia vita pensai a questo passo delicatissimo della educazione! Quante volte tremai o di rintuzzare con soverchie annegazioni il cuore di mia figlia, o di stuzzicarlo con molli condiscendenze!

» Credevo che il male venisse tutto dalla separazione presente; ma la vera cagione era nella precedente mia debolezza. Così quasi sempre. Le ingiustizie o le imprudenze altrui non sono cagione, ma occasione piuttosto, de' nostri dolori. Il rossore d'avere manifestato affetto a uomo che non mi doveva appartenere più; l'aspettazione delusa, l'orgoglio punto dal vedere il mio destino stabilito e mutato senza ch'io, nemmen col silenzio, potessi prendervi parte; tutto m'amareggiava; ma sopratutto la persuasione che quell'uomo era degno dell'amor mio, e la pietà del suo creduto dolore. Io non l'avevo potuto in pochi mesi conoscere; e la parte che di lui mi restava ignota, pareva a me la più degna di stima. Non già ch'io lo reputi adesso uomo spregevole. Sarà forse illusione del primo amore, sarà debolezza d'orgoglio che vuole a ogni costo non aver mai fallato: certo, io credo che quell'uomo, posto in altre condizioni, educato da una donna... Tu ridi? Non credi tu nell'educazione che può dare una donna al cuore più maschio e più duro? Ma tu ridevi forse della mia pertinace credulità.

» Ad altri che a te, parrebbe impossibile una passione alimentata da fomite sì leggiero; ma tu mi conosci: sai che ogni cosa diventa in me nutrimento d'affetto. E oso dire che il cuore d'una donna non cattiva e non stupida, non guasta dal vizio e non distratta dalla miseria e da occupazioni continue, dev'essere quasi inevitabilmente così. E però, quanto s'ingannano que' genitori che alla fuga de' più gravi pericoli riducono la virtuosa educazione, e altro non temono per i figli loro che il vizio! Tutto nella donna, quale la società presente la rende, è occasione d'affetti soverchiamente molli; quindi pericolo di dolori colpevoli. Nonchè temperarla, fomentasi in lei la natural debolezza; e poi tutt'a un tratto si richiede da lei una forza sovrumana: si prepara il declivio, poi le comandano d'arrestarsi nella foga del corso. Eppure mio padre e mia madre nulla avevano fatto di quel che sogliono tanti padri e madri nel mondo: nè altra colpa si può loro apporre se non questa, del non aver temperato con avvedimenti più lontani la eccitabilità del mio cuore.

» Se dunque io ti dirò l'inquietudine mia, me lo crederai. La stanza dov'io lo vedevo ogni giorno, la sua seggiola solita, l'ora delle sue visite, le giornate più solenni, nelle quali la vista di lui m'era più necessaria per rendermi meno noiosa la compagnia di quegli uomini che allora sogliono intorno alle donne affollarsi spietatamente cortesi; ogni cosa rinnovava l'amaro desiderio. La vista di mio padre, i baci ch'io davo talvolta a mia madre, pur per sentire se nel bacio materno si nascondesse una dolcezza da far dimenticare il bacio dell'amore, quelli ch'io con le mie giovani amiche ricambiavo con prodigalità che talvolta mi era grave come menzogna, ridestavano in me un mal essere interno che diventava a momenti smania crudele. Quelle tra le mie conoscenti che a me confidavano il loro nascente affetto, e le prime e molto più libere confidenze che il costume d'oggidì permette e quasi richiede, eccitavano in me certa involontaria gelosia: sentimento umiliante, che i cuori buoni provano in maniera diversa dai tristi, ma provano anch'essi. Que' discorsi riscaldavano l'immaginazione, che, scossa e quasi stropicciata, lasciava cader sull'anima sempre nuove scintille. Aggiungi l'età crescente, alcune letture furtive, certe parole delle quali a forza di fantasia cominciavo a intravvedere il significato; e avrai tutte le cagioni dell'uggia che mi assaliva, contro la quale non trovavo difesa che nel consorzio di mia madre e nella comune preghiera. Del resto, nè mio padre nè lei dimostravano d'accorgersi del mio turbamento: e ero stata allevata in modo che mi sarebbe parso vergogna darlo a conoscere pur con una parola. Questo dover chiudere in sè il malcontento, giovava a temperarmene l'amarezza. Perchè le ferite, toccandole, si esacerbano; e la fiamma agitata s'avviva; e il respiro accelerato del tisico aggrava la sua malattia. La parola, mi dicevi un giorno tu stesso, ha in sè non so che fecondo, che moltiplica i piaceri e i dolori; e, accoppiando le intelligenze, ne fa nascere nuovi enti ideali, che, per via della parola stessa riaccoppiati, vengono moltiplicandosi all'infinito.

» Da questo silenzio mi veniva ancora, che i molti affetti e idoli della fantasia, non potendo uscire di fuori, rimanevano in me quasi in germe; e io medesima li percepivo in confuso: sicchè solamente adesso il mio pensiero, risuscitandoli, li svolge e rischiara.

» E prima e nel tempo che il sig. D. frequentava casa nostra, ci veniva il giovane che fu mio marito. Al quale, dedito da' primi anni al commercio, tutto quello che sapesse di calcolo dava non solo soddisfazione ma piacere, proprio. Non già ch'e' non avesse la sua parte d'immaginazione e di affetto: tutti ne posseggono troppo più che non pensano; ma ciascuno la spende diversamente; molti la lasciano stare come non fosse. Egli aveva occupato la sua nella contemplazione dell'utile. Tutto in lui positivo: il vestire sempre per l'appunto, le parole sempre condite di quella gentilezza usuale che richiede in ricambio una risposta ugualmente comune, e dettata già dalla domanda; molto diletto nel vivere, come suol dirsi, in società, cioè in compagnia di persone con le quali consumare una determinata quantità di tempo nei trattenimenti e nei discorsi determinati dall'uso; esattezza nelle abitudini della vita, lealtà ne' contratti, sincerità, dalla quale allora solo e' credeva lecito dipartirsi un poco quando si fosse trattato di utilità commerciali; molta religione (senonchè qualche volta pareva se ne dimenticasse nella società di gente nuova, pure per non contradire); umanità, ma che non si stendeva a quelle sventure ch'egli credesse estranee al suo stato. Colle donne cerimonioso ma cordiale, guardingo ma schietto; incapace di tenerezze ideali non meno che d'ingiusti sospetti, non curante che dei fatti e delle parole chiare ed espresse; osservatore attento, ma non così padrone di sè che non si lasciasse osservare egli stesso. Acqua da vederci il fondo; e si poteva però navigare senza quella diffidenza ch'è molte volte un pericolo.

» Coteste che sono appunto le qualità d'un marito desiderabile, in lui mi spiacevano. Avrei voluto illudermi, e non c'era modo d'illudersi con uomo siffatto. Conveniva stimarlo a dirittura; ma io avrei preteso di doverlo adorare.

» In pochi giorni il matrimonio fu proposto, trattato, conchiuso. Mia madre me ne parlò a cosa fatta, per interrogare il mio cuore: ma l'interrogazione era comando a me, che non avrei saputo, neppur pensando, resistere. Ed ella, che pure mi amava oltre ogni dire, conoscendo forse meglio di me il sig. D., e paragonando il novello mio sposo con suo marito, credeva d'assicurarmi uno stato felice, quanto può essere felice in questo mondo una donna.

» Sicuro dell'assenso, mi parlò egli medesimo con franchezza che non mi dispiacque: ma nelle sue parole non trovavo quel non so che d'indeterminato che nei discorsi dell'altro mi persuadeva tanto. Più volte, dopo un ragionamento posato (com'erano sempre i suoi, ne' quali ogni proposizione pareva fosse la conclusione delle cose dette), io mi staccavo daccanto a lui per andarmene o alla finestra o al lavoro; e svogliata ripetevo fra me: No, tu non sei quello che il mio cuore cercava.

» Mio padre affrettò le nozze; e il buon prete di cui t'ho parlato, vedendoci forse più chiaro che non ci vedess'io, mi consigliò d'ubbidire.

» Adesso comprendo che l'educazione domestica, per quanto sapiente e intima sia, alla felicità de' figli non basta. Il nostro cuore ha nascondigli sì riposti, che l'occhio umano, fosse pur quello d'un padre, d'una madre, non li può penetrare. Sola la religione può rendere compita l'educazione del cuore: e quando i ministri di lei abbandonano questo santo uffizio per gettarsi al reggimento delle azioni estrinseche della vita, o quando con l'esempio distruggono l'autorità de'consigli; allora la società domestica, e quindi la civile, se ne vanno a rovina.

» Nessuno più di me ne' primi anni di matrimonio sperimentò gli effetti di quella sensibilità accarezzata con cura soverchia, che ammollisce l'animo all'operare, e non par gli dia forza se non al patire; che lusinga l'amor proprio con ciò stesso che lo dovrebbe umiliare, e pone il piacer suo in tormentarsi. L'ozio, che alle donne agiate è veleno d'ogni contentezza, l'ozio non pienamente occupato nelle cure familiari o in lavori di lusso inutile, apriva sempre più profondo nel mio cuore un vuoto che niuna cosa del mondo poteva riempiere. Io non conoscevo ancora l'importanza di que'tanti doveri domestici e di religione e d'umanità che non lasciano alla donna benestante un momento d'inerzia o di noia; e l'affetto stesso di mio marito all'ozio mi condannava, vietandomi, come indegne di me, certe cure che sono la dignità della moglie e il bisogno della madre. Quindi i lunghi colloquii con qualche amica, forse più imprudente di me; quindi la smania de'romanzi, tanto più cari quanto più caricati di tinte, vale a dire dettati da uomini inesperti del mondo.

» Non avendo alimento nella realtà, la fantasia si gettava sulle memorie del primo amore; e le ringrandiva, siccome fa il desiderio di bene mal noto. Come languidi mi parevano i baci dell'affetto coniugale, verso quel primo dal quale la mia anima aveva sorbito tanto ardore e tanta amarezza! Quante volte nell'accostar le mie labbra a quelle dell'uomo donatomi da Dio, mi si dipingeva innanzi a mio dispetto il viso d'altr'uomo! Quante volte un'illusione colpevole mi esprimeva dal cuore un bacio più ardente del solito, e quell'uomo stimabile ne mostrava insolita riconoscenza, e io ne arrossivo come di peccato, ed egli prendeva in buona parte il mio stesso rossore! Quante volte uno di questi baci, che l'immaginazione stava per portare ben lontano da me, risospinto da un pensiero più forte, mi veniva meno sulle labbra! E queste che parevano involontarie battaglie di me con me stessa, erano tutta mia colpa. Ell'era la volontà che riscaldava quegl'idoli della fantasia, e li educava, e in tanti specchi ne rifletteva l'immagine, quanti erano gl'instancabili miei pensieri. S'io avessi saputo rivolgere l'attenzione a altra serie d'oggetti, e considerare le cose in un altro di que' tanti aspetti ch'esse presentano, sarei vissuta tranquilla.

» E per questo, nelle giornate appunto ch'io mi sentivo più malcontenta di me, che qualche parola imprudente, qualche moto d'orgoglio, la dimenticanza di qualche dovere, un'inerzia di spirito, una preghiera o tralasciata o profanata da distrazioni evitabili, accrescevano la mia debolezza; allora io mi sentivo più infelice e più sitibonda di lagrime.

» Le apparenze di un matrimonio più ardente del mio, mi facevano invidiare quella donna ch'io poi conoscevo molto men tranquilla di me; le apparenze d'un affetto modesto e quasi mal noto a sè stesso, mi facevano compiangere due cuori che avrebbero a ben più ragione compianto lo stato dell'anima mia. Spesso, nell'abbigliarmi allo specchio, i' contemplavo in atto di compassione indicibile questi occhi ardenti e questo pallido viso, testimone della fiamma segreta che mi divorava; spesso nella terra e nel cielo leggevo le immagini della mia solitudine: e un'acqua che corresse tra sponde non rallegrate da fiori, un lago che riflettesse la forma di nuvole smorte, una valle amena non abitata che da poveri rustici, mi richiamava ai sospiri. Guai s'io avessi rincontrato allora un'anima debole, mia pari, o un vile avveduto! Sa il cielo quanti dolori avrei cagionati e reamente patiti.

» Buon per me che la società nella quale versavo non fosse grandemente acconcia a porre in atto i miei sogni. Mio marito amava bensì ch'io *vivessi;* e soleva condurmi e spingermi talvolta, nella conversazione di quelli a' quali dava (e non affatto impropriamente) il nome d'amici. Ma gli erano tutti mercanti: chè mio marito saviamente pensava che a uomo ricco e non nobile il bazzicare con la maggior parte de'nobili frutta maldicenze calunniose, dispendii inutili e sempre derisi, umiliazioni che è colpa sovente e stupidità tollerare. Eran tutti mercanti: onesta e brava gente, ma che con un'occhiata avrebbero freddate le fantasie di cinquanta poeti. Peggio se qualcuno ve n'era galante. Son poche al mondo le cose meno sopportabili della galanteria mercantile.

» E tanto mio marito era alieno da ogni geloso sospetto, tanto incapace di lasciare il freno alla fantasia, che la sua a'men prudenti sarebbe parsa' bonarietà: ma non era. Egli vedeva i miei portamenti con altri e con sè; e, alla mia mestizia potendo assegnare cagioni non sospette, lo faceva volentieri, perchè in ogni cosa sapeva contentarsi dei fatti. Non già che ignorasse quel mio primo affetto; ma non lo credeva così pericoloso come in altri casi sarebbe potuto diventare. « Basta (diceva egli parlando in generale del matrimonio agli amici suoi), basta che la donna non odii e non disprezzi: pretendere un amore romanzesco, è risicar di perdere quel tanto che s'ha. Meglio accettare quello che viene offerto, e dal tempo attendere dono più liberale. »

» Una sera, dopo varii discorsi de'soliti, e' m'annunzia che il signor D. (assente, mi pare d'avertelo detto, da circa quattr'anni) era arrivato; che chiedeva vedermi, e ch'egli, mio marito, me l'avrebbe condotto il giorno dopo. Lo conduce: e, dopo soggiunte le usuali cerimonie, ci lascia soli.

» Erano tante le cose ch'io avrei voluto dire, e tante più quelle che tacere, ch'i'non sapevo da che parte rifarmi: e più pensavo al modo di vincermi, più cresceva il mio turbamento. Ruppe egli primo il silenzio:

— « Perdoni al mio cuore un'osservazione che le donne non sogliòn gradire. Mi pare di trovarla un poco abbattuta.

— « No: sarà forse un malessere passeggero. Del resto, io non posso lagnarmi...

— « Eugenia! Quanti cambiamenti dacchè non ci siam più veduti!

— « Oh sì, di molti. Io già da tre anni son madre.

— « Lo so. S'io debbo credere alle sue parole, ella ha migliorato destino: e ne godo. Sarebbe peccato in vero che questa florida giovanezza fosse condannata a languire. La vita e la gioia si aprono a lei nel fiore: io all'incontro comincio a disingannarmi di tutto. È qualche tempo ch'io sono invecchiato.

— « I cuori buoni non invecchiano mai.

— « È verissimo. E mai non mutano. Io vorrei ch'ella si persuadesse di questo.

— « Io l'ho sempre creduto.

— « Mia buona Eugenia... (non s'offenda della confidenza con cui le parlo), ha ella sempre dunque creduto alla sincerità del mio affetto?

— « Cose ormai troppo lontane. Ma, ripeto, io credo tutti sinceri.

— « Tutti! E nessuno più specialmente?

— « Anche.

— « M'è lecito dunque sperare di non essere mai stato colpevole dei dolori ch'ella può avere patiti?

— « Se a me sola toccasse rispondere, io direi che no.

— « E posso temere che la mia memoria non abbia mai amareggiati i momenti della sua felicità conjugale?

— « Non intendo bene...

— « Eugenia! È ella veramente felice?

— « Tronchiamo questo discorso. Parliamo di lei. Come si trova ella nel nuovo soggiorno?

— « E come posso io soddisfare alle sue domande, se ella non degna di risposta le mie?

— « È vissuto almeno sempre sano?

— « Sempre.

— « Io ho pregato e pregherò sempre il cielo per ogni suo bene... »

» La mia voce cominciava a risentirsi del tremito interno. Tacqui per poco; e riflettendo alla confessione sfuggitami del mio malessere, mi sentii sempre più debole. Quel breve silenzio i' temevo non fosse interpretato da lui come un congedo: temevo e di continuare e di veder finito il colloquio. Però, tra questa ansietà, e tra il bisogno di pure sfogarmi, ripresi:

— « Io debbo chiederle una prova di sincerità. Fu tempo nel quale era lecito l'amarci; e non è vergogna almeno per me, rammentarlo. Prima che il cielo ci dividesse, ella si ricorderà di quel giorno nel quale le lagrime di mia madre...

— « Ed ella, se ne ricorda ella più?

— « Posso io credere che di quel giorno non fu mai fatto motto a persona vivente?

— « Eugenia, che potevo io dire di lei? di che vantarmi? Io piuttosto dovrei domandarle di nuovo s'ella se ne rammenta più di quel giorno.

— « E quanto! Io so di dire troppo; ma lo dico solamente per farle conoscere la schiettezza de' miei sentimenti, e perchè Dio sa quando ci rivedremo, o se ci rivedremo mai più.

— « E ella non mi vuol confessare di non esser felice?

— « Io vivo con un uomo che sarebbe impossibile non rispettare.

— « Ma e se la sua vita fosse potuta essere la gioia di un uomo al quale ella avrebbe consacrato un sentimento più forte e più tenero del rispetto? e s'ella avesse di sua volontà rigettato...

— « Io?

— « Sì, voi: una vostra parola m'avrebbe incoraggito a ottenere quel ch'era il nostro desiderio. Ma nulla!

— « E a me toccava?

— « A voi. Un cenno solo, ripeto.

— « Ma come?

— « Andate! Voi non sapete amare.

« (Qualunque sia seduzione avrebbe vinta meno la mia debolezza, di questo rimprovero).

— « Ah no: non è vero (esclamai, con le labbra contratte dalla convulsione del pianto, con le mani stese e chinate a terra quasi in atto di chiedere pietà). Non è vero.

» Stavo in questo atteggiamento quando lo vidi accostarsi a me. Un movimento non so s'io dica di timore o di desiderio (forse de' due affetti avvolti insieme in modo inestricabile) mi fece portare le mani al viso. Ma egli non me ne lasciò tempo; e stringendo la mia fra le sue, mi volse non so quali parole, che forse non avevano senso alcuno, ma per me ne avevan già troppo. Io vidi allora presente la mia colpa, ne inorridii; e, alzando la sinistra sugli occhi e facendone velo, mi volsi a Dio, mormorando in atto di preghiera disperata il suo nome. Era tarda la preghiera, ma veniva dal profondo dello spirito: e Dio non l'ha rigettata. Al tocco delle sue labbra ebbi forza di tener chiuse le mie: e quel bacio nel quale avrei voluto versar tutta l'anima, non eccitò in me che terrore.

» La Bontà che pesa con sì sottile bilancia ogni minima annegazione dell'uomo, si degnò d'ascrivermi a merito questo piccolo sforzo ch'era suo dono. Mentr'io, fuor di me, nulla più vedevo, e mi mancava la forza pur di resistere al più leggiero impulso, eccoti all'uscio il mio bambino. Correre a lui e sfogare sovr'esso in baci affannosi quell'impeto la cui forza m'aveva atterrata, fu un punto. Poi rivolta a quell'uomo, e tenendo stretto al seno il mio figliuolo, esclamai tra la preghiera e il comando e il terrore:

— « Abbiate compassione di me!

» Io vidi per la prima volta quell'occhio indagatore abbassarsi; lessi la confusione in quel volto sicuro. E con sommessa voce nell'uscire mi disse:

— « Eugenia, vi domando perdono.

» Quando ripenso a quell'istante, mi par di sentire il rimorso di tutti i falli de' quali e' portava pericolo. Che cos'è mai il cuor della donna! Quello che nel principio del colloquio o non avrei immaginato pur possibile, nella fine era non timore, ma fatto. Così siamo noi: indoviniamo il male prima che desiderarlo, e avviciniamo il pericolo con lo stesso timore.

» In quel momento sentii quanto provvida cosa sia l'amore materno, non solo avuto riguardo alla vita de' figli, ma alla felicità della madre. Che mai sarebbe il più delle volte l'amore di moglie altro che voluttà o interesse o orgoglio, se non s'aggiungesse l'amore di madre? Che diverrebbe la donna solitaria, oppressa, tradita, indigente, oziosa, superba, debole, se l'amore de' figli non le fosse e società e libertà e occupazione e ricchezza, e scuola di mansuetudine, d'umanità, di costanza? Quanti tesori raccolti nel nome di madre!

» Rimasta sola, m'inginocchiai con ancor nelle braccia quell'innocente per ringraziare Dio. Quel colloquio mi era rimorso; conveniva espiarlo. Risolsi di palesare ogni cosa a mio marito, di chiedere perdono all'amor suo: e così feci.

» Egli ascoltò tranquillamente il racconto, cercando ora con brevi parole, or col silenzio, ora con gli atti del viso e con segni di stima affettuosa, rendermi più sopportabile il mio rossore. Io non avrei immaginato in lui bontà così delicata. Lontano com'era da ogni esagerazione, e' conobbe lo stato mio, e s'accorse ch'io possedevo in me la medicina del male. Finito ch'io ebbi, mi prese per mano, e cominciò con placida tenerezza:

— « Mia cara Eugenia, il vostro dolore mi penetra l'anima, e mi confonde. Voi chiedete perdono a me d'avermi conservato intero il tesoro del vostro cuore? E non dovrei io piuttosto chiedervi scusa del non aver meglio interrogato il cuor vostro prima di farvi mia; dell'avere così leggermente affrontato il pericolo di rendere per sempre misera voi e avvilito me stesso? Perdonatemi: gli era il gran desiderio che mi accecava; e la stima di voi, congiunta, confesso, a un po' d'orgoglio. Nè nella stima io mi sono ingannato. Ogni giorno più imparavo a rispettarvi: quest'oggi poi, se non fossero le vostre lagrime, mi terrei il più beato uomo del mondo. Vi ringrazio della stima in che mi avete, tanta da credermi degno di custodire i segreti dell'anima vostra. Faccia il cielo ch'io possa comprenderla ed imitarla! A donna qual voi siete io non parlerò dell'onore mio, della vostra pace: vi pregherò solamente che mi perdoniate la colpa di non aver saputo piacervi, di non vi aver saputo render contenta pienamente... »

» (Qui la sua voce s'inteneriva; e le mie lagrime cadevano sulla mano di lui, rasciugate da' miei baci).

— « Cessate dal piangere, ve ne prego. Una lagrima sola ha espiato ogni fallo, se fallo pur v'era. Iddio perdona a un minuto di dolore innumerabili ore di peccato; e io miserabile, dovrò io mostrarmegli sconoscente dell'avermi concessa la felicità del poter dare a tal donna il nome di moglie? Oh no, non ne son degno! E qual uomo è mai degno al mondo d'un affetto così delicato com'è l'affetto d'un cuore di donna? No, mia buona Eugenia: noi uomini non sappiamo amare. Gli eccessi della nostra passione, le fredde considerazioni del nostro amore, che sempre pensa a sè più che ad altri, non valgono pur uno de' vostri sospiri. Ma l'esempio dato da voi saprà farmi migliore, spero. Io conosco i miei difetti; sento che voi potevate richiedere un cuore più ardente che il mio non sia. Ma nondimeno, non diffidate di me; non m'odiate. Ditemi piuttosto quel ch'io debbo fare, e quel che no: comandatemi. Se col mio sangue potessi... »

» Io non l'avevo veduto mai piangere: ma a questo punto le lagrime lo interruppero. Mi misi a' suoi piedi, e posai la testa singhiozzando sulle ginocchia di lui. Egli imprimeva i suoi baci sui miei capelli, e mi sollevava di forza, e m'abbracciava in silenzio.

» Due giorni dopo, seppi che il signor D. era maritato da un anno. Questa notizia non so s'io abbia a dire che principiasse o che rendesse compito il mio disinganno. Allora, riandando le particolarità della nostra breve corrispondenza, le mi apparvero in altro aspetto di prima. Certe parole tronche, certi moti del viso, che mi sfuggivano un tempo, trasportati quasi dal vortice dell'affetto; dopo quattr'anni mi ricomparivano innanzi evidenti: e una sola notizia del presente mi serviva a ricomporre nella mente, a interpretare, a indovinare il passato. Tanta forza ha lo spirito umano, volendo; e tanto profondi, immarcescibili riposano nel suo segreto i germi della verità che risana.

» Quell'ultimo colloquio stesso, quel tanto insistere sulla mia voluta infelicità, quel cominciare dallo scusarsi non incolpato; e poi aggravar me d'un fallo del quale egli aveva poc'anzi incolpato sè stesso; ogni cosa ricevette da quella notizia schiarimento. Confrontavo le parole di lui, che me accusavano di non saper amare, con quelle di mio marito: *noi uomini non sappiamo amare;* e ben sentivo qual delle due fosse la sentenza più pia, quale la più generosa.

» Io, insomma, che m'ero lagnata tanto di non essere conosciuta nè intesa da mio marito, allora solo cominciai a conoscere lui e intenderlo veramente: imparai quali fossero le corde che nel cuor suo rispondevano più vibranti; ed esercitandole, n'ebbi un suono sempre più vario e più delicato. La vena dell'affetto è in ogni cuore creato da Dio: basta saperla trovare, seguirla nelle diramazioni nascoste, purgare dalla scoria il prezioso metallo.

» Ingegnandomi di sempre meglio conoscerlo, giunsi a essere meglio conosciuta. La cura ch'io prendevo per indovinare i suoi desiderii, per temperare dolcemente i suoi difetti e evitarne lo scontro co'miei, diventava occasione al vicendevole esercizio di molte piccole virtù che accrescono la reciproca stima e ingentiliscono il cuore. Le nuove occupazioni di madre, la più regolare distribuzione del tempo (necessaria a tranquillità), la più avveduta scelta delle non lunghe e non frequenti letture, delle non troppo rumorose amicizie, la più fedele osservanza delle pratiche religiose, riuscì a sempre meglio farmi sentire i miei doveri, nel cui adempimento io spendevo (e appena m'era sufficiente) quel fuoco che già divampava in febbre di voglie vane. Vissi così quindici anni contenta di lui e di tutti: e quando ebbi la disgrazia di perderlo, lo piansi amaramente; e tuttora lo piango.

» Ed eccoti storia più lunga ch'io non intendessi di farla. Fanne ora tu l'applicazione a tua figlia. Se a me, così cautamente educata, potè farsi pericolosa la breve conoscenza d'un uomo a cui meno che a molt'altri può convenire la lode d'amabile; se con un'indole modesta, con l'abito del vivere solitario, con un marito rispettabile al fianco, io toccai l'orlo del precipizio; or pensa gli effetti di consuetudini e d'opinioni più licenziose, di pericoli più frequenti, cercati, amati. »

E ora i consigli di mia cugina, a te li ripeto, mio buon amico. Nè a te parrà esagerata questa esposizione degli effetti di un bacio. Dopo la parola, il bacio è tra' più nobili privilegi dell'umana natura, il più eloquente dei muti linguaggi, il più necessario alla donna per isfogare il soverchio della commozione propria, e per rieccitare la commozione dell'uomo. Costa meno, cred'io, una parola falsa che un bacio mentitore: ed era destino terribile che il tristo discepolo, per consumare il misfatto in modo corrispondente all'ineffabile sua nerezza, tradisse con un bacio Gesù. Chi non sa distinguere il bacio dell'amore vero dal bacio di consuetudine, dal bacio di compassione, dal bacio di dovere, non conosce che sia amore vero. E questa prodigalità, che vediamo a'dì nostri, d'ogni più vereconda e più forte significazione d'affetto, è indizio d'un istinto meretricio diffuso nella società: onde poi la dissoluzione de'sacri vincoli di famiglia e di patria.

IL MATRIMONIO

FRAMMENTO.

Quella sventurata che aveva a sì lunghi sorsi bevuto nel calice del non lecito amore, quasi ansiosa di vederne il fondo; ora non le ne rimane più che la feccia. Quell'altra che allo sposo portava in dono un'anima verginale, quasi fiore cresciuto d'aure tranquille e di soli temperati, si trova rimpetto un'anima avvizzita, sfruttata da vizii senza passione, da desiderii senz'affetto. Tale è già troppo innanzi nella vita interiore, e rincontra un uomo che non la può nè comprendere nè conoscere; e varcheranno i lunghi anni, come due pellegrini che parlano lingua diversa, e battono una via interminabile in silenzio, senza guardarsi in viso, senza riposarsi mai. Tal altra se ne va al sagrifizio, vittima coronata di fiori, se ne va senza conoscere nè colui che dev'essere l'uomo dell'anima sua, nè uomo alcuno, nè sè stessa; se ne va, bisognosa di chi le apra al bello l'anima in sè raccolta, di chi le insegni a amare e soffrir con pace, e non lo rinviene; e passa come in letargo l'aurora della fresca gioventù: quando a un tratto il sole comincia a dardeggiar lume e fuoco dall'alto; e il suo cuore si desta ardente di non intese brame, smanioso nell'innocenza, sitibondo di vita; ed eccolo alla prim'acqua ch'e'trovi, sia stagnante e impura, accostare le labbra anelanti, e col pensiero sorbirla, e, posto giù ogni pudore, tuffarvisi la sventurata, e commettere a indegni lavacri quella sì candida e sì custodita bellezza.

La donna dell'Ellade antica andava o tutta velata o

ignuda tutta; fiore or coperto da spine, ora esposto all'ardente meriggio. Nuovi secoli corrono. La donna deve anch'ella rinnovellarsi; rifar sè, simulacro più amabile; e più venerando; novella lampana difesa da'venti, mandare intorno il suo lume puro e quieto. In antico le femmine vivevano e morivano come greggia in ovile rinchiusa: adesso ciascun'anima ha un valore proprio, ciascuno amore femmineo basta a ciascuno amor d'uomo, e abbonda. Pur tuttavia ell'è infelice, il più, e sconosciuta la donna; serva, non compagna; corpo, non spirito; arnese da casa, non tesoro del cuore. Siano più e più frequenti gli esempi della donna santamente amorosa, umilmente franca; che ispiri l'uomo, no'l prema, nè corrompa, ma infiammi. Amore e forza sian uno. . . . .

. . . .

LA VEDOVA, VIRGILIO, E FRATE GUIDO DA PISA

Questa di frate Guido è una delle più care scritture che vanti il secolo di Dino e di Dante; cara, non solo per la proprietà, l'efficacia, il candore, la brevità, l'evidenza, pregi comuni a ben molti lavori di quel tempo, ma per certa uguaglianza di stile in opere tali rara, per l'artifiziosa e sovente delicata collocazione delle parole, per certo colorito poetico che (là dove il buon frate, in luogo di compendiare Virgilio, si adatta a tradurlo) rende l'immagine del latino più fedelmente che le più lodate traduzioni non facciano. Rechiamone un saggio:

TRADUZIONE DEL CARO.

. . . . Anna, sorella,
Che vigilie, che sogni, che spaventi
Son questi miei? Che peregrino è questo
Che qui novellamente è capitato?
Vedestù mai sì grazioso aspetto?
Conoscesti unqua il più saggio, il più forte,
E 'l più guerriero? Io credo (e non è vana
La mia credenza) che dal ciel discenda
Veracemente. L'alterezza è segno
D'animi generosi. E che fortune
E che guerre ne conta! Io, se non fosse
Che fermo e stabilito ho nel cor mio
Che nodo marital più non mi stringa,
Poichè 'l primo si ruppe; e se d'ognuno
Schiva non fossi, solamente a lui
Forse m'inchinerei. Chè, a dirti 'l vero,
Anna mia, dacchè morte e l'empio frate
Mi privâr di Sichéo, sol questo ha mosso
I miei sensi e 'l mio core; e solo in lui
Conosco i segni dell'antica fiamma.
Ma la terra m'ingoi, e 'l ciel mi fulmini,
E nell'abisso mi trabocchi in prima
Ch'io ti violi mai, pudico amore.
Col mio Sichéo, con chi pria mi giungesti,
Giungimi sempre; e intemerato e puro
Entro al sepolcro suo seco ti serba. —
E qui, piangendo e sospirando, tacque.

Vediamo la prosa del frate: « Anna, sirocchia mia, che sogni vani hanno questa notte sospesa la mia mente! Questo gentile uomo che m'è capitato a casa, m'è entrato sì nel core! Non so che vuol esser questo: la sua gentilezza, li suoi alti costumi, lo suo bello ed ornato parlare, mi dànno fede che sia nato della schiatta degli Dii. E se non fosse ch'io m'ho posto in cuore di mai non pigliar marito, e così ho promesso alla cenere di Sichéo, dicoti, Anna, sirocchia mia, che questo mi piace tanto ch'io solo costui mi piglierei. Conosco i segni della flamma antica, che quello amore ch'io portai a Sichéo quando era vivo; ora mel sento rinnovellare nel cuore. Ma innanzi ch'io rompa fede a lui, io prego Iddio, o ch'egli mi saetti con una saetta folgore dal cielo, o ch'egli mi faccia inghiottire alla terra. E, detto questo, tutta s'empiette di lagrime. »

Questa non è traduzione letterale, ma sunto che scarna in più luoghi la soave morbidezza di quella parlata, la quale spiega perchè sia da Dante chiamata l'Eneide alta tragedia. Ma, pur vedete quanto di tenerezza ad *Anna sorella* aggiunga quel *mia* posto in fine. Vedete come il Caro, fermandosi all'idea di *spaventi*, vi allontani più dallo stato vero di donna innamorata, che non faccia il buon frate col parlarvi di mente sospesa da sogni vani; sentite quanto più dicano le due parole: *m'è entrato sì nel core!*, che non i due versi del segretario cortigiano, i quali non rendono al certo *quam sese ore ferens*, non tradotto ma indovinato da *alti costumi*. Quella graziosa aggiunta: *non so che vuol essere questo*, esprime l'affetto di donna la quale non conosce il suo stato, e ondeggia fra la passione che ha già, e quella che teme d'avere, e che temendo fomenta.

E notate, nella differenza de' modi, la differenza de' costumi e de' tempi. La Didone del pagano lodatore di Agrippa ama in Enea l'alterezza, il coraggio, la forza: *Quam sese ore ferens! quam forti pectore et armis!* La Didone del frate ama nel *gentile uomo* la gentilezza, il bello ed ornato parlare.

Io credo, e non è vana la mia credenza, traduce alla lettera, ma fiaccamente; *mi dànno fede* rende lo spirito del dire virgiliano. *Credo equidem, nec vana fides,* esprime la fermezza del credere di donna che ama; esprime come amore e fede son sempre congiunti.

Dal ciel discenda è tutt'altro che il *genus esse deorum,* e non vale il *nato dalla schiatta degli Dei.* — Il bellissimo *Si mihi non animo fixum immotumque sederet,* dimostrante, con la stessa asseveranza dell'affermazione, la debolezza del cuore che lo pronunzia, che vuol fare illusione e conforto a sè stesso, richiamando propositi antichi e pascendosi della virtù passata; questo verso bellissimo, il frate ci passa sopra con una espressione bella, ma languida: *io m'ho posto in cuore;* ma è egli forse più robusto il verso del Caro? l'infelice traviata sente il bisogno di aprirsi, e si volge alla sorella con quelle parole: *Anna, fatebor enim.* Intese il traduttore poeta quanta dolcezza è in quel nome, e ben la rese dicendo: *Anna mia;* ma la familiarità soverchia delle parole che precedono *(a dirti il vero)* scema la grazia dell'affetto. Meglio l'antico: *dico, Anna, sirocchia mia...*

Al delicato concetto: *Miseri post fata Sychæi Conjugis, et sparsos fraterna cæde Penates* (notate come quella misera insiste su quelle idee di pietà conjugale che possono ritenerla dall'abbandonarsi all'impeto della passione, bellezza che ne' versi del Caro è smarrita), *Solus hic inflexit sensus, animumque labantem Impulit.....* questo delicato concetto nel frate non l'abbiamo; ma il Caro anch'esso ne tarpa il più bello, l'epiteto *labantem,* che dipinge sovranamente la debolezza della donna, agitata da pensieri d'amore, incerta, ondeggiante, anche quando resiste. E così più sopra: *Heu quibus ille Jactatus fatis! quæ bella exhausta canebat!* dove l'ammirazione e la pietà son dall'amore unite in nodo sì soave; dove nelle guerre sostenute da Enea, la donna amorosa riguarda le sventure patite; nulla di tanta profondità nella traduzione del Caro ci resta.

Ma il buon frate, che salta a piè pari questa e altre bellezze, si compiace poi di comentarne altre al suo modo; dolcissimo modo: « Che quell'amore ch'i' portai a Sichéo quando era vivo, ora mel sento rinnovellare nel cuore. » Non è più l'amore consacrato dal dolor della perdita, non è più l'amore confuso al rammarico, quel che la vedova sperimenta; Enea le risveglia il sentimento di quella passione viva, presente, soave insieme e irrequieta, corporea insieme e spirituale, ch'ella sentì già per il marito di cui godeva la vista.

Il resto della parlata è compendiato un po' seccamente dal nostro Pisano; ma le ultime parole *tutta s' empiette di lagrime,* non solo incomparabilmente sovrastano al verso del Caro, ma gareggiano col virgiliano *sinum lacrymis implevit obortis.*

La donna di Virgilio, e la donna d'Armannino.

In un codice della *Fiorità* di Guido Pisano il copista, attenutosi fino a più che la metà del lavoro alla lezione di Guido, la abbandona a un tratto per innestarvi una narrazione poetica tolta dalla *Fiorità* d'Armannino [1]. Là dove Guido, compendiando l'*Eneide,* narra come Turno s'esponesse a singolare battaglia, la quale doveva decidere le sorti d'Italia, eccoti narrata da Armannino una tregua, pendente la quale, Lavinia invaghita d'Enea, lo avvisa per singolar modo del tradimento che gli si sta preparando. Ma il nostro copista, pigliando da Armannino l'invenzione, non piglia le parole, e la racconta così:

« Allora vanno i Troiani, per la fidanza della triegua, intorno alla terra, sì come piace loro: ed i Rutuli intorno all'oste senza contradetto. Lavinia, la quale molto amava Enea, spesse fiate si facea alle finestre, solo per vedere Enea, se potesse.

[1] Armannino scrisse nel 1324: Guido, dopo il 1330.

» Un dì cavalcava Enea con suoi certi compagni, colle spade a collo senza altre armadure, intorno alla città. Come Lavinia il vide, incontanente corse alle finestre d'una torre la quale era sopra il muro della città reale, e chiamò un arciere e dissegli: che tu gitti questa saetta tra coloro che tu vedi cavalcare insieme. — L'arciere rispose: Madonna, io non potria, però che quello è il barone Enea con cui noi abbiamo triegua. Se il re il sapesse, egli mi farebbe male. — Disse Lavinia: Non dubitare. Fa, sopra di me, ciò ch'io ti comando. — L'arciere disse che il farebbe, ma che non getterebbe la saetta per modo che potesse loro nuocere. Allora disse Lavinia: Se tu volessi tu, non vorrei io che tu facessi loro male. Ma gittala loro presso, sì che non tocchi nessuno. — Allora l'arciere gittò la saetta al luogo dove coloro erano. Vedendo Enea quella saetta, volle vedere onde venía. E, levando il capo inverso la torre, vide Lavinia la quale mai prima non avea veduta. Fecesi gran maraviglia della sua bellezza, e molto più, di quella saetta; e fecela ricogliere; e teneala in mano, riguardandola, da ogni parte. E vide che sotto le penne della saetta ella era assai più grossa che l'altre, e di ciò ancora si maravigliò forte. E ruppela in quello luogo ov'era sì grossa, e trovovvi dentro un brieve scritto, che dicea così fatte parole: Colei che t'ama sopra ogni uomo del mondo, ti fa assapere che ti guardi da' falsi traditori. — Avendo letto Enea quello brieve, riguardò inverso la finestra dove colei ancora stava, e sorridendo, inchinò col capo. E per questo intese che da lei venía. Allora molto copertamente le rendè saluto. Ma non però sa Enea chi ella sia. Allora domandò pianamente uno pastore che passava quivi, chi fosse quella donna che stava alla finestra. — Il pastore rispose la reale figliuola, per cui cagione si fa questa guerra. Udendo Enea questo, molto s'allegroe, e molto la guardoe. Ma poi partitosi, pensò al brieve a lui mandato e prese cura di fare migliore guardia. Lavinia avea inteso ch'Enea dovea essere tradito in su la battaglia la quale dovea fare con Turno: però pensò di mandare il brieve. »

Questa narrazione, più prossima a romanzo cavalleresco che ad antica epopea, non è senza grazia. E osservisi differenza che tra la Lavinia di Virgilio e la Lavinia d'Armannino pongono i tempi. Nell'*Eneide* la figlia di Latino è la donna fatale, destinata a fondare la schiatta romana; i miracoli e le profezie a lei prescelgono uno straniero marito; ella, cagione di guerra, non fa che ire al tempio di Pallade con la madre, chinando a terra i begli occhi, per pregare non sai se per Turno, o per il marito di Creusa, per l'amatore di Didone; ella, al sentire la madre che sconsiglia Turno dal cimentarsi a singolare battaglia, non fa che lagrimare e arrossire [1]. Gli è ben vero che questo rossore e queste lagrime, appunto perchè la cagione vera n'è ignota, son più poetiche d'ogni lunga querela: gli è vero che tutta forse l'*Iliade* non ha due versi che vincano in bellezza i seguenti: *Illum turbat amor, figitque in virgine vultus: Ardet in arma magis; paucisque affatur Amatam*. Quel pianto, quel rossore lo turbano: non è ira che lo turbi, non terror del pericolo, è amore. Egli la guarda; e quel viso che.... *di pietosi color farsi Non so se vero o falso, gli parea,* lo infiamma a battaglia. E pur non le parla e si volge alla madre. Ma la Lavinia dell'Italia rinnovellata non fa che avvertire il diletto eroe del pericolo; non gli chiede amore come Tarpea al capitano nemico, come all'avaro duce Romilda; gli si inchina e sorride.

E se noi prendessimo similmente a considerare la donna quale ce la dipingono la Genesi, la Cantica, il Vangelo, l'Iliade, l'Odissea, Eschilo, Sofocle, Euripide, Saffo, Teocrito, Ovidio, Tibullo, Stazio, e via via tutti i poeti, gli storici, i moralisti de'varii luoghi e de'tempi; troveremmo nella donna quasi l'ideale del secolo.

[1] In altri luoghi Lavinia non è nominata che di volo.

Dammara e Creusa.

Dallo studiare la storia e la letteratura de' popoli che con noi misurano il cammino della vita civile, non pur letterarii ma civili vantaggi possono provenire; perchè la cognizione retta non è mai senz'amore. E sarebbe tempo che le nazioni tutte, riconoscendo gli antichi e i novelli vincoli che di tutte fanno una famiglia, imparassero a rispettare la propria nell'altrui gloria, a cercare la propria prosperità nell'altrui. Poi, studiando le varie ma non diverse vie dallo spirito umano tenute sotto i varii climi nelle opere della fantasia e dell'affetto, del valore e del senno, più e più si conferma questa verità: che in tutti i tempi, in tutti i luoghi, dal popolo escirono le grandi ispirazioni poetiche e militari; dal popolo i germi delle forti imprese e dell'alte speranze. Non è dunque da reputare trastullo della critica rude e erudita lo studio delle tradizioni e delle poesie popolari, che spandono sì nuova luce sulle origini de' popoli e sui processi dello spirito umano.

E giacchè ci viene offerto da un dotto della Norvegia, il signor Mersell, un saggio di canti popolari, canti che e nella forma e nella sostanza s'accostano più che non si crederebbe alla maniera meridionale, ne diamo notizie volentieri.

Qui cantasi la morte di Dammara moglie di Valdemaro, celebre re danese del secolo decimoterzo, principessa di Boemia, della quale parlano a lungo molti romanzi. — Vicina a morire, così la canzone, ella chiama a sè Cristina di Pisa, nome storico anch'esso ne' canti di quell'età. Richiamo con leggiere variazioni la traduzion letterale fatta dal signor Mersell: la quale ci mostra fino la giacitura delle parole.

« Ecco: entra Cristina, che tutta d'oro risplende. Nè vedea lo splendore della corona, perchè gli occhi avea pieni di lagrime. La regina le dice: Se leggere tu sai e scrivere, se trarmi tu sai di questo affanno, di purpurei panni vestita sarai, e sopra i miei destrieri andrai cavalcando.

» Cristina legge, ma invano; e sempre esclama: Più duro del ferro è vostro tormento....

» Allora la regina manda per il re suo consorte, manda il suo paggio fidato. — Il re, dal ponte del castello gli occhi lunghi volgendo: Colà, disse, io vedo il giovane paggio, che mesto cavalcandó sen viene. Iddio omai decida in cielo quale ha a essere il destino di Dammara...

» Il paggio al re, che sedeva al tavoliere da giuoco, espon l'imbasciata. Il re percosse il tavoliere di tal colpo che risonarono tutti i dadi. Non faccia il Padre eterno in paradiso, che, tanto giovane, Dammara muoia.

» Quando il re da Scondeburgo si partì, l'accompagnarono cento cavalieri; e, giunto che fu al ponte di Gristeda, solo rimasegli il paggio di Dammara.... Grande condoglienza era tra le donne, che tutte sedevansi piangendo. Dammara in braccio a Cristina spirando stava, mentre per la via il re se ne viene a cavallo. Ecco il re del popolo danese, ch'entra; ed ecco Cristina leggiadra e bella, che la mano gli porge. — E dico a voi, grazioso mio sire, deponete il cordoglio e l'ambascia. Quest'oggi un figlio v'è nato: dal fianco di Dammara egli pare reciso. Vi prego, signore e verginelle, tutte io vi prego, per l'anima di Dammara preci porgete acciò che meco ella parli. — Ed ecco si prostrarono colle nude ginocchia tutte quante eran ivi. Le preci loro e il real pianto furon graditi: gli toccò in sorte di vederla ancor viva. Dalla bara s'alza la regina, gli occhi tinti di sangue: Deh generoso sire Valdemaro, perchè mi dai tu questo affanno? [1] Il primo prego che io vi porgo, di buona voglia concedetemi: che al fuoruscito pace s'accordi, al cattivo si tolgano i ceppi. Il secondo prego che io vi porgo, sarà in pro vostro. Deh non toccate Berengaria quest'anno; ch'essa è fiore tenero e acerbo [2]. La terza più fervente

---

[1]   *Quid tantum insano juvat indulgere dolori,*
       O dulcis conjux?   Æn. II.

[2] Berengaria, principessa di Portogallo, seconda moglie di Valdemaro: rammentata anch'essa nelle canzoni popolari.

mia brama, esauditela: deh non mandate il diletto figliuolo a guerreggiare quest'anno. In Danimarca createlo re, quando sarete a morte; chè nato vi sarà da Berengaria un altro figlio, il quale baderà a porgli insidie [1]. La giovane Cristina prendete per consorte, ch'è sì gentile donzella e leggiadra. S'altro avverrà, ricordatevi almeno di me. — Quello di che mi pregate, io vel consento di buon grado: nè la giovane Cristina io sposerò nè altra vergine mai. — Nè la giovane Cristina nè altra mai donna al mondo voi dite di non isposare? Eppure in Portogallo andaste a cercare una vergine ancora acerba [2]. Che più volete ch'io vi manifesti? Stannosi i santi Angeli in cielo aspettandomi desiderosi. Egli è tempo omai ch'io da voi mi diparta: nè più m'è lecito d'intertenermi [3]. Le campane nel cielo già suonan per me; già mi tarda il giungere tra le anime beate. —

A Rinsteda, Dammara regina riposa. »

Quest'ultimo verso è, quasi intercalare, più d'una volta ripetuto nella canzone: e la poesia popolare ama gl'intercalari e le ripetizioni, incominciando dalla Bibbia e da Omero, e venendo all'Αρχετε Βουκολικὺς, al φράξεο μευ di Teocrito, all'αρχετε σικελικαῖ di Mosco, all'αἰαξω τον Ἀδωνιν di Bione, all'*Io Hymen* [4], al *Currite ducentes* [5],

---

(1) *Jamque vale, et nati serva communis amorem.* Æn. II.
(2) *At terram Esperiam venies....*
Illic res lœtœ.... et regia conjux
Parta tibi: lacrymas dilectœ pelle Creusœ. Ivi.
(3) *Hœc ubi dicta dedit, lacrymantem, et multa volentem*
Dicere, deseruit. Ivi.
Non me impia namque
Tartara habent.... sed amœna piorum
Concilia Elysiumque colo....
Jamque vale: torquet medios nox humida cursus:
Et me sœvus equis oriens afflavit anhelis. Æn. V.
En iterum crudelia retro
Fata vocant, conditque natantia lumina somnus.
Jamque vale: feror ingenti circumdata nocte,
Invalidasque tibi tendens, heu non tua, palmas. Georg. VI.
(4) Catullo, LX, LXI.
(5) Id. Carm. Nupt. Pel.

al *Ducite ab urbe,* all'*Incipe Mœnalios* [1]; poi dagli inni della Chiesa scendendo alle canzoni de' popoli del mezzogiorno, segnatamente a certe cantilene storiche riguardanti i re di Castiglia, che dalle maggiaiuole in certe campagne toscane ancora si cantano. Dei poeti dell'arte l'unico ch'abbia sentito la potenza dell'intercalare è il Beranger, il quale però ne ha sovente abusato.

Quanta gentilezza di sentimento in quelle gelose preghiere di Dammara; quanta nobiltà in quella raccomandazione di richiamare i proscritti; quanta agevolezza ne' passaggi dal dialogo alla narrazione; quanta corrispondenza tra le ultime parole di Dammara e quelle di Creusa, tra quel suo alzarsi dalla bara e i simili miracoli narrati in Italia di sant'Antonio e d'altri Santi; quanta serenità in questo quadro d'un ingegno nordico, come qualche ameno critico lo chiamerebbe!

[1] Virg. Buc. VIII.

Parte II. – EDUCAZIONE

Di quella educazione che incomincia colla vita.

A UN PADRE.

Se tu già pensi all'educazione della tua Eloisa ch'è ancora in fasce, pensi bene; perchè di là veramente l'educazione incomincia. E coloro che il proprio sangue abbandonano alle venali cure di balia sconosciuta, non sanno di che delitto si facciano rei. Molti sogliono maravigliarsi al vedere in bambini di tre o quattr'anni così netto l'istinto del bene e del vero; e stoltamente si lamentano o gioiscono che il caso abbia prevenuta la lor diligenza. Ma, intanto che i padri e le madri tengono la nuova prole quasi com'ente irragionevole, e aspettano che la facoltà del conoscere gli venga infusa in non so qual giorno e per non so quale miracolo, intanto quella creaturina dà mano alla propria educazione da sè, bene o male, secondo le circostanze che porgon occasione alle prime idee, a' primi affetti. Tocca all'educatore indirizzare tali circostanze, quanto è possibile all'uomo; attenuarne il men buono effetto, accrescerne il buono, coordinarle.

La stessa educazione corporea pare governata piuttosto di abiti meccanici che da amore intelligente. Accennerò per modo d'esempio alcune avvertenze che parranno importanti al tuo cuore paterno.

Possono talvolta leggiere cause avere nel crescimento d'un corpicino sì tenero effetti gravi. Variare le positure, e non pigiare nessuna parte di troppo nè con berretti nè con nastri nè con falde, è avvertenza buona nella cura siccome del corpo e così dello spirito. La varietà, la libertà de'movimenti non portano mai tanti danni quanti ne tolgono.

Se imparassero a badar bene dove posano il piede; se conducessersi al luogo del pericolo, additando alla meglio in che il pericolo stia; se s'addestrassero a salire e scendere a quattro piedi le scale, mentrechè non han forza di reggersi ritti; se insomma si mettesse a profitto la molta attenzione che quelle anime vogliose portano a quanto sta lor d'intorno, le lagrime de'genitori sarebbero men frequenti. E quel che dico delle cadute, intendo e del fuoco e dell'acqua e d'ogni pericolo. A fuggirli non s'insegna tenendone l'uomo sempre lontano, sia fanciullo sia adulto, ma portandovelo talvolta sopra, mostrandone la natura e qualche indizio, e le vie di cansarli e di vincerli. Io mi rammento che, appunto per esser tenuto con troppa cura lontano da'precipizi, ero sempre per le terre e col capo rotto; e, perchè non mi s'insegnava a evitare il pericolo tante volte sperimentato, ero sempre in pericolo. Questa che par cosa da poco, ha gravi sequele; perchè la dissuetudine dell'attendere rende la mente sbadata, e cagiona quelle distrazioni che riescono tanto spiacevoli nella vita. Il naturale acume dell'ingegno non serve; conviene esercitare l'attenzione: e in questa, così come nelle altre cose, gli abiti dell'infanzia sono potenti.

Il bambino dovrebbe assuefarsi a dormire a riprese; assuefarsi, quando non può dormire, a star cheto; a non pretendere ch'altri lo tenga in braccio o lo culli o gli canti; assuefarsi a prender sonno sul duro così come sul morbido. L'amore di padre e di madre, perchè sia vero, deve, com'ogni altro amore, essere forte e comandare a sè stesso. Io vorrei che a ogni sorta di cibo, e sia pur grossolano o disgustoso, facesse la bocca la tua Eloisa;

che d'un cibo solo, purchè sano, imparasse a contentarsi lunga serie di giorni. Voi siete pochi in famiglia, e d'accordo; e potete tenere con fermezza qual modo v'è a grado. In tutti i tempi, ma specialmente nel nostro, la vita è sì varia, sì procelloso s'affaccia l'avvenire, sì tiranni diventano i bisogni fittizii, che sgravarsene il più possibile è il maggior benefizio che possa l'uomo rendere a sè stesso e a'suoi figli. Chi apprende a vincersi nelle piccole cose, saprà dominare le grandi; avrà più libera, più salda, meno tediosa la vita. E l'arte di vincersi alla donna è quasi più necessaria che all'uomo, perchè la debolezza si rinforza per annegazioni, e di sagrifizi si nutre l'amore.

Educa, più che tu puoi, la tua Eloisa all'aria aperta, alla gioia della luce, ai freschi venti del mare, al libero alito dei campi; tien chiuse il men che puoi le finestre della sua stanza; scegli per lei il secondo piano della casa o il terzo; non la lasciar languire in ambiente riscaldato da stufa o dal fiato di troppa gente: e quando non puoi postarla in campagna, falla condurre in qualche piazza spaziosa, in qualche giardino, sul mare. Così quel che dicesi mal di mare non le darà forse noia un giorno; imparerà così a non temere le infreddature e i reumi, regalo della civiltà; così, tersa di frequente nella corrente vivifica dell'aria pura, ella ti crescerà vispa del corpo, e dell'animo (ch'è il meglio) serena.

L'umor nero o brioso dell'uomo io credo derivi in buona parte dalla tetraggine o dalla gajezza degli oggetti che primi gli vengono a'sensi. Io per me, la resistenza che per lunghi anni provai a manifestare con atti e con parole la gioia degli affetti e la pace de'pensieri, l'attribuisco in parte ai vetri tondi che rendevano uggiosa la casa fabbricata da mio avo ove nacqui. E mi stanno ancora negli occhi certe chiazze di bianco, che dal palco non istuoiato mi sovrastavano, quasi segni di mal augurio, e ne'sogni m'erravano per la mente variandosi in immagini di terrore. Certo è che, se gli oggetti veduti dalla madre incinta possono tanto sulla struttura del figliuolo, molto più i veduti dal figliuolo medesimo potranno in esso. Vorrei dunque che, siccome alle donne spartane offrivansi nel talamo le belle figure di Castore e di Polluce, così nella stanza ov'è il bambino, le correnti dell'aria e della luce venissero libere, e le pareti non fossero ingombre d'arnesi pesanti e di quadri molti, ma pulite, e ridenti di gai colori.

E alla vivacità dell'umore credo confacevole la mondezza: che negli adulti è pudore, è amabilità, è decoro, è occasione o indizio di virtù. Il più dei vizi al contrario sono sudiciume: il goloso, il dissoluto, l'avaro, chiamansi sudici; l'ira trasportata ad atti indecenti; l'accidia è sudicia quasi di necessità; la superbia, per insultare altrui, fa quello che non farebbe per abito, ond'è che molti de' grandi commettono sudicerie da arrossirne un villano. Nè senza cagione *decente* venne a significare *pulito*; e pulito si chiamò l'uomo garbato: e pulito negli affari il mercante onesto; e *pulito* in molti dialetti d'Italia suona lo stesso che *bene*. Importa che nessuno di coloro i quali circondano il bambino sia tale da dare al suo carattere una brutta impronta. E l'istinto dell'imitazione comincia a operare nell'animo infantile ben prima di quel che si pensi. Io, per vedere di continovo in casa due vecchi prozii, avevo appena imparato a andare da me, che già con le mani dietro al dorso passeggiavo la sala (da noi dicesi il *portico*) in mezzo a loro.

E appunto perchè le prime impressioni sono prepotenti, vorrei fin dal primo albore della ragione infondere in quelle anime tenere il sentimento religioso, mostrando loro cosa che a religione appartenga, e indicandola degna di special riverenza; conducendoli alla chiesa, e facendoveli stare zitti e composti. Non è vero che l'insegnamento religioso convenga serbarlo a maturi anni, come il Rousseau pretendeva. Nessuna età può degnamente comprendere l'idea di Dio; ma tutte di questa sublime idea possono essere consolate e nobilitate. Che se il fanciullo, per mangiare, aspettasse poter conoscere quello che mangia, e' morrebbe di fame. Abusare dell'ignoranza di quegl'innocenti per privarli di tanto conforto, sarebbe (anco umanamente parlando) cosa spietata. A noi non è dato sapere il modo e il tempo quando nell'infante potrà capire il sentimento religioso; sentimento, cioè, d'una forza maggiore di quella ch'egli conosce pe'sensi. E la religione, così definita, tu vedi come si stenda larghissima; come un solo barlume di lei sia benefizio recato a quell'anima tenerella.

Gli è invincibile istinto questo che porta la mente pargoletta sopra le cose sensibili: e mille indizi lo mostrano. E n'è indizio anco la troppa impressionabilità del bambino alle paure. Superfluo raccomandare a te, che nessuno di casa parli mai alla tua nè della secca nè dell'orco nè degli streghi nè delle fate nè dell'uomo nero nè del gatto mammone nè degli spiriti nè del *ci si sente*. Ma io vorrei più: vorrei che i bambini non fossero illusi o delusi con false aspettazioni, con false maraviglie, con inganni di sorta nessuna. Quel chiamar gente che lo porti via, se cattivo; quel dipingergli taluno degli estranei come un non so che di tremendo; quello stesso fargli guardare in alto l'uccellino; son piccoli inganni che giova risparmiargli. Molto meno è da spaventarlo con mosse strane, con subitanee sorprese, con grida delle quali e'non possa intendere la cagione. Alle cose paurose egli deve far l'occhio a poco a poco: ma appunto perciò conviene in sulle prime guardarlo da ogni subita scossa. Quello che il Rousseau dice delle maschere e degli animali schifosi, è savio consiglio; con due avvertenze però: che gli oggetti men belli all'occhio nostro (ciascuna cosa naturale è bella nel genere suo) non siano presentati in troppa frequenza, perchè nuocerebbero all'ilarità e alla finezza del sentimento; e che nell'aspetto degli animali che ai più paiono ributtanti egli impari a distinguere e a vincere o a fuggir quelli che possono far male davvero.

Il coraggio più difficile, e ai deboli specialmente più necessario, è il coraggio di soffrire al bisogno. E la nostra educazione fiacca, e il molle affetto dei padri e delle madri, col non ci dare, col toglierci questo coraggio, ci rende infelici e cattivi. Cattivi, dico, perchè l'uomo che non ha patito, non sa compatire. Quindi la necessità dell'assuefarsi a soffrire ne' mali irreparabili, a tacere ne' leggieri, a non pretendere intera esenzione da quegl'incomodi che nel fanciullo e nell'uomo impaziente diventan dolori. Quindi l'utilità di talvolta a bella posta esporli a leggier disagio, e così prepararli a' più serii guai che si vengono forse addensando sul lor tenero capo. Quindi l'utilità di non li contentare subito e in tutto, acciocchè non s'avvezzino a voler l'impossibile. L'uomo impara a comandare prima che a muover parola; e quanto più debole si sente, tanto più vorrebbe essere imperioso tiranno. E invero, tirannide è debolezza.

Non si stimi dunque crudele atto, ma paterno, l'astenersi da soddisfare tutte le voglioline del fanciullo, e il lasciarlo talvolta alle prese col dolore. Ogni desiderio vano non soddisfatto è germe di mille piaceri. E per distinguere ne' bambini il desiderio vano dall'urgente bisogno, basta por mente al linguaggio e all'indole loro.

Già il divezzarli dal piangere senza forte cagione, scema di molto la difficoltà del comprenderli. Nei casi dubbi, per accertarsi, giova lasciarli piangere alquanto soli, e star da lontano a sentire. Se durano un buon poco, segno è di vero dolore.

Ma in questa, siccome in tutte le parti dell'educazione, il difficile si è non cedere fuor di tempo. Senza quest'arte ogni educazione è fallita: e questa rende superflua la severità de' gastighi. Fateli docili al dolore; e saranno ancora più docili a voi: fateli non prepotenti, e cesserà la ragione dello sgridarli, e, molto più, del picchiarli. Siate parchi di carezze, e risparmierete molti arrabbiamenti a' vostri figliuoli, e molti a voi stessi.

A questo non credo, però, necessario quel che taluni pensano e fanno verso i bambinetti già grandicelli: contrariare inutilmente e quasi per prova le volontà loro, sebbene innocenti, non dargliene mai una vinta. Questo, più che a ubbidire, dispone a ribellarsi: e l'educare è politica in piccolo, così come il governare è una grande educazione.

Di qui seguono norme facili del pari a intendere che a violare. Non conviene abbondare in vezzi svenevoli co' figliuoli, nè baciucchiarli a ogni parola che dicono, nè avvezzarli a farsi portare in braccio e dondolare. Non ridere delle loro impertinenze, nè menargliele buone, nè aizzarli a picchiare in atto di vendetta persone o cose, nè nutricare in loro alcun sentimento d'odio o di dispregio verso gli uomini, le bestie, le cose; nè dar loro l'esempio o destar comunque l'imagine d'ira bestiale, con cui l'uomo nuoce assai volte a sè più che ad altri. Non mettere loro in bocca quel *tu* sguaiato, che nulla aggiunge all'amore paterno, e molto scema col tempo alla filiale riverenza. Certe distinzioni le richiede la stessa natura, contro la quale verrà sempre a infrangersi ogni furore tirannico d'uguaglianza. Io vorrei che le lingue tutte ignorassero l'*Ella* e il *Voi;* ma, giacchè la nostra li conosce pur troppo, e fra questi tre modi pone pur troppa distinzione, se in alcun luogo convien rispettarla, gli è certamente nelle parole che il figliuolo volge al padre e alla madre. E ciò, ripeto, nulla toglie all'amore. Ch'anzi, com'è più modesta, ogni affezione dell'animo è più gentile; e quanto più raccolta rimane, tanto al suo tempo si spande più veemente.

Ove siano più figliuoli, mostrare predilezione al maggiore o all'ultimo, risica d'essere colpa. E tu avrai veduto che i meno riguardati riescono spesso i più assennatini e quieti; il più accarezzato, il più cattivo e il più sciocco. Perchè non è cosa che, quanto l'adulazione e la prosperità, renda gli uomini cattivi e sciocchi. E dell'essere prediletto, il bambino comincia a accorgersi in fasce. Di qui si conosce l'error di coloro che in bamboccine di due anni cominciano a lodar la bellezza; a mettere quasi divorzio fra il titolo di buona e di bella.

E a proposito di bellezza, io vorrei che insieme col sentimento religioso il sentimento del pudore si venisse istillando. A ciò si pensa poco oggidì: nello sguardo, nel passo, nel vestire, nel sedersi, nel mangiare, nel modulare la voce, le nostre bambine pigliano esempio dalla gente che gli stanno d'intorno, esempi non tutti di modestia e d'eleganza. Quindi è che, giunti all'età quando il pudore diventa convenienza sociale, se ne coprono come d'un velo da levare ogni volta che possono: quindi è che in certe fanciulle il pudore è artifizio più che istinto.

Le cose accennate sin qui spettano più propriamente alla madre: ma non è vero che l'educazione de' primi anni sia tutta alle cure materne affidata. Anco il padre ci ha l'uffizio suo, e non leggiero: anco a lui spetta l'educazione dell'intelletto, educazione che sin da' primi mesi può e deve incominciare. E perchè qui troppo resta da fare; altri concludono, meglio far nulla; altri gridano: ma i genitori allora non avrebbero a far altro che badare a' loro figliuoli; — come se tutti spendessero la vita in cose di maggiore momento.

Io credo che dall'osservazione convenga prender le mosse, studiare l'effetto che sul bambino producono le impressioni varie, o casuali o preparate; vedere come la sua intelligenza si venga svolgendo e quasi colorando agli albori del vero; che nuovi segni egli dia di comprendere, di volere; come disponga le idee, con qual ordine (probabile almeno) le formi: e a tal fine, con l'osservazione congiungere l'esperienza, le esperienze variare, e in varie circostanze ripetere le medesime; fare insomma, quanto è possibile, ciò che il chimico fa nell'analisi di una sostanza, il fisico nella scoperta d'una proprietà nuova de'corpi. E di queste osservazioni ed esperienze gioverebbe tenere un giornale fedele; e da siffatti giornali, insieme confrontati, escirebbe luce alle questioni ideologiche, all'arte dell'educare importanti.

Nè tempo a noi, nè al nostro discepolo manca docilità. Basta riguardare negli occhi de'bambini per leggervi l'intensione del sentimento, l'avidità dell'apprendere. Le cose ch'e'vede sensibilmente avvicinate, egli nell'idea le avvicina: voi dunque avete il modo di indirizzare le sue prime cognizioni, più che non potreste operando sullo spirito d'un adulto. Potete, in parte almeno, presentare a lui quegli oggetti che più vi aggradano, e sovente, come aggrada a voi, collocarli.

Il primo modo pertanto di svolgere le menti infantili si è presentare una certa varietà d'oggetti, ma senza che faccia confusione; più spesso i più necessarii a conoscere, i più difficili in più varii lati. Una delle ragioni perchè i ragazzetti d'oggidì son più vispi che quelli d'un tempo, si è che veggono dai primi anni più cose, sentono parlare più, si muovon più presto: e quell'urto che scrolla il mondo, non può non li scuotere anch'essi. Giova dunque tramutare il bambino di posto; portarlo alla chiesa, al passeggio, in campagna, sul mare; presentargli persone estranee, oggetti nuovi, specie varie d'animali; ma sempre badando ch'egli abbia il tempo di raccapezzarsi, di riconoscere col paragone le somiglianze degli oggetti; e ciò significa, coordinarli. Tenerlo sempre co' soliti visi e le solite seggiole dinanzi, è ingoffirlo; onde avviene che all'aspetto di faccia nuova egli piange, impaurisce, nasconde il viso; e quand'è più grandicello, si rincantuccia o s'invola.

La prima operazione della mente infantile consiste nel riconoscere l'identità dell'oggetto. Un oggetto che gli si offre pur una volta, non gli lascia altra idea che la generale dell'Essere, a quell'oggetto applicata. Dopo riconosciuto l'oggetto, la sua mente passerà alla seconda operazione, ch'è il distinguere; noterà le differenze tra gli oggetti simili: e, dopo aver troppo generalizzato, imparerà a particolareggiare. In tale studio e' sarà naturalmente aiutato dall'impulso dei corporali bisogni; gli oggetti che spettano alla sua conservazione, ne sentirà più vivamente le qualità principali; s'ingegnerà di denotarle con varietà di segni. Quindi gli atti della bocca; quindi il tono vario delle sue grida; quindi insomma l'alfabeto del linguaggio infantile: alfabeto non tanto povero nè tanto confuso quanto parrebbe: ma all'educatore bisogna apprenderlo ed ampliarlo.

E appunto perciò quell'età tenerella è educata male,

perchè non è studiata, non è conosciuta. Si dànno colpi alla cieca, si piglia la natura a ritroso, a traverso; e poi si finisce coll'esaltare le maraviglie dell'arte, tanto necessaria a correggere l'ignorante natura.

In quella prima età l'uomo è forse più creatore che in altra, appunto perchè la natura gli è unica ispiratrice. Nelle parole che sente, e' s'ingegna d'inchiudere tutte le nuove idee che gli concorrono all'anima. Quindi ha linguaggio di necessità figurato; e, come i popoli primitivi, bambini della società, egli generalizza insieme e dipinge. Se non è generalizzare per astrazioni quel suo, è per immagini: e il procedimento di tali generalizzazioni e la singolarità di tali figure sono soggetti di studio bellissimi. Pare talvolta ch'egl'intènda il linguaggio nostro, e non è: alle parole sentite attribuisce altro senso; così frantese, le applica, le accoppia insieme, e cogli errori stessi arricchisce il proprio tesoro. Così gli uomini adulti sovente; così lo spirito umano. Il frantendere una verità frutta loro che, invece d'una, col tempo ne intendono più. Non già che l'errore e il male di per sè possano dare altro che male e errore: ma, essendo ad essi sempre misto un che di bene e di vero per cui si rendono tollerabili e possibili, quel che in essi si trova di bontà e verità, serve come di ponte a più sicuro cammino; e ciò per merito della Provvidenza preparatrice, e del libero arbitrio umano, riparatore.

Il gusto è 'l primo senso che dia al bambino un'idea alquanto distinta delle qualità delle cose; poi viene il tatto, poi la vista, poi l'udito, ultimo l'odorato. Questo, pare, per solito. E quanto al gusto giova, ho detto, assuefarli e a un cibo solo e a ogni sorta di cibi. Quelle sensazioni varie, oltre all'essere principio di nuove abitudini, son nuove idee. Variano almeno lo stato dell'anima; e con la novità scuotono l'attenzione.

E quando egli esce dei dodici mesi, gioverebbe applicarlo a un più diligente studio delle qualità delle cose: fargli per esempio dalla mollezza o durezza del corpo, dal colore, dall'odore, dal suono ch'e' rende, fargli, dico, indovinar la bontà del sapore. Questa parte d'educazione gli adulti stessi curano poco; e i selvaggi in ciò son più dotti di noi.

Giova a tal fine divezzar presto il bambino da essere imboccato, e far che impari a mangiare da sè. Ne verrebbero due vantaggi: che nel mangiare egli ubbidirebbe al bisogno della natura, e senza risico di rimpinzarsi, come segue quando l'impippiano infino a gola: poi, baderebbe meglio se sian troppo caldi o ghiacci i cibi, ne osserverebbe le qualità.

Primo dovere è non gli dare false idee delle cose. Volete voi persuadergli non mangi un cibo, non tocchi un arnese? Non gli dite che il cibo fa male, se male non fa; che l'arnese brucia, che l'animale morde: ma rendetegli la ragione vera del divieto, s'e' può intenderla; se no, toglietegli l'oggetto dagli occhi, assuefatelo all'annegazione, virtù che troppo spesso gli sarà necessaria nella vita. Alle false ragioni il bambino s'acqueta di rado; guarda con occhi stupidi, e non sa se debba resistere o arrendersi: tanto è potente nell'uomo l'istinto del vero, tanto costa alla sua natura il dubbio e la diffidenza.

Ora parlando dell'avviare il bambino nella scoperta delle qualità delle cose, tu vedi che qui non si potrebbe fermare norma unica. Questa è scuola che deve secondo le circostanze variare; e ogni cosa può essere scuola. L'educatore dovrebbe disporre intorno a lui con tal arte le persone e le cose, che portassero nel suo spirito impressioni tutte d'ordine e d'armonia. Se ogni cosa non può essere prestabilita, giova almeno che non sia casuale ogni cosa. Ora nell'educazione presente de' bambini e degli adulti gran parte è commessa all'arbitrio del caso, quando non si faccia male apposta, e non si spropositi ad arte.

Vorrò io preservare il bambino dai pericoli di bruciamento? Prenderò la sua mano, e andrò grado grado accostandola alla fiamma d'una candela: sentito il dolore, e' saprà lesto lesto ritrarla: rinnovata più volte l'esperienza, e'non aspetterà di sentire il dolore, nè permetterà ch'io gli accosti la mano alla fiamma. Il simile farò sul fuoco d'uno scaldino, d'un caminetto: e così senza ch'io gliene insegni, e'fuggirà il fuoco; e a me resterà allora la cura contraria, di temperare la sua paura soverchia, mostrandogli come senza risico se ne possa far uso. Se gli avvien di cadere o da scalini o per intoppo o per isdrucciolo; lo riporterò sul luogo della caduta, farò ch'egli colleghi all'idea di capitombolo o di stramazzone l'idea di dolore; e impari a tenersi lontano da' precipizi, a guardar dove mette il piede, a posarlo ben fermo.

Così, quand'egli sarà più grandettino, io gli presenterò grado grado i più pericolosi oggetti, bestie velenose, erbe micidiali, corrosivi, altri veleni potenti, arme da punta, da taglio, da fuoco; gliene descriverò la natura, il modo di riconoscerli agli esterni segni, di adoprarli, di vincerli. Gli dirò quali cibi meglio si confacciano alla salute, quali siano duri alla digestione; quale la costituzione dell'uomo, che cosa ne conservi o scemi il vigore. E tutto cotesto per modo d'esempio, sopra luogo: spiegazioni, non consigli; familiari colloquii, non precetti.

Dovrebbe il bambino aver sempre le mani sciolte, e sempre intorno a sè balocchi e ninnoli di forme e colori e sorte varie, da potercisi giocolare e rigirarseli in mille maniere. Poi, quando e'comincia a snodare la lingua, gioverebbe proporgli piccole questioni da sciogliere. Per esempio, chiudere tutta o parte, una frutta nella mano; e dal colore, dall'odore o da altre apparenze fargliene dire la specie. Così prendon uso a notare le particolarità delle cose; e quest'uso li accompagna in tutte le faccende della vita: diventano buoni operai, commercianti, scienziati, e, se Dio vuole, artisti, poeti; poichè l'eccellenza di tutti cotesti esercizii è posta in gran parte nel ben osservare.

Siccome l'educazione più adulta s'avanza aiutando l'una con l'altra facoltà la ragione con l'immaginazione, l'immaginazione con la memoria, tutte poi con l'affetto; così la infantile s'avanza avvertendo che l'uno all'altro senso si faccia maestro. E quanto sia potente tal mezzo, lo dicono i ciechi e i mutoli, ne' quali il tatto è sì fino: lo dicono i selvaggi in cui l'attenzione ai menomi indizii delle corporali qualità, è cosa agli inciviliti mirabile; lo dicono le bestie stesse. Convien dunque acuire i sensi del bambino il più chè si possa, esercitandoli in molti modi, facendo all'uno far le veci dell'altro; acciocchè, se per disgrazia e' venisse a perderne alcuno, trovi negli altri un compenso.

Questi esercizii, ripeto, sono a lui continue scoperte, sempre nuovi piaceri. Comprendendo la natura, egli la crea in certa guisa a sè stesso. L'età nella quale siffatti piaceri incominciano, niuno potrebbe determinarla appuntino. A chi prima, a chi poi. Ma questi esercizii giova, a ogni modo, incominciarli presto, acciocchè più pronto che si può ne riesca il profitto; e, non foss'altro, per conoscere le forze della mente umana in quell'età che per anco non è conosciuta.

E però tutti i balocchi del bambino dovrebbero essere congegnati con tale accorgimento ch'e' vi trovasse materia d'osservazioni profittevoli; potesse scomporli, come i bambini sogliono, e poi ricomporli da sè; cosa che li fa sorridere per viva gioia. Poi, certi lavorucci semplicissimi non sarà male affidarli alle lor tenere mani: come avvolgere un gomitolino, strofinare col setolino uno scampoletto di roba, girare un macinino, e simili. S'assuefanno alla regolarità, alla costanza dei movimenti, all'amore dell'affaccendarsi: abiti preziosi.

Da pochi si pensa che il bambino, il giovanetto hanno a diventare uomini; trattasi la natura crescente come una tutt'altra dall'adulta. Quindi la guerra, or segreta ora palese, tra la giovanile età e la virile; quindi le noie e le umiliazioni che tormentano e uggiscono la più fresca età della vita; noie che rendono vieppiù smaniosa la sete del piacere; umiliazioni che rendono più cruccioso e, per l'inesperienza stessa, più arrogante l'orgoglio.

Tutti dunque i discorsi che al bambino si tengono, dovrebbero essere semplici, varii, ma veri; tutti i suoi giuochi, o lavori piacevoli, o preparazione a lavori; tutti i piaceri consistere o nell'acquisto d'un'idea nuova, o nell'acquisto d'un mezzo da potersene guadagnare. Alle bambole, alle carrozzine, a' cavalli dovrebbero mettersi invece figure dipinte o in rilievo, con nomi storici, figure rappresentanti i fatti della storia religiosa e della storia patria; acciocchè, prima ancora d'intendere l'atto di Pier Capponi, la scoperta di Cristoforo Colombo, la vita di Michelangiolo, abbia già il bambino in mente una traccia di quell'atto, di quelle scoperte, di quella vita. Con tale avvedimento, agli otto o ai nov'anni, e'saprebbe della storia patria qualcosa più che non ne sappiano molti provetti, forse meglio che qualche scrittore di storia patria.

E queste figure da presentarglisi, dovrebber essere non ineleganti, per educare il sentimento del bello; di che troppo poco ci curiamo oggigiorno. Avvezzi a comprare il gusto bell'e condito nel Decolonia e nel Blair, avvezzi a giudicare l'immensurabile natura con le anguste norme dell'arte, noi crediamo e giuriamo che fuor di certi modelli non c'è via d'intendere quel che sia la bellezza: quasi che il senso comune non ci abbia parte. Resta a sapere come facessero a sorgere i modelli, se l'idea di bellezza innanzi i modelli non era. Noi, cercando la luce, fuggiamo dal sole; e ci rintaniamo volontarii in una caverna a contemplare sulla parete le ombre degli oggetti che fuori sono, luminosi e viventi. Fatto è che la bellezza, non meno che la verità, comincia a operare sull'uomo appena venuto nel mondo; e se in tanti vediamo depravato il sentimento del bello, ne sono causa gli oggetti che primi offersersi ad essi, e glielo falsarono. Se fosse possibile allevare un fanciullo lontano da aspetti deformi, in seno d'un'amena e variata natura, tra persone leggiadre d'aspetto, di voce soave, di gentile favella, sano delle membra, senz'error nella mente, senza turbolente passioni in cuore; egli di necessità crescerebbe poeta. A questo ideale di perfezione dobbiamo avvicinarci nella educazione che il presente consorzio ci concede, interrotta da scosse, d'ostacoli ingombra.

Se tutti gli oggetti che al bambino si presentano, non glieli possiamo far belli, vediamo di presentargliene quanti più, e quanto più belli ci è dato: e per gli occhi e per gli orecchi facciamogli, quasi placido fiume continuo, scorrere all'animo la bellezza.

L'addormentarli al suono di cantilene, io credo sia un inviziarli; chè, quando il sonno li prende, dormon da sè; quando no, debbono saper stare zitti: ma credo che al bambino vegliante le cantilene giovino, purchè belle, e temperate ad affetto. Poi, cresciuti un pochino, fate loro sentire qualche melodia più varia; date loro uno zufolino, un piffero, un tamburino, non perchè vi dian dentro all'impazzata, ma perchè imparino a modulare lo spirito ch'esce loro di bocca, a distinguere la battuta, a aborrire gli strepiti discordanti, ad amare in ogni cosa la misura, l'ordine, l'armonia.

Questa potenza degli abiti primi giova sempre tenerla dinanzi al pensiero, come norma e conforto delle minute e difficili e in apparenza vane cure a quella educazione primissima convenienti. Per esempio, l'amore d'una certa ovvia risonanza nella collocazione de vocaboli, il quale mi perseguitò lungamente, quella frequenza di sdruccioli con cui finivano i miei periodi e gl'incisi, dubito venisse in parte dalla lettura di Cicerone fatta in età tenerissima, che nulla intendevo di latino, e nel recitare ad alta voce que' periodi sentivo un piacere ch'ora non saprei dire qual fosse. E, per recarti un più notabile esempio: non vediamo noi la plebe toscana, ignara dell'artificial prosodia, improvvisare e ripetere versi giusti, e più armoniosi che molti tra i versi che l'arte suda? Non sappiamo noi che nel teatro di Roma, se l'attore sgarrava un verso, la plebe ne l'ammoniva co'fischi? Certamente non c'è mercatino di Firenze nè pescatore di Chioggia che non sappia nel volto umano discernere il brutto dal bello. Or s'egli avesse posta la medesima attenzione a tutti gli oggetti, al vestire, al muovere, agli atti della vita; si sarebbe in ogni cosa fatto un modello di bellezza, col quale affinare tutte le proprie facoltà e consolare la vita.

Tornando a' suoni, le prime parole ch'io gl'insegnassi, vorrei profferirgliele nettamente in forma che gliele facesse più intensamente ascoltare. Il tristo uso di balbettar le parole, e contraffare la lingua infantile, conviene smetterlo. E gioverebbe, chi sa, insegnargli a dirittura il pretto italiano, che ha le voci più intere e sonanti, e risparmiargli almeno in parte le uggie grammaticali che un giorno l'aspettano.

Qui ci sarebbe un importante studio da cominciare, sull'ordine col quale i bambini comprendono il senso delle parole; come vengano formando le idee di relazione, le astratte; quando dian segno d'intendere gli avverbi, le preposizioni; come s'addestrino a usare i modi varii de' verbi. Tenendo di queste osservazioni un giornale esatto, e confrontando tra loro parecchi di tali giornali, s'avrebbe una parte d'Teogonia bell'e compiuta; e la più preziosa, la parte de'fatti. A tal fine giova forse che il padre non sia filosofo di mestiere: perchè, invece di studiar la natura, costui butterebbe in capo al bambino la broda delle proprie ipotesi, e riuscirebbe forse a far dubitabile fin la certezza.

Dell' educazione d' una fanciulla.

AL MEDESIMO.

Aveva promesso riscriverti dell'Eloisa com'ella avesse toccato il terz'anno; ed eccola al quinto. Così la vita di quelli a cui dobbiamo le cure nostre, precorre esse cure, e ci coglie sprovveduti: e mentre che all'avvenire proponiamo apparecchiarci, l'avvenire è passato. Ma non perdiamo il tempo che incalza, e veniamo a lei, già matura a nuovi esercizii e di corpo e di mente.

Bada che l'aria molle e le flacche abitudini dei più tra gli agiati del paese non allentino le fibre e l'anima sua. A ogni maniera di moto l'addestra: snodi, raffermi, indocilisca le membra; e ad ogni atto compagna sia la decenza e la grazia. Quel lasciarli cascare e voltolarsi per le terre, com'ora a' bambini si suole concedere fin sopra i dieci anni, mi pare vezzo più bestiale che umano.

Il cibo a ore fisse, in quantità regolata. Badare quali meglio digerisca, quali le facciano il sonno più quieto, l'umor più sereno; gli effetti delle cose corporee sull'animo di lei studiare, ch'è studio alla scienza medica, e a tutte, importantissimo, e nuovo quasi. Abituare il suo stomaco all'astinenza, ch'è de'purganti il migliore; erbaggi, colazione talvolta di solo pane, talvolta desinare di sole frutte: mai boccon'ghiotti per premio; dispendiosi mai: eccitanti pochi; vino o punto o annacquato, sì che il pretto non lo possa soffrire; liquori spiritosi mai; poco caffè puro, mèscite dolci rado. Possa la tua Eloisa senza stento passare a vita faticosa e povera, esser moglie d'un artiere, d'un esule.

Giuochi da esercitare la sua intelligenza a poco a poco: mai giuochi d'azzardo. A scacchi no: che a giuocar bene ci vuol tanto studio quanto a far versi; e non è buono penare per trastullarsi, e perdere il tempo sul serio, e inorgoglire d'inezie. Prima ancora del dominò, si balocchi con pezzetti di legno di forma quadra, fatti apposta, co'quali fabbricare casine e altri edifizii. Se tu avessi in legno le più regolari figure e più comuni, potresti a questo modo insegnarle gli elementi della geometria: ma puoi, cosa più facile e più necessaria, con chicchi o pallottoline o pezzettini di checchessia, insegnarle a far di conto; e questo le sarà sempre nuovo esercizio e trastullo.

Così per divertimento la può imparar l'uso del termometro e del barometro: puoi tenere in casa un igrometro de'più semplici, e farla attenta alle variazioni dell'aria e delle stagioni. Da tutte le qualità de'corpi puoi trarre materia d'insegnamento che le faccia piacere; al che ti gioverà la Fisica del Julia Fontenelle, e la Chimica dell'Accum, tradotte ambedue.

Preghi e canti dinanzi a un'immagine, ma non contraffaccia le cerimonie di chiesa. Le cure che piglia per un cencio in forma di donna, le prenda per sè o per altrui. Sul serio cominci a lavorucchiare, sul serio impari il canto, e delle faccende di casa ogni cosa. Apprendano a tener pulite sè, la stanza, la casa; apprendano l'uso del danaro; e quante cose con pochi soldi si possano avere, quanti beni fare, doveri adempire. Così sapranno stillare senz'essere tirchie, e, col valore della moneta, conosceranno insieme le qualità di molti oggetti mercabili; ch'è principio di cognizioni molte e necessarie e mal note a' più.

A cinqu'anni la non deve più urlare; deve imparare a vincere con la volontà il desiderio e il dolore: e i bambini impotenti a tal prova, o stizzosi o piccosi, deve riguardar con pietà, come quelli che non sanno far uso della ragione, e hanno del bestiale. Al dolore inevitabile deve sottomettersi, e dedurne profitto per farsi migliore, e più previdente e più paziente, e più compassionevole ad altri. E però alle sue buicine non bisogna compiangere bambinescamente, nè baciucchiarla per pietà o per affetto o per maraviglia. Coteste dimostrazioni d'amore che non sa dominare sè stesso, l'avvezzano debole, fragile, pretensionosa; e chi non fa altrettanto, le dispiace; e chi più la liscia, più le va. Onde i baci de' genitori possono essere fomite di corruzione.

Nè materiali dimostrazioni d'amore, nè pene corporali che al corpo si soffermano, e al cuore non vanno. Una parola, un silenzio, uno sguardo, una negata dimostrazione di stima; se persiste, la solitudine: nulla più. Mai le mani addosso, nè a noto nè ad estraneo nè a servo nè a bestia: la dignità dell'uomo, e la propria, in condizione qualsiasi, rispettare.

Moduli al canto la voce; canti a orecchio, ma giusto. Non è difficile fra'tuoi conoscenti trovare chi sappia tanto di musica da canterellarle qualch'aria le cui parole non siano amorose. Impari a mente qualche versino facile ma non senza garbo. Cominci a scrivere: e non parole senza senso, ma qualche sentenzuccia appropriata a lei: le cose che a lei fa di bisogno rammentare o chiedere, scriva. Le prime prove che la fa per acquistare una buona mano di scritto, gioverebbe la le facesse per apprendere un po' di disegno. Le due cose unite si perfezionano e s'agevolano a vicenda. Prenda uso a scrivere e a fare ogni cosa con la mancina; scrivere al bujo; supplire insomma coll'un senso o con una parte del corpo il difetto momentaneo o perpetuo che sia.

Sua madre le parli greco; da tutti ella imparerà il veneziano; tu parlale toscano almeno un'ora del giorno. Più tardi le costerà fatica, e forse non lo saprà mai per bene. Vergogna di non pochi Veneti, anche colti e ingegnosi, era non saper mai formare parlando senza spropositi un costrutto italiano. Poi non ti sarebbe difficil cosa trovare chi sappia il tedesco e il francese, e glielo parli di tanto in tanto. Se non intera la lingua, insegnale almeno un certo numero di parole, non foss'altro per render pieghevole a buona pronunzia l'organo della voce.

Senz'ordine il molto è poco; con ordine il poco diventa dimolto. Se all'ora prefissa la si sente svogliata a studiare o a lavorare, lo serbi a un'altra; ma entro la giornata, debba far tanto di cucito, tanto di scritto, e via via. Eserciti la sua libertà nella scelta delle occupazioni, non già nel rigettare ogni occupazione; e impari non a servire al volere altrui, ma a ubbidire al dovere; non a essere dominata da imperii, preghiere, minacce, ma a dominare sè stessa.

Con la servitù sia affabile e rispettosa: non rimanga con quella se non in presenza d'un di voi altri o d'un amico di casa. Conversi in presenza vostra con altri bambini. Vesta semplice; e per vestito più fine o più nuovo non si ringalluzzi. Ogni moto in lei d'orgoglio o di vanità o di gelosia reprimete. Vietate dirla bella, buona, ingegnosa, parlarle di damo. Impari a tacere non interrogata, a dire in breve il pensier suo, a non ripetere cosa detta, a non rapportare il detto da altri. Di cosa ch'ella dica o faccia bene, non fare le maraviglie, nè destare in lei ammirazione per cosa dappoco. Nessun bene darle a conoscere come impossibile o strano; ogni atto di virtù, come dovere e bisogno di creatura non guasta. Le abitudini che acquista di corpo e di spirito, le acquisti non a pompa, ma per far bene ad altri. La modestia, con la facilità del dire e degli atti, fanno la grazia. Persona vana è sguaiata e affettata. In donna il difetto è ancor più schifoso, perchè la vanità trae con sè l'impudenza. Però le lodi incaute da' padri profuse ai loro bambini, suonano augurio sinistro.

Sarà modesta la tua se volgerà spesso il pensiero non a quel ch'ella sa, ma all'infinito che resta a sapere; se, invece di paragonarsi alle meno ammaestrate di sè, volgerà l'occhio a coloro che più ne sanno, e il consorzio di questi gradirà, ora i maschi più grandetti, ora le fanciulle fatte, ora i vecchi; se crederà potersi da tutti imparare alcuua cosa, e a questo fine mirerà ne' colloquii; se col povero popolo s'interterrà volentieri, e coglierà dalla tessitora, dalla stiratora, dall'ortolana le notizie che a lei potrann'essere buone poi. Non passi giorno ch'ella non possa dire tra sè: Ho imparato una cosa che non sapevo. Ma dalla letteratura mera si tenga alla larga come dalla febbre gialla. Grammatiche e cose simili, poco: le lingue apprenda parlando. I soggetti de' discorsi siano varii; e però vegga varie persone, e conoscenti di varie cose. Poi le cose imparate racconti (così si rende franca ad esporre il proprio concetto, e lo fa più suo); alle più piccine le insegni. Ella faccia con creature umane quello che le altre fan colla bambola. Più presto che può si provi d'insegnare a leggere a chi non ne sa; eserciti anche così di buon'ora l'affetto generoso e la pazienza.

Voi altri, insegnandole, non la impinzate di cose da lei non chieste; secondo quel ch'ella domanda indirizzate, come liquore per imbuto, l'ammaestramento; e con nuove domande la sua curiosità risvegliate. Datele tempo a rispondere; e quel ch'ella desidera sapere, dite lo cerchi da sè: troverà forse meglio che voi non crediate; e il buon senso di lei farà forse vergognare la scienza. Alle risposte ch'ella vi dà, ponete ben mente; ma senza tanto farne le viste. Se la ti cerca cosa da te non saputa bene, rispondi: « Non so; studierò meglio; domanderemo. » Se cosa ch'ella non possa o non debba capire per ora: « Saprai più tardi; ora tu sei troppo piccina. » Così troncansi le indagini de' bambini su certe materie, indagini talvolta importune. Ad altre domande potete dire: « Io ti dirò quel che brami; ma conviene che tu te lo meriti cotesto piacere. » E proporle cosa un po' difficile a fare, o meno piacevole. Così l'istruzione, venendo a guisa di premio, accosta meglio. S'ella si crede intendere a fondo, ed è troppo contenta di sè; e tu la trattieni con una obbiezioncella che le insegni modestia e le acuisca l'ingegno. Gli errori di dicitura correggi quando sei solo seco; e la proprietà del dire raccomanda come condizione di piena veracità. Ma gli errori o i falli commessi da altri, sappia ella non deridere, bensì schiettamente avvertirne a quattr'occhi laddove bisogni. Varie le letture, le occupazioni varie. Una cognizione la invogli ad altra. E però giova collocarla in circostanze, il più che si può, variate.

Vario e dilettevole studio, è la storia, e di tutti gli studii nutrimento. Insegnagliela dapprima a modo di fatterelli: poi vite intere d'uomini e donne buone. Senza bontà la non sappia immaginare grandezza. Siano soggetto di storico insegnamento i ritratti appesi alle pareti o incisi ne' libri, le immagini dei Santi, le statue, gli edifizii, ogni cosa. Taluni de' più notabili fatti, specialmente della Grecia e di Venezia, la li potrebbe conoscere all'età di sei anni. Geografia e cronologia sempre a proposito di fatti, mai scarne da sè. L'arti belle e la religione con la storia collegare; e nelle chiese, ne' musei di buon'ora condurre la tua bambina, e indicarle in che stia il vero bello, e che cosa rammentino i monumenti. I monumenti lontani farle conoscere per via d'incisioni fedeli; a tal fine prendere que' Magazzini pittoreschi, o raccolte simili ch'anco in Italia si stampano, purchè non facciano oltraggio al vero nè al conveniente, come talune oggidì. Siano belle il più che si possa le immagini ch'ella vede, e sian varie. Al senso del bello giova attemperare l'anima sua, sì per farne più delicate e più nobili le impressioni; e sì perchè due almeno dell'arti belle (il suono e il canto, o il suono e il disegno) deve ella possedere in modo da sostentare al bisogno con esse la vita.

Alla musica del teatro non la condurre se non quando potrà bene sentirla: prima d'allora, sarebbe non altro che curiosità o vanità. Piuttosto darle come spettacolo le più facili tra le fisiche e chimiche esperienze. E conosca i segni delle malattie più comuni, e i più facili rimedii; sappia certi medicamenti semplici preparare da sè; non ignori come la digestione si compie, e simili cose.

Sappia ella principalmente i dogmi della sua fede, e le ragioni del crederli (non per dimostrazione ma per via di narrazione o di sentimento); chè da questa via imparerà molto della storia religiosa, e non poco della profana, e il fiore di filosofia morale e civile, assai meglio che da ragionari lunghi. Le scienze sono naturalmente concentriche; e chi pone a ciascuna centro diverso, le perverte tutte. Troppo la medicina si vuol dividere dalla fisica, la poesia dalla musica, le arti del disegno fra sè. La religione a tutte sia sole; tutte n'avranno calore, splendore, movimento.

Preghiere non ripeta a mente, altre che la domenicale e la salutazione a Maria, il simbolo della fede, e le più solenni tra quelle che usa la Chiesa; ma ne formi da sè, secondo i bisogni. Ogni mattina, ogni sera preghi un poco da sè, un po' in comune. Dei riti della Chiesa intenda il senso; e senta la dolcezza dell'orare in molti, la senta come riposo e alimento dell'anima.

Cresciuta, un po' di qualche libro religioso legga ogni giorno, adattato all'età. Poi qualche sentenza in versi rimati da imparare a memoria: poi tratti côlti da' buoni autori nostri, che se ne trova, adattati a ogni età sapendoli scegliere. E a questi è da venire quanto prima; perchè dei libri di lettura puerile proprio, io confesso di non essere vago.

Nelle letture, ne' discorsi negli usi della vita, bada a tener desta e a indirizzare nella tua figliuola, l'immaginazione, potenza della quale noi miseri non conosciamo quasi oggidì che l'abuso. Tener desta, dico, non destare; perchè l'immaginazione apre gli occhi a un'ora con noi. Noi le facciam gli occhi loschi, o svergognati, o glieli abbaciniamo con tristi bagliori, e con l'inerzia gliene rintuzziamo l'acume. Parlare dell'educazione della fantasia, pare oggidì cosa strana: tema ad altri oscuro, ad altri sospetto, frivolo ai sapienti. E appunto perchè ineducata e malaticcia, ella inciampica e cade. Ma senz'essa la scienza è cosa arida, e prosciuga il cuore e l'affumica di superbia: da essa il raziocinio ha forza, varietà, franchezza, modestia. Dico, modestia; perchè, per essa intravvedendo noi e indovinando molto di là da quel che tocchiamo, non ci figuriamo finito il mondo là dove finisce la punta del nostro dito. La scienza tenta, brancica, armeggia; la fantasia vede, va, vola: la scienza viene compitando e abacando, la fantasia legge e canta.

Inesercitata, ella crea più pericoli. Ammazzarla o tenerla legata essendo impossibile, non resta che guidarla; e invece di pastoie e di duro morso, usar le redini lente e la voce. Inesercitata, ripeto, essa incoccia in uno o in pochi oggetti, e ne segue quel che diciamo manìa. Ma, per molti oggetti versata, e di vario cibo pasciuta, non sogna beni maggiori del vero, ch'è quanto dire, i mali non abbellisce; alle piccole cose non si sofferma, non adombra, non se la piglia con tutti i ciottoli che rintoppa per via, ma va diritta alla meta con passo sonante, e dalla selce, correndo percossa, spicca scintille. E se pure a un solo affetto non degno di sè, per poco s'abbandona, ben presto (usa a varietà di diletti severi) si riha; e, da pungoli più potenti incitata, rivà di gran corso a ricattare il perduto cammino. Uomini e donne spenti di fantasia, e prosa mera, tu li vedi lenti più al bene che al male: derisori del generoso e del grande, ma d'ogni misera manìa capaci. Anco la prosa ha i suoi matti; e non facilmente sanabili, perchè tirano all'imbecille.

Sprone e freno all'immaginazione è la fede. Sia credente

la tua Eloisa, e sarà savia insieme e immaginosa. Nella fede ami coll'ordine debito tutti gli uomini, e tutte le cose; poveri, avversi, ignoti, lontani, morti, nascituri, gli abitatori degl'incogniti mondi. Poi, di molte cognizioni e varie si fornisca la mente di lei; chè la fantasia allora prevarica quando sia poco nutrita, com'uomo che affamato vagella. Noti e cerchi le somiglianze delle cose; tra le più disparate riconosca le vere conformità; il mondo di fuori le sia simbolo di verità, eccitamento ad affetti religiosi e civili. Questa de' simboli educatori sarebbe materia d'opera lunga, e a me piacevole: ma richiede animo riposato, e giorni sereni.

Il credere fermo, l'ampio amare, il sapere vario, ho detti alimento di fantasia: e questi ho preposti al culto del bello nell'arte; perchè senza questi l'arte langue anch'essa, e si fa gretta e pedante. E io conosco artisti che tra colori e forme belle passarono la vita, ma d'immaginazione spenti, perchè spenti d'affetto e di fede: gente il cui alito prosifica, come la vista del noto teschio favoleggiato pietrificava.

Potente educatore all'immaginazione è il senso delle naturali bellezze; il verde, i fiori, la luce, gli uccelli, l'aria aperta, le ombre, le acque, il flutto increspato, l'azzurro distinto di stelle, gli allegri brividi dell'autunno. Ispirata da tali bellezze, non può l'anima non trovare in ogni cosa il diletto vero, ch'è il semplice. Semplicità nell'affetto, nel linguaggio, nel vestire, nel vitto, negli sguardi, negli atti; semplicità che agli stolti e ai corrotti ora pare audacia, ora dabbenaggine, ora follia, ma le anime pure e veggenti innamora; semplicità che insegna ammirare gli amati con più stretto amore da Dio, dico i fanciulli, le donne, e il popolo; semplicità che assenna a discernere, sotto le forme squisite della letteraria e della sociale eleganza, gl'intendimenti e i voleri languidi, impotenti, villani, spietati.

Queste e le cose che seguono, sono facili a dire; ma chi s'accinge a porle in opra, rincontrando negli uomini e nelle cose e negli abiti proprii difficoltà tediose, ingloriose; se ne svoglia, e si lascia andare alla corrente. Gli basta non offendere grossolanamente le norme di quel buon senso che s'accomoda con tutti i pregiudizii sociali, ed è parte di quelli; gli basta spendere nell'educazione un po' più d'ingegno che il solito, e di cura; e reputa ogni suo dovere compiuto. E questa cura stessa e quest'ingegno, magnificando nell'educato certe qualità, fomentando certi difetti, lo fa molte volte troppo simile al comune degli uomini nel male, troppo diverso nel bene, e, per questo, impotente e infelice.

Io non credo prudente nascondere a' bambini, a ogni costo, le immagini del dolore o della colpa; col pretesto di non isflorare di gioia e di fiducia le anime loro. Non dico che tali immagini giovi offrirgliene apposta; ma neanco affettar d'ignorarle, far lunghe giravolte per questo, mettere i bambini sotto una campana di vetro, fabbricar loro un globo terracqueo di pasta frolla, e degli omini di zucchero. Quando il pensiero del male picchia alle porte dell'anima sua; l'educatore sia pronto a spiegargli quel nuovo linguaggio, insegni quel ch'egli debba soffrire e quel che respingere. L'esperienza non lo colga un bel giorno quasi a tradimento, come suole pur troppo seguire nella vita delle povere donne, il cui pudore e la credulità sono esposti a ingrate sorprese e a disinganni tremendi.

Sappia la tua figliuola per tempo che scuola d'inezie amare e di penose menzogne sia 'l mondo: impari a diffidarne senza timore, e senz'odio disamarlo. Sappia, essere rara la virtù; ma ci creda.

La bellezza del corpo non impari a pregiare soverchio: nè mai in sua presenza parlisi di persona bella, senza porre le doti dell'animo in cima al giudizio che di quella si fa. I primi moti della vanità reprimansi in lei con parole di fredda noncuranza, buona medicina a tal malattia. Ma del corpo apprenda ad avere cura, non per vanità, sì per dovere; non per rendersi piacente, ma per non si rendere spiacevole altrui. Questa differenza, che pare un giuoco di parole, misura tanto intervallo quant'è tra l'orgoglio e l'umiltà; e segna i limiti ne' quali la cura della persona propria si ha a contenere. Le più severe abitudini del vivere siano tenute migliori: sia fuggito, come male contagioso, l'ozio, ch'è della donna non povera seduttore e punitore; e le significazioni leziose d'un amore impotente di sè, baciucchiare, abbracciucchiare, lasciate a coloro che le proprie figliuole allevano all' infelicità; e, ammaccando quasi le anime loro, le preparano a gangrena tormentosa. Acciocchè questo non segua, voglionsi accorgimenti di virtù vigilante; e sì le parole che diconsi in presenza di fanciulla, sì gli atti che si fanno, e il modo del guardare, e la foggia del vestire, ogni cosa deve con scrupolo di non timida sollecitudine regolarsi. Fanciulla che vegga per casa e al teatro e al ballo sua madre o le amiche di lei scollacciate, o sdraiarsi con patrizia cascaggine, o agitarsi tra le braccia e sotto gli aliti d' uomo non suo, come potrà resistere a cotesta piena che, molle ma veemente, la travolge nel vortice? E come, esausta così, s'asterrà la donna infelicissima dal credere a chi le parla del *vuoto* del cuore, e de' sentimenti *ineffabili*, e di simili luoghi comuni dove noi quasi tutti (dico i più tra la gente che studiano) ci siamo avvolti già, quasi famelici di dolore?

Oggidì la bambina, appena snodata la lingua, balbetta l'amore, e medita il matrimonio, non come sacramento e dovere, ma come contratto, trastullo, mestiere. Che se il matrimonio, o per deformità naturale o per malattia sopravvegnente o per povertà o per alcun altro de' tanti casi umani, diventa impossibile? o se pur solamente è indugiato? Quali smanie, e che miseria a donna che cotest'uno reputi essere il fine della sua vita?

E acciocch' ella s' apparecchi a ben sostenere la dura prova delle aspettazioni deluse, impari per tempo a vincere gli affetti proprii, a contenerne la manifestazione smodata o importuna, anco innocenti che siano; a dominare gli occhi e la lingua, a serbarsi monda di maldicenze, generosa di lodi giuste, desiderosa di scorgere qualche stilla di bene sin nel male altrui, senza volerlo però adonestare tutto; parca di celie e di motti, e pur gioviale, franca a riconoscere i proprii difetti, a nobilmente i falli proprii, confessare laddove bisogni. Bada di ben discernere quando ella vinca il voler proprio per amore altrui e del dovere, quando per condiscendere in altro modo più fiaccamente a sè stessa. Delle quali vittorie colpevoli, le passioni specialmente de' ricchi e de' potenti ci porgono esempi frequenti. A costoro pare un gran che se ogni sorta di male non fanno, persino il male che far non potrebbero, persin quello che a' lor vizii più diletti alla loro dilettissima inerzia ripugna.

E però guardala dalle abitudini de' ricchi infingardi; e affezionala a' lavori e a' conforti domestici: e di quelle che chiamano conversazioni, parla a lei come delle bevande alloppiate. Le convenienze sociali le insegnerà, meglio che il consorzio della gente corrotta, il senso natio del pudore, maestro di vera eleganza. Ami di non ignobile amore nella debita misura tutti; e a tutti apparrà degna insieme d'amore e di riverenza. Le amiche non solo della gioventù ma della infanzia sappi sceglierle cautamente; chè scelta incauta potrebbe distruggere il bene da te nella tenera anima con opera lunghissima edificato. Con più piccine conversi anzichè con più grandicelle di lei: chè da quelle s'imberà d'innocenza, da queste riceverà germi forse di malizia, certo non idee nè affetti maturi. E, con le minori conversando, apprenda ad ammaestrarle nel vero a lei noto, ma senza sdottorare, e consapevole della propria insufficienza. Con la gente del popolo abbia talvolta colloquii, e impari a rispettarla e a compiangerla. Impari di buon'ora la scienza del benefizio; e possegga di suo qualche soldo o altra cosa, e dell'uso sia libera: chiegga solamente consiglio del modo; con che si fa più dolce e più ragionevole l'ubbidienza. Ma reprimete in lei quella pietà molle che a' leggieri mali e loquaci e prossimi si riscuote, e i forti e muti e lontani non sente. E i mali altrui saprà ella rettamente estimare se non abbia falsato il sentimento de' mali suoi proprii; se non piagnona, non querula; se nel dolore modesta. Perchè anco le lagrime hanno il loro pudore.

E qui, come sempre, la lingua è maestra ammirabile di morale verità: chè la voce *modestia* dice insieme umiltà, moderazione, pudore. Sia umile la tua Eloisa, e saprà, non esagerando i patimenti proprii, sentire gli altrui. Sia umile, dico: sappia nè disprezzare l'opinione degli uomini, nè seguirla com'unica norma. Non operi il bene mai per ragioni estrinseche al bene stesso. E d'ogni atto proprio cerchi severamente il motivo segreto: e voi, piuttosto che duramente riprendere le sue pecche, indicatele affettuosamente come correggerle e come espiarle.

Questo costume informerà i modi suoi a generosa franchezza; e siccome da baldanza la terrà lontana, così da viltà. I quali due vizii, nelle donne che sorgono un po' dal comune, s'alternano e si confondono indecorosamente. Ma bello vedere animo e portamento di donna, timidi del male, al bene sicuri; liberali, non prodighi, d'ossequio; pazienti de'difetti altrui, dell'ingiustizia insofferenti. Bello avere tal madre di famiglia, e con tali istituzioni formare le generazioni crescenti; che la potenza non temano in quanto è forza, ma rispettino in quant'è autorità. Tempo è ormai che la donna senta l'altezza de'proprii destini; e che gli uomini (de'quali è sì gran numero) strascinanti in abiettezze senza gioia la vita, dalle femmine apprendano dignità.

Giornale scritto da una madre.

Per dimostrare come vada osservato ne'bambini lo svolgersi dell'intelligenza e dell'amore, come di tali osservazioni abbiasi a fare tesoro, quali siano gli effetti dell'educazione buona, di quella cioè dove la natura è lasciata un po' trarsi d'impaccio da sè, mi ci voleva un esempio: ed ecco un esempio mi si offre bello, e in Italia e altrove raro;

un vero giornale d'una madre vera, la quale, nonchè richiedere ringraziamenti per sì caro dono, mi ringrazia essa di questa dolce cura ch'io prendo di parlare a voi, madri italiane, del suo bambino e di lei.

Dell'acume e della forza mirabili con cui la mente infantile suol da un principio dedurre le sue conseguenze (mirabili, dico, e terribili all'educatore che sappia vedere di questo e i vantaggi difficili e i frequenti pericoli), alcuni ragionamenti di questo bambino saranno meglio prova che saggio.

Leggendo la storia d'un bugiardo al quale non era più creduto; e'disse: « Allora un bugiardo seguiterà sempre a dire bugie; perchè, tanto, nessuno gli crede. » La madre risponde: « Troppo accade così. Vedi disgrazia ch'egli è, prendere la via del male. Uno stenta a tirarsene indietro. »

Suo padre, per dimostrargli la rotondità della terra, gli adduce il noto argomento: che in grande distanza, d'una terra veggonsi solo in sul primo le cime. Ed egli: « Ma se davanti vi fosse un poggiuolo, e noi fossimo in luogo basso, vedremmo sola la cima, anco che non fosse tonda la terra. »

« Il baco da seta, dic'egli, non muor mai; perchè dall'uovo viene il baco, dal baco il bozzolo, dal bozzolo la farfalla; questa fa le uova, che rimangono vive, e l'altr'anno rinascono. » La madre risponde: « A cotesto modo, nessun animale che ha figli, morrebbe. Egli è vero che parte di me vive in te: ma tu non sei me. Tant'è vero che non sei me, che tante volte vuoi il contrario di quel che vogl'io. »

E pure, con sì rara intensità d'attenzione (giova notare simili particolarità che ci mostrano e il limite e i procedimenti dell'umano intelletto), questo fanciullo, soltanto passato il nono anno, s'accorge che il dito indice è men grande del dito annulare. Egli che da tanto tempo disegna mani, e per bene; egli sapeva la cosa, ma non ci poneva mente, perchè la cognizione diretta è altra dalla riflessa.

Egli sì grave, negl'impeti di gioia soleva, più piccino, pronunziare parole senza senso, e le medesime sempre. Chi sa? forse quelle parole gli saranno venute all'animo con qualche impressione profonda, ed egli di quell'una o più impressioni non avrà ritenuti che que' suoni così sconnessi; e ora le usava quasi grida inarticolate, al modo (ben dice il giornale) che un altro fischia o canticchia. E l'innesto che fanno sulle regolari abitudini della vita le impressioni casuali, chi mai potrebbe computarne i modi e gli effetti? Ma giova osservarli.

Altrove: « Ora che lo giudico assai ragionevole da poter distinguere il verismile dall'inverisimile, gli ho fatto leggere una storia tedesca, dove parlasi d'un uomo che con una mazzettina fatata toccava i sassi, e buttandoli in aria, e dicendo *golgol,* li faceva mutarsi in oro. Egli ne rise, come facendosi beffe della cosa: ma due mesi dopo rileggiamo la storiella, e egli mi dice ridendo: — Ho provato in giardino; ma i sassi non m'è riuscito di farli diventare oro. — Non avrei mai creduto che il mio bambino facesse tale esperienza. » E perchè no?

Al disegno ha disposizione non comune: e a molti pare impossibile (incredulità dolorosa), che la mamma non lo corregga mai se non colla voce. E' ci ragiona sopra; e un giorno disse: « Il più bravo pittore (più bravo fin di Rafaello) è lo specchio. »

Alla musica non pare inclinato così. Sua madre scrive: « Gli fo sentire della buona musica, per destarne in lui la disposizione, se c'è. All'udire le prime battute, e' domanda: — La musica giova ella a qual cosa, mamma? » — Io non gli potevo rispondere allora *(e perchè no?):* — Sì; quand'esercita i buoni affetti. — Ma gli risposi: Sì, perchè la musica diletta; e gli uomini han di bisogno anco d'essere dilettati. In alcune malattie la serve di cura. Poi, c'è chi vive della musica, o insegnando o cantando o suonando. — Nell'uscire, domando se gli è piaciuta: — Sì, risponde: ma che una musica più rumorosa ch'egli aveva sentita, gli era piaciuta di più. — Nè la musica rumorosa gli piace perchè rumorosa (altra volta una sonata di piano-forte gli era andata a genio); ma perchè gl'istrumenti da fiato che suonan le marcie, e simili cose il cui movimento è più concitato, e le differenze più nettamente scolpite, rendono più chiaro il concetto musicale all'orecchio del fanciullo, e più vivamente lo scuotono. Altra volta e' desidera da sè risentir della musica non rumorosa; e, dopo mezz'ora, interrogato se voleva andarsene, risponde no; e, ascoltato ch'ebbe attentamente un'altra mezz'ora, dice: — Ora n'ho assai. »

L'immaginazione in lui non abbonda; ma forse più inesercitata che sterile. Nelle favole e' si compiace, e ne' versi (diletto forse troppo tardatogli): ne impara a mente da sè volentieri. E dalla storia di Napoleone riceve diletto.

Sempre, però, l'assuefazione allo studio de' fatti materiali alla sua fantasia tarpa l'ale. Al sentir nominare le fate, e' domanda che cosa sono. — Enti immaginarii che mai non esistettero, — risponde la madre. Ed egli: — Chi sa? A quel modo che sotterra trovansi ossa d'animali ch'ora più non si veggono, le fate potevano aver vita altra volta, e adesso non più. Converrebbe fare delle esperienze. — Le quali parole denotano mente attaccata alle cose esteriori con tenacità che potrebbe diventare terribile se non moderata.

E lo prova anco il motto seguente. Leggendo, egli trova *pensare in cuor suo;* e domanda: — « Che vuol dir cotesto? Il cuore, dic'egli, serve alla circolazione del sangue, non al pensare. Come quando si dice, un ragazzo di buono o cattivo cuore: che mi pare sciocchezza; perchè può un ragazzo avere il cuore buono, cioè sano, e non essere affettuoso. » La madre gli dice che questi son modi accettati dall'uso, ma li confessa non proprii. Nè al bambino nè a lei (sia detto con sua pace) spetta giudicare senza molti e forti pensieri, se sia proprio o no un modo accettato da milioni d'intelligenze. Ma d'una mente infantile che non sente per istinto il traslato, che minaccia volere escludere dalla lingua la sua più grande e più profonda e più umana ricchezza, i' avrei paura, se non isperassi ch'altri esercizii abbiano a aprire all'anima quest'organo potente di respirazione che chiamasi fantasia.

Che se in lui quell'organo è impedito, nel volgo de' ragazzi è impedito l'organo della digestione, dico, l'intelletto; e piuttosto alla verisimiglianza che alla verità badano i più. Quel suo fuggire le improprietà con soverchio scrupolo, lo conduce talvolta a non inutili conseguenze. Leggendo in un libro — *verissimo* — dice: « Non mi par bene. O la cosa è vera, o non è. Perchè dunque verissima? »

E quest'altro fatto dimostra anch'esso i beni che da tale abito possono, educando, essere generati. Una prima volta il bambino aveva domandato se un giorno potrebbe fare il chirurgo. La madre, per non pregiudicare alla libera scelta di lui, lascia con una risposta non chiara cadere il discorso. Nel mese seguente e'ci torna, mostrando desiderio di quell'arte. La governante avverte quanto sia doloroso vivere sempre tra gente che patiscono. Il bambino soggiunse: « Ma se non c'è chi li aiuti, sarebbe peggio. » E dopo un po' di silenzio: *Il mestiere del chirurgo è utile di molto*. In bocca d'un fanciullo d'otto anni questa sentenza così secca insieme e così savia e umana, dimostra che l'aridità de'suoi modi di dire e di scrivere non è dall'anima, ma da difetto d'educazione, da non gli essere stato insegnato un linguaggio più conforme al comune degli uomini, e meno impregnato di scienza.

Raffaello (quella delicatezza potente e di stile e d'affetto, ma con fantasia poca) fu detto a lui, in modo troppo assoluto, essere l'esemplare del bello; ond'egli non sente quasi la bellezza de'pittori che a Rafaello precedettero ed ebbero assai più puro il senso delle cose celesti. Ammirando il disegno d'un bassorilievo antico e'dice per tutta lode: « Rafaello non poteva far meglio. » Ma e'saprà col tempo (se la pedanteria e la noia e gli abiti mali non gli freddano l'anima), saprà sentire altre bellezze, e nel genere suo ciascuna ammirare debitamente.

Un giorno, mentr'egli disegnava, la madre gli parlava dell'Urbinate; e gli dice: « Qual piacere per me se tu diventassi un Rafaello! » Ed egli: « Ma non se n'accorgerebbero se non quand'io fossi morto. » Sente già, che sola la morte è suggello alla gloria; che un uomo, perchè sia grande, deve sfasciarsi dai veli e spiastricciarsi degli aromi che l'ammirazione de' coetanei gli appiccicò intorno; deve sollevare come fuscello la pietra grave del monumento, e apparire improvviso, eccitando timore, maraviglia, e quel dubbio ch'è padre di nuova certezza.

Sicuramente (e i seguenti fatti lo mostrano) il senso creatore del nuovo è nella sua, così come in ogni natura d'uomo. E' dice un giorno alla madre d'avere per molto tempo creduto che i cavalli guidassersi non colle briglie e col morso, ma che si dicesse loro dov'avevano a andare. E non si chiarì del vero se non l'anno passato (cioè a sei anni e mezzo). Cotesto render conto a sè stesso della passata ignoranza, ci mostra insieme, come i fanciulli e i popoli incolti diffondano su tutti gli enti la ragione e la vita. Ma gioverebbe che il raro esempio di questo bambino, il qual viene comparando il passato col presente stato della propria intelligenza, fosse reso un po' più comune, eccitando le menti giovanette a simili paragoni; interrogandoli circa alle opinioni ch'egli hanno e che avevano, insegnandogli a rompere la nebbia obliviosa degli anni trascorsi, romperla col lume riverberato in quelle dalle esperienze venute acquistando.

Gli parlava la madre del viaggio della terra intorno al sole; e egli domandò se la terra era diventata tonda per essersi nel suo cammino urtata in altri corpi; prendendo esempio da quel che segue a' ciottoli arrotati ne' fiumi. E questo conferma come ne' bambini meno immaginosi la riflessione si vesta sempre d'immagini; e quanto sforzo bisogni a fare che l'uomo cessi dall'esser poeta. E meglio lo prova questo che segue: interrogato perchè gli piacesse piuttosto andare alla *spianata* che a' giardini pubblici, rispose: che quello era un luogo naturale, e questo artificiale. E così, dopo aver riso un giorno del codino, e domandato se v'era un tempo uomini ragionevoli che non lo portassero, e' passa col pensiero a' Romani e a' Greci e dice: « Almeno allora gli artisti potevano copiare gli uomini naturali co' capelli e con la barba loro, non artificiati com'ora che si fanno la barba. »

E' doveva fare un viaggetto e stendere la nota de'panni che portava seco. Che fece egli per nota? Tornò alla scrittura de'popoli primi: accanto al numero delle robe, non pose già il vocabolo, ma le disegnò, corpetto, calzoni, ogni cosa. Or via, impiombate nella prosa, infardate di materia l'anima umana, scacciatela col forcone lontano dalla poesia: tornerà, dico; vi ripeto e vi giuro, *ricorrerà*.

Che se nelle cose della mente il giudizio non guasto dall'educazione fa sì notabile mostra di sè; que'giudizii che riguardano più direttamente la dignità dello spirito, debbono risentirsene in modo ben più notabile. Che direste voi d'un bambino di sett'anni che non chiede mai nulla? Che mai prega i suoi o gli comprino un balocco, molto meno robe da mangiare nè chicche; o che lo menino a un divertimento? Chiede per il fratello; per sè mai. Mai che accetti a tavola cibo che vegga non ce ne sia per tutti: e nessuno gl'impone o gl'insegnò cotesto come cosa debita o come bella. La madre cerca la ragione di ciò. Forse ch'egli si sente sazio de'beni che gode? Forse che l'immaginazione gli manchi? O che sia qualità redata dal padre? O effetto del vivere tra gente di poca fantasia? Certo è (soggiunse essa) che io non ho mai visto persona di meno desiderii (e'desidera però qualche soldo, e per guadagnarlo s'alza la mattina più presto), nè più dominato dalla necessità d'adempire i proprii doveri. — Io non direi che il consorzio di gente non imaginosa, nè l'essere lui di poca immaginazione, e neanco l'esempio della moderazione altrui, neanco l'essere circondato da tutte le comodità della vita, lo faccia ne'desiderii sì parco. Perchè le comodità creano, con l'abito, il bisogno; e il vedersi appagato d'una cosa fa l'animo inclinare ad altra ch'egli non ha o crede non avere; e per questa scala sdrucciolevole non bisognano l'ale dell'immaginazione a scendere, ma serve pur troppo il peso della volontà che mal regge sè stessa. Se dunque il vostro figliuolo, o buona madre, desidera poco a sè, e più per altrui; gli è che voi non gli avete imposto un debito soave come una legge severa; in prospetto della virtù non metteste la pena; non inseriste nella sua mente, col divieto e con l'idea di poterlo infrangere, l'idea d'altri uomini che lo infrangono; non l'avete scandalizzato, tormentato, ristucco con raccomandazioni importune, dubitatrici, ingiuriose alla bontà della vergine natura sua; avete insomma lasciato operare essa natura, predicatrice non fiacca e non tediosa.

E già la madre altra volta osservò come, avendo, per mal di stomaco sopravvenutogli, insudiciato un tappeto, e' non pensi al male suo, ma al tappeto insudiciato, e ne faccia le sue scuse, egli che per tali cose non fu mai sgridato; egli che a ogni suo male trova in tutte le persone di casa sì pronto il compiangere e il sovvenire. Naturale. In lui la coscienza, vale a dire l'affetto, non è disturbata o distratta dalla paura, vale a dire dall'odio. Non già che ogni insegnamento morale sia sazievole e inefficace: ma più rari verranno, più supporranno già creduto, già praticato dal fanciullo il bene al quale accennano; e più potenti saranno.

Talvolta (e la buona madre insuperbirà d'esser vinta da emulo tanto amato), talvolta nel figliuolo il senso morale è più desto; è più stretto il vincolo veduto da lui tra i principii e le conseguenze. D'un tale che manteneva un cane, il fanciullo ragiona così: « Non so perchè se lo tenga quel cane. L'uomo non è ricco; e gli ci vuol quattro libbre di pane al giorno. A che serve egli un cane? Per guardia, in città c'è la gente di casa. Se si perde, ci vuole la mancia. Non ci veggo un perchè. » La mamma risponde, e non bene, al parer mio: Che quell'uomo è solo; che quel cane gli serve di trastullo; che c'è chi ama i cani; che i gusti son varii. Poteva dire: — Tu hai ragione. Non conviene maltrattare le bestie; ma neanco affezionarglisi troppo, nè mantenerle senz'alcun pro, altro che di mero trastullo. Ma e' può essere un trastullo innocente; e chi ha questa debolezza, egli è nostro debito compatirlo.

Altra domanda, a mio credere, più sapiente della risposta. La madre si mesceva un po' di vino scelto; ed egli:

« Questo a te piace più dell'altro vino; al babbo gli è tutt'uno. Meglio così, non è vero? Perchè, quando manca il vino più scelto, chi non gliene importa, non ne patisce. » E la madre, filosoficamente ragionando sul vino che centellava, risponde: La virtù non consiste nel non conoscere il buono dal meglio, ma nel saper moderare l'uso delle cose piacevoli, e, ove bisogni, astenercene in tutto: risponde, essere stoltezza non gustare i piaceri innocenti della vita mortale; questo vizio inaridire l'anima, e indurre disamor d'ogni cosa: risponde, il gusto del tal cibo o tale altro essere occasione a esercitare la cortesia e benevolenza altrui verso noi, ch'è piacere più grande al benevogliente di quel che sia al benvoluto. Sapienti e ingegnose cose; ma, con buona pace della signora madre, il figliuolo la pensa più giusta. Allora un vino scelto è da prescegliere al comune, quand'abbia virtù di giovare alla salute indebolita: allora è da cercare un piacere quando il piacere c'insegni un abito di bene, anzichè darci un bisogno, il quale, non soddisfatto, si fa poi doloroso. Piacere inutile, fosse innocuo del resto, è dannoso in ciò ch'egli è inutile. Ora, se dal Tocai non viene altra utilità che un titillamento più soave alle papille nervee, il Tocai è il principio lontanissimo d'un dolore, è una piccola mala azione incoata. Questa legge par dura: ma non son io che la pongo; per bocca d'un bambino d'ott'anni, la natura è che la pone, madre pietosa.

A quest'altra domanda la madre risponde saviamente. Leggevano d'un tale, come, per distribuire ai poveri d'un villaggio distrutto dall'incendio trecento franchi, e'li diede al parroco. E il ragazzo: « Meglio se li distribuiva da sè, il parroco potev'essere un ladro. » La madre allora: « I più de' parrochi son gente onesta, perchè non vengono eletti a quel posto se non abbiano date prove di sè. Poi un parroco sa meglio chi siano i veri poveri tra' suoi popolani, d'uno ch'è nuovo del paese, e può lasciarsi aggirare. Molti chieggono, che sono i men bisognosi: e il vero necessitoso patisce vergognando in silenzio. » Qui nel giornale la savia donna soggiunse: egli ebbe uno dei primi esempi di diffidenza da me. Al suo domandare perchè chiudessi a chiave la cantina e la cassetta de' dolci, risposi: « perchè, quando s'ha un servitore da poco tempo, non si sa di certo s'e' sia avvezzo a toccare nulla. » — Ecco come i bambini da una massima, anco non generale, traggono conseguenze generalissime d'inesorabile severità. Ecco appunto perchè l'educazioue è cosa tanto difficile, grave, e santa.

Di questa tenacità de' principii e fecondità della mente infantile alle conseguenze, darò un altro esempio. La madre gli aveva insegnato, nessun animale essere brutto, ma bello ciascuno nel genere e uffizio suo. Sentenza vera, ma forse non acconciamente resa dalle parole. Or il bambino domanda: « Dire che tal colore piace più di tal altro, è egli sciocchezza, come dire che tale animale è brutto, e tale è bellino? » La madre risponde di no; che certi colori e sapori a certe persone piacciono più, perchè così portano gli organi loro, che certi altri sono più grati in quanto risvegliano idee più piacenti. Bene risposto; ma il bambino avrebbe potuto soggiungere: così è delle bestie belle o brutte.

Leggevano d'un bambino rapito da un'aquila, al cui nido il padre arrampicatosi, lo tolse malconcio sì che in poche ore morì. Ed egli: « Ma se doveva morire, meglio era ucciderlo, che patisse meno. » La madre rispose, la morte non essere certa mai. Quella pietosa crudeltà del bambino veniva dal vedere lei, ogni qualvolta rincontra un insetto mezzo schiacciato, finirlo, dicendo: « Povera bestia! meglio è che finisca di patire. » E il figliuolo, seguendo questo principio, compera un giorno certi scarabei che vendevansi infilati, e li ammazza con tutta gravità.

Ragionano stretto i bambini quanto al vincolo delle idee; ma quanto alla forma, la natura sempre libera e varia si stende in ispazi amplissimi. Una volta e' domanda se c'è de' ricchi che buttino tutto il loro per provare lo stato del povero. Singolare domanda in fanciullo che già conosce il valor del danaro. E ch'e' lo conosca, eccone prova. Leggevano d'uno che, salvata una famiglia povera da morte, rifiuta l'oro proffertogli. — Egli: « Perchè rifiutarlo? » — « Perchè la coscienza d'aver fatto il bene, gli pareva più alta ricompensa dell'oro. » — « Ma e' doveva accettarlo, poi darlo a que' poveretti. » — Altra prova. Era la festa d'uno de' suoi amici; ed egli aveva vensette soldi di suo, guadagnati coll'*onorato lavoro* delle sue mani. E' compera un balocco di soli cinque soldi, dicendo che tra pochi dì cadeva la festa di un altro suo maggiorino d'età, per il quale ci voleva qualcosa di meglio.

Gli è ben vero che ogni sorta d'esercizio, ad ingegno docile, ad anima benevolente è occasione d'ammaestramento e d'affetti. Un giorno e' giocava con un altro fanciullo a giuochi ginnastici: sopravviene un terzo ragazzo; ed egli tira in disparte il compagno, e gli dice: Smettiamo; perchè M... non sa *una parola* di ginnastica, e ci si secca.

Simili prove, che dimostrano la delicatezza dell'animo e la modestia, potrei recarne parecchie. E' leggeva nelle *Prime letture* della Edgeworth un'esclamazione dove un fanciullo compiace troppo a sè stesso; e, disapprovando: — *E' si vanta!* La madre voleva fargli scrivere nel suo giornale com'egli avesse due volte vinto sè stesso: non ci fu modo. E perch'essa insisteva, ed egli alla fine: *Sarebbe un vantarsi.* — Un giorno domanda che significhi *emulazione;* e, sentitolo, dice: « Gli è male, perchè si fa dispiacere ai compagni; » senonchè la madre gl'insegna come l'emulazione è buona in quanto ci invita a perfezione, senza invidia de' maggiori e senz'odio de' minori di noi.

Sua madre afflitta gli dice: « Io sono afflitta; e tu puoi consolarmi facendo meglio del solito il tuo dovere. » Ed egli lo fa.

Ella fa portare in sua stanza un oriuolo a pendolo ch'era in quella di lui. Egli ne gode; e l'altro oriuolo a pendolo messo in luogo del primo, voleva che fosse posto in altra stanza. Un'altra volta, temendo che una catinella si rompa, piglia non quella della madre ma la sua, che il danno sia meno.

Un' giorno e' dice: « Sai, mamma? Adesso, quando mi balocco coi ragazzi di fuori, e che uno vuole una cosa, e uno l'altra; non dico più: non m'importa di fare quel che dicevo io; farò quello che volete voi altri. Sempre che ho detto così, risposero si facesse quel ch' avevo detto io. Però non lo dico. » E' racconta un sentimento di delicatezza com'altri racconterebbe un artifizio d'astuzia.

E' doveva fare un viaggio in vettura da sè con genti non conosciute; e un de' suoi gli raccomandava di non cedere il suo posto ad altri. La madre soggiunse che, se un malato, un vecchio, una donna, avesse posto men comodo del suo, glielo ceda; perchè in ogni cosa convien cercare il sollievo di chi patisce e di chi può meno. « La donna, aggiuns'ella, è rispettabile come più debole, e come madre della famiglia umana. Ricórdati in tutta la vita tua, che, quando sarai buono e rispettoso alle donne, onorerai in esse tua madre. » Poi gli dipinge le amorose cure della donna all'uomo fanciullo; e come tutta l'umanità sia passata per le mani di lei, e quanto le debba. Ond' egli un giorno leggendo nel Florian *vieille femme n'obtient plus rien,* nota: « Mal detto: le donne vecchie hanno men forza da lavorare; onde più che alle giovani, si deve ad esse. » Se, con tali sentimenti, qualche parola o atto gli fugge, che dimostri aridità o durezza di cuore, conviene badarvi, sì, ma non se ne sgomentare.

E' picchia talvolta il fratello senza ragione (e qui vorrei la madre più severa); ma poi confessa il suo fallo, e, richiesto, abbraccia il fratello offensore. Di queste contradizioni troppo naturali (e senza la luce cristiana inesplicabili e spaventose) del cuore umano, l' uomo adulto e anche l' uomo virtuoso offrono esempi frequenti.

Volete di più? Questo bambino che non fu mai nutrito d' idee guerresche, mai allucinato da fantasmi di gloria, che non ha idea nessuna di resistenza perchè sempre circondato d'amore, al sentire il maestro di ginnastica parlar di fare la guerra, brilla tutto, esce quasi di sè, va a cercare per casa strumenti guerreschi. E questo medesimo bambino in un altro momento domanderà: Come sia che gli uomini corrano con tanta furia l'un contro l'altro a ammazzarsi. — E parlandogli la madre del libero arbitrio dato all'uomo, della necessità di difendersi, e' risponde: « Ma se l'assalitore fosse un amico, meglio lasciarsi ammazzare che dare la morte a un amico [1]. »

L'amicizia e' la sente già. Gli promettono danari da comprare un balocco a una bambina compagna sua; ed egli, a questo patto, s'accomoda a cosa che prima ostinatamente negava, al dolor di lasciarsi cavare un dente guasto. Piange nell'operazione, ma non si muove; e non c'è di bisogno nemmeno di tenergli la mano.

« 17 settembre. Non ha l'idea dell'inganno, non conosce pure la parola. Mi diceva stamane: Sai tu, mamma, che fa il mercante per fare *sbagliar* la gente? Vende i gomitoli di spago con sopra di quel fine, e dentro il grossaccio.

» 10 dicembre. E' mi racconta un peccato del piccolo D... il quale era qui un anno fa. Io gli avevo proibito di terminare una storia, incominciata a raccontare di non so che schioppettate. Quand'io fui uscita di stanza, il D... gli disse: Ora che la tua mamma non ci sente, seguiterò. Ricordarsi dopo un anno di questa piccola slealtà, prova in lui l'abito contrario assai fermo. — Gli parlo di Dio, che ci vede sempre.

---

(1) Memorie d'un anno prima, e anche più.

Domanda: « Il re è una persona. E il governo è forse *una persona* anch'esso? »

Domanda: « Che cosa è la guerra? » La madre gli dichiara la necessità della difesa, l'infamia dell'offesa. I popoli inciviliti debbono odiare la guerra, perchè non sempre chi ha ragione la vince, ma il forte e l'astuto.

— « Sai, mamma? ho sentito gridare per la strada, d'un tale che aveva ucciso quattro persone. L'ammazzeranno. Oh perchè non lo lasciano piuttosto in carcere? — Che te ne pare? sarebbe egli meglio? — Sì. — Così pare anco a me. Spero col tempo non uccideranno i colpevoli, ma procureranno di farli migliori. »

Si parlava de' lavori di cotone, prima fatti andare a braccia, ora per forza d'acqua. Egli nota: « Se il padrone è povero, ben fa a usare l'acqua, perchè costa meno; ma s'egli è ricco, se ha carità, deve piuttosto occupare uomini per dar da guadagnare a chi n'ha di bisogno. » Ecco in questo desiderio d'un fanciullo, tutto quanto hanno di buono le ingenue e oneste lamentazioni del signor de' Sismondi.

» 30 gennaio 1836. E'mi si conserva d'una cara onestà. Gli do per cómpito un'ora di disegno: una volta e' sta un'ora e mezzo, un'altra cinque quarti per guadagnare il tempo speso nel temperarsi i lapis; e questo senza che nessuno lo vegga o gliene dica.

» 12 febbraio. Gli è poco in vena di disegnare. Comincia una cosa, poi ne piglia un'altra, senza concluder nulla: poi chiede di provarsi a un'altra ancora. Intanto ch'io gliene preparo, egli rivolta l'oriuolo a polvere, perchè non siano contati nell'ora quei dieci minuti spesi in gingillare.

» Un giorno della mia convalescenza, ch'i'ero uscita un po', i suoi amici disubbidirono a una donna di casa, e sparlaron di lei. Egli, risentito di ciò, ricusò per più giorni d'andare da loro; e, ritornatoci, non potè mandar giù quella cosa: e disse alla fine che non ci voleva più andare. Nè al babbo nè ad altri volle dichiarare il perchè: ma, interrogato da me alla lontana se forse gli spiacesse che i più piccini de' suoi compagni dicessero talvolta male della servitù, e le mancassero di rispetto, egli rispose che sì; e che ancora più gli era dispiaciuto sentire un di loro dire della sua propria madre, che la non sapeva quello che la si dicesse. Io lo lodai di cotesto; lasciandolo libero d'andare o no. Ma giacchè que' bambini eran piccoli, meglio era disapprovare apertamente le loro parole non buone, che abbandonarli per questo; bisognare (come la religione insegna) essere severi con noi, indulgenti con altri; che anch'egli aveva le sue mancanze, e disubbidiva alla mamma.

» 26 dicembre. Disputando col suo babbo, mi vien detto: « Oh Dio! » Il bambino, datami la buona notte, mi chiama in disparte, e mi dice all'orecchio: « Sai, mamma? Tu non ci avrai pensato; ma, quando ragionavi col babbo, hai detto: oh Dio! » Risposi che me n'ero avvista, e che mi dispiaceva aver nominato Dio fuor di luogo. « Ma tu non imparare da me. Baderò non mi segua più. »

Ora dirò del fanciullo di cui scorremmo il giornale scritto con tanta sollecitudine dalla madre; del qual ci duole non avere approfittato che in parte. Sebbene, e per riconoscenza e per rispetto all'autrice, e per essere ancora incerto l'esito delle sue cure, noi dovessimo di coteste note scegliere quelle che davan luogo a osservazioni meno severe; chi sa leggere, vede non dissimulati punto i difettuzzi e dell'educato e degli educatori, co' quali famigliarmente ragionando, era, come doveva, più schietta o ancor meno condiscendente la nostra parola. De' quali difetti si accorgeva nella sua rettitudine la buona madre; e a chi, più autorevole di noi, ne celiasse seco, li confessava con sorriso sereno. I difetti, come appare dal detto già, erano, mortificare la fantasia con la scienza, freddare con la riflessione l'affetto; gastigare la natura innocente con l'arte assai meno innocente, e che non per malizia ma per grettezza pareva talvolta artifizio; ministrare la morale in pillole di precetti, e la religione in decotti di farmacopea filosofica, farmacopea troppo fedele alla dottrina dell'Hanheman. Col crescere degli anni venne di qui che il figliuolo ebbe in capo più parole astratte e elementi di calcolo che immagini belle e affetti potenti: venne che le cure assidue della madre, tutta piena di lui, lo invanirono innocentemente di sè, lo ristuccarono di lei, delle sue medicine morali, e fin delle significazioni urgenti della sua tenerezza. E' leggeva di nascosto ogni dì il giornale scritto de' fatti suoi, ne prendeva norma per apparire alla madre qual ella voleva ch'e' fosse; e, per usare la parola di lui ravveduto (che noi non oseremmo se sua non fosse), ingannava sua madre. A forza di scrivere di lui, ella non seppe più leggere nè nel suo cuore nè ne' suoi atti. Accadevano nella vita di lui mutazioni terribili ignote ad essa; nè dell'animo suo mutato la misera donna s'accorse se non quando non poteva che piangerne. E in cotesti strazii ineffabili la colse la morte. Ma noi abbiamo già detto del ravvedimento di lui; che sentì più potente e più amata uscire di sotterra la voce materna. Nè in tale ravvedimento è da credere che non avessero parte le tante cure spese intorno a lui per tanti anni; cure insufficienti insieme e soverchie, non inutili. Dio non permette che il bene, ancorchè imperfetto, sia sterile; molto meno, che porti malvagi frutti. Ma noi da tale esempio impariamo a cansare l'eccesso delle cure, specialmente di quelle che si restringono alla mente, o al culto di sola una facoltà qual si voglia. Non crediamo, per avere studiati i bambini, d'averli imparati e di saperli; badiamo che il troppo pensare a loro non sia un palliato amor di noi stessi; scrivendo i loro detti o fatti, non intendiamo di scrivere i nostri; siano confessione o ammonizione quelle memorie, non apologia e panegirico; siamo storici, se così piace, non storiografi: che non siamo pagati per questo, e ci rimetteremmo troppo più che le spese.

Giornale d'una bambina. Dal primo al quint'anno d'età.

6 gennaio 1852.

Propongo allevarla alla povertà ed al dolore. Sana e gentile di viso: il di dietro del capo rilevato, come a chi patirà d'idrocefalo. Propongo studiare in lei lo svolgersi dell'intendere e del volere, a prenderne un qualche segreto della vita e del cuore.

Nelle mani e ne' piedi, lasciati liberi, mostra più forza che alla sua età non parrebbe: e lo svolgersi di quella parte del corpo, pare che le apra l'intelligenza più presto. Le mani che, ne' primi dì raccolte in pugno, erano con grazia strette agli occhi, si muovono, e indicano ch'ella già soffre la luce.

Prima delle due settimane già distinguesi in lei il pianto del dolore dal pianto del desiderio impaziente, che è il principio della pretensione. Io prego sua madre che badi a questo segno; e quando non c'è altro che voglia di piangere, non le dia retta. Ciò mi costa a ottenere. Il linguaggio della sua voce si fa in venti dì sempre più variato. Per poppare non piange quasi mai, nè la notte: ma fa col capo e con la bocca e con le mani, ansimando leggermente, come chi cerca qualcosa. Per doloretti che sente, piange davvero a piena voce; ma quando vuol essere rizzata o che le si badi e faccia compagnia, piange un poco, come per prova, stizzosamente; poi ristà; e manda ad ora ad ora altre voci come per interrogare se taluno l'ascolti, quasi come farebbe persona grande. Allora, quando le si parla, risponde con altro suono, quasi contentata: e quando è ancor più tranquilla, alle parole che sente, fa un verso sommesso, come tubare di colomba. Riconosce la voce della madre e del padre, e a quella si cheta, quando non sia pianto di dolore vero. Anco dolente, al parlarle accosto e carezzarla, si cheta per poco, non perchè intenda, ma perchè quel suono distrae l'attenzione sua, sempre desta a nuove cose. L'attenzione le si vede negli occhi, sovente immoti, ma di per sè vivaci. A quando a quando sorride. Credono che fino a' tre mesi il bambino non senta nulla in modo intelligente, e lo trattano come materia. Io tengo che fin nel seno materno cominci un lume di sentimento ragionevole, e che ogni dì le facoltà si svolgano con le membra: nè potrebbesi pensare che l'anima rimasta bruta per settimane di tempo, muti un bel giorno natura.

Per usarla a non pretendere, o, se meglio piace, a non prendere abiti i quali, non soddisfatti, diventan dolore, io prego la madre che non la prenda in collo allorch'ella piange, ma quando sta zitta. Due eccessi: o lasciarli troppo giacere, che non è sano, e li istupidisce; o tenerli in collo ogni volta che belano. Così contentandoli fuor di ragione, non si sa più quando piangano per dolore vero; e s'avvezzano rabbiosucci; e quel tanto piangere è convulsione lenta, e li contraffà.

6 gennaio 1853.

Oggi fa l'anno. E il corpo e l'intelligenza svolti già in modo raro. Carezzevole, non senza qualche avvedimento:

e se fa cose di quelle per cui la gridano, viene, e si raccomanda più abbonita che mai.

Pronunzia parole; e que' suoni stessi che non hanno accento, forse in lei hanno un senso.

Scansa i pericoli del cadere, e chiama aiuto in tempo.

Cadendo, non piange se non per male che si sia fatta davvero.

Mangia di molto, e discerne alla vista i cibi anche de' non più frequenti. Sulla gatta esercita autorità con affetto familiare, differente dall'affetto che dimostra alle persone note.

I suoni soavi possono su lei dolcemente.

18 gennaio.

Addita il cassettone dov'è il ritratto di mia madre, dicendo *nonna:* e, aperto, la bacia. Dinnanzi alle immagini fa l'atto di segnarsi picchiandosi il petto.

Accenna alla finestra, dicendo *con* (per *balcon*) e, affacciata, si cheta. A tavola si rizzava da sedere, è più mesi. Adesso la ci monta su co' piedi là dov'è il sedile; e àlta e ritta, allora è contenta.

Quando sa di far male, viene a far moine e a nascondersi tra le ginocchia. Gridata, vezzeggia per abbonire. Parla alle cose come a persone vive, e ride con quelle. A due uccelli morti fa l'atto del dormire, come si fossero addormentati.

De' visi nuovi non si spaventa; ma i meglio vestiti le garbano più. I vestiti nuovi le gustano. E le prime scarpe messele, la sera, le voleva accanto; e con quelle s'addormentava; inquieta, se no. Adesso che la ne ha più d'un paio, non le ne importa tanto.

10 febbraio.

Mostra, con atti che fa, d'intendere e le parole greche e le italiane che le sono dirette, e che toccano cosa importante a lei: e quando di lei si parla tra noi, anco senza volgerle la parola, dà segno d'addarsene o col sorriso o con gli atti del volto o con qualche voce che mette. La voce avrebbe delicata nella forza; ma i suoni che sente spesso da' vecchi che paiono muggito e ruggito e miagolío, non sono gentile educazione dell'orecchio e dell'anima

7 gennaio 1854.

Compiuti i due anni. Il senso morale svolto ancor più che l'intelligenza, e più ch'io stesso non vegga. Con altri, la si mostra in aspetti che cela a me: no ch'ella si celi, ma le occasioni varie la fanno così variare. Le cose men belle a me non appariscono, perchè la le serba a chi gliele insegna; e a me quelle che più sono in armonia con quanto le dico e le fo. Non sapeva ch'ella dicesse *bestia,* e lo udì da un monello: e lo disse al fratello quand'io ero discosto, ma intesi: e così lo scopersi.

8 gennaio.

La riprensione alle mie impazienze, la me la diede, essendo ancora di mesi ventuno, in modo assai più notabile che ora di corto. *È buono il babbo, non grida, no.* E questo nell'atto ch'io appunto alzavo la voce. È ella ironia? No: ma le parole innocenti suonano a chi è in colpa, ironia più acuta; e quanto il rimprovero è più vero e retto, più va diritto all'anima di chi sente vero. Ella conosce che il gridare a quel modo, non essendo cosa solita nè necessaria, non è naturale nè buona: per istinto conosce ella questo, perchè nella convenienza è il principio o almeno l'indizio della moralità. Non potendo dunque impedire che il male non sia, lo nega in parole, per amore del bene, per affetto di me, e anco di sè. Perchè si rammenta che, quand'altri è scontento di lei, alza la voce; onde quel suono le è memoria spiacente. Non ama fatto a nessuno quel che non ama a sè stessa. Poi, dicendo: *il babbo non grida,* intende anco: non griderà; come dice di sè parlando: *non fo,* quel che promette di non fare più; confondendo i tempi, come il poeta e il popolo, unendoli come Dio.

6 gennaio 1855.

Compiti i tre anni. Sua madre me la conduce che io la benedica; e io le dico piangendo: Dio vi benedica. Che siate meno infelice. E si atteggia anch'ella al pianto, senza sapere il perchè, ma sentendolo. Il dì dopo dice a'fratelli: non fate rumore, che il babbo non pianga.

11 febbraio.

Il freddo le fa dolere ora le ginocchia, ora i piedi; e, senza ben saperne il perchè, piange stizzita e non vuole che le si parli, e lo vieta quasi imperiosamente; ma poi si cheta da sè; nè, cessato il malessere, ne fiotta, anzi gode assai di dire ch'ella sta bene. Nè, venendo in camera mia a riscaldarsi, la si accoccola al fuoco; ma, riavutasi un po', chiede di ritornar dalla madre. Osserva che nelle stanze di là non ci dà il sole mai, e gioisce vederlo nella mia, e dice che il sole le piace, e chiede d'uscire; ma il fradicio delle strade le dà noia.

Porta in istanza le legne, e d'una in altra stanza le seggiole, leggiere sì, ma alte quasi il doppio di lei, e, con vigore sì destro che, anco urtata per caso, nè cade nè le lascia cadere.

Negli atti composta e grave oltre l'età, china gli occhi, e gli alza a un tratto modestamente potenti.

Pena a imparar di contare oltre al numero di cinque, e ci si confonde. Apprende il nome di ciascheduno de'diti, che le insegna la madre, la quale coltiva, più ch'io non faccia, non solo il cuore ma la memoria e l'intelligenza di lei. I nomi che io le insegno delle cose, nomi differenti dal dialetto, dice d'averli appresi da me, non so se perch'ella s'affidi, o voglia assicurarsene parlando ad altri. I varii nomi dati alla medesima cosa parrebbe dovessero far confusione nella mente de'bambini; e ne fanno meno che nelle adulte: e anche questo comprova la provvidenza e il vigore della natura, e come l'uomo debba aver fede in essa.

Del vigore proprio con cui la mente fanciulla lavora sopra le parole e le cose, fanno fede gli spropositi e gli errori stessi. Non avend'ella sentito che *consolare;* parlando di sè, e non sapendo se la seconda sia breve o lunga, dice, invece di *mi consolo, mi consolo,* forse perchè l'analogia d'altre voci sdrucciole le fa inganno, o piuttosto perchè quel *solo* fatto sentire a quel modo, le rende equivoco con parola di senso diverso. Ma visto altri ridere dello sbaglio, anch'ella ne ride.

A ogni interrogazione, per più chiarezza e fermezza, ci aggiunge un *forse,* oltre al suono della voce, che lo indicherebbe da sè. *Non è vero forse? Non ci anderete voi forse?* Non so s'io m'inganni, ma questo mi pare indizio di pensare e di sentire che sono, e amano essere, bene determinati. Tanti scrittori, che pur tirano all'eleganza, omettendo nell'interrogazione il *forse* o l'*egli*, non si sa bene se domandino o affermino; e tocca alla stamperia sciorre il dubbio col punto interrogativo alla fine, che forse al principio andrebbe meglio.

Il segno di croce, se lo fa a dovere, se la fretta o la tema di sbagliare in presenza mia e di vedermi corrucciato, non la faccia sbagliare. Facendo la prova, e ponendo la mano alla fronte o alla spalla, dice *qui si mette il Padre, qui si mette lo Spirito;* e dice cosa più poetica e alta ch'ella non sappia di dire. Ogni parola profferita col sentimento, è tanto profonda impressione quant'è sincera espressione, e mette nell'*uomo* la cosa. Quindi il valore di tutte le cerimonie non false, e delle religiose massimamente.

12 febbraio.

Altro modo di determinare anche troppo le idee, e proprio a lei, non appreso; ella lo usa sempre: *apritemi la porta a me, datemi dell'acqua a me.* Forse quel primo *mi* non pare a lei ch'abbia senso, o piuttosto non le pare efficace al bisogno.

Osserva in silenzio ogni cosa, segretamente delle persone a chi ell'ha stima e amore; anco di quelle cose che sfuggono all'attenzione degli adulti; e l'osservarle dimostra intensione di pensiero e d'affetto. M'avverte di pulirmi se c'è qualcosa di sudicio: e perchè un giorno un bottone quasi tutto coperto dalla barba, non era passato nell'occhiello, come da qualche tempo soleva, me ne domanda il perchè; non lo reputa caso, ma cosa deliberata. Ed era così. Ell'aveva posto mente in silenzio al nuovo uso, e più posto mente alla novità della novità. Mi domanda perchè, nel farmi il segno della croce, io non pronunzî le parole com'ella fa, e le si richiede che faccia: io rispondo che le dico dentro di me; ma imparo insieme come i minori badino a quel ch'altri comanda e non fa. Delle cose io le rendo più d'una ragione, quando più d'una ce n'è; per abituarla a vedere più lati dell'oggetto medesimo, e perchè in questo è verità e veracità. Ella ripete a bassa voce tra sè quel ch'ha inteso; e fa discorsi sola da sè: e con altri certe cose tace, rattenendosi o per peritanza, o fors'anco per rifletterci meglio. Le parole di cerimonia, *buon giorno, grazie,* e simili, la le tralascia, non per non sentire, ma perchè sottintende.

Le interrogazioni, se moderate e a tempo (che non è facile) sono prova e esercizio d'intelligenza, nè a bambini solo. Un uomo, che sa interrogare perchè padre anch'egli e educato a pratica senza tante teorie, le domanda se più le piace Torino o Corfù: ella risponde che qui la neve fa freddo, ma che a Corfù la pioggia era troppa. Io non sapevo ch'ella si rammentasse di cosa d'un anno fa, nè che la pioggia le desse noia più che la neve, nè ch'ella potesse fare simile paragone, e nel paragone inchiudere il giudizio, che è quel che il popolo e i poeti fanno.

13 febbraio.

Nel rammentarsi cose remote di luogo e di tempo, sorride di gioia modesta, compiacendosi forse più del riconoscere il vero che del far prova di buona memoria. Arride al fratello affettuosamente; e baloccandosi seco, gli dà noia, ma non crede di farlo: e si duole ch'e' non cammini e non parli; e per chetarlo usa le parole materne che sente dirgli la madre; e questo anco fra la veglia e il sonno, destandosi nella notte. Gli dà mangiare; nè è gelosa delle carezze, o che a lui sia dato di quel che a lei piace. Ma vedendo baciare, chiede talvolta un bacio anco per sè. Dopo assai tempo ch'io non le domando s'ella mi volesse bene (e era da smettere), ella domanda a me due volte se io a lei vo' bene. E teme il mio corruccio: e quando si mette a belare fuor degli occhi miei, al sentire che io la sentirei, più d'una volta si cheta. E prima d'aprir bocca meco, si volge alla madre come per interrogarla se farà male a far motto. Un dì che la madre era uscita ell'entra da me, mal tenendo le lagrime, ma non dice il perchè. Ritornata quella, io la lascio ire; ma essa rimane tuttavia meco, rassicurata già che la madre c'era, e volendo non fare, coll'uscir subito, torto a me. Altre volte ella rimase quasi per picca perch'io non la rimandavo: ma questo mi pare che fosse un ritegno di affetto delicato.

*
16 febbraio.

Bada a tavola a dire *voglio*, sebbene corretta, non per pretesa nè con voce d'impero; ma risponde al *volete?* Converrebbe dirle un'altra parola; ma si va nel pedante. Perchè ella non chiegga d'una cosa innanzi ch'altri abbia cominciato a mangiarne, dopo ripresanela più volte, io le racconto a mo' di storia che una bambina che chiedeva così, fu gastigata con non avere nulla: ed essa mi guarda in modo insolito, affisando gli occhi in me, non tanto forse che temesse gastigo, quanto perchè quell'avviso a modo d'istoria le dà nell'occhio, e cerca indagare se sia verità.

Un giorno che gli altri avevano mangiate le loro castagne, e le mie rimanevano, la mi dice: non vi levate? che non lo disse mai: malizietta da bambina femmina.

Se cosa le piace, o quand'ella domanda a me se tale o tal cosa mi piaccia (per quel bisogno che ha l'uomo di concordare con chi egli ama, e però di sapere le sue inclinazioni e i pensieri intimi; che pare curiosità vana, e fors'anco colpevole, ma è in sè istinto sacro), io soggiungo che quella cosa ce l'ha mandata Iddio, e che conviene ringraziarnelo. Ella intende e consente, ma non dice parola, perchè non ci cadrebbe altro che un *sì;* e il sì, e tutte le parole che si sottintendono, i bambini e le donne e il popolo le tralasciano, e fanno ellissi di fatto.

Un'altra maliziuccia per avere dell'altro, gli è, quand'io do qualcosa alla madre, dire: vede quel che le ha dato il babbo? Io non vorrei la contentassero sempre, e gliene dico a viso: nè ella l'ha a male; ma un giorno, per non essere stata contentata, al mio cenno di portare le seggiole nell'altra stanza, risponde seccamente, *non posso*: e se ne va, come persona grande che rattiene, e vuol pur mostrare, lo sdegno.

20 del 56.

Con la maestra che la gastigò, la bambina tiene il broncio; ed entrava senza farne motto; parte perchè la pena, tanto più memorabile quanto più insolita e data in presenza di tutta la scuola, le pareva ingiusta per il fallo ove il freddo della stagione ci ha forse più colpa che lei; parte perchè, temendo la maestra tuttavia corrucciata, scansava ogni parola che potesse dare appiglio a rimproveri; parte perchè, tra la coscienza del pur non essere rea, sentendo in sè quel misto d'orgoglio e di dignità che fa tanto pericolosi i primi falli leggieri, la non sapeva come rompere il ghiaccio. E questa è cosa grave, dell'attemperare il gastigo non solo all'abituale temperamento di chi è da correggere e che spesso non ben si conosce, ma al sentimento altresì ch'egli ha del suo fallo; dal quale sentimento dipende e la moralità dell'atto e la moralità della pena. Poi, finito o rimesso il gastigo, se il corretto non si assicura che l'animo del correggitore non ha ricordanza acerba del fallo, e si sente tuttavia quasi armato a nuova guerra, la correzione non è conseguita. Talvolta più e d'una parte e d'altra ci sforziamo a dimostrarci dimentichi del passato, e più ne venghiamo rinfrescando la memoria importuna. Accorto ch'io mi fui del male, chiesi scusa alla maestra; e, senza rimproverarne la bambina, le imposi di portare a quella i saluti miei; e così senz'altro il primo passo fu dato. Non già che qualcosa non le rimanga sul cuore; perchè, interrogata da me se la volesse bene alla signora, risponde pronta ma con sussiego: perchè non le ho io a voler bene? Che non è un semplice *sì*; e è come dire: se me lo domandate, segno che c'è una ragione ch'io non glien'abbia a volere così come prima.

A me, quando sono malato, dimostra più affetto, e più spesso porge baci, tra ilare e mesta. Leggermente gelosa talvolta della cura ch'io prendo del fratellino, non perchè invidii l'affetto dimostrato a lui; ma perchè teme esserne esclusa: e basta che in quel mentre io la nomini e dia segno di por mente anco a lei, perchè si contenti. Forse quel che pare invidia, ne' migliori non è che dolore dell'altrui noncuranza; almeno in principio, è temenza modesta più che superba.

L'attestato di lode ch'ebbe in capo a una settimana, lo mostra a tutti, e lo serba, e domanda che significhino proprio quelle parole.

Certi modi che la civiltà richiede nel parlare, e in casa le pareva inutile apprendere, la li apprende alla scuola, come parte d'insegnamento artifiziale, e vedendone l'esempio in altri. Ma applica la regola a modo suo; e, per esempio, dopo ringraziato chi le dà pezzuola o altro, nel renderla vuole anche lei sentirsi dir *grazie*; perchè le pare giusto che d'ogni cosa che da altrui s'abbia, sentasi riconoscenza. E nulla è veramente tanto proprio a uno, ch'e' non debba gradire l'atto di chi gli ridà o gli facilita l'uso del suo diritto. Ma l'esempio di qualche compagna attacca a suoi modi certa affettazione leziosa, dalla quale, appena avvertita, si guarda; e i giorni che non andava alla scuola, cominciava già a liberarsene. La schiettezza è in lei, come in tutti i non guasti, parte del senno.

Dell'un de'fratelli più grandi si duole più sovente che dell'altro, e nota i difetti parlando a me: e talvolta le par colpa quel che potrebbe intendersi più buonamente. S'accorge però che il rapportare il segreto non è bello; perchè un giorno sentendo l'accusato nella stanza vicina, dice: e'm'avrà sentito. Cotesta pendenza a giudicare severamente è insieme un principio di rettitudine e un germe di male.

Ma di chi ella riconosce l'autorità, non bada che al bene; e anco le cose non imitabili e le sconvenienti, ci passa sopra come se non le sentisse, e tien dietro al filo de' proprii discorsi e pensieri. Così è, più o meno, negli uomini tutti. Tanto importa l'ispirare fiducia, e tanto costa il demeritarla. Non è già che ricevendo dispiacere delle parole della madre, ella non ricorra talvolta a me; ma lo fa senza accusa, e quasi senza parola.

Le sue parole, perchè schiette, hanno peso dalla stessa semplicità. Quando dice *non sono contenta*, intende assai più che noi, dicendo così, non sogliamo. Perchè credevasi che un ladro avesse rubato il gatto di casa per ucciderlo e divorarlo (furto peggio che di moneta, perchè lo aggrava la crudeltà e la sporcheria della gola), ella dice: *non sono contenta perchè il gatto non c'è più;* e ne dà per ragione il dispiacere che ne vede provato dalla madre; e soggiunge, non le dispiacere che sia morto ma che sia stato mangiato. La morte, anco di bestia, le lascia l'idea della vita. E ripete più volte il *non ci essere più*, quasi sapesse il *quia non sunt* di Rachele.

Io le racconto, con qualche particolarità del dolor delle madri, la strage degli Innocenti; ella piange; e al sentirlo di nuovo, non tiene le lagrime; e mi raccomanda di non le raccontare cose che la facciano piangere. Sempre all'idea del pianto congiunge il sentimento d'un torto suo, sì perchè, da' prim' anni sgridata del piangere, sì perchè le par forse atto di debolezza...

Parte III. – BENEFICENZA

Dei sussidii dotali, e d'altre istituzioni di pubblica carità.

I. Nel pensare alla dote, a quel prezzo che la vergine porta seco nella casa dov'è chiamata a divenire madre, a godere dolorosi godimenti, e a morire; nel pensare alla dote, la mente non può che non si rappresenti i destini diversi segnati alla donna nelle diverse regioni ed età della terra; gli affetti a cui sovente nuoce la povertà, più sovente assai la ricchezza; il valore delle cose mercabili messo in bilancia col pregio della bellezza, del senno, del cuore; le strane relazioni che corrono di un pezzo di metallo coniato, con la felicità della vita, con la moltiplicazione della specie, con l'educazione dell'anima umana. Nel pensare alle doti che per volere di pii testatori serbansi a fanciulle povere in elemosina, non può che la mente non corra agli uffizii e a pericoli della privata e della pubblica carità; al molto bene ch'essa fece nei tempi passati, al molto che desiderò e non ottenne, al moltissimo che a fare le resta; non può che non guardi con certo quasi terrore le malagevolezze dell'operare il bene nel mondo, dacchè sul bene stesso, come insetti roditori su pianta fiorente, vengono moltiplicandosi i mali; non può che nelle sue considerazioni non abbracci quanti altri istituti mirano a conciliare gli aventi con gl'ignudi, i diritti cogli obblighi, i desiderii con la possibilità, la rassegnata dignità di chi riceve con l'ilare umiltà di chi dona, la sicurezza del soccorso col debito di guadagnarselo, l'agguagliamento delle comodità sociali con la proporzione del merito, la riverenza del passato e il riguardo del presente con l'infaticabile indagine de' perfezionamenti avvenire.

II. Nelle istituzioni che durarono alcun tempo, appunto per questo che sono durate, nè tutto è da serbare immobilmente, nè tutto da rigettar con disprezzo; ma sono da ricercare con mente pacata le ragioni del bene, le scuse de' falli, i rimedii del male, le vie del meglio. Il fine al quale furono istituiti i sussidii dotali, in sè stesso è lodevole: alleggerire il peso della miseria a quell'età che spera tuttavia nella vita; confortare l'affetto, coronare il pudore, allontanare un pericolo, invogliare allo stato di nozze legittime gli animi vagabondi; preparare una qualche consolazione ai genitori trepidanti; diffondere per molte generazioni il bene, che sempre novello rinasca con le figlie dei figli; chiamare al benefizio partecipi quanti si faranno ministri del dotale sovvenimento; rivivere nell'amore di tante anime giovani, e assistere, spirito invisibile e cooperante, alla loro innocente allegrezza. Nè senza perchè tutto il mondo cristiano onorò di confidente venerazione per tanti secoli il nome di quel Niccolò cantato da Dante[1], vescovo d'una cittadetta di Licia, che con l'una mano respingeva animoso la scure del carnefice alzata sopra un capo innocente, con l'altra forniva pietoso di dote liberatrice tre vergini pericolanti, e faceva, com'angelo volante non visto, venire dall'alto l'insperata salute. Onde, come per rimeritarlo del gentile atto, molte città cristiane lo tennero suo concittadino e tutore; e lo invocavano nelle tempeste presenti i naviganti, e lo conoscevano come amico allegri i fanciulli; e Bernardo di Mentone rizzando sulle alpi quel provvido ospizio che scampò tante vite, lo intitolava al nome di questo Greco, da sette secoli morto. Ma

---

[1] « Per condurre ad onor lor giovanezza. » — Purg. XX.

per il mutare de' tempi accade talvolta che i mezzi che dapprincipio erano conducevoli, contrastino al fine primo. Egli è facile dimostrare che i sussidii dotali, così come ora sono in più parti d'Italia, a generare i degni affetti, a rimeritare la modesta virtù, a temperare la vera miseria non sempre giovano; ma risicano anzi di fomentare men che nobili voglie, e maneggi che sono offesa sì della beneficenza cordiale e sì della gratitudine generosa.

PARTE PRIMA.

III. Non parrà, spero, digressione erudita il rammentare che ne' tempi antichi non solamente non si conobbe l'elemosina dotale, ma per contrario più popoli imposero all'uomo il debito della dote; la quale egli recava a' parenti della fanciulla, non tanto per prezzo, quanto per dimostrare l'amor suo alla famiglia della vergine amata, la gratitudine a chi gli concede la compagna delle sue speranze e de' suoi patimenti. Della dote offerta dall'uomo fanno memoria i libri mosaici, che sono insieme storia e poesia, pittura e vaticinio, meditazione inesauribile proposta al genere umano[1]; e i libri omerici, immagine vivente del mondo pagano, che, dalla sua prima giovanezza intelligente e credente degenerando, ondeggia tra il fanciullo e la fiera, ma pur tuttavia aspira ancora agli aliti dell'Eden perduto[2]. Orribil cosa a pensare, e di quelle tante piaghe segrete che il tempo ci scopre nella gloria di Roma,

---

(1) Gen., XXIX, 18. XXXI, 15, XXXIV, 12. Reg. I. 18. — Vico, V. 392. « Ci » dànno luogo di stimare lo stesso di tutti i primi popoli barbari. » Se la barbarie non consistesse che in questo! — Anco al tempo di Marco Polo in Oriente viveva simile costumanza. — Viag. XCV.

(2) I doni del marito a' parenti della sposa, Omero sempre distingue col proprio vocabolo di Ἔδνα; Odissea A. 277. B. 53. 196. H. 10. 318. II. 391. Iliade, II. 178. 190 A. 343. N. 366. In quest'ultimo luogo (come nella Genesi l'amante di Rachele) l'amante di Cassandra promette per prezzo l'opera propria. Nel canto dell'Odissea X. 472, toccasi di dote data dal marito al padre; e più sopra, v. 50, di doni dati dal padre al marito, che chiamansi δῶρα. Ω. Odissea, 293. In un prezioso passo dell'Iliade essi doni chiamansi

si è quello stimare tanto necessaria al matrimonio la dote, che donna indotata avevasi quasi in conto di concubina [1]. Ma in Isparta e in Tracia la dote era data dall'uomo; e in tutta la grande famiglia de' popoli slavi [2]; e così ne' germanici, al tempo di Tacito; e nel medio evo Goti, Longobardi, Danesi [3]. Delle due consuetudini la meno disforme da natura si è quella che ingiunge all'uomo offrire a' genitori compenso de' dispendii che per sedici o vent'anni sostennero nell'allevare una creatura, la quale alle loro speranze è tolta allora appunto che incominciava a rimeritar tante cure con l'affetto intelligente e colla riconoscente fatica. Che tocchi alla donna, oltre all'amore immortale di moglie e alla irrecusabile ubbidienza di ministra, portare al marito il prezzo di sè medesima, quasichè sin le schiave del tempo antico non equivalessero a qualche manzo [4], quasi che il Bentham istesso nella sua peggio che barbarica lo-

---

μείλια I. 145. 283. Agamennone, per placare Achille, promette dargli n isposa senza prezzo (ἀνάεδνον), qual più delle sue figliuole gli è cara; e per corredo promette egli dal canto suo doni di molti (μυίλια), quanti mai nessun diede a sua figlia: sette città. Questo passo oserei affermare aggiunto parecchie generazioni dopo morto colui che cantò dell' Iliade il primo canto. Anco l'Armeno (così m'attesta l'erudito monaco padre Aivazovski) ha più voci a denotare la dote. La portata dal marito è *varzanch*, che vale mercede; e così la chiama Mosè di Corene (pag. 190, 191 della trad. italiana), laddove narra delle doti da Ardasese recate a Satinig sposa sua. Queste medesime nel medio evo dissero *duajr*, da *du* (dà) e *ajr* (marito) che ha col francese *douaire* notabile consonanza. Poi gli Armeni fanno *agïd*, ch'è voce loro natia; e *brutc*, ch'è la προίκια de' Greci; e il *mahr* degli Arabi. La dote consistente negli schiavi chiamano *basdadagan*.

(1) Plauto Trin. III. 2. 62. Nell'Anfitrione, trasportando a Tebe antichissima gli usi di Roma, nell'atto di voler fare divorzio, è detto: *tibi habeas res tuas, reddas meas*.

(2) Il serbico non ha vocabolo proprio per dinotare la dote, e si serve del greco προίκια, corrotto. Notabile è che, siccome nel Greco quella voce è plurale, così nell'antico toscano dicevan *le doti*, come dire i doni di nozze. Guido dell'Antella. Ricordi Arch. Stor., Vol. VI, pag. 29.

(3) Fin nel secolo scorso le grandi case germaniche ritenevano dell'antica semplicità; nè le principesse di Sassonia avevano in dote che trenta migliaja di scudi (Encyc. Dot.). Al contrario in Francia, più secoli prima, il re non si vergognava di chiedere il danaro de' sudditi per dotar le figliuole proprie, le quali, non in tale occorrenza era bello chiamare le figlie di Francia.

(4) Iliad. X. 705.

quela, non ci parlasse del *valore pecuniario dell'individuo;* cotesta parrebbe costumanza incredibile, se delle umane stranezze fosse la sola. Ma posto anco, che il vincolo dell'anime s'abbia a trattare come società mercantile; io dico che al benestante il matrimonio è sovente risparmio, perchè più spendono molti ricchi scapoli in capo a trent'anni, che se ammogliati con figli; e dico che al povero la figliuolanza fornisce sussidio di braccia operose, laddove le società siano bene ordinate, e le famiglie concordi. Ma in popolo dove concordia e ordine manchi, non gli verranno rinfranchi nè dai celibati avari, nè da' matrimonii cupidi, nè dalla fortuna vilissima delle doti.

IV. Se le doti grosse, togliendo alla donna il più prezioso ornamento della bellezza e dell'anima, l'umiltà (l'umiltà che custodisce l'amore), fanno la donna non rado arrogante, irrequieta, feroce [1]; e creano in una casa due famiglie, in una stirpe due razze; e se son causa frequente di discordie irreconciliabili e d'infedeltà inverecondie; meglio dunque privilegiato anch'in questo è il poverello che il ricco, il poverello il quale piamente, piuttosto che suntuosamente, coltiva la religione del talamo [2]. Lasciamo al povero le sante franchigie della sventura; non lo turbiamo con sogni fallaci, non lo tentiamo. Chi crede che, senza il lecco de' sussidii dotali, il povero abborra dal matrimonio; pensi che il genere umano non ha, per moltiplicarsi, aspettato i lasciti de' pii testatori.

Non frequente nelle città d'adesso l'amore puro d'ogni sordida speranza; non frequenti le prove che l'uomo può dare ad altri e a sè stesso dell'amar veramente: ma certo la povertà della persona amata è, tra quelle poche, una delle più desiderabili a cuor gentile. E i sussidii dotali verrebbero non a togliere via questa prova, ma, ch'è peggio, a

---

(1) Plaut. Men. *Dote fretæ, feroces.* Feroce chiama l'orgoglio anco Dante, Par. XXII. Hor. Od. III. 24 *dotata regit virum Conjux.* Quanta parte di storia in questo verso delle Georgiche: *Teque sibi generum Thetys emat omnibus undis!*

(2) Odyss. Ψ. Λεκτροιο δεσμόν.

appannarla; a spargere di sospetto l'amore: come se il sospetto già non fosse il contagio che appesta la vita.

V. Con cotesti sussidii, voi non empiete il gran vuoto della povertà, non saziate le cupidigie, ma le stuzzicate; senza risanare il male di fuori, un più intimo ne suscitate. Nessuna donna per la vostra elemosina arricchirà; ma più d'una, per cagion della dote, sarà desiderata da uomini indegni, che poi riusciranno mariti, non consorti, genitori non padri; getteranno la moglie in un canto, i figliuoli sulla strada, nel fango sè stessi.

Io non credo che tali sussidii moltiplichino grandemente i matrimonii affamati, perchè agli affamati non tocca nemmeno cotesto ristoro miserabile de'sussidii; ma credo che moltiplichino, peggiore calamità, i matrimonii disamorati. E quando pure un solo di questi o di quelli accadesse, a che pro comperar le disgrazie a contanti, come se bisognasse fin con l'elemosina de'pii provocarle? Tanto sono già materiali le inclinazioni del secolo, che non occorrono accorgimenti a farlo più materiale e più cupido ancora. Poichè la sventura sovvenne alla fanciulla del popolo, liberandola dal pericolo d'essere insidiosamente adulata, e scambiata con una borsa che si trovi per via, o con un terno che si raccapezzi da un sogno; di grazia con que' vostri pochi miserabili quattrini non rompete l'incanto.

VI. Nè solamente il sussidio dotale non è rimedio perpetuo alla povertà, ma neppur momentaneo sollievo; sì perchè il più delle volte non ricatta le spese richieste alle nozze e agli arredi di casa; sì perchè (come suole de' guadagni casuali) è sprecato sovente dal popolo in gozzoviglie, dalle famiglie che chiamansi bennate, in lusso, d'ogni gozzoviglia più reo. Perchè la boria dello sfoggiare non è in certuni guarita dall'umiliazione del chiedere; e più andarono chini nelle suppliche, più andranno tronfii nelle gale: però quel leggiero guadagno è danno vero, come le vincite al giuoco; che non solamente non fruttano, ma si fanno provocatrici di perdite sempre più rovinose. Quel che scriveva un buon Fiorentino del trecento, che *di dota mai si fece bene niuno* ⁽¹⁾, è segnatamente vero delle doti d'accatto. Ottima dote alla vergine del popolo, e quotidiana e non consumabile mai, e che d'anima in anima si trasfonde ne' figli, è la sua frugalità, la sua vigilanza, le operose sue braccia ⁽²⁾; e vero sussidio de' poveri è il non sperare sussidio se non da sè stessi e da Dio. Questa sola legittima speranza può scuotere l'ignavia, non sempre a torto dallo straniero rimproverata agl'Italiani, contenti alla facile vita, e addormentati da quel che dovrebbe più scuoterla, cioè le benemerenze degli avi e gli splendori della liberale natura.

VII. Se il sussidio dotale è inefficace come rimedio, non è punto valevole come premio. Condizione precipua dell'assegnarle è, che la fanciulla povera sia onorata, modesta, pia, quasi in mercede della virtù passata e in guarentigia de' buoni portamenti avvenire. Pare che coteste vergini prudenti abbiano necessità di danaro, non tanto per mantenere la vita quanto per anaffiare le rose della verginale corona; e che la pubblica carità dica loro: rammenta la dote, e non peccherai. Ma non bene si premia, non bene si guarentisce la virtù con danaro. Nè so quanto a preservare sia valido quel che fu da tempi antichissimi usato a corrompere; nè so quanto onori il ricevere quel ch'è tanto onorevole aver rifiutato. Lasciamo all'Aretino, accatone prepotente, il gridare che *la virtù e la bontà dee sperare nella generosità e nella liberalità* degli aventi danaro ⁽³⁾. La giustizia delle ricompense non appartiene al giudizio del mondo; perchè i suoi crediti scadono di là dalla tomba; i suoi calcoli sono le bellezze e le gioje infinite. Che alle figliuole d'Aristide, gloriosamente povero, Atene col danaro pubblico provvedesse, per pagare a qualche modo il debito di sì nobile esempio ⁽⁴⁾, bene sta; ma

---

(1) Cron. Morelli.
(2) A filare il mio cotone, a farmi la mia dote. Dice un canto del popolo greco: Νὰ γνέσω τὸ βαμβάκι μου, νὰ φτιάσω τὰ προικιά μου.
(3) Lett. II. 8.
(4) Nep. — Così Venezia ad Antonio Loredano, valoroso difensore di Scutari, diede nel 1474 dumila ducati « per el maridar d'una so figlia, in recom-

meglio era se quei cittadini che le menarono mogli, avessero rifiutata la dote profferta, paghi ed alteri del poter fregiare il proprio nome con quella povertà veneranda.

VIII. Io non toccherò de' pericoli che può correre la virtù verginale nell'atto del chiedere un velo che la protegga, nell'atto di dire: « onoratemi, acciò ch'io rimanga degna d'onore; pagatemi, cittadini, acciò ch'io non mi venda. » Non vo' pensare nè pur possibile la sventura d'una grazia *non virtutis spe sed œtatis flore collecta* [1]; dirò solamente, che a donna giovane mal s'addice l'andar chiedendo danaro, per poco che sia, per meritato che paja; dirò che andar chiedendo danaro per prezzo del merito, è già un rendersi immeritevole d'ogni premio; e l'invocare danaro a salvezza dal pericolo è già un confessare che nel danaro è pericolo. Le pubbliche testimonianze d'onore, anco innocenti di per sè stesse, sono sovente oltraggio alla modesta virtù, quasi fiore che agli sguardi del sole appassisce.

Nel chiedere, io dico, è pericolo, se non dell'onore femminile, dell'umana dignità. Gli abitanti segnatamente di certe città sanno meglio di me le suppliche reiterate, le visite, dove il meno che s'abbia a perdere, è il tempo; sanno le pitoccherie, i piagnistei; le fedi, non sempre veraci, d'estrema necessità; il correre qua e là de' parenti, non sempre così peritosi com'è la fanciulla; le raccomandazioni indirette che la stessa giustizia fanno parer simile a frode. Le fanciulle da marito non posson far mostra nè di membra storpiate o rattratte, nè di figliuoli da dover mantenere, nè di servigi prestati alla patria, e nè anco di

pensa delle sue fatighe. » (Cronaca del Malipiero; che altrove ne nota esempî simili, pag. 263. 689.)

[1] Cic. Phil. II.

Susanne. Tu croyais, bon garçon, que cette dot qu'on me donne, était pour les beaux yeux de ton mérite.

Figaro. J'avais assez fait pour l'espérer.

Susanne. Que les gens d'esprit sont bêtes!

Figaro. On le dit.

Susanne. Mais c'est qu'on ne veut pas le croire.

Figaro. On a tort.

virtù messe a grave e ben superato cimento; non possono se non dire: *siam povere e buone;* e fare atti di dolore, atti d'umiltà, atti di devozione; e destare sospetto in altrui, se siano sincere in loro quelle due cose dove più la falsità è abbominosa, dico la religione e le lagrime. E, fatto questo, non resta che accomodarsi a qualche voce autorevole, la quale ripeta com'elleno son povere e buone. Dal quale frastuono di raccomandazioni e di lamentazioni, la mente di quei che dispensano non può non esser confusa, e talvolta non dubitare delle cose certe, e portare certezza laddove il dubbio cadrebbe.

IX. La speranza pertanto de' sussidii dotali, non essendo fondata nè in merito provato, nè quasi mai nell'urgente necessità de' chiedenti, o nella spontanea compassione di que' che dispensano; non può la speranza di tali sussidii alcuna volta non essere corruttrice. Tristo abito gli è cotesto del vedere un nostro vantaggio dipendere dall'altrui volontà, e del dovere quella languida volontà, quasi corpo infermo con revellenti, eccitare. La speranza, più spesse volte che la paura, offusca con nebbie servili il libero giorno dell'anima [1]; perchè la speranza è più coperta nemica, e più lusinghevole traditrice. Il chiedere di per sè stesso è cosa servile; e bene i Latini facevano la procacità direttamente contraria al pudore.

X. Ma senza volere immaginare i pericoli estremi, io dico che, tolta al benefizio l'ispirata spontaneità dell'affetto, la dolcezza divina della gratitudine è insieme tolta. L'elemosina che non viene dal cuore, non va fino al cuore; passa da mano a mano, con moto quasi di macchina senza mente. Quindi la sbadataggine con che ricevonsi tali sovvenimenti senza pensare nè alle intenzioni dei morti nè a' doveri proprii nè a que' tanti infelici che desiderarono simile assegnamento, e non l'ebbero. Credono d'esserselo comprato con la pazienza dell'aspettare, e con l'umiliazione del chiedere a gente che a ogni costo dee dare, e che alla fin fine non dona del suo; ch'anzi spesso fa delle

---

[1] Iliad. Z. 455. Ἐλεύθερον ἦμαρ ἀπούρας.

beneficenze pubbliche professione con stipendio, da vivere comodamente la vita. Quindi le querele arroganti, e sovente ingiuste, di chi non consegue; e destarsi il sospetto di parzialità colpevole o malavveduta, il sospetto che i mali aggrava, i beni avvelena.

XI. Io non dico che questi inconvenienti s'avverino sempre e per tutto; dico che, anche laddove non sono, pare talvolta che siano. Interrogate coloro che meglio conoscono per prova le cose; e vi risponderanno, affermando timidamente il bene, il male timidamente negando. La parola che a questo proposito suona più frequente nel popolo, la cui voce non è mai da credere del tutto ingiusta, si è che *protezione ci vuole*. E protezione non significa sempre mercati indegni, condiscendenze vili: significa l'aver sentito più spesso ripetere il nome d'una che d'altra fanciulla; l'essere l'una del sestiere medesimo, l'essersi presentata in ora meno incomoda, in dì meno uggioso, l'aver da natura una voce o più soave o più piana, l'essere, se non più bella di forme, più commovente d'aspetto.

XII. Il Degerando, in quel gergo moderno che fa della lingua francese un guazzabuglio sempre più strano e diverso, dice che *le patron du pauvre doit être muni d'un pouvoir discrétionnaire* [1]; locuzione che dalla carità trasporta il pensiero alla giustizia penale, e dalle scuole infantili al patibolo. In un vecchio testamento italiano, questo appunto di chi distribuisce sussidii dotali, è con semplicità elegante chiamato prudente arbitrio [2]: arbitrio però sempre; che tale apparisce, ripeto, anche quando non sia. Per timore d'essere sospettati di cieca indulgenza, possono gli esecutori delle altrui caritatevoli volontà dimostrarsi soverchio severi; e delle agevolezze usate ai primi gli ultimi a venire possono portare la pena. Una leggiera mancanza è talvolta cagione a negare alla fanciulla le fedi occorrenti; e del negargliele può essere ben più grave il disonore che il danno. Insomma, e concedendo e negando,

---

[1] Bienf. publ. IV. 260.
[2] Rovigo test. Casilini, 1681.

quasi sempre minori i beni che le intenzioni, maggiori de' beni i pericoli.

XIII. Aggiungete che, per conoscere a qualche modo le necessità e i portamenti delle fanciulle, egli è forza penetrar nel segreto delle case e dei cuori; interrogare, spiare, accogliere le testimonianze di gente o interessata o credula o spensierata o maligna; pendere da un rumore, perchè da un rumore talvolta pende l'onor della donna, la pace d'una famiglia. Le quali precauzioni, e quasi giudiciali procedimenti, intorpidiscono l'ale all'affetto, senza cui non può essere vera beneficenza [1]; e risicano di togliere alla carità le sue condizioni vitali, che sono: dare nel nome di Dio, e con piacere, e con prontezza, e come si deve [2].

De' notati inconvenienti non piccola parte ben so che si distendono a tutti, più o meno, gl'istituti di carità; ma l'essere generali, non toglie che nel proposito nostro sian veri; anzi richiede ripari men facili e più potenti. Scendiamo alle particolarità del soggetto, e nelle condizioni che i donatori de' sussidii dotali sogliono imporre ai distributori di quelli, troveremo conferma all'assunto. Veggiamo a chi soglian essere concessi, a che termine di tempo, e in che somma, e da che fonte le somme, e da chi amministrate le rendite, da chi scompartite.

XIV. La condizione che par facilissima a accertare, dico, la povertà, porta seco dubbi non pochi. Bene aveva ragione l'accademia lionese a proporre questo tema: de' segni a' quali distinguere la vera povertà dalla falsa; e meglio era dire, la più meritevole dalla meno. Tal distinzione per altro a nessun ragionamento accademico è dato insegnare, ma solo all'istinto della prudenza e alle ispirazioni del cuore. Più facile discernere il sincero dal falso sorriso e il divario che corre da donna di trenta a donna di trentun anno, che discernere in certi casi il bisogno che meno merita essere sovvenuto, da quel che merita più. Appunto siccome, nel fatto degli anni, colui che n'ha meno, può pa-

---

[1] Th. Som. II. 2. 31. 4.
[2] IV. q. 32. a 1.

rere men giovane o per infermità o per dolori o per malavoglia passeggera o per non curanza di sè; chi n'ha più può parere più fresco o per caso o per arte o per disposizione di colui che lo mira: così del bisogno i gradi si scambiano leggermente, secondo il sentire di chi lo patisce, e secondo il parere di chi lo riguarda. Povero che poco desidera e nulla attende dalla bontà de' potenti, sarà meno indigente di colui che dagli abiti del vivere e dalle opinioni è viziato a molto agognare, a chiedere sempre. Se intendiamo alla lettera *povero miserabile*, non son questi per lo più che implorino dote, nè dote ottengano; infelici che non hanno neppur vestito da presentarsi decentemente ai dispensatori di doti.

XV. L'altra condizione, che le doti s'assegnino a fanciulle *vergini, caste, modeste,* esclude primieramente le giovani vedove, oneste e povere, senza figli a cui debbano consacrare la vita; alle quali il matrimonio chiuse la casa del padre, e, la morte chiude la casa del marito; e che per la solitudine del cuore, e per gli abiti dell'amore contratti, e, per quel ritegno verginale perduto che alla fanciulla è riparo da molti dolori, si trovano in miseria più accorata e in più pericoloso pendío. Esclude poi quelle sventurate alle quali o il fallo o l'apparenza del fallo o talvolta un soffio di calunnia inaridisce sull'alba il fior della vita; e portano crudele, perpetua la pena dell'impunito altrui tradimento. Oltre a ciò, la notata condizione pare che contradica a sè stessa, inquantochè l'illibatezza del nome non si concilia col vicino pericolo; nè gran saggio è di modestia illibata il farsi innanzi chiedendo: « Io son vergine molto; datemi un po' di danaro. » Ma la più vera virtù femminile si è quella di cui nulla sanno nè anco i premiatori della virtù femminile.

XVI. Un testatore bizzarro chiedeva che nelle dotate da lui per tutte le generazioni avvenire si congiungessero tutte insieme queste condizioni: virtù, povertà, bellezza, pericolo, civiltà; come se gli esecutori della volontà di lui dovessero per tutte le generazioni avvenire essere uomini da conoscere dove cominci il pericolo d'anima virtuosa in corpo gentile; e come se il pericolo che si nasconde nel cuore sia cosa dimostrabile agli uffizi di pubblica carità. Ma cotest'altra, della nascita *civile*, non è delle condizioni la men singolare. I testamenti che privilegiano di dote le figliuole de'nobili, almeno s'intende quel che vogliano dire, ma chi definirà le fanciulle civili? Non basta che la schiatta patrizia si sia, com'era già nel reggimento dello stato, così nel rimanente, distaccata dal popolo, provvedendo, siccome a suoi proprii agi, a' suoi proprii bisogni; conveniva che l'uomo del popolo, pur per avere acquistato qualche centinajo di monete, rizzasse tra sè e il vicino povero un muro di privilegi, e sè solo intitolasse cittadino; e sin le opere di misericordia contaminasse con la sua miserabile vanità.

In una città d'Italia distinguono le doti patrizie, le civili, le urbane, le rustiche: ma se tutte le civili son date, allora le fanciulle civili che ne restan senza, diventano urbane; e i lor nomi son messi nel bossolo insieme con quelle della nascita meno scelta; acciocchè la uguaglianza momentanea e interessata faccia apparire maggiormente incivile la solita disuguaglianza. Fatto è che la parola *civile* esclude dal benefizio le fanciulle che non portano cappellino; e ammette gente che, quand'anco povera sia, non spenderà quel sussidio alle necessità della vita, ma a soddisfare appunto le convenienze di cotesto stato civile; convenienze che sono talvolta più persuaditrici di male, e più servili assai che la fame.

A siffatte doti sovente concorrono figliuole di persone ch'hanno case e poderi; e fu visto in una città d'Italia a tre giovanette della medesima famiglia toccare tre doti, ciascuna portante più centinaja di scudi. Tant'è (come alcuni testamenti fecero nel Trentino e altrove), tant'è lasciare questo benefizio delle doti a povere o ricche senza distinzione nessuna. Più ragionevolmente, volle un Bolognese privilegiare le figliuole o nepoti dei dottori di legge, le quali il collegio legale della città nominasse. La repubblica veneta imponeva a cento de' suoi salariati, pagare ciascuno a una fanciulla che andasse a marito due lire al dì, come il papa impone a certi vescovi pagare tributo a certi cardinali; e coteste erano intitolate le doti de' cento uffizi; e quando una di dette donne moriva, l'obbligo del salariato andava a cercare un' altra donna sul cui capo posarsi: e nel morire de' salariati e delle donne esso obbligo rimaneva immortale. Nella parrocchia di San Geminiano (quando la chiesa non era ancor caduta sotto le rovine della repubblica, nè uno schiacciato edifizio moderno disturbava gli occhi e i pensieri, e che la mirabile piazza si distendeva, non rinserrata ma quasi custodita tra due templi), in quella parrocchia non ci essendo miserabili allora, le doti de' lasciti andavano a pro delle serve.

XVII. In Faenza, la rendita d'un fondo è dote a una serva. Più d'un testatore, al contrario, nega espressamente le sue alle serve; sia perchè donne tali non si possano chiamare indigenti; sia perchè giova lasciare ai padroni la cura del loro collocamento; o perchè si temesse che le sollecitazioni di padroni troppo autorevoli o troppo teneri carpissero il danaro dovuto a più degne. In Milano, se non erro, fu provveduto a dotare figliuole di setajuoli; in Faenza di sarti; in Rimini di calzolai. Ma il minor numero e la minor somma di lasciti è a quelle che ne parrebbero e più abbisognanti e più meritevoli; dico, la gente di villa. E in generale ognun sa, ma nessuno pensa, come inegualmente le cure siano distribuite tra le città e i villaggi, tra le capitali e le terre minori, che a petto a quelle son come villaggi. La quale inuguaglianza insinattanto che dura, nessuna nazione d'Europa potrà vantarsi del titolo d'inciviltà. Delle doti n'hanno le campagnuole nel Trivigiano, in quel di Padova, di Vicenza, di Verona, di Mantova, di Milano, e altrove; ma al paragone, non molte. Singolare a pensarsi che il Lorgna, uomo del popolo e scienziato di cuore, provvedesse in Verona a doti cittadine; e che a dotar rustiche pensassero in Roma Pio VII, cui la pietà e la sventura fecero popolare, in Modena Francesco III, quegli che dotò la provincia del benefizio di più agevoli strade, e l'università di uomini illustri, e la città di nuovi ornamenti e de' tesori della fino a quel tempo privata biblioteca. Non credo, però, che i villaggi remoti si siano lagnati mai della dimenticanza de' più cittadini. E pensando al sufficiente numero delle nozze che celebransi indotate, si direbbe quasi che l'amor de' pezzenti, senza cotesta gruccia, può camminare da sè. Ch'anzi egli è, non dico mirabile, ma dolce a pensare come nel Veneto il povero contadino al qual fu dall'Ospizio de' Trovatelli affidata una tenera vita, s'affezioni ad essa così nobilmente, che non solo ricusi per sè, e ceda a lei quel danaro che nel punto del matrimonio l'ospizio gli destinava, ma faccia alla figliuola adottiva una contraddote di suo, egli, il povero contadino.

XVIII. Altri testamenti ingiungono che nella città del testatore la fanciulla sia nata; altri, che nella città o ne' sobborghi; altri presceglie le case più antiche, e stima il merito o il bisogno dagli anni; altri, che il padre abbia avuto il battesimo in quella; altri, che il padre ed il nonno come se il titolo di straniero detragga alla pietà; come se di persone nate altrove non sia possibile conoscere i pregi e i bisogni. Se una Luisa Ardillia Errera lasciò settemila annue lire a dotare Alessandrine e Spagnuole, cotesta è eccezione; e i nomi di Spagna e d'Alessandria della Paglia accoppiati, dicono molte cose al pensiero. Altri richieggono che la fanciulla sia dimorata in quel luogo per certo tempo, chi dieci, chi otto anni, chi due, chi sei mesi; e le è danno il mutare soggiorno, che può talvolta essere forza di prepotente miseria, e il più acuto degli strazii del cuore, abbandonare i luoghi noti e que' prospetti del cielo e della terra co' quali l'anima più confidentemente parlava. Altri lascia a più terre o parrocchie, che alternamente tocchino le doti ora a questa or a quella. Se nuova circoscrizione di parrocchie, come in Venezia e in Livorno, tolse i nomi e i limiti antichi; allora le doti si dànno allo spazio dell'antica parrocchia, sebbene quello spazio appartenga a due parrocchie o a tre. La fanciulla pertanto ch'esca non della parrocchia ove nacque, ma da quella parte che accenna il pio testatore, ha perduta la dote. Altrove il lascito viene a soli i membri di confraternita religiosa; altrove egli è inerente alle mura della casa, qualunque siasi chi l'abita; in altre, a certi nomi di famiglie, senza che nè all'indigenza nè al merito si ponga mente. Il qual lascito è somigliante a legato, o a quelle abbazie che, quasi ereditarie, duravano a certe famiglie; e siccome l'aspettazione del benefizio talvolta scambiavasi colla vocazione divina; così potrebb'essere che il lecco della dote facesse le veci del vero amore; e che nozze civilmente legittime e valide, fossero moralmente irrite e peccaminose. Altri di cotesti legati dotali si estendono a qualche generazione dei parenti del defunto; altri a tutte in perpetuo; altri segna la discendenza di quattro cugini, altri lascia alla parente più prossima; e il diritto pende dall'albero della famiglia; e, mancando i congiunti, sottentrano al benefizio gli affini. In una terra vicina di Schio, tutto quasi il villaggio essendo del sangue del donatore, è documento del diritto l'avere ne' tempi innanzi ottenuta una dote. Taluno almeno più temperatamente comanda che la graziata sia delle parenti sue, *se si può;* altri la vuole parente, ma presceglie la più povera; altri ammette, con le parenti proprie, quelle d'altro casato; altri, le parenti mancando, chiama al profitto un luogo pio; altri, altre fanciulle; ma due invece d'una, come se la carità che pareggiasse i non congiunti di sangue a' congiunti, fosse qualcosa d'iniquo. Un Trentino a quel delle vergini del proprio sangue, vuole ogni due anni alternato il matrimonio della più povera che siano in paese. Altri, alle discendenti, se manchino, sostituisce due povere dell'Ospizio de' gettatelli, e le adotta pietosamente per sue; provvidenza gentile, che merita d'essere da noi tutti, come se tutti ne partecipassimo, benedetta.

XIX. Anco l'età ha suoi confini; e un mese, un giorno, può valere parecchi scudi e un marito. Chi le vuole di diciassett'anni compiti, chi di venti; un d'Amelia, pur di dodici: chi richiede non più di ventiquattro nè men di quattordici; e chi dai diciotto ai trenta, chi dai dodici a trentaquattro; di tutte l'età le comporta un di Trani. Chi vuole innoltre che non sia corsa innanzi promessa di matrimonio nè dato l'anello. Uno di Reggio sceglie dalla Casa di Dio la fanciulla che compirà i sedici anni il dì più prossimo a quello che morì il testatore. Un di Venezia (noto queste bizzarrie per mostrare che la carità ha le sue celie, e che gli agonizzanti sono talvolta lepidi più dei sani), un di Venezia, comanda che la fanciulla passi a matrimonio entro il carnevale dell'anno ch'egli passerà all'altra vita. Altri la concede a tre oneste in genere, e prossime ad accasarsi. I più vogliono che la grazia sia chiesta a nozze vicine; chi assegna due mesi di tempo, chi tre, chi dodici, chi venti, chi sett'anni, chi dieci; passato il qual termine, la grazia è perduta; ma gli è lecito rinnovare la chiesta, se non sia stato demeritato il favore per atto indegno; e con la chiesta rinnovansi ogni volta gl'inconvenienti toccati. A Rimini traggonsene a sorte due; se la prima non si sposa entro l'anno, la dote va all'altra; se questa non fra sei mesi, va in arredi sacri ed in elemosine. Questo si chiama ammogliare il prossimo a spron battuto. In Amelia la graziata può rinvestire la dote sempre di nuovo, infinchè si mariti; in Livorno può cederla alla sorella, purchè la sorella abbia le condizioni richieste. In Amelia, se la dotata muore, la somma cade alla confraternita; in Livorno talvolta agli eredi; in Torino, secondo un lascito, a due altre fanciulle a sorte; in Trani, se ella muore o se falla all'onore, succede un altare dedicato alla Vergine. In Amelia, quel che avanza alle doti, va in pane a' poveri i venerdì del mese di marzo.

Taluni additano il giorno che il matrimonio o l'elezione a voti o a sorte sia fatta; ed è o il giorno del nome loro, o d'un Santo protettore, o una festa della Vergine, o la vigilia di Natale, o la seconda festa o la terza di Pasqua, o l'ultimo dell'anno, o il primo di maggio o la domenica prima di maggio, quasi a memoria del majo e delle antiche feste d'amore. Altrove, il dì che fu eletto il papa; a Feltre, il dì che l'imperator d'Austria nacque; a Milano, ogni semestre; a Mantova ogni mese; a Torino, quando ce n'è. In Capodistria, le chiamate dalla sorte hanno in dono una crocellina d'oro: a Carpi e a Civita Castellana si fa l'estrazione dopo l'offertorio della messa: a Roma, talune delle dotate debbono mostrarsi agli occhi del popolo nella processione del *Corpus Domini;* a Rieti debbono tenersi per mano e contemplare il sagramento, e pregare (così dice il lascito) secondo l'intenzione di me testatrice. Altrove debbono tutte quel giorno comunicarsi; e chi non si comunica, perde il sussidio; o se la graziata non può, altra per essa. Come se agli atti dell'amore di Dio fosse bello fermare il luogo e il tempo, e promettere danaro, quasi in compenso di quelli, e a chi non li fa, minacciare perdita di danaro; fosse bello metter cambio all'altare, come farebbesi ne' quartieri.

Il danaro è più pena che premio, più peso che penna; onde mal si conviene prometterlo in mercede agli atti co' quali consolasi l'uomo e a Dio rendesi onore. Promettere grazie dotali a quelle che meglio appresero la Dottrina Cristiana, mi pare non meno improvvida cosa, che quell'obbligare, che in certa città d'Italia si fa, i graziati a pagar l'elemosina d'una messa; la qual se non pagano, e non mostrano la ricevuta del prete, il sussidio dotale non hanno. Neanche vorrei che alle donne le quali da altre confessioni vengono nella nostra promettessersi doti, come fece taluno, e doti non povere. Che l'amore conduca all'*abjura,* egli è talvolta da comportare con pace, pensando alla debolezza, sovente provvida, del cuore, e alle inscrutabili vie dello spirito; ma tengasi almeno lontana la profanazion del danaro, non sia mercanzia la coscienza nè simonia il sacramento.

XX. Variano le somme de' sussidii, dallo scudo al migliajo di scudi: quasi per tutto determinate; in pochi luoghi dipendono dal numero delle fanciulle chiedenti, e, come in Narni, dall'arbitrio degli eredi. Le sono chieste poco tempo innanzi e pagate sull'atto; in pochi luoghi serbansi lungamente, e intanto col capitale si accumula il frutto. In Lonato una dote non piccola assegnasi ogni quattr'anni, dove ai mali e ai pericoli che numerammo s'aggiungono quelli della lunga aspettazione, degl'ignobili desiderii e brighe ch'essa fomenta. Ma le più son da chiamare elemosine piuttosto che doti; onde delle minime somme può dirsi che maggiore è il pericolo e l'avvilimento nel chiedere, che non il vantaggio e la contentezza dell'ottenere; e può delle somme maggiori ripetersi, che vanno talvolta alle mani di chi non ne abbisogna o ne abusa. In qualche città, l'unica dote annua destinata alla figliuola d'un nobile, se manchi per quell'anno chi chiegga, s'accumula, a raddoppiare il benefizio dell'anno venturo; ovvero la stessa fanciulla da più parti e in più anni raccoglie più doti; e da ultimo, per non perdere il frutto di tanto lavoro, trova un marito a balzello, tanto da assicurare gli acquisti della sua giovanezza. In Brescia, cinque essendo i distributori, avveniva che la chiedente picchiasse a due porte, e si buscasse due doti; per difendersi dal quale inganno, prescrissero che alla comune cancelleria registrassersi i nomi di tutte. Con miglior senno a Trento e a Schio, que' sussidii che pajono soprabbondanti, dividonsi a più d'una; e così le tentazioni della cupidità vengono a farsi in qualche rispetto minori.

Or se raccolgasi insieme tutto quanto il danaro qua e là disperso a tali usi, troveremmo quantità da bastare a opere di carità ben più necessarie e più sante; giacchè sola Ragusi distribuisce in dote più lire austriache che non abbia abitanti; solo il distretto di Cremona in ventottomila abitanti distribuisce cenquaranta annue doti [1], e quel di Padova lire austriache all'anno almeno ottomila. Venezia forse non meno; e novemila Vicenza; novemila Brescia; Mantova quattordicimila; il duomo di Treviso da sè dumilasecento, e Castelfranco nel Trevigiano più di

---

(1) Schizzi. Trad. del visitatore del povero. Pref., pag. LXII.

tremila, e Verona settemila; quel che chiamano Tirolo italiano, cioè i municipii di Trento, di Rovereto, di Riva, e i distretti di Pergine, Levico e Clesio, circa novemila; Udine settemila, settemila Belluno, Forlì tremilasecento, seimila Reggio, Modena ventunmila, presso a centomila Milano [1]; Siena diciottomila, novemila Livorno; Toscana tutta quattrocento in cinquecentomila [2]; cennovansettemila il Piemonte, trecentomila ducati sola la Terra di Lavoro; gli Stati del papa forse un milione; sola Bologna scudi semilatrecentotrenta; scudi trentaquattromiladugencinquantasei sola Roma [3].

Molti valori andarono come perduti per via, nella vendita da' testatori ordinata de' loro averi a tal fine; le quali vendite, non essendo chi vegli di cuore, si fanno sovente con grave discapito. Molti valori (massimamente laddove siano beni stabili, i cui frutti variano, e varia con essi il numero delle doti), molti valori si vengono per lento detrimento consumando con gli anni, per non ci essere sempre chi di cuore amministri, coltivi, raccomodi, risarcisca, patteggi, riscuota, rivendichi; ond'è che non pochi di tali lasciti si son dileguati; altri vôlti ad altro uso, altri giacenti per lite vecchissima, altri di vària origine

---

(1) Fantonetti. Doti 332, di lire 115 ciascheduna, in città; 400 in campagna di lire 46.

(2) Annali di statistica, gennajo 1844, pag. 77. Cinquecento mila, so da persona degna di fede essere veramente la somma; ma tenghiamoci al meno. Le molte notizie sparse per questo discorso ho raccolte o da documenti stampati o da manoscritti, e da testimonianze autorevoli. Di non poche mi furon cortesi il sig. Silvio Giannini di Livorno; il sig. conte Livio Prati di Forlì; il sig. Savino Savini di Bologna; il sig. Antonio Cappelli di Modena; il sig. dott. Pietro Vianello di Palma; monsig. Spiridione Carrara di Traù; il prof. Francesco Carrara di Spalato; il consigliere Antonio Fontana di Sebenico. Avvertasi che, quand'io parlo d'un provvedimento usitato in tale, o tale città, non intendo di tutti gl'istituti di quella, ma di più, o di solo uno.

(3) Morichini. Degl'Istit. di Carità, cap. 16. In questa somma non entrano cenventi doti da distribuirsi fuor delle mura di Roma. Semila trecento scudi spende in doti annualmente l'erario; il resto da' lasciti. Milledugento zitelle potrebbersi dotare all'anno, se una sola sovente non si beccasse più doti. La somma nel secolo passato era di scudi sessantamila (Repertorio di tutti i sussidii dotali che si dispensano da diversi luoghi pii dell'alma città di Roma. Stamperia Cracas, 1789).

confusi insieme: e il confondere i diritti, è un mezzo frodarli, o almeno un farne più difficile la custodia, e l'obblivione men tarda.

Aggiungansi le rapaci incamerazioni osate al principio del secolo per coloro che venivano a liberarci dalle monete, dagli scrupoli, dalla lingua della madre, e dai monumenti degli avi. Insieme co' beni delle pie comunità e delle chiese, in molti luoghi andarono confiscati anco quelli che la carità de' maggiori consacrava a' servigi del povero; i quali beni, quand'anco fossero tutti, più di quel ch'erano, male usati, non spettava allo straniero insegnarci moralità con la rapina, con la precipitazione saviezza, provvida amministrazione con le dilapidazioni svergognate e con le vendite rovinose. Sola la Confraternita di Sant'Antonino in Venezia, della quale era istituto provvedere a' poveri dell'intera città (nobile fratellanza di memorie, che alla carità veneziana fosse auspice il nome di un magnanimo vescovo fiorentino), la Confraternita di Sant'Antonino, dico, possedeva ben quindici milioni di lire venete, le quali tutte un'ora disperse, un decreto ingojò. I gettatelli avevano, senza l'altre ricchezze, un milione e dugentomila ducati alla zecca; la Scuola di San Rocco sessantacinquemila ducati di rendita. Porzione de' beni che ad opere di carità appartenevano, s'è potuto per forza d'istanze perseveranti rivendicare; nel cui buono riuscimento ebbe merito grande Ladislao Pyrker, patriarca e poeta, il qual soleva portare di sua mano, nell'ore più tacite, il cibo alle case de' poveri, avvolto in abito di semplice prete. Ma nelle ladre giustizie che ho detto, ne perì delle rendite pie dove il terzo, dove la metà, dove più che la metà, dove tutto. Il che dovrebbe fare avvertiti gl'istitutori avvenire, a ordinare le cose di modo che i loro doni rimangano sempre di privato diritto: sì che l'autorità civica sia a quelli non più che tutrice, e che non mai con l'avere o della città o delle chiese o di nessuna compagnia si confondano.

XXI. L'amministrazione e la distribuzione de' sussidii dotali è, secondo i luoghi, affidata a commissioni di pubblica carità, entrate in luogo degl'istituti vecchi aboliti [1], all'opera delle chiese, a' Capitoli di canonici, a parrochi, a vescovi, a conventi, congregazioni, scuole, confraternite, a monti di pietà, a spedali, ad ospizii de' poveri, a deputati che il municipio propone e il governo conferma, a private famiglie. Son poche in Genova le grandi case che non abbiano l'annuo arbitrio di pii matrimonii. Il medesimo testatore lasciava talvolta a più luoghi, acciocchè e più persone partecipassero al bene, e più anime si ricordassero dell'anima sua, e le cure scompartite fossero vieppiù diligenti. Un Grimani lascia a fanciulle di Venezia sussidii deposti sul monte a Treviso: in Modena, le doti affidate a' Carmelitani Scalzi, per la dissoluzione di quella comunità, sono amministrate dai Padri Domenicani. In Padova, dall'Ospizio de' trovatelli escono doti a figliuole di sangue patrizio, come per umiliare pietosamente gli stolti orgogli del sangue, e per recare in linguaggio cristiano l'opinione antica che gl'illegittimi faceva figliuoli della terra, e germe divino.

Dispensa i sussidii in certi paesi il Comune o il Governo, a causa, credo, delle incamerazioni seguite; e allora (non dico, da per tutto nè sempre) la faccenda menandosi di dicastero in dicastero, le fanciulle o i parenti o gl'intercessori, ma più sovente le fanciulle, si conducono di dicastero in dicastero a fine di tener dietro alla supplica; e i magistrati maggiori, se badano a conoscere della verità delle cose, consumano in minuzie quel tempo ch'è richiesto da più sacri diritti e da necessità più prementi; i minori, o s'usurpano au-

---

(1) Ferro. Diz. Giurispr. Ven. IV, 389. « Con singolare carità in Venezia si costituiscono le doti alle povere donzelle per la loro onesta collocazione, col danaro lasciato da' pii testatori; le disposizioni de' quali vengono eseguite dalle parrocchie, ospitali, confraternite, scuole grandi, e congregazioni; e con frequenza si distribuiscono tali suffragi. »

Il signor Mittermayer (Delle condizioni d'Italia: traduz. dell'ab. Mugna, professore di lettere italiane a Vienna) in un luogo commenda i sussidii dotali, in un altro pare ne confessi gli abusi (pag. 155, 179). Altrove egli dice: « Il costume, in Italia, genera, più che in altri paesi, il desiderio, nelle donzelle, di maritarsi. » Queste parole sono alle ragazze d'Italia non piccola lode.

torità disdicevole di protettori, d'inquisitori, di giudici, o pascono i supplicanti di speranze bugiarde, e si baloccano con la povertà, rimpettiscono degl'inchini, se non mercanteggiano l'elemosina. In altri luoghi la Congregazione di carità fa la scelta; al governo spetta solo vedere se la intenzione del donatore sia stata adempiuta; e, dopo interrogata di questo, o la ragioneria o il regio fisco, confermare o disdire.

Taluni fra gli amministratori de' luoghi pii, non sempre eletti di piena lor volontà, o da altre occupazioni distratti, o stanchi già dalle medesime cure esercitate per anni, o fatti svogliati dall'altrui sconoscenza, e diffidenti degli artifizii scoperti (per non dire di coloro che sono gelosi non d'altro che delle apparenze del potere, e boriosi del titolo), alternano la soverchia severità con la indulgenza cieca, o più sovente lasciano all'altrui mani l'arbitrio delle cose. E però non improvvidamente in Livorno mutansi i deputati ogni due anni, acciocchè la noja almeno non sia tentatrice, e l'esempio di que' che hanno preceduto sia stimolo, e il sindacato di que' che succederanno sia freno. Quando la scelta è commessa ai discendenti di ricche famiglie, può forse accadere che il prete di casa, l'amico, la governante, il capriccio (io non vo immaginare patti più rei) collochino il sussidio là dove meno si conveniva. Sarebbe assai, quand'anche un solo di questi tre inconvenienti accadesse, la noncuranza, la parzialità, il peculato; ma talvolta può essere che i tre mali si rintreccino insieme, che la negligenza degli uni apra l'adito per cui serpeggino le predilezioni degli altri o le frodi. E le predilezioni son di per sè frodi colpevoli; e chi non bene amministra, non può volere ch'altri sia vigilante, nè richiedere che sia giusto; onde colla propria egli compera l'altrui connivenza. Meglio in un luogo del Trentino, che l'amministratore delle rendite dotali essendo nominato dal giudice, si ha congiunta con la guarentigia della diligenza privata quella della pubblica autorità.

XXII. La scelta delle fanciulle or è data all'anziano de' discendenti del donatore; or al presidente del luogo pio;

ora a un socio della Confraternita, ciascuno alla volta sua; ora a pii confratelli. In Livorno questa facoltà è data in premio a que' tra' fratelli della Misericordia che più affettuosamente prestarono sè stessi ad opere di carità; e tiensi registro de'meriti, e in capo all'anno se ne leva la somma; e ogni anno quest'onorevole cómputo si rifà per dar premio, s'è debito, ad altri più degni. Meglio così, che commettere la scelta delle fanciulle a quel della Commissione che chiama la sorte, o, come usa in un luogo, a quattro canonici tratti a sorte. In Arco, una dote distribuisce il prete che dice la messa in certa chiesa; in Bologna, il Preposito de' preti dell'Oratorio; in Ascoli, il priore dei Padri domenicani; in Vicenza, il prior de' Serviti, col vescovo insieme e l'arcidiacono e il municipio. In Bologna, alcune doti amministrano e distribuiscono i parrochi; in Udine, altre il parroco propone, il Monte dà, altre dànno il Capitolo e i parrochi insieme, altre il vescovo, il delegato, il podestà, co' preposti a luoghi pii; a San Vito, il parroco con gli eredi; a Levico, il pievano e taluno dell'Opera; a Torbole, il parroco e il giudice del distretto; a Pordenone, tutti i parrochi del distretto, e il commissario di Polizia, e un deputato del municipio, e il direttore degli spedali. In Modena, due ne sceglie l'arciprete, due il vescovo; un uomo del Governo in Modena e nel regno di Napoli ad altre nomine ha parte. In Bologna, altre amministrano i luoghi pii, tutore l'arcivescovo; altre la Legazione, tutore il cardinale legato; altre il Comune, tutore il Legato o il senatore: giacchè Bologna, sin quasi all'ultimo riteneva ne' titoli la memoria della smarrita libertà, come Roma. A mezzo il secolo decimosesto, ordinava il Consiglio del Comune di Rovigo che fossero i sussidii dotali amministrati dal podestà o dal vicario suo, d'accordo con un del consiglio medesimo, e con due popolani, *qui sint homines probi et conscientiati*, e che si mutino al volgere di due anni; i quali, raccolti i nomi e le informazioni, ne riferiscano al Consiglio del Comune, che scelga ciaschedun anno, o al cadere de' due, secondo le rendite; e delle tre fanciulle che hanno più voti, i nomi siano imbossolati e levatone l'uno. Sul principio del secento, è tolta ai due popolani ogni cura di ciò; ma vent'anni dopo, restituita, o perchè il popolo se ne dolesse, o che la sperimentassero i nobili da sè, non inutile. Un cittadino di Vicenza, che dovrò nominare poi, destina amministratori tre eletti dal consiglio de' cento dell'ordine equestre, de' giudici, e de' notai, da mutarsi di tre anni in tre anni; e « *quantunque il perfetto calcolatore del giusto e dell'ingiusto sia Dio* », nondimeno egli vuole che ogni anno que' tre rendano il conto dell'amministrazione loro; e, se le rendite passano i secento ducati, abbiano il due per cento in compenso dell'opera propria. Vuole innoltre, che della elezione delle ragazze degne, conoscano trentanove notabili. Altrove, similmente in consiglio di parecchi vagliansi i meriti della chiedente e i demeriti; nè solo si cerca della bontà del costume, ma anco della riverenza affettuosa a' suoi genitori; la quale disamina, dell'intima vita e coscienza delle donne infelici, per prudente e rispettosa che sia, per ascosa che si rimanga, ha non so che d'odioso nella bontà, e di nemichevole nella compassione. E può talvolta avvenire che, massimamente là dove gli eleggenti sono di molti, l'ostinata predilezione d'un solo costringa altrui a mettere in luce segreti dove lo scandalo è più grave del fallo; può talvolta avvenire che pure il silenzio d'un d'essi, o il cenno del capo, o lo svogliato assentire, adombri la purezza d'un nome, offuschi la serenità d'una vita. Nelle grandi città difficile conoscere il male, perchè più le vie del nasconderlo, e più gli artifizi; facile sconoscere il bene, e con curiosa e credula malignità dubitarne. In Capodistria, almeno si cansa lo scandalo della pubblica riprovazione, scrivendo i nomi delle ammesse alla grazia, delle escluse tacendo. A' giorni nostri però in pochi luoghi procedesi per scrutinio o segreto o palese; ma laddove sono le cautele maggiori, è richiesta la fede del parroco che attesti la povertà della casa, l'onestà della giovane; aggiungonsi le testimonianze de' buon' uomini della contrada, o d'una confraternita, o del municipio; interrogasi la Polizia; e oltre a tutto ciò, per accertarsi co' proprii occhi, fannosi visite all'improvvista.

Non dappertutto nè sempre la carità si tiene così armata contro l'inganno; nè dall'umana debolezza (debolezza è più assai che malizia) c'è cautele che bastino. Le cautele talvolta, acuiscono l'astuzia, rintuzzano la pietà, invogliano la frode, fanno più timido il modesto dolore. Talvolta a matrimonio compiuto, negasi il sussidio promesso, e si fa luogo a nuove inquisizioni, a suppliche nuove; mandasi a vuoto l'intendimento de' testatori, per volerlo appuntino adempire. Ma del più de' luoghi è ampio l'arbitrio, e usato ampiamente. Nella Confraternita di San Rocco a Venezia, fregiata di nomi illustri e d'illustri dipinti, il cui splendore attesta e la magnificenza del popolo veneto e lo sgomento che sparse in Italia il tante volte imperversante contagio, era una dote annua di mille ducati, la quale il guardiano dell'anno poteva largire a piacer suo; e il guardiano, ubbidiente alla legge, se aveva figliuola da marito, n'era caritatevole alla figliuola sua propria. Adesso le rendite, che son poche, un anno dei due distribuisconsi a' confratelli in sussidii, l'altro in grazie dotali alle figliuole di quelli.

XXIII. In più luoghi la scelta è commessa non all'arbitrio degli uomini, ma alla sorte; nè a me giova credere che in alcun paese cotesto sia giuoco o inganno, come taluni sospettano, o che soli siano imbossolati i nomi delle prescelte già. Ma se tale istituzione avesse a durare a ogni costo, gioverebbe almeno che all'atto del trarre fossero presenti col parroco laici, come a Verona; e con l'Opera della chiesa, due testimoni di fuori, o il vescovo col delegato e, col podestà, come in Udine; o il governatore e deputati della Confraternita e preti della parrocchia, come a Livorno; o, meglio, come a Capodistria, il magistrato municipale adunato solennemente. Un donatore ordinò che le sorti si traessero in chiesa *da un puttino di buona indole*, che prima mostrasse la mano vuota, e poi la mettesse nell'urne, ch'erano due, verde e bianca.

Venezia, quand'aperse il giuoco del lotto, sentendone susurrar qualche biasimo, si pensò di frammettervi un titolo di carità *pro remedio animæ;* e decretò che i cinque numeri usciti portassero dote di ducati cinquanta a cinque fanciulle povere dello Stato; la qual consuetudine dura nelle provincie venete e nelle lombarde tuttavia. Se non che fu scemata da cinquanta ducati a cinquanta franchi la somma. Nel Modenese, il lotto rende all'anno zecchini dugento a cinquantacinque zitelle del distretto di Modena, e a trentacinque del rimanente ducato; in Roma, dal 1816 in poi, il lotto è auspice a' matrimonii per la somma di scudi cinquemila trecento; e nella stamperia della rev. Camera Apostolica stampansi i nomi di novanta fanciulle, delle quali a cinque la sorte getterà pochi scudi. Ma in altri luoghi d'Italia, le zitelle hanno il lotto, le doti non hanno. Ed è notabile che in città nuove, qual è Trieste, di tali sussidii manchi l'esempio; che Vienna, ricchissima di provvide istituzioni, abbia doti ben poche; che, tranne pochi lasciti del secolo XIV, a Treviso, e altrove del decimosesto, le più grosse somme a tale uso sian dono del secento e del settecento. Notabile che Ferdinando I di Toscana volesse dal fasto di ricchi funerali sottratto incentivo di danaro a cinquanta poveri matrimonii; e che Napoleone Buonaparte con qualche migliajo di nozze dotate intendesse festeggiare il secondo suo matrimonio, quasi con cannonate innocenti. Notabile che in Amelia e alla Penna le doti sian date dalla Confraternita della morte. Notabile che in Torino una congregazione istituita per estirpar l'eresia, diventasse congregazione caritatevole, dispensatrice di doti; e che in Narni una somma fosse nel secolo XVI destinata o ad aprire un collegio di Gesuiti o *ad opus maritandarum puellarum,* e che un gesuita spagnuolo, morendo a Rimini nel 1827, lasciasse a ciò case e censi. Notabile che in Rimini due cappellani di Monte maggiore siano obbligati a contribuire ogni anno, ciascun de' due la metà della somma richiesta a una dote. E non poche di coteste somme dotali son lasciti di sacerdoti [1]; la qual cosa dimostra che il principal fine era, difendere da' pericoli insidiosi il pudore. Avvenne poi qui, come in tutte le cose umane, che il fine s'è smarrito per via; e molti fecero lasciti, e molti più li eseguirono o ne profittarono, senza sapere il perchè, o senza darvi pensiero. Onde non è maraviglia, se non si conseguisse per l'appunto quel bene di cui pur l'idea nell'animo di tanti era languida.

PARTE SECONDA.

XXIV. Questi fatti ch'io sono venuto raccogliendo da documenti e da uomini degni di fede, fatti abbastanza confermati e dall'esperienza de' buoni e dalla pubblica fama, non provano già che i sussidii dotali siano in tutto e per tutta Italia e sempre abusati; ch'anzi in Piemonte, dal 1836, visto il male, vi si provvide alla meglio. Ma, lo provassero ancora, non se ne dovrebbe però, con la rotta insolenza che da settant'anni domina in più parti d'Europa, non se ne dovrebbe trarre pretesto di violenti e improvvidi mutamenti. Chi distrugge l'antico, e non riedifica in tempo, nè sappia dare altrui, nè formare a sè, chiara idea delle novità che desidera, costui irrita gli animi e li corrompe, gonfia le menti d'orgoglio, o di crucciosi dubbii le confonde; e dal bene sognato trae nuovi scandali e danni.

A dir vero, in questo de' sussidii dotali, coll'abolirli, non si correrebbe pericolo di troppo offendere l'opinione degli uomini o disturbar con dolore gli abiti loro; perchè di soccorso sperabile a pochi, e sola una volta in tutta la vita,

---

(1) Alla fine del secento collocavano i padri sui Monti le doti delle proprie figliuole a frutto. Il Segneri ce l'attesta (Pred. II, c. 3). E dagli scrittori sacri possiamo attingere notizie d'economia pubblica; come dagli scrittori d'economia notizie di morale, non foss' altro argomentando per la ragion de' contrarii. In antico deponevano ne' templi le doti. Cic. Leg. II, 16: *Clisthenes Junoni Samiœ, civis egregius, quum rebus timeret suis, filiarum dotes credidit.* Non so se sia quel Clistene che scacciò i Pisistrátidi.

e di somme sovente misere, se lo vedesser anco rapito, non molti leverebbero alte le grida. Giova, ciò nondimeno, e nelle piccole cose e nelle grandi, procedere gradatamente; e prima che le consuetudini rese impotenti dal tempo, mutare le idee che dànno alle consuetudini vita. Giova dunque, giacchè sussidii dotali abbiamo, giova, sinattantochè le somme assegnate sian volte ad usi migliori, vedere in qual modo possano essere con sicurezza amministrate, con equità scompartite, e portare que' frutti che l'intenzione de'benefattori desiderava, e maggiori. Le cose ch'ora dirò, si distendono a ben più che alle doti, a poco men che tutte le forme del pubblico benefizio; onde, quand'anche cessasse l'opportunità del presente proposito, le osservazioni che qui si verranno esponendo, non perderebbero verità. Prego il lettore che con quest'avvertenza allarghi sempre le mie parole a più ampio soggetto che l'assunto non paja indicare.

XXV. E sarebbe primieramente giovato che non agli istituti pubblici avessero i donatori commesso il giudizio degli assegnamenti dotali, ma sempre agli eredi, consigliati nella scelta, e nell'amministrazione sorvegliati, da autorevoli cittadini e da preti. E perchè non nuocesse al povero la prodigalità o l'avarizia dell'erede, dovrebbero le rendite del primo essere legalmente assicurate, come ogni altro credito, sull'eredità tutta quanta. Ma il prete, che dalla carità non deve escludere i laici, io non vorrei che da alcun atto di carità fosse escluso, perch'egli che vede nell'intimo delle coscienze, può vedere nell'intimo della miseria; può misurare (quanto ad uomo è concesso) i bisogni, i dolori, i pericoli. Negl'istituti di pubblica carità che diventano come un uffizio profano, l'abitudine svogliata sottentra a poco a poco all'affetto, la diffidenza alla pietà, il rendiconto all'ispirazione, lo scritto pesante e languido all'agile e possente parola. Interrogasi talvolta, per avere cagioni di negare; si visita, per cogliere la miseria in fallo di bugia o d'impostura: e tanto apronsi gli occhi, che il cuore si serra. Sovente la carità ufficiale riguarda il prete siccome esaminatore incomodo o sollecitatore importuno, e l'autorità di lui le dà ombra; al più, degna chiamarlo a sè, come testimone a processo, come servente mutolo o cieco ministro.

Ma checchè si ciarli de' preti, fatto è che in essi è più potenza di benefizio, che in altra autorità umana, per grande che sia. Noveratemi d'un popolo dieci medici, dieci letterati, dieci notai, dieci conti benemeriti; e io del medesimo popolo vi novererò ancora più benemeriti dieci preti. Anco in nazione corrotta, il clero sempre è men corrotto degli altri ordini quanti sono; e se lo scandalo appar maggiore, quest'è perchè d'uomini posti in alto, ogni cosa si risà, e molto da essi richiedesi; e volentieri detraggono alla loro autorità le passioni ribellanti e le ambizioni invide e le borie impotenti. Moltiplichiamo, sì, le cautele, acciocchè sacerdoti e laici sappiano che la pubblica opinione li veglia, e minaccia ad essi quella pena ch'è più tremenda del patibolo, quel premio ch'è più alto de' troni. Ma non ci diamo a credere che dalle cautele si generi la virtù, dalle diffidenze l'affetto. Il nostro secolo ha trovato certa beneficenza e certa libertà tutte ingombre (com'egli elegantemente dice) di *responsabilità* e di *controlli;* e crede che il legare le braccia al vicino sia ottimo ajuto per andare noi con agevole passo. Ma non pochi de' rimedii proposti alle infermità che ci abbattono, chiamano addosso a noi mali nuovi, senza liberarci da' vecchi.

Conviene che il parroco possa efficacemente intercedere; ma per difenderlo da ingiuriosi sospetti, alla raccomandazione di lui s'accompagni quella d'uno o due tra' più ragguardevoli del sestiere; e il sussidio per le mani del prete non passi mai, ma di laici, padri di famiglia attempati, o, meglio, di donne. E appunto a cansare, non tanto i pericoli quanto le dicerie, crederei cosa buona che le pubbliche carità, di qualunque sia genere, a donne fosser fatte da donna, da uomo a uomini; e questo e quella, attempati.

XXVI. Non so se convenga mai abbandonare la scelta de' beneficati alla sorte; chè di rado il bisogno e il merito possono essere tanto equilibrati da non dar luogo a ragionevole elezione. Ma l'esperienza dell'uno e dell'altro modo, alternata, può sola assicurare il giudizio di ciò. Laddove la scelta suol farsi a voti (e gioverebbe che fosse dappertutto così), vorrei suffragi palesi, e che ciascheduno recasse le ragioni del proprio sentimento; non biasimando i posposti, ma solamente i meriti de' prescelti da lui noverando. Amerei che a ogni nuovo sussidio, sia dotale sia d'altro, mutassersi, almeno in parte, gli eleggenti, acciocchè sia meno preoccupato da raccomandazioni o da pregiudizi l'affetto, e abbiano le sollecitazioni men agio a lavorare furtivamente. Alle famiglie vorrei che il pur chiedere in diretto modo o per indiretto, fosse colpa, e rendesse impossibile l'ottenere. Amerei che tra gli eleggenti uno ci fosse di famiglia del popolo, e povera; che anch'egli potesse e col sentire e col fatto cooperare ad opera di carità, aver coscienza de' doveri del ricco e de' meriti, aver parte a dolori e a consolazioni non sue.

Amministratori, segretari, tutti coloro che non han voce nell'aggiudicare i sussidii, abbiano stipendio, e non misero; acciocchè della mala amministrazione sia tolta ogni scusa; ma chiunque non presta all'opera se non il suffragio ed il senno, n'abbia pieno merito, senza mercede di danaro nessuna; e non danaro amministri.

XXVII. Questione fortissima, che comprende non solamente le cose della carità ma tutte quante sono le istituzioni civili, dalla qual pende la condizione futura de' popoli, è questa: se le amministrazioni del medesimo genere debbansi recare a un sol centro, o lasciarle sciolte ciascuna con proprii intendimenti. Di cotesta diversità che sminuzza le forze e divide gli affetti, l'Italia ha forniti, così nel fatto della carità come in ogni rimanente, innumerabili esempi; l'Italia, alla quale è destino quella fecondità del vario che nuoce alla grandezza dell'uno. Ma in fatto di carità pubblica, non errerebbe, cred'io, chi chiedesse a' varii istituti concordia d'intenzioni, conformità di mezzi, comunicazione reciproca di notizie soccorsi mutui ove bisogni, e il giudizio di direzione suprema; ma poi lasciasse distinte le proprietà, le amministrazioni distinte, distinti i voleri. L'accentrare sarebbe opportuno ivi soltanto ove la dispersione moltiplicasse le spese; e, per la piccolezza del luogo, dovesse il medesimo uomo servire a due distinti istituti, che senza risico di disordine non si può. Ma per ordinario il serbare a ciascun corpo la vita e lo spirito dell'origine propria, farebbe men grave il pericolo di morte subitanea, portata da invasori sprezzanti la altrui e la propria dignità. E in ciascheduna città e paesello eserciterebbesi da più persone l'attenzione, l'esperienza, l'affetto; e il desiderio, naturale ad ogni uomo, del partecipare alle cure della cosa pubblica, sarebbe in modi innocui appagato. Non s'avvererebbe un de' mali più rei che possano debilitare la vita delle nazioni, e la civiltà ammalare nell'atto che pajono rigenerarla; dico, che nelle grandi città si raccolgano le fatiche e le speranze e i diritti e il destino delle minori città e delle terre, dissanguate e sprezzate; e che ad esse dalla capitale ritorni in rigagnoli quel ch'esse nella capitale versarono a fiumi. Le somme così scompartite, oltre al più equabilmente diffondere la salute e la forza della carità, tenterebbero meno le ree cupidigie. Ed essendo guardate più da vicino, e da più occhi, le sostanze del Comune e del povero, non solamente sarebbero men da temere gli abusi, ma degli abusi sarebbe non tanto inquieto il sospetto, e più facile a scoprire di là il fallo, di qua la calunnia. A soffocare la calunnia giova assai volte aprir l'adito libero alle generose doglianze; siccome a ben conoscere le cose segrete, giova le delazioni segrete punire di pena, marchiare d'infamia.

Del resto, uno degli avvedimenti da non dispregiare, chi voglia che le sue volontà sian da' posteri fedelmente osservate, egli è statuire che, se l'uno istituto di carità non le adempie, un altro sottentri in vece di questo. Così l'uno all'altro son giudici e vindici, della volontà del defunto, come se fosse egli stesso immortalmente presente. In Chiavari, Emanuele Gonzalez, lasciando alla società economica ricca somma, ingiunse che, se da quella non fosse ubbidito alla sua volontà, andasse il lascito a pro delle strade rurali. In Palma Nuova, un donatore di sussidii dotali ordinò che, se il numero delle fanciulle richiesto manca, andasse allo spedale quell'avanzo di rendita; savio provvedimento che allarga l'ale al benefizio, e fa il povero erede del povero, l'infermo languente erede della vergine innamorata, successore della speranza il dolore. Nel distretto di Clesio un benefattore lasciò a dirittura metà della rendita alle fanciulle, metà ai poverelli. Imponendo a' sussidii dotali condizioni sempre più giustamente severe; e quella rendita intanto destinando ad altri usi, verrebbesi a togliere via via parte almeno degl'inconvenienti notati.

XXVIII. Non tanto di questi sussidii, ma d'altri molti, non credo che giovi segnare un termine, oltre il quale vengasene a perdere il godimento. Nel proposito nostro, quella minaccia che la dote, passato certo spazio, fugga di mano, può tanto più ciecamente precipitare la giovane in matrimonio infelice; può, se non lei, tentare lo sposo e i parenti; possono quei pochi, e da lei nè pur visti, quattrini, farle misera tutta la vita, ed essa della cupidigia non sua patire la pena. Meglio provvide chi alle graziate, e non maritatesi, destinava la metà della dote; sebbene la perdita dell'altra metà possa anch'essa tentare a nozze malaugurate.

XXIX. Nè la condizione del domicilio pare ragionevole a me. Perchè, sebbene fin dal secolo VI un Concilio imponesse a ciascuna città provvedere a' poveri suoi, cotesto era piuttosto per rammentare il suo debito a chi l'aveva più prossimo, che per negare a' fratelli remoti la dolcezza e i meriti della libera carità. Può, fra tutte quelle del luogo la fanciulla di fuori esser degna e di compassione per la venerabilità della miseria, degna di riverenza per la bontà della vita. E appunto perchè figliuola orfana di stranieri che la lasciarono senza sostegno, e la deposero quasi sulla pubblica via, perchè la pubblica pietà l'adottàsse, questa sfortunata diventa più viva immagine di Lui che volle ne' poveri pellegrini raffigurato sè stesso. Anco civilmente guardando la cosa, potrebbe la famiglia estranea, con breve soggiorno, essersi acquistata titoli tali di merito presso il Comune, che nessun'altra fanciulla sia veramente più cittadina di quella; e non tanto a lei debba parere desiderabile l'essere accolta in quel numero, quanto alla città il riconoscerla per sua figlia.

XXX. Nè anco alle serve crederei che sussidii dovessero generalmente negarsi (se pure sussidii ci ha a essere); perchè fanciulla che serve a padroni indegni, o crudelmente severi, ancor più crudelmente lusinghevoli, può abbisognare di più sollecito soccorso, che donna affamata. Più grave può essere alle serve, che ad altre, il pericolo; chè lontane dall'occhio materno, senza persona di cuore, vivono sotto custodia o sbadata o tiranna; e tanto la sprezzante trascuranza de' padroni, quanto la ancor più sprezzante gelosia, può essere danno.

A me, del resto, non pare che nella bellezza sia sempre maggiore pericolo; perchè, a ben cercare, troverebbesi forse, le più brutte donne essere spesso le più sguaiate, e con più audacia tentatrici; laddove alla bellezza, la bellezza stessa può essere velo, e rendere diffidente di sè l'uomo, la donna contegnosa, e pur per orgoglio pudica. Aggiungete che, se la bellezza è più esposta alle brame illegittime, è altresì più possente a invogliare i legittimi desiderii; onde da essa, foss'anco più imminente il male sarebbe più pronto il riparo.

XXXI. Non so veramente perchè, quando ragionasi di pericolanti e meritevoli di sussidio dotale, s'abbia sempre a intendere della donna; e, dopo cercato se la fanciulla sia meritevole della dote, sì pochi cerchino se l'uomo sia meritevole della fanciulla; fuorchè quando alcun'ombra di sospetto politico s'avvolga intorno a lui. E pare a me che il maggiore vantaggio del sussidio sarebbe appunto l'opportunità data a' buoni di non permettere che giovanetta pura, mansueta, gentile, vada alle mani d'uomo duro, e deforme, o intemperante, o avaro. E per non parlare che de' pericolanti, io affermo che la vita scapola è agli uomini grave di falli e di guai più che la nubile alla donna; e più sovente il giovane che la fanciulla avrebbe di bisogno di dote a salvare la pace del cuore e la fama. A coloro specialmente il matrimonio è salvaguardia salutare, che dall'arte loro sono in più frequenti e più lubriche occasioni tentati o nella immaginazione o nel senso; e a quegli altri a' quali il vivere conjugale può essere educazione dell'anima, e assodarla negli abiti del risparmio, dell'ordine, della mondezza, de' riguardi affettuosi, e de' nobili sagrifizi. Certi economisti con l'abaco alla mano, crudelmente pedanti, gridano che il matrimonio è la piaga delle nazioni oggidì; e non s'accorgono che il celibato è la piaga; non veggono che l'unico modo di procreare infelici, non sono già le nozze legittime, ma che le nozze legittime possono essere modo a scemare il numero de' veramente infelici.

XXXII. Cotesto, del far desiderabile e possibile il matrimonio a que' ch' esercitano studii liberali e arti belle, e certe arti altresì di piacere e di lusso, è soggetto che chiede meditazione pietosa; e mi giova essere stato condotto a doverlo accennare. Più che l'artigiana di dote per accasarsi, ha bisogno di matrimonio il giovane medico, che a ogni ora si trova dinanzi agli occhi lo spettacolo e della bellezza e della fragilità femminile; che tanto dalla facilità quanto dalla difficoltà del piacere, tanto dalla ubbidiente miseria, quanto dalla ritrosa ricchezza, può essere sedotto a brame le quali avviliscano l'anima e indurino il cuore, e, di sacerdote del dolore, lo facciano mezzano o vittima di voluttà; e, di più che uomo, peggio che bruto. E già quand'anco questo non fosse, tanto al giovane medico quanto a parecchie altre professioni che diconsi liberali, che richieggono esperienza non breve, e che per lenti passi s'avviano all'acquisto di riputazione che basti a guadagnare la vita, gioverebbe a coteste professioni (com' usa a' preti) una dote, che desse loro agio e pazienza di dignitosamente aspettare la fama, senza andare con arti indegne accattandola, come fanciulla che prostituisce sè stessa per mettere insieme con che collocarsi. Mancano veramente istituti che sian come anello tra l'insegnamento della scuola e la pratica della vita, che l'uomo dispongano, quasi gocciola di liquore in vivo sangue, a trasfondersi nella società, che sian grado (come mi diceva un giovane di nobili intendimenti) dall'età del cimentare modesto all'età del perseverante operare.

XXXIII. Altra condizione che in fatto di sussidii a me pare non giusta, è (dirò schiettamente) la purezza che illibata richiedesi de'costumi e del nome. Lascio stare che le apparenze del bene e del male sono sovente fallaci; e che alla carità non ispetta far peggio che la giustizia, dar corpo alle ombre, confermare con pubblico giudizio il sospetto, fare inquisizioni criminali sull'innocenza, e, negando un premio, punire più duramente che non per opera di bargello o per man d'aguzzino. Lascio stare che le più accanite accusatrici dell'onor femminile sono nel mondo non già le più semplici anime e le labbra più caste, ma quelle alle quali l'altrui disonore è scusa, l'altrui umiliazione vanto, l'altrui dolore conforto; quelle cui, per disgrazia di natura o per brama soverchia del pericolo, il pericolo cercato fuggì; quelle che, più esperte nella malizia, la seppero meditare più freddo, più sicuro nascondere; e che dalla esperienza propria sollevano, quasi vapore da stagno, la condanna altrui, nella propria memoria trovano alla calunniatrice immaginazione alimento. Lascio stare cotesto; e dico che nel legittimare un amore colpevole, nel ridare a bambini innocenti un nome e una madre, nel ridare a una donna i doveri di madre e di moglie (doveri che son più benefici e più soavi assai de'diritti), nel ridare a due anime la dignità che perdettero, nel rimetterle in pace con sè stesse e col mondo, nel togliere dalla città un malo esempio, possono essere beni più grandi, che nel ricompensare di qualche moneta la virtù non provata nè provabile umanamente. E se paresse che cotesto rimedio possa, incautamente adoprato, diventare solletico al male, e moltiplicare gli scandali, i quali ricevessero dalla buona gente un guiderdone in contanti; risponderei che, dal pericolo dell'abuso non segue che nel legittimare un amore non benedetto non possa essere alcune volte e religiosa edificazione e utilità sociale. A questo modo in Francia furono, nello spazio di diciotto anni, legittimate novemila creature, undicimila matrimonii innanzi alla società confermati.

XXXIV. Se certe qualità di persone non provvidamente dal benefizio di certi lasciti sono escluse, altre sono da' donatori, non provvidamente, al parer mio, predilette. Tra queste pongo coloro che comprendonsi nel nome di poveri vergognosi; nome incerto e improprio, come quell'altro di famiglie civili, che gli va sovente compagno; i quali nomi, per voler troppo dire, nulla dicono. I poveri vergognosi non si sa veramente di che si vergognino; se della povertà presente o dell'agiatezza passata; se delle cagioni che li fecero poveri, o di quelle che già fecero ricche le case loro, o di quelle che ad essi tolgono il senno e la volontà di far sì che dell'elemosina altrui non abbiano di bisogno. Vergognarsi della povertà, in quanto ell'è povertà, sarebbe un offendere ancora la plebe misera con l'opinione, non potendo ormai soverchiarla con la potestà nè con l'oro; sarebbe accanimento d'orgoglio, meritevole di gastigo, non che d'ajuti i quali confermino pregiudizio così spietato. Il ricco e il nobile, venuto in miseria, giungendo a sentire in sè molte cose che mai non aveva provate, e immaginate nemmeno, diventa, se vuole, più intelligente insieme e più pio; a doppio titolo diventa più uomo: e arrossire di questo stato, sarebbe un arrossire del sentir caldo e gelo, come tutti gli uomini vivi sentono; un arrossire dell'essere meglio educato di prima. Ma non rade volte ai poveri vergognosi meglio s'addirebbe il titolo di svergognati; i quali sdegnano il poco in palese, per chiedere molto di furto; e pretendono che sia anco per gli spiantati creato un ordine senatorio, e che a loro la carità venga come suddita, e porti ricco ed eletto il tributo. Cotesti poveri delle vergogne, accattano sovente la notte, per isfoggiare nel dì; accattano, non pane ma gale, non camicia ma nastri, non quel che possa allontanare da loro il pericolo, ma quel che possa, a dir così, provocarlo. Mentiscono al benefattore per meglio mentire al mondo; ingannano con la bugiarda miseria la carità, per ingannare col lusso bugiardo l'opinione de' creduli; vogliono i privilegi della povertà insieme e della ricchezza, i privilegi del dolore e quei della gioja. Dico che ingannano gli altri vilmente; ma ingannano più malamente sè stessi, continuando i dannosi abiti della vanità spregevole che, prima o dopo, sarà smascherata, e avvilita crudelmente dal mondo invidioso. Non nego che tra' poveri distinti col nome di vergognosi, ve ne sia che patiscono in tenebre mute; e non osano chiedere, perchè tèmono il duro rifiuto, temono il sospetto calunniatore e le insidie infami. Ma questi son pochi; e discernerli è facile a chi cerca con l'occhio veggente della pietà. Nè poveri tali son di coloro che chieggano doti, nè che pensino a matrimonio; perchè da lungo tempo usi a tacere; da lungo tempo si consumano nella malattia mortale del freddo, dell'inedia, delle ardenti memorie, e de' neri invincibili presentimenti.

XXXV. Taluno stimava che fanciulla povera, nel maritarsi ad uomo benestante, dovesse avere abbondante il sussidio più che le altre. Non veggo perchè. Se cotest'uomo l'ama, e se ha di che vivere; egli ha le due cose che servono a farlo contento, senza condimenti di dote. Ripeto che questo prezioso paragone del sincero affetto (cioè la povertà della persona amata), è da tenerlo caro più d'ogni ricchezza; e aggiungo che, dove si possa tentare l'anima umana ad opere generose, in mezzo a tante tentazioni che la sospingono a opere vili, l'amica congiuntura è da accogliere come grazia.

XXXVI. Fra quelle ch'io vorrei dalla carità predistinte, son l'orfane, come in Palma; e come in Livorno, dove l'orfane d'ambedue i genitori, o le figliuole di incurabilmente malati, hanno doppia la somma. E certamente, se distinzione s'ha a fare; se la somma destinata a tale o tal genere di carità non si vuole (e sarebbe forse il meglio) scompartire ugualmente fra tutti i bisognosi che non se ne siano resi palesemente indegni; se distinzione, ripeto, s'ha a fare, questo della solitudine amara, fatta alle anime giovani dalla morte, è de' casi che di per sè stessi chiamano più fortemente pietà. In Alessandria, un testatore comanda che le orfane di padre prescelgansi all'orfane private di madre; forse perchè a lui pareva che, senza il sussidio paterno, avessero a rimanere in maggior solitudine di speranze. Ma l'amore materno non è forse anch'esso speranza e alimento? E l'occhio affettuoso dell'una non val forse quanto dell'altro le braccia? E l'educazione del cuore non è ella forse la più desiderabile delle doti? E chi ne rimane privato, non merita forse compassione più piamente operosa? A ogni modo, cotesta distinzione mi pare troppo generale dall'una, e troppo sottile dall'altra parte; e giova che il titolo d'orfana, da qualunque parte egli venga, sia sacro.

Anco vorrei predistinte quelle dell'Ospizio degl'Innocenti o d'altri luoghi pii, come in Udine, a Venezia, a Brescia, a Torino, a Bologna, e altrove; le figliuole di genitori o discoli, o infermi, o lontani; le vedove contadine, come in San Vito; le figliuole de' militi, come in Roma; le figliuole o le vedove specialmente de' poveri marinari. I quali, sempre abbracciati col disagio, sempre sull'orlo del pericolo estremo, hanno de' nomi di sposo o di padre i dolori e i timori, più che le delizie e le speranze; e lor padre è il padrone severo, lor letto un asse umida e fredda, lor casa un legno barcollante, lor rifugio gli scogli, forse lor sepoltura l'onde voraci. Quante volte patirono in mezzo alle acque la sete, in mezzo a ricche merci ammontate, la fame; videro presso alla riva il naufragio; trovarono, presso alla speranza, la morte? E morendo pensarono in una povera casa mal difesa dal gelido vento, la famigliuola affamata, che prega, ignara della già consumata sventura.

Pio Settimo, che aveva in sua vita provate altre tempeste, e visti altri naufragi con occhio imperterrito ma pietoso; Pio Settimo, il quale ai profughi guerrieri di Grecia alle donne ammirande che seppero amare e combattere e, piangere, di possenti, in un dì, fatte tapine e mendiche, apriva ospitale ricetto; Pio Settimo alle figliuole de' naufraghi assegnò sussidii di dote. In Chioggia, dove la condizione misera del marinaro è fatta più misera dal pericolo che sovrasta alle figliuole e alle mogli, molto fece la modesta carità di Giuseppe Renier, prete dell'Oratorio; non però che non resti a fare dimolto. In un'altra città ch'ebbe marineria ricca e famosa nel mondo, dove col negoziante partecipavano a' risichi e ai guadagni il marinaro, il nobile, la serva del nobile; nella città di Ragusi, la gente di mare aveva sussidii dotali, a lei proprio destinati; così come i patrizii, il ceto medio, e il popolo povero, avevano i loro.

XXXVII. La qual consuetudine potrebbesi conservare, perfezionando; sì che ciascun'arte avesse a' suoi bisogni provvedimento non tanto dall'altrui carità quanto da proprii risparmi. Ora di corto in Parigi proposesi che i danari deposti nelle casse de' risparmii fossero meglio collocati, non solo da dare lucro sicuro a coloro che possono a capriccio riscuoterli, e spendere improvvidamente in un giorno il frutto di lunga fatica, ma da fornire sostegno agli anni sterili e all'inferma vecchiaja. Delle quali rendite vitalizie, accumulate col quattrinello di ciascun dì, potrebbe ogni arte avere il suo proprio istituto, guarentito, sì, dalla pubblica fede, ma dalla pubblica amministrazione distinto. Il simile propose pe' medici e chirurghi in Milano, e ottenne con benemerite cure, il dottore Ferrario: e già da assai tempo l'avevano ideato in Venezia, ma languidamente eseguito; e con più fervore che mai ripigliano adesso. Il simile stanno preparando i negozianti in Trieste, per soccorrere all'immeritato pericolo e all'onesta miseria de' lor confratelli; in Roma, i magnani, per caso di malattia; gli stampatori a Milano; a Verona tessitori, argentieri, cocchieri, e altre arti dimolte, parte delle quali soccorrono a' vecchi o infermi per obbligo di statuti, parte per moto spontaneo, quasi per patto irrecusabile e sottinteso. In Verona stesso, cento preti s'unirono, che pagano leggier somma ogni anno; e infermati che siano, hanno il bisognevole al campamento; e nel cimitero si comprarono (pietoso pensiero) un'edicola a comun sepoltura; perchè, siccome vivendo s'ajutarono insieme d'opera e di preghiera, tutti insieme siano in una memoria abbracciati dalla pietà de' venturi; e tutti insieme da ciascuna preghiera, non suddivisa, ma moltiplicata per il loro numero, consolati.

Di que' corpi d'arte che vissero tanti secoli, e che non sempre nocquero nè alla bellezza e solidità de' lavori, nè alla lealtà del commercio, nè all'agiatezza del popolo, nè alla quiete della città; possonsi di que' corpi d'arte alcune istituzioni accomodare ai tempi, e risarcire ampliando. Ma noi di parecchie consuetudini antiche abbiamo, in poco volgere d'anni, dileguata fino la ricordanza; segno di vecchiezza decrepita. De' libri che contenevano gli statuti e i ricordi delle arti, molti si son perduti; e li divorò, non il dente del tempo e non la fiamma del crudel vincitore, ma la bottega del droghiere o la fogna [1]. Se pur lo straniero non ha compre le nostre memorie a vil patto, come da genti che non solo ignorano il valore delle sacre tradizioni patrie, ma il prezzo della mercanzia venduta non sanno. I selvaggi con pallottoline di vetro barattavano l'oro de' patrii monti; noi con argento e con rame barattiamo dell'avita gloria gli avanzi. E invero, che giova serbare in carta quel ch'è cancellato dall'anime? Quando le foglie inaridite stridono importune sotto il piè del viandante e gli tardano il passo; tant'è che si levi un vento e disperda cotesto, non più ornamento, ma ingombro della vedovata foresta.

XXXVIII. Veramente sarebbe più degna cosa che ciascuna generazione a' bisogni e all'onore proprio da sè provvedesse; e che ciascun ordine di persone con casse comuni,

---

[1] L'abate Morelli, essendo saviamente consigliato che alla biblioteca di San Marco comperasse de' registri delle Confraternite distrutte, preziosi anco all'arte per le miniature eleganti; l'abate Morelli, erudito famoso, non volle.

con vitalizii, con assicurazioni mutue [1], ai vecchi e a'malati, e a'bisognosi di qualsiasi soccorso desse pane onorato decente sovvenimento, desse i conforti del cuore, tra le elemosine la più preziosa. Ma questo desiderio è per ora immagine lontanissima simile a sogno: nè è a sconoscere la bellezza di quella carità che dall'una all'altra fortuna e dall'uno all'altro secolo si stende; ed abbraccia nella sua affezione gl'ignoti; e discendendo, pioggia ristoratrice, dall'alto, fa nascere dall'anime degli uomini preghiere di riconoscenza, come riso odoroso di fiori sempre novelli. Non è a invidiare a chi muore il conforto di lasciar dietro a sè memoria di benedizione fra gli uomini, e nobilmente appagare quest'invincibile istinto dell'immortalità,

---

[1] Nel 1823 fu fondato a Vienna un istituto per le vedove e gli orfani, al quale chi s'associa, consegue per la moglie e pe' figli diritto a pensione (secondo la classe ch'egli avrà scelto) di cento, dugento, quattrocento fiorini. Per entratura pagasi un capitale, che varia secondo lo stato; indi ogni anno fiorini trentadue la prima classe, la seconda sedici, otto la terza. Nel 1841 aveva la società un milione censettantanovemila cinquecento fiorini; e più di centocinquemila pagaronsene in solo quell'anno: nel seguente anno il capitale era di un milione cennovantamila ottocento quattordici, assicurati col frutto del cinque per cento: i soci erano millenovecensessantatre; quattrocento le famiglie con pensione; e in men di venti anni eransi pagati ottocento ottantotto mila ottocento trentotto fiorini. Non so se le *grazie* dotali abbiano fruttato mai tanto.

E qui non posso non rammemorare un esempio, più modesto sì, ma per questo appunto più nobile, e per l'antichità sua tanto più memorando; esempio d'una povera isola della Dalmazia, di Curzola, dico, dove l'arte de' calafati aveva col suo statuto del 1673 assicurato un vitalizio pe' poveri suoi: del quale l'abate Zaffron nella gazzetta di Zara disse parole che onorano e la sua patria e lui:

« Fra le molte utili istituzioni del 1673 noi rammentiamo con piacere la congregazione de' costruttori, sotto il patrocinio di San Giuseppe; gli statuti della quale, dettati con quella sapienza che più della scienza l'amor di patria ispira, contribuirono assai a far camminare quest'arte di pari passo colle altre nazioni. Uno degli articoli di tale statuto proibiva ai giovani artisti di piantar separato cantiere, prima d'aver compiti cinque anni di tirocinio; e nemmeno dopo il quinquennio, se non ottenevano « nella ballottazione della maestranza » tutti o almeno la pluralità de' voti; prescrizione salutare, e da praticarsi ancora e dai falegnami e dai tagliapietre; che non farebbero così alcuni de' primi decadere l'arte nostra fuor del regno, nè fornirebbero molti de' secondi pietre mal tracciate agli edili, con danno dell'eleganza, alla quale è pur tempo che ci pensiamo. Un altro articolo del medesimo statuto istituiva una specie di cassa di risparmio o di vitalizio

ch'è l'ala portatrice dei nostri pensieri. Giacchè tante sono le eredità di dolore e di colpa, che i nepoti ricevono irrecusabilmente dagli avi; non manchi una qualche eredità d'affetto compassionevole e di nobili esempii. Trasmutare siffatti istituti, e confonderli insieme senza serbare memoria dell'origine loro, sarebbe atto irriverente ai benefattori passati, e testimonio di villana civiltà. Un solo esempio mi sia lecito recare fra mille. Un patrizio veneto della casa Zenobrio, dappoichè vide morta l'antica Repubblica, non volle rimaner testimone degli empi tripudii o della bestial noncuranza o del muto dolore de' suoi; nell'esilio cercò rifugio men profano alle meste memorie, e se n'andò a vivere in Inghilterra; ordinò, però, che il suo palazzo al Carmine e le sue camere fossero tenute così aperte e in

---

per i poveri dell'arte. Molte riscosse sui distruttori de'boschi, e spontanee annuali oblazioni alla « Banca di S. Giuseppe, » formavano il sacro patrimonio di quest'utilissimo stabilimento. I capitali che ne costituivano i fondi, divisi in maggiori o minori, partiti e accordati a censo, a chi altrimenti avrebbe dovuto ricorrere allo scrigno dello spietato usurajo, davano un'annua rendita, di cui la minima parte era sacra al culto dell'altare di S. Giuseppe, anzi al suffragio de' benemeriti trapassati; il più a sollievo di que' poveri e morigerati artisti che o per disgrazia o per malattia s'erano a miseria ridotti. Nè v'è da supporre che le voci di carne o di sangue si ascoltassero nella distribuzione di tali ajuti, o che l'accattare senz'altro in nome di Dio un pane non meritato, movesse la « Banca di S. Giuseppe » alla largizione. Che anzi questo tribunale di censura non accordava senonchè a pluralità di voti, diretti dalla più vigile coscienza, il pane del povero, posto sotto il patrocinio del Santo gonfaloniere, e spesso dato e non chiesto a que' poveri sì, ma non rei: giustissimo rimprovero agli sfrontati de' giorni nostri, che, ammoniti dei loro eccessi, rispondono con perniciosa inverecondia « alla fin di tanti guai, l'ospedal non manca mai. » Pace dall'altra, benedizione e riconoscenza eterna ai provvidissimi padri nostri, che in una sola istituzione, la quale abbracciava e il monte di pietà, e la cassa di risparmio, e il fondo di vitalizio, miravano alla morale e alla religione; e fin da que' tempi in cui si pensava col cuore, scioglievano forse i quesiti che il secol nostro propone, sulla distribuzione migliore della carità pubblica. »

Nel Belgio, il numero sempre crescente di braccia per forza scioperate, consigliò di recente aprire una cassa dove ciascuno operajo depone una lira al mese; e n'ha, se mancante di lavoro, settantacinque centesimi al dì; se malato, una lira.

A proposito appunto di matrimonii, potrebbesi imitare una società fatta in Ungheria di recente: in cui cinquecento pagano ogni anno una tenue somma; e se si maritano, hanno cinquecento fiorini; se no, li riscuotono pure, corso che sia certo tempo.

punto, come quando egli v'era. E in Inghilterra morì. Ma l'esilio non tolse al suo pensiero di rivisitare la patria, doppiamente perduta; e morendo fece lasciti caritatevoli; fra gli altri, di sussidii dotali alle povere della parrocchia natia. Quand'anco tali sussidii si avesser a destinare ad altri usi, sempre però converrebbe serbare memoria del doloroso atto e pio; che tanto più merita da noi riconoscenza, quanto meno poteva sperarla chi, esule stanco, usciva d'un mondo mutato e d'un secolo immemore.

XXXIX. O s'ubbidisca ciecamente alla volontà de'defunti, o la si temperi a quel modo ch'eglino medesimi, vivendo a'dì nostri, probabilmente farebbero; giova por mente che nel valore de' beni largiti da essi, il tempo non può non portare assai detrimento. Onde sarebbe da consigliare coloro che intendono lasciare a' posteri memorie di carità, ch'essi stessi vendano i beni che a quest'uso destinano, e che convertano il valore in vivo danaro; perch'eglino possono a bell'agio aspettare il momento di vendere con vantaggio; e perchè meglio conosceranno essi il pregio di cosa o redata dagli avi loro, o con le proprie fatiche acquistata; e delle intenzioni proprie saranno d'ordinario più fedeli ministri che non gente estranea, per avveduta e zelante che vogliasi credere. Risparmierannosi almeno le tante spese che la vendita pubblica porta seco. Nel dominio veneto due Savii del Consiglio de'Dieci provvedevano che i beni legati a comunità pie fossero venduti nello spazio di due anni; e del prezzo, un tanto per cento toccava al fisco, un tanto a' due Savii. La comunità venditrice riteneva i livelli, e gli altri obblighi annessi alla proprietà di que'fondi; il capitale ritratto dalla vendita metteva a pro nella zecca. Or che avvenne? Avvenne che la repubblica francese e i suoi savii d'altra razza, capitarono a pigliarsi la zecca, e le rendite delle comunità tutte quante; alle quali rimasero netti i pesi de'diritti perduti. Onde l'ospizio de' gettatelli che dava un tempo doti di dugento ducati adesso ne dà pur di fiorini cento. Senonchè con migliore avvedimento di prima le sfortunate fanciulle, non rinchiuse nell'aria dell'ospizio malsana e corruttrice, lasciansi, le più, con que' buoni contadini che le hanno allevate e le amano (figliuoli anch'essi ripudiati dalle superbe città); e quivi trovano, come dissi, facile collocamento ed onesto; nè meno onesto lo troverebbero forse, anco private che fossero d'ogni sussidio di dote.

XL. Tornando alle vendite, un solo genere di stabili mi parrebbe che i testatori lasciassero a uso pio, quelle case ove possono abitare le famiglie de' poveri. Anzi desidererei che, laddove legati non proveggono questo, gli amministratori della pubblica carità provvedessero, o comperando e accomodando abitazioni a tal uso, o prendendole almeno a pigione, e dandole in luogo di sussidio dotale, a men prezzo o gratuite, secondo la necessità delle persone e de' tempi. Questa del ricoverare sotto tetto ospitale la nudità e il pudore del povero, è opera di misericordia vera, e tra le più sicure nell'effetto, tra le men gravose nel costo; e tra quelle di cui l'umana miseria può men facilmente abusare. Ond'è che a Venezia, sin dall'anno 1350, vicino allo spedale de' malati, aprironsi abitazioni a uso de' poveri; e ne' secoli seguenti non pochi testatori lasciarono altre case: altri ancora qualche danaro ai miseri che vi abitassero, altri qualche po' di dote alle figlie.

Sacra cosa è la stanza testimone dell'intime gioje, non note che al cielo, e delle vigilie tremende, e de' memorabili pentimenti. Le sgomberature frequenti, che mettono certe città, una o due volte all'anno, tutte sossopra, non solamente son danno de' poveri arredi, e spesa viva, ma strappano a ogni tratto quel dolce vincolo delle consuetudini ch'è tanta parte della pace nel mondo; disamorano l'anima, e la rendono disordinatamente leggiera; non lasciano tempo ad affiatarsi col vicino, e far seco quasi una famiglia; moltiplicano le ciarle, le risse, gli scandali, a' quali è sempre pronto un vile riparo, la fuga: fanno i cittadini stranieri nella città lor natia; distruggono quel religioso amore de' luoghi del qual vive l'affetto alle persone, del qual vivono le memorie, alimento del cuore. Aggiungete che non tanto alla sanità conferisce il cibo sano, quanto l'albergo sano e mondo, e libero nelle allegre correnti dell'aria e della luce; conferisce alla forza e leggiadria delle membra, alla serenità de' pensieri, all'educazione dell'anima.

L'edificare alla povera gente soggiorni decenti, aggiungerebbe ornamento alla città; provvedendo all'ampiezza, all'eleganza, alla salubrità delle vie; e il richiedere severamente che la povera gente pagasse la dotale ospitalità col tenere que' soggiorni anco dentro decenti, e col separare i giovanetti dalle femmine adulte, sarebbe un fare migliori e i costumi e le schiatte. S'usino a dormir sulla paglia, purchè nettamente; laceri, se meglio non si può, ma non sudici; e più che la fame temano il sudiciume. La mondezza è risparmio, perchè le robe, meglio riguardate bastano più lungamente. Ed è virtù, perchè dona l'abito del por mente a ogni menomo atto; il quale abito è continovo esercizio del pensiero. E chi facesse in ogni casa e in ciascun piano salire per trombe acqua in abbondanza, farebbe più carità che se desse in danaro il doppio di quel valore. Onde con pietà sapiente è stabilito a Venezia che i Buon'uomini della contrada, chiamati col titolo di Promotori, attendano insieme alle cisterne d'essa contrada e alla miseria de' poveri. Così potessersi in tutte le città, come in Londra, aprire bagni pubblici per venticinque centesimi, e lavatoi dove, a prezzo di centesimi dieci, la moglie del povero stia per sei ore a lavare e a tendere que' suoi cenci, sotto il cui lezzume s'annidano insetti e malattie, infingardaggine e corruttela.

Gli acconcimi delle case che dico, poco costerebbero; sì perchè gli artigiani abitanti in quelle sarebber tenuti di farne il più; sì perchè gli artieri più agiati, quasi tutti, cred'io (confortante l'autorità del Comune e de' preti), volentieri darebbero mano ad opera veramente fraterna e non grave per essi. In un paesello dell'infelice Dalmazia era già una consuetudine gentile, che quattro giorni dell'anno coloro che avessero bovi in proprio, andavano e aravano il campicello del povero che n'era senza. Ed è bello notare che questi eran giorni festivi; come dire che quel lavoro era opera santa, santo e accettabile sacrifizio. Somigliante consuetudine io vorrei distesa dovunque son anime e mani cristiane; dovunque sono umane favelle: che il men povero ministri al povero; che con la propria persona lo serva; che del suo tempo gli doni, del tempo ch'è l'anima. Meglio che gettare, con lo sguardo rivolto altrove, un po' d'elemosina che vien dalla borsa e non dal cuore (se pur viene dalla borsa propria, e non dall'altrui); meglio tendere al fratello la mano, e dirgli: « Abbiamo lavorato insieme, insieme preghiamo; abbiamo insieme patito, insieme godremo. »

XLI. Questi pensieri di lontana speranza non m'hanno disviato dal tema; ma sempre intendevo di dimostrare che l'ottimo de' sussidii dotali sarebbe sovente quello che provvedesse gli sposi di buon soggiorno, o a men prezzo o gratuito, o per vantaggiata mercede di lavori all'industria loro affidati. E il mio dire mirava a intento più generale ancora; ed è questo: che tanto i sussidii dotali quant'altri non pochi, più gioverebbero, offerti in materia d'uso necessario, che in danaro. So bene ch'anco di questa maniera di sussidii, siccome d'ogni cosa, può farsi uso indegno; e mi rammento d'un accattone di Firenze, il quale, per più muovere a compassione la gente, chiedeva, non un quattrino ma un seccherello di pane; e poi i seccherelli vendeva per il beccare delle galline: furberia che simboleggia in sè le molte altre furberie degli accattoni e titolati e pezzenti. So che, comperando le cose necessarie al povero, possono gli amministratori frodare, e nella quantità d'esse cose e nel prezzo; ma quando l'amministrazione sia compartita in più mani, e vegliata da parrochi, e lasci luogo alla doglianza del povero maltrattato, scemano di molto i pericoli. Il più grave pericolo si è, che cotesta somma di danaro, o piccola o grande che sia, data all'arbitrio del povero, vada spersa o in lusso o in crapula, e non ne rimangano effetti se non per ogni verso dannosi.

Notisi poi, che, il sussidio riscuotendosi a matrimonio compiuto, non fa per le spese che occorrono a quello. Un tempo, in Venezia quel foglio del sussidio ottenuto, gli sposi cedevano al negoziante o all'artiere in cambio di quanto avevano di bisogno; nè so che la cessione fosse esente d'usura. E così adesso, se vogliono approfittare innanzi le nozze, debbon prendere a prestito; il che di rado si fa senza danno. In Cordovàdo, terra del Friuli, in Feltre, e altrove, lo spedale dispensa per dote lenzuola, coperte, saccone, secondo il numero annuo de' poveri. E io conosco un prete autorevole, che, all'occorrenza di nozze povere, viene chiedendo a chi un cassettone, a chi un letto; e così mette insieme un valore che poco costa a chi dà, a chi riceve è dimolto. Meglio ancora sarebbe quel ch'ho toccato più sopra, fornir lavoro ai promessi sposi un anno o più innanzi; e a quest'uso comprare roba indigrosso, e computare a pro loro i lucri di cotesto risparmio, e premiare di più mercede i lavori condotti con più diligenza. Così la carità sarebbe, qual dee verso tutti gli ordini e tutte le età, educatrice; così, prima che l'indissolubile vincolo tremendo si stringa, avrebbesi un tempo di prova, nel quale sperimentare l'operosità dei due giovani, la bontà, la costanza.

XLII. Ancora più preziosi diventerebbero i sussidii se spendessersi in trarre da mestieri o lubrici o indegni giovanette infelici, cui non tanto la povertà quanto la micidiale cupidigia de' parenti o la disumana noncuranza tradisce alla fame e all'infamia. Dico, alla fame, perchè non sempre il disonore vendesi a caro prezzo; e rare sono del vizio le grosse fortune, che durino sino alla vecchiaja vituperata e alla morte. A computare ogni cosa, la virtù riesce da ultimo più lucrosa del vizio; e può in modo tanto più equabile e sicuro soddisfare ai desiderii ed a' bisogni, in quanto è potente a scemare di questi il numero, l'ardenza di quelli.

Non so se si sia mai pensato a liberare dal giogo, peggio che servile, del dispregio pubblico certi mestieri male accreditati nel mondo: sarte, crestaje, stiratore, cantanti,

A tal fine, converrebbe comporre corpi d'arte femminili con norme nuove, ne' quali la vita delle fanciulle innanzi il matrimonio fosse difesa da ogni sospetto corruttore, e ne' quali il servigio dell'arte potessesi rendere più decente, più accurato, e a men prezzo; talchè dal risparmio della spesa e dalla perfezione del lavoro il lusso impudico e la civetteria stolida fossero condotti a imparare modestia. Ma lasciando ora questo (che chiederebbe, meglio che lungo discorso, lunghe prove di prudenza animosa), dico che intanto, di que' mestieri a' quali l'opinione degli uomini è giustamente o ingiustamente severa, e con la sua severità più e più li avvilisce, di que' mestieri levare in tempo la gioventù necessitosa, gli è come destare un che dorme, quando l'incendio fa stridere prossime le sue fiamme.

XLIII. Non dissimile benefizio sarebbe il dar mestiere a que' che non l'hanno; a que' che l'hanno, insegnare gli avvedimenti che lo affinano, lo fanno più sano, più lucroso, più nobile; fornire gli ingegni o gli attrezzi migliori. Ajutare il marito, egli è più che un dotare la moglie. E poichè il fine della dote non è se non somministrare il necessario al consorzio conjugale, il modo che meglio ottien questo fine, è da prescegliere a tutti.

Sarebbe anzi miglior cosa, che a chiedere il sussidio egli si presentasse a matrimonio già compiuto; e (come usa a Carpi, a Torino, a Livorno), se la somma è alquanto notabile, si obbligasse di conservarla; sì che possa la donna, rimanendo vedova, profittarne. Chiesto a matrimonio già fatto, il sussidio dotale non sarebbe solletico a cupidigia profanatrice del patto santo; e gl'inconvenienti che accadono, o si può sospettare che accadano, allorchè donna povera e giovane viene a pregare, sarebbero men difficilmente evitati. Già molte delle doti si son date e si dànno non ad un tratto; e non veggo perchè il savio esempio della Contessa Grisoni, che metà vuol pagata sull'atto, metà sette mesi poi, non possa essere altrove imitato. Così almeno non tutto va sprecato nelle pompe vane sui primi giorni, o nelle matte allegrie; così, se gli sposi se ne rendono indegni, il sussidio può volgersi, in parte almeno, a più meritevoli.

XLIV. Ma, in generale parlando, posto che allora abbia a venire il soccorso quando si fa più 'forte sentire il bisogno; questo fra gli altri beni ne seguirebbe, che i sussidii superflui, risparmiandosi, verrebbero destinati ad altri usi più sacri; e che al vero indigente toccherebbe in più riprese un soccorso maggiore di quel ch'egli a titolo di dote desidera adesso. A matrimonio voluto dal cuore non fan di bisogno rinfranchi d'elemosina, perchè sia lieto; a matrimonio ingrato non giovano ristori d'elemosina, per renderlo caro: ma quando sopraggiungano la seconda, la terza volta, le angosce del parto, e che in mezzo alla famiglia famelica e ignuda la madre allettata non ha con che sdigiunarsi; quando il padre, per malattia o per cadute, non può esercitare le braccia, unica sua ricchezza; quando la moglie bacia il marito fatto cadavere; quando, peggio che morto, egli è crudelmente dimentico della famiglia, che abbandonata, aggrava l'inedia col dolore; venga allora il sussidio, che quello è il momento di dotare la donna, non già togliendole, com'usa, i figliuoli dal seno, che sarebbe un far loro più miseri e lei più desolata, ma sibbene ajutandola a rilevarli [1]. Aveva il Beaumarchais, faccendiere temuto, e filantropo (come al suo tempo soleva) pien d'ire e di spregi, aveva immaginata una istituzione pia a soccorrere le madri povere, che allattassero i propri bambini, non tentate a gettarli fra gl'Innocenti. Meglio a' dì nostri in Parigi, che raccettano tutti in un ospizio i bambini di donne le quali debbono con le proprie braccia guadagnarsi la vita, che vengono due volte il dì ad allattarli, e li trovano ripuliti e custoditi con cura quasi più che

---

[1] Narrano d'una povera donna in Firenze rimasta vedova con una creaturina al petto, che i due cognati promisero dare per alimentarla ciascuno due crazie al dì; le quali un giorno mancando, la misera madre stimolata non tanto dalla fame propria quanto dagli strilli acuti del figliolino, va nella strada e stende la mano a persona ben vestita chiedendo elemosina. Condotta al Commissario, è rinchiusa, e il bambino negl'Innocenti; ed ella, disperatamente chiamandolo, in tre dì muor d'ambascia.

materna. Meno la carità si riduce in danaro, più vivo in essa è il ricambio dell'opera, dell'affetto, il commercio (per dir così) de' doveri; e più sgombra ell'è di pericoli, più salutare insieme e a que' che ricevono e a que' che dànno. Perchè il benefizio non merita questo nome se sagrifizio non sia; se non costi un qualche disagio o pensiero al benefattore: il quale allora, sentendosi fatto migliore nell'anima, non solamente non richiede con arrogante importunità la gratitudine altrui, ma si sente beneficato egli stesso, e ringrazia il necessitoso che gli abbia porto il destro di ben meritare. Ma alla donna abbandonata (e foss'anco per colpa sua propria), alla donna colpevole deve la carità sussidii, compassione, rispetto; sì perchè l'esempio e la parola di lei, lasciata in balía alla miseria seduttrice, non isparga il contagio; sì perchè i falli della moglie quasi sempre hanno origine dalla persecuzione dell'uomo, tanto più spietata e urgente, quanto più lusinghiera; o dall'orgoglio stupido di lui, che si crede dover essere per diritto naturale e divino, instancabilmente ubbidito, perpetuamente adorato; o dalla sua noncuranza, che a cuore affettuoso è quasi più intollerabile degli oltraggi.

XLV. C'è un altro genere di donne infelici, che più di molte chiamano a sè la compassione del cuore; quelle che o per difformità, o per malattia, o per aspettazione di meglio, o per amore pertinace che ricoperse di meste ombre tutta la vita, rimasero senza la spesso amara, ma pur bramata, esperienza del consorzio maritale; le quali si strascinano sulla terra, dopo perduti i vecchi parenti, in mezzo a una nuova generazioue di estranei, che non le intende, che non vive del pane delle memorie, com'esse vivono; pur fortunate, se al lor dolore non s'aggiunga l'invidia, se alla freddezza altrui non s'aggiunga lo scherno. Alla solitudine povera di queste donne è dovuto (com'usa in Ragusi) un qualche conforto; è dovuta ad esse una dote, appunto perchè non hanno marito; e, perchè figliuoli non hanno che le compiangano, ogni anima gentile le veneri come madri. Le veneri, dico: chè l'elemosina data senza riverenza al dolore, reca forse dolore più cruccioso.

PARTE TERZA.

XLVI. Non sono da tentare i poveri al matrimonio con incentivi di premio; ma non sono nè anco da sgomentare a soavi minacce, velate di disumano compianto, pregando che la calamitosa loro fecondità non accresca la moltitudine delle creature che penano. Se le predicazioni del Malthus e della greggia seguace potessero penetrare negli orecchi e negli animi di tutti i poveri; e se quest'altra s'aggiungesse alle cagioni pur troppe, onde cresce il numero de' figliuoli che non han padre nè educazione materna, nè tradizione, nè nome; vedreste splendida città del sole che diventerebbe la terra!

Il numero de' gettatelli, che nel 1820 era in Francia di novantanove migliaja, nel 1834 era già di cenventinovemila secento novantanove; i quali certo saranno costati alla nazione, cioè al povero, ben più che non sarebbero ai genitori, se congiunti in vita di legittimo amore. E anco questi son numeri arabici, che conchiudono. E in Italia stesso, questa moltitudine dolorosa anzi cresce che scemi (1). Vero è che di quattro o cinque de' gettatelli uno in Francia ne muore, e che forse così riparasi alla moltiplicazione soverchia degli affamati importuni, senza ricorrere all'Eurota, come già Lacedemone, o, ai majali come la Cina. Altri vegga se sia degno di secolo che si vanta civile, cotesto più che ferino impeto verso il piacere, che va via schiacciando nel corso le membra de' parvoli, e copre di grida baccanti i vagiti della loro agonia.

XLVII. Certo è che pur de' legittimi figliuoli del povero troppi più la morte ne miete, e l'infermità ne mortifica, di quel che la naturale costituzione portava. E pio è quel

---

(1) Nel marzo 1845, dodici bambini furon portati agl'Innocenti a Firenze in sola una notte. Ma se si guardi all'Italia intera, il male è men grave ch'altrove, d'assai.

consiglio che dava a tutte le scuole infantili il dottore Zambelli, d'aprire accanto una stanza, dove accogliere e conoscere e curare nel germe (come già fanno a Vienna e a Berlino) le sì mal note malattie de' bambini; i cui dolori, da certi medici vengono non più riguardati che quelli d'un piccolo insetto; malattie che contristano l'intera vita, e si trasmettono nelle tarde generazioni, penosa eredità!

Che se fosse qui luogo a toccare delle scuole infantili, direi che il tentato sinora (non che tenersene paghi in beata vanità) è da riguardare come debole sperimento; perchè mancano ancora educatrici idonee, libri accomodati; manca l'unità determinata del fine, la concordia de' mezzi. Direi che le scuole infantili non sono che un passo; e che con altre istituzioni bisogna continuarle, le quali conducano il figliuolo del povero fino al conoscimento e all'osservanza compiuta degli uffizii a cui nacque; lo faccian essere uomo, non macchina da lavoro. A questo promettono provvedere in Francia, la colonia di Petit-Bourg, ed altre, ove il povero sarà da' prim'anni addestrato a industria intelligente; e l'istituzione in Gallizia del conte di Sharberg, il quale consacra un milione di fiorini a dar lavoro a quattrocento fanciulli, educazione a secento. Ma sinattanto che il simile non si faccia dappertutto tra noi (come s'è cominciato a Trieste per proposta dell'abate dall'Ongaro e per opera del dottore Biasoletto), giova almeno, che i protettori delle scuole infantili raccomandino efficacemente i bambini usciti di quelle a maestri artigiani valenti, i quali, con pazienza più generosa d'ogni liberalità di moneta, al poverello comunichino l'arte loro. Che questo benefizio non è come frutto colto dall'albero, e dato mangiare al famelico; ma è come germe che, a coltivarlo, s'insegna a trarne piante quanto basti la vita [1].

XLVIII. A quest'uopo dell'insegnare al povero le arti più acconcie al paese, e i più squisiti avvedimenti e le

---

[1] *Pauperes non sint inter se infructuosi.* — Aug. in Ps. 36. *Habens artem qua regitur, magnopere studeat ut usum atque utilitatem illius cum proximo partiatur.* — Gregor. hom.

più pensate ragioni dell'arte, a quest'uopo, meglio che a' sussidii dotali, dovrebbero contribuire i nuovi lasciti e doni, e gli avanzi delle rendite pie, che, incamerati già, si venissero ricuperando per nuove intercessioni di magistrati e prelati autorevoli, e per nuove inchieste d'unanimi cittadini; a questo le multe che in alcuni luoghi usa, e potrebbersi moltiplicare, sulle eredità che passano certe somme, sui negoziati del cambio, sulle consuetudini e le trasgressioni del ricco; le gabelle proporzionate sui testamenti, e, come usava a Firenze, sulle doti sue stesse.

Nè posso tacere che la smania odierna d'aprire scuole dove più l'intelligenza s'esercita che l'affetto, più gli occhi che il braccio, prepara una generazione d'uomini ragionacchiante, oziosa, scontenta dello stato proprio, ambiziosa di diritti agiati e sgomberi da doveri; infelice se conosce la propria impotenza, infelicissima se non la sente. Quella ignoranza è a temere, che istupidisce e corrompe: ma se le scuole avessero a generare simili effetti, a chiudere il cuore, ad empiere di vuoti nomi o di dubbii tormentosi la mente; la luce sarebbe tenebre, e l'incivilimento barbarie. Specialmente alla donna, cotesto moltiplicare le scuole pubbliche senz'altre cautele e soccorsi dell'anima, può riuscire funesto; moltiplicando le vanità tante, e esponendola sin da' primi anni alla vista del mondo, che pur con gli sguardi conturba il sereno de' pensieri, e con l'alito appanna il pudore. Rammentiamoci che nell'andare e tornar dalla scuola, Virginia fu aocchiata dal rapace Decemviro; e che l'imparare a leggere le fu pericolo di schiavitù, peggior della morte [1]. La quale narrazione, se, come gli eruditi vogliono, è da tenere per mito, certo ella è mito fecondo di verità. E già la storia è tutta mito, perch'ogni fatto di lei simboleggia le cose presenti, e profeteggia il tempo avvenire.

XLIX. Meglio che di libri e di conti, nutrite l'anima femminile di tradizioni patrie e di canti; per la memoria versatele in cuore il senso del bene; per gli orecchi infon-

---

(1) Liv. III. 44.

dete il senso del bello. Nè la musica, nè la storia, nè la religione, nè l'arte le siano insegnate per aride teorie; ma per prove ed esempii. Dal morbo-collera della pedanteria scampi almeno la donna; e la cucina e il talamo, almeno le sia dall'accademie rifugio e scampo.

Un mestiere onorato è alla donna la miglior delle doti, perchè le insegnerà allontanare da sè non solo la povertà ma la noja, ch'è l'inedia dell'anima; ed è forse più grave pericolo della povertà stessa; le insegnerà a sostenere la solitudine della celibe e della vedova vita. E però, se hanno a darsi sussidii dotali, io vorrei si dessero a sole quelle che con apprendere un mestiere buono li avessero meritati. In Reggio, appunto, al benefizio delle doti sono prescelte le allieve dell'ospizio degli orfani; in Chioggia, le zitelle che lascian l'ospizio ricevono una piccola dote e un corredo, e la mercede accumulata de'proprii lavori. Questi sono sussidii d'augurio migliore che non le ricche doti assegnate alle alunne di certi eletti istituti. In Zara un pio donatore fa succedere nel benefizio le femmine ai maschi, e la nuziale ghirlanda alla laurea dottorale, ordinando che quando studenti manchino, vada in doti la rendita. E non so veramente quale delle due istituzioni sia meno a'dì nostri opportuna; non so se maggiore sia il numero de' matrimoni non desiderabili, o dei dottorati tremendi.

Nè tacerò, giacchè mi cade qui di toccarne, che i lasciti destinati ad agevolare a' giovani poveri il dottorato, mi pajono, se non più, certo non meno pericolosi de' sussidii dotali; in questo, che aggiungono stimolo a un male già troppo minaccioso a tutte le società incivilite d'Europa, dico lo spostarsi delle condizioni, il crescere delle cupidigie inerti e delle ambizioni impotenti, il fare della scienza e della coscienza mercimonio.

L. Provvide e a' giovani di non comune speranza e alle figliuole del povero un prete, che per potenza di carità valorosa e d'intelletto onora il sacerdozio e l'Italia, Niccolò Mazza veronese, che i detti giovani conduce a sue spese infino all'esercizio di professione (come dicono) liberale, o d'arte bella; e meglio provvide alle figliuole del povero aprendo una casa dove addestrarle e a' più grossi e a' più gentili lavori, dalla cucina al ricamo (ricamo da gareggiare con l'opera del pennello e co' più lodati saggi che ne mandi la Francia); allevarle buone serventi del ricco, buone mogli del povero, buone assistenti all'infermo; allevarle piuttosto in umile senno che in lettere vane, piuttosto in candore d'ilarità che in iscaltri accorgimenti, piuttosto in dignità di pudore che in affettazione di grazie cittadine. Questo medesimo prete, vedendo come la provincia Veronese, che pur dalla seta ha la più abbondante sua rendita, vendeva tanto peso di bozzoli per poi ricomprarli, lavorati, sì caro; volle concorrere anch'egli a dotare i suoi concittadini di questa nuova ricchezza; poich'egli è destino che gli stessi materiali vantaggi sovente provengano alle nazioni non tanto da coloro che altro non pregiano se non i materiali vantaggi, quanto dagli uomini che, mirando a bene più alto, abbracciano i beni minori, quasi per forza d'attrazione prevalente, ne' giri dell'affettuoso pensiero. Un altro prete ascritto alla pacifica milizia di Filippo Neri, Carlo Filaferro, aperse in Udine un ospizio di giovanette povere, anch'egli per ammaestrarle tanto ne' delicati lavori quanto nell'opere della seta, dell'ovile, dell'orto. Che se a tali uomini e a' lor pari affidassersi (almeno lor vita durante) parte delle somme sparpagliate in uso di doti, certo che i pii donatori benedirebbero dal cielo chi li disubbidisse così piamente.

LI. Insegnare ai nati in città alcuna cosa dei lavori campestri, sarebbe un fare non solo le membra più forti, ma gli animi più sereni, più aperte le menti; un ritemprarli alle ispirazioni generose della natura, un innamorarli delle bellezze sue purificatrici, de' suoi quieti e liberi godimenti. Così moltiplicherebbersi innoltre gli ajuti a sostenere la povertà, e insieme a farla men dura; perchè s'aprirebbe scampo a quegl'infelici che giacciono tra il fumo e la mota e gli aliti impuri delle città, quasi incatenati alla miseria; e dove irsene a cercar pane, non sanno: i quali allora, com'acque irrigatrici per mite declivio, si verserebbero sulla campagna, a farla allegra di coltura novella, e a coprire di messe laddove è landa, di bosco laddove è roccia, di case laddove è maremma. La civiltà, avviata e corrente, non ristagnerebbe grave a sè stessa; gli uomini, ammontati, non ammalerebbero del lor proprio respiro; i villici, affratellandosi al cittadino, meno spregiati e meno inesperti, con la miglior conoscenza de' propri doveri, il migliore esercizio de' diritti acquisterebbero. Tutta la nostra civiltà sino ad ora ha non so che del selvaggio, e la nostra umanità del crudele, in questo, che le città presero sempre cura non d'altro che de' propri diritti, delle miserie proprie; e quel muro che rizzavano, parve non tanto a difendersi dall'assalto degli odii esterni, quanto dalla pietà degli esterni dolori. Nè la mente nè l'affetto abbracciarono tutta intera la patria; non compartirono con equità generosa i pesi e i vantaggi; non previdero i lontani inevitabili effetti di cotesta nemichevole disuguaglianza; e con la colpa si prepararono la sventura: perchè la miseria dei sentimenti (checchè paja in contrario) non può mai star disgiunta dalla meschinità de' pensieri, e il disamore non è mai sapienza, non è mai accorgimento il disprezzo.

LII. Quanto agli artigiani che vivono nelle città, pare a me che raccoglierli in casa di comune lavoro non sia cosa conducevole a moralità, come il fornirne, quant'è possibile, a ciascuno da sè; l'ajutarli con prestiti, che si comprino gli arnesi occorrenti, e richiedere la restituzione a lunghi respiri e a piccole somme, richiederla non tanto per rimborsare il danaro, quanto per rendere il povero curante delle promesse che diede, e conoscente della propria dignità. Per contrario, il serrare tra quattro mura l'industria, quando estrema necessità non lo chiegga, è un farla sovente o svogliata o tumultuosa; e risica che se ne abbia più contagio dagli esempi riprovevoli, che da' lodevoli medicina.

Non parlo di quelle donne che, rinchiuse insieme a torme per fallo commesso, ineguali di reità, di condizione, d'età, di bellezza, in quella carcere si pascono delle memorie del passato, memorie tremende; e da' superiori sovente non han che disprezzo, dalle compagne o consigli perversi o dileggi crudeli; e in quel fremito cruccioso, senza umiltà nè speranza, in quegli schiamazzi inverecondi soffocato il gemito della coscienza; e il pentimento, come lume languido a soffio d'aura gelata, si spegne; e le parole furtive, le vendette irrequiete, i silenzii dispettosi, la falsa vergogna del bene, i bugiardi vanti del male, fanno ribollire i desiderii, com'acqua fetida e verde sotto gl'immobili soli estivi. Di queste infelici solamente non parlo; ma dico che sempre, dove si possa, è a prescegliere il libero lavoro della gente sparsa e accasata, alle aggregazioni confuse delle grandi officine, insinattantochè nuovi ordinamenti sociali insegnino conciliare le severe dolcezze della convivenza comune con le più facili e agiate condizioni della domestica pace [1].

Con raro senno il Mazza comparte in più case le allieve, le quali non si raccolgono insieme se non alla scuola, e le altr'ore vivono in minore famiglia sotto il governo amoroso d'una custode che chiamano col nome di mamma. Per tal modo conseguonsi della comunanza i vantaggi, e allontanansi gl'inconvenienti; le conoscenze si fanno più intime insieme e più innocue; e ciascuna è meglio da' superiori osservata: sorge l'affetto come in famiglia quieta; e, come in società variata, s'esercita l'intelligenza.

LIII. E qui mi sia lecito per modo di digressione accennare che la beneficenza, anche santa nel fine e innocente ne' mezzi, può essere ne' modi spietata. Come quando, coll'intendimento di volere, per risparmio, raccogliere più istituti in un solo, fannosi sloggiar dalle antiche dimore

---

[1] La smania della centralità è mal francese. Ora di corto in Ismirne un Francese propose di raccogliere in uno tutti gli ospizii cattolici della città. Montevideo i Francesi, animosa gente, per la centralità contro la confederazione combattono, pur per voglia di combattere; e muojono.

vecchi e vecchie cadenti, e si traggono nel frastuono di gente non nota; quando agl'infelici già prossimi al morire turbasi quell'ordine di consuetudini che è diventato come il temperamento del corpo loro, e l'umore de' loro pensieri; quando sforzansi ad abbandonare quelle mura, anco squallide, quelle mobilie, anco misere, alle quali s'erano affratellati come a persone vive e consapevoli, e dalle quali pensavano non li avesse a staccare se non la prece del sacerdote benedicente alla bara. Dico che può essere spietata ne' modi la carità: come quando per pochi centesimi che voi date quotidiani, insufficienti alla vita, vietate a una madre di molti bambini, a un vecchio decrepito, l'accattare; e, colto che l'abbiate in quell'atto, gli preparate a rifugio la carcere. Appunto un vecchio decrepito, nell'inverno di quest'anno di grazia 1844, in una grande e caritatevole città d'Italia; un vecchio, di famiglia già benestante, e non accattone per vizio, strascinatosi un giorno sulla via, in quel che stendeva la mano, fu preso a spunzonate, fu menato alle carceri; e, ritornato sul suo letticciuolo, morì. Voglio che non di crepacuore e' morisse dell'insulto patito, e del pensiero che tanto gli sia toccato vivere da dovere, in gastigo della sua miseria, essere carcerato; concedo, che in tutte le cose umane il bene si trova inestricabilmente inviluppato col male: ma io non vorrei che la mano che punì questo vecchio dell'aver fame, non vorrei che fosse la man del fratello e del concittadino mio.

Tra gli ospizii benefici certamente son quelli che accolgono vecchi impotenti al lavoro, cui la morte o l'ingratitudine altrui lascia soli sulla terra; li accolgono, acciocchè si consolino di compagnia e d'assistenza; acciocchè spendano il tempo in alcuna di quelle opere che sono alla loro età comportabili; acciocchè ajutino la generazione novella coll'esempio, col consiglio, con la preghiera. Ma, quanto a cotesto ammontare, che adesso usa, tante specie di miserie e di dolori negli spedali, pare a me che più grande sarebbe assai volte l'elemosina, e non maggiore la spesa, se nelle case loro a' malati si provvedesse di medicine e di nutrimento; purchè l'istituto che amministra il danaro da assistere gli ammalati alle case, fosse, com'è in Verona, distinto dagli altri, acciocchè l'attenzione, essendo sviata in molti oggetti, non faccia più languida la carità. Poi, nello spedale, è malattia di per sè lo spettacolo di tanti dolori, quasi schierati a combattere l'anima; gli aliti morbosi; il suono del gemito, del lamento, del rantolo; la solitudine cupa in mezzo alla mesta frequenza; il portar via de' cadaveri, o l'entrare di nuovi già mezzo cadaveri; la voce dura, le interrogazioni taglienti, lo sguardo crudelmente distratto o terribilmente fiso del medico e degli allievi, a' quali l'età spensierata e le dottrine aride della scuola sovente tolgono sentire con raccoglimento il dolore, e inchinarsi alla religion della morte. Giova certo e bisogna che spedali ci sia; ma giova e bisogna che alla varietà de' mali s'approprino, se non case, medici almeno distinti; e questi, non solamente a pro de' malati, che non possono da una o due visite al dì, o piuttosto corse, fatte sovente fuor d'ora, avere il dovuto servigio, ma a pro della scienza altresì, che da' studii particolareggiati riceverebbe alcun lume a uscire di cotesta boriosa incertezza che sempre più la discredita nella pubblica coscienza. Non intendo soltanto delle case da aprire a' convalescenti, i quali lo spedale scaccia da sè; non ancora abili a guadagnarsi un pane, e più bisognosi di nutrimento che mai; nelle quali case potrebbersi alla cura del corpo aggiungere gl'insegnamenti religiosi e dell'arte: non intendo soltanto delle cure dovute alle gravidanze occulte, cure le quali risparmierebbero e morti e rimorsi: intendo de' mali a cui lo spedale non apre le porte, e la carità deve pure aprire le viscere. Adesso che l'arte, ispirata dalla virtù e dal dolore, viene ritrovando le guise di far la parola visibile al sordo e palpabile al cieco, oh i nuovi campi aperti alle indagini della scienza e a' sagrifizii dell'amore! Adesso che i flacchi aliti delle città contaminate corrompono la progenie umana nel germe, e insinuano nelle vene e nell'ossa a' figliuoli la pena de' padri (onde converrebbe sull'allattamento e prezzolato e materno esercitare ben più vigilanza che sopra molti pericoli della pubblica sanità, perchè questo è contagio che passa di secolo in secolo); adesso che le passioni impotenti e la leggerezza del pensiero raddoppiano il numero de' mentecatti e de' pazzi; è raddoppiata necessità sì di studii modesti come di soccorsi animosi, a far sì che le razze umane non siano più neglette e più degenerate che quelle de' bruti animali; e alla sconcezza esteriore non s'accoppii la mentale tortezza e infermità, ma che in corpi robusti e leggiadri alberghino anime sane e al bene pronte, e spiranti la grazia della vereconda eleganza.

LIV. Ho detto digressione questa mia; e veramente non è. Dimostrare come da' sussidii dotali non s'ha tutto il bene che gl'istitutori speravano, è poco; conveniva innoltre accennare come da altri generi di sussidii verrebbero beni maggiori.

Nell'anno 1531, certo Aurelio dell'Acqua, vicentino, dottore in ambe le leggi e cavaliere e conte palatino, e professore dell'antico Testamento e del nuovo « guidato da
» Dio Ottimo Massimo, accompagnato dalla virtù, e favo-
» rito dalla fortuna procacciatasi onoratamente », lasciò non piccola somma a dotare le vergini vicentine, con molte cautele provvedendo che non cadesse in indegne la scelta; e scritte ch'egli ebbe talune di queste condizioni, soggiunge: « Ne' crepuscoli mattutini d'un certo giorno,
» le cose che, mosso da ispirazione divina, io aveva sta-
» bilito di scrivere in questo testamento, cominciai rumi-
» nare meco stesso con chiara mente; e per dire con verità
» più vera del vero, stetti improvviso alcun poco fra me
» stesso pensando e riflettendo quanto meglio sarebbe avere
» i tesori di qualunque altro ricchissimo, piissimo ed ot-
» timo, piuttostochè la mia tenuissima facoltà. E, piegate
» le ginocchia, le mani e gli occhi alzando al cielo, col cuore
» e colla bocca a Dio Ottimo Massimo: Tu che puoi ogni
» cosa... perchè con la tua spirituale onnipotenza me ricco

» non hai fatto, o nella mente di qualche ricco ispirato
» non hai il perfezionamento di quella pietosissima opera
» che tu mi comandasti fare con questo mio testamento?
» — In verità, non mentisco, ricevei la riposta, ed è questa:
» come a lui piacciono le cose tutte fatte molto bene, egli
» vuole che tu pianti; altri irrigheranno; ed egli mede-
» simo darà incremento a tutto. » E seguita imponendo
condizioni al suo dono. « Nella festa della elezione, il ve-
» scovo o il più degno sacerdote pronunzierà, non solo
» ad alta ma ancora orrenda voce, tutte le seguenti male-
» dizioni, udendo il popolo, e tutti gli altri elettori con voce
» uguale rispondendo, come sta scritto, *fiat*. — Ognuno
» che presumerà di levare alcuna cosa a questa carta del
» testamento Aureliano... grata a Dio, cancellarla, ovvero
» aggiungere alla stessa, e in alcuna maniera mutarla;
» nonchè quello il quale, per preghiere o prezzo ovvero al-
» tra ingiusta causa, con inganno avrà avuto ardire d'e-
» leggere una vergine non approvata dalle leggi aureliane,
» sia questo tale, maschio o femmina, vecchio o giovane,
» cittadino o forestiero, nobile o plebeo, chierico o secolare,
» ancorchè ornato di qualsivoglia dignità, sia come da Dio
» Padre, Figliuolo e Spirito Santo, così da noi maledetto
» ne' secoli. — *Fiat, fiat, fiat*. — Sia perciò quello male-
» detto di giorno e di notte. *Fiat*. Maledetto nel cibo e nel
» bere, nel sonno e nella vigilia, nel moto e nella quiete, ne'
» secoli. *Fiat*. — Sia maledetto il letto di lui, il vestimento,
» ed ogni ornamento, pei secoli. *Fiat*. Maledetto ogni suo
» campo e vigna, ne' secoli. Maledetti li torchi e granari
» di lui, ne' secoli. Maledetti tutti i di lui pensieri ed ope-
» razioni, ne' secoli. Maledetto l'aere ch'egli respira, ne'
» secoli. Maledetta la terra che lo sostiene, ne' secoli. Cada
» fuoco ardente dal Cielo che l'abbrugi, ne' secoli. Il Si-
» gnore lo flagelli sì che sia cieco, sordo e muto, ne' se-
» coli. Il Signore lo flagelli di pazzia e furor di mente, ne'
» secoli. Il Signore lo flagelli di lividezza e di peste, per
» i secoli. Il Signore lo dia nelle mani de' suoi nemici, che
» tutto il tempo di sua vita incrudeliscano contro di lui,

» per i secoli... » Alle maledizioni, che tutte qui non ridico, seguono benedizioni pronunziate con *alta ed amena voce* a chiunque ubbidirà al testamento Aureliano, e che vorrà seguirne l'esempio. « Benedetto il fuoco e l'acqua, e ogni
» cosa di ch'egli vive, ne' secoli. *Amen, amen, amen.* La
» gloria e la ricchezza sieno nella sua casa, la vittoria e
» la pace nella destra di lui, per i secoli. *Amen.* Sia egli,
» con la moglie e la sua discendenza, alla destra di Dio,
» co' benedetti ne' secoli. *Amen, Amen, Amen* [1]. »

LV. Se quest'Aurelio ritornasse nel mondo, vedendo che non a tutti le sue maledizioni fecero sempre paura, e che gli elettori oramai non curano di ripeterle; sarebbe, credo, più parco di scongiuri, e le benedizioni spargerebbe più abbondanti non tanto sopra a' largitori di sussidii dotali, quanto sopra coloro che con le rendite proprie provvedessero a scemare il frutto del danaro prestato ne' Monti, e renderlo, com'è in Lodi, del quattro per cento, e ad accrescere per contrario il pro del danaro deposto nelle casse di risparmio dal povero; quanto sopra coloro che fornissero il contadino d'istrumenti rurali o di nuove sementi; che dessero al parroco il modo d'ammaestrare i suoi popolani nelle colture migliori [2]; e sopra coloro che provvedessero a vestire di verde i poggi ignudi: al qual fine lasciò un premio morendo il Rossetti triestino, cittadino egregio, che ben vedeva come il diboscamento prepari all'Italia intemperie, inondazioni, procelle, siccità, carestie, sterilità di terreni, penuria dei legni necessarii non tanto alla domestica, quanto alla pubblica vita, e sia per ogni verso augurio minaccioso.

LVI. Gl'istituti di pubblica carità quasi tutti, ripetiamolo, sono piante sino a' nostri dì cittadine: e perfin nella compassione l'umana debolezza trasfuse i pregiudizii suoi

---

[1] Stampato in Vicenza nel 1836. Tip. Tremeschini.
[2] In tutti i villaggi di Danimarca che contano più di trecento abitanti, apronsi scuole dove insegnare scienza agraria, storia naturale, botanica, chimica, veterinaria; a' poveri gratuitamente. Che il re le apra gli è il meno; il meglio è che i contadini ne godessero, che mandassero al re messaggi ringraziando. Possano i marchesi d'Italia imitare i villani di Danimarca.

miseri. Se le prove mancassero, questa materia delle doti ce ne fornirebbe; e cercando, troveremmo come la munificenza veneta, che ad una zitella di gettatelli maritatasi in città dava lire milledugentoquaranta, ne dava sole trecenquaranta, se la si allogasse in campagna. E veramente, se la carità dovess'essere fomentatrice d'inerti speranze e di desiderii arroganti, comprata a prezzo di lusinghe e di mediazioni non pure; se avesse a ingrassare i corpi, e non a sovvenire gli spiriti, sarebbe peccato portarla nella libera luce de'campi. Il villico appunto ha per conforto e per premio del suo patire la libera luce e l'aria pura e il verde sereno; più lieta ricchezza che il legno dorato e la gabbia del palchetto ne'soporosi teatri [1]. Que'vantaggi dovrebbe la carità vendicare, quant'è possibile, al cittadino e povero e benestante, facendo non solo, come dissi, le case più sane, ma più monde e ampie e illuminate le vie; rimovendo dall'abitato i macelli, le fogne, le conce, i mestieri o strepitosi o insalubri, e questi mestieri co' nuovi ingegni della scienza sanificando; vegliando che, massime nelle grandi città, la frode non adulteri le cose necessarie alla vita nè le converta in veleno; che non metta il piombo ne'dolci e nel vino, il gesso nel sale, nel latte l'amido, nel pane la calce. I soggiorni, massime d'educazione, gioverebbe collocare nell'aperta campagna, o circondarli almeno di verdi ombre e d'ariosi prospetti, e sequestrarli da rumori importuni e da viste insegnatrici del male; sì che primi venissero all'animo quegli aspetti e que' suoni che primi si offersero all'uomo creato, e gli parlarono di Dio benedetto. Qualch'ora almeno del giorno, respirino i giovani l'aria de'campi; e qualche settimana dell'anno in gite pedestri facciano tesoro d'immagini in che l'anima si rassereni, si fecondi il pensiero, s'apra la fantasia, il linguaggio si colori.

LVII. Notate, del resto, che la carità pubblica non solamente poco o nulla ai bisogni de'rustici, ma poco o nulla

---

[1] *Plus est pauperi videre coelum stellatum quam diviti tectum inauratum.* — Aug. in Ps. 127.

ha pensato finora alle stesse straordinarie calamità cittadine, che, or l'una or l'altra, percuotono i popoli costernati: guerre, carestie, inondazioni, procelle, incendii, tremuoti, mortalità, pestilenze. Aggiungasi quegli altri flagelli che si vengono facendo ogni dì più frequenti: della miseria. che sopravviene al rinvilio delle merci o delle derrate per improvvida cupidigia di lucro moltiplicate (massimamente del vino, che sarà forse rovina di molte provincie d'Europa); o per fallimenti che scendono, come valanghe, a schiacciare interi edifizii e vite fiorenti, a macchiare il decoro delle città e del commercio patrio; o per invenzioni di macchine che gettan sul lastrico migliaja a un tratto d'operai disperati. A queste calamità che ho chiamate straordinarie, non perchè rare di numero, ma perchè incerte nel tempo, delle quali l'età nostra ha provato gran parte, dovrebb'essere dalla provvidenza pubblica destinato un soccorso, da potersi negli anni meno infelici adoprare ad altri determinati usi con norme determinate.

LVIII. Io vorrei che una società si raccogliesse e una somma, per ajutare il povero soppiantato dagli astuti, angariato da' prepotenti, che rivendichi dinanzi a' tribunali le proprie ragioni, le quali egli mal conosce, infelice; e, confondendole talvolta con titoli falsi, ed esercitandole in modi non debiti, fa sembrare iniquità la giustizia, e l'oppressore oppresso [1]. Amerei che i cittadini d'un paese dimoranti in un altro, assicurassero ai miseri o l'albergo, come presso le antiche università; o, se malati, l'ospizio, come han fatto in Roma parecchie nazioni d'Europa; o il vitto, come in Londra i Francesi, che in numero di novecento, messo insieme vensette migliaja di franchi, soccorsero più di mille infelici. Desidererei (e non per me) che i coltivatori degli studi e dell'arti, quanti ne novera la nazione, avessero assicurato a sè ne' tardi anni un tozzo di pane, acciocchè non accada che autori d'opere alla pa-

---

[1] « Sovvenire all'uomo contro qualunque siasi oppressione che gli venga di fuori, egli è come riscattare uno schiavo. » — S. TOMMASO. Somma. II, 32, 2.

tria onorevoli, dall'indigenza siano tentati a sudicie suppliche, dediche, ritrattazioni; o a imprendere lavori inuguali all'intenzione ed al nome; o a strascinarsi in miseria insidiata da' perfidi, calunniata da' tristi, vilipesa dai vili.

Un architetto italiano lasciava poco fa centomila lire, da spenderne il frutto nella nota educazione dei noti allievi delle note accademie. Quest'altra specie di sussidii dotali era meglio consacrare alla divulgazione d'immagini che destassero nel popolo sensi di dignitoso amore e di verecondia elegante; alla divulgazione di libri moderni o antichi, italiani o italianamente tradotti, che istillassero un qualche nobile affetto con degne parole. Perchè il povero popolo non è tanto domato dal travaglio [1], che non senta tuttavia necessaria al ben vivere la cognizione delle cose occulte e delle cose mirabili [2]. Meglio era aprire (come a Parigi e a Trieste) scuole di musica popolare; di musica, che la gioja del povero, moderando, facesse innocente; che lo svogliasse da' grossolani sollazzi, da' clamori incomposti; che della delicata bellezza lo innamorasse [3]. Meglio era aprire scuole di meccanica agli artigiani; e ordinare che pubbliche mostre sian fatte de' loro lavori, mostre più fruttuose che quelle di quadri e di statue abbozzate, nelle quali mostre di quadri e di statue alle cupidigie del mestiere e alle rivalità del commercio aggiungonsi in certi paesi le gelosie dell'arte e le mariuolerie della scuola: chè taluni espongono i frutti della loro industria per trovare non giudici ma sensali, non ispirazione ma soldo. Meglio era aprire un ospizio ai giovanetti abbandonati, che il giorno per le botteghe di maestri varii apprendessero un'arte, la sera, disegno e quelle verità che sono il nutrimento dell'anima; siccome provvide con lascito d'annue lire sessantamila il Manin, ultimo doge della repubblica veneta, il quale, eleggendo a sue eredi le intelligenze sem-

---

[1] Θυμοφθόρον κάματον. — Odis. VIII, 363.

[2] *Cognitionem rerum aut occultarum aut admirabilium ad bene vivendum necessariam ducimus.* — Cic. Off. I, 4.

3) *Popularem laetitiam in cantu et fidibus et tibiis temperanto.* — Cic. leg. II.

plici e le faticose industrie del popolo povero, fece atto ben più memorabile dell'ultimo Svevo che gettava dal patibolo il suo guanto guerriero alla folla ondeggiante. Meglio era aprire scuole o festive o notturne a que' figlioletti del povero, i quali, se tutto il giorno si stessero immoti e svogliati sulle panche letterate, prenderebbero a noja lo studio e il mestiere; scuole alle donne adulte, anche madri, da apprendere un'arte o il perfezionamento d'un'arte, il miglioramento dell'anima propria e de' figli: aprire scuole a maestre, le quali con meno spesa e con più pazienza che l'uomo non sappia, possono nelle terre e ne' paeselli ammaestrare i bambini, ammaestrarli educando.

LXI. Chiunque insegnasse alla donna campare del poco e guadagnarsi quel poco onoratamente da sè; chi la facesse indipendente dall'uomo quant'è a'bisogni, per renderla più liberamente fedele quanto agli affetti; quegli recherebbe alla civiltà generoso incremento. Cencinquantamila schiavi tutti gli anni dalle coste dell'Africa son divelti e gettati come zavorra in fondo alle barche, per alimentare con abborrite fatiche i vizii sozzi e l'avarizia feroce; ma più orribil cosa a pensare è la moltitudine innumerabile delle donne, che ne' paesi chiamati liberi, sono dallo stesso lor sangue vendute al capriccio, e tolte per sempre alle dolcezze della vita domestica, per andarsene o nelle case altrui a disamorato e disprezzato servizio; o per gli studi degli artisti, deponendo i veli e il pudore, a far venali i segreti dell'infelice bellezza, o sulle scene a affrontare i fischi oltraggiosi, o le più oltraggiose acclamazioni, gli sguardi o avidi o annoiati, a fare atti d'oscena provocazione; a vivere sì, che di loro sia credibile anco la non vera vergogna; ad acquistare ricchezza più grave d'ogni miseria, e infamata celebrità. Sarebbe opera di carità non men poderosa che sapiente lo stornare da cotesta strada le giovani vite; e quelle che già v'entrarono richiamare. Una società fecesi in Londra, che in quattr'anni potè trarre dal male più di cinquecento donne serventi; a più di secento ch'eran sul lastrico diede ricetto per piccolo prezzo, e le collocò; diè raccetto gratuito e trovò padrone a più di trecent'altre, che ignude d'ajuto giacevano senza difesa all'estremo pericolo, come corpo vivo sotto il piè degli uomini e l'ugna de'cavalli correnti. Tra quelle stesse che il mondo alternamente abbraccia e respinge come perdute, e respingendo e abbracciando trafigge, nessuna è anima disperatamente insanabile. Un istituto veronese, delle dugent'una raccolte in diciott'anni, cent'ottanta ne fece ravvedute, ottanta onestamente accasò; e riuscirono a bene quasi che tutte. Delitto è disperare delle libere forze riparatrici dell'anima; diffidare di quel Dio che a uno a uno formò i cuori umani, e solo gli intende. Amiamo i colpevoli, rispettiamo in essi la comune natura, debole ma divina; avviciniamoci a loro senza mal simulato disprezzo, senza orgoglio della povera nostra virtù (se n'abbiamo); con umiltà vera, con generosità paziente.

LX. Pazienza affettuosa è principalmente dovuta a quell'anime che, nella prima età abbandonate da'parenti, o gettate in pericoli alla lor debolezza quasi invincibili, traviarono; a que'giovanetti i cui falli prematuri suscitano ne'più ribrezzo simile all'odio, e dovrebbero per contrario eccitare quella pietà che prova la madre alle piaghe del figliuolo amato suo, pietà piena di vigilante speranza.

Agli usciti di carcere, o si riguardino come convalescenti da mortale malattia, e molto più se come tuttavia gravamente malati, è debita altresì vigilanza di compassione soccorrevole, più che di diffidenza reamente inerte. Uomo che da precipitoso declivio cadendo s'insanguinò, e si rialza e si rimette per non meno precipitevole via, non è giustizia lasciarlo senza sostegno per questo appunto ch'egli è caduto e insaguinatosi.

Provvedevano un tempo i Cristiani del come dare la libertà a' carcerati; adesso richieggonsi istituzioni che li ajutino a rendersi degni d'essere liberati. Richiamar dalle carceri un uomo rifatto cittadino, gli è bene più stupendo che ridare a un morto la vita. E Dio che ha negato all'uomo, nel comune ordine delle cose, il minore miracolo, gli ha, nella sua misericordia, conceduta la potestà del maggiore.

Agli usciti di carcere un novello istituto provvede in Baviera, e una società novella in Vienna e in Milano; e i socii promettono, non solamente danaro, ch'è il meno, ma chi tener d'occhio i passi del colpevole perdonato, chi trovargli lavoro, e raccomandarlo ad artieri, a fabbriche, a appaltatori di lavori pubblici; chi accoglierlo a servo in sua casa: e questa è veramente elemosina, perchè ci ha parte l'opera viva dell'uomo sull'uomo, opera redentrice. Che giova andare facendo questioni, se meglio sia rinchiudere il condannato per mesi o per anni solo, o lasciargli la vista e il colloquio de' compagni, ch'egli vieppiù corrompa, viemmaggiormente corrotto, e che lo facciano arrossire ora d'esser colpevole, or d'essere men perverso di loro? La solitudine della cella, consolata che sia dal passeggio, dalla preghiera nella chiesa, da' lavori, da' canti, da' colloquii d'un maestro, d'un prete, d'una donna, d'un compagno alla pena, scelto tra molti, e conversante seco in presenza d'altri; la solitudine non seppellirà l'anima in disperate memorie, nè la travolgerà nel delirio come in vortice tenebroso. Ma solo o in compagnia, chiuso o libero, se non l'educate al bene, il colpevole sarà, di dì in dì, più depravato e più misero; e la sua malizia segherà il ferro, arderà le sbarre, e si spanderà fuori in grida o in bisbigli, quasi fetor di cadavere. Se voi credete, rinchiudendolo come bestia selvaggia, liberarvi dal tedio di farlo migliore, dite chiaro; e non ricoprite sotto colore di zelo caritatevole la rea noncuranza. Ma questo è il male del secolo, che vorrebbe trovare una carità non solamente legale, com'altri disse, ma meccanica; quasi barca dal vapore sospinta, senz'occhio nè mano che la governi.

CONCLUSIONE.

LXI. Se la pietà non vuol diventare meccanica, deve essere religiosa. Bisogna che siccome un tempo nuovi Ordini istituironsi per conquistare e combattere, nuovi istituiscansene ora per restituire e sanare; che l'esempio di Giovanni di Dio e di Vincenzo de'Paoli sia da altri fondatori imitato e, se l'età misera di tanto è degna, ampliato. Carcerieri nè sbirri, allievi d'università nè serventi pagati da commissioni di pubblica beneficenza, non rinnovelleranno le carceri nè gli spedali; e assai volte, sotto specie d'alleggerire i mali umani, li aggraveranno. Le cure gratuite di tutti i giorni, di tutti i momenti, dolorose, e, che è peggio, tediose, non la filosofia, non la filantropia, non l'amor patrio, non alcuno degli umani sentimenti, ma sola la religione può reggerle costantemente; *solatium charitatis, societas spiritus, viscera misericordiæ* [1].

Quegli che sente viventi in sè stesso le ispirazioni della carità, e della carità i patimenti, e la medita in cuore, quegli è benefico veramente. A certi conti dell'impero romano davasi un titolo che di tutti è più bello a sentire; li chiamavano *Vostra Sincerità*. Questo titolo vorrei che gli uomini caritatevoli ambissero meritare; che si facessero (mi si perdoni la nuova parola) compóveri [2], per cansare quella grande disperazione che il più amabile tra i figli degli uomini prenunziava ai ricchi non buoni di cuore [3]. Nè temete che manchi alla vostra beneficenza alimento. Sempre ha che dare quegli che ha piena l'anima di carità [4]. Innumerabili sono le guise di soccorrere a chi patisce, pur rispettando la sua dignità; innumerabili, senza ordinare, come fa la regina d'Inghilterra, che agl'indigenti dispensisi il pane e il vino avanzato alla sua mensa; senza ricorrere a questue boriose, nè a pompa di vendite da buccinare nelle gazzette, nè a rappresentazioni sceniche e a balli, dove, per ricoprire la nudità della vergine povera, la gentildonna più che matura fa mostra della propria nudità, e la fame altrui le è sollazzo. D'ogni vanità la beneficenza si mondi; d'ogni vanità, che converte la compas-

---

[1] Apost.
[2] *Pauperum compauperes.* — Aug. Epist.
[3] *Magnam desperationem divitibus prænuntiarat.* — Aug. in Ps. 52.
[4] *Habet semper unde det cui plenum pectus est charitatis.* — Aug. in Ps. 35.

sione in oltraggio. Modeste sono della carità le dolcezze e le lagrime; il pur alzare la voce, il pur levare lo sguardo, le pare offesa al pudore: come furtivo altri toglie, così furtiva ella dona; e picchia sommessamente all'uscio della povertà riverita. Nessuna mercede aspettatevi dal mondo; gli onori profférétivi, come pericolo se non come offesa, evitate. Non le esequie profanamente magnifiche, e nell'incomposta pompa superbe; non le mascherate eroiche delle statue, e i busti ch'hanno creato una nuova idolatria del ridicolo, dove in marmo mal digrossato spendesi quel che sazierebbe la fame di tanti innocenti [1]; non le iscrizioni di ormai diffamata e volgare mendacità; ma sia vostra lode la tacita ricordanza del povero, quando sarete morti. Per i suoi benefattori ciascuno istituto, ciascuna città, preghi ogni anno; i sovvenuti da loro sappiano il nome, e il tempo che vissero, e l'intenzione de' lor benefizii: e questa sia parte della storia patria; questo sia della pubblica educazione elemento.

LXII. Non cerchi il benefattore per nobili vie soddisfacimenti a sè stesso men che nobili; ma non cerchi nè anco indurre nel beneficato spirituali miglioramenti con l'esca di materiali vantaggi. Coloro che vanno distribuendo chicche a' bimbi e santini, dolci con immagini sacre agl'infermi, a' carcerati ammonizioni e tabacco; son simili a coloro che stimano premiare in danaro la fedeltà ventenne de' servi, o il sagrifizio di chi mette la vita per salvare una vita. Distribuire la riconoscenza secondo il merito, e i modi della riconoscenza attemperare alle persone e alla condizione de' tempi [2], ell'è cosa che le scuole non sanno insegnare,

---

[1] In una grande città d'Italia è stabilito che chi lascia allo spedale centomila lire, abbia un ritratto; chi cinquantamila, abbia un busto. Lasciamo stare la strana differenza di valore posta tra l'arte dei colori e quella del marmo; ma in verità cotesto tentare gli uomini in vita e in morte, cotesto profanare con la vanità il benefizio; è voler toglierne il merito, in faccia agli uomini, anco a chi l'ha veramente, toglierglielo appunto col far le viste d'attribuirglielo; cotesto volere ad ogni costo pagare la carità, è cosa misera, in indicibile modo misera.

[2] In un libro del trecento abbiamo la dottrina del Saint-Simon, espressa col suo stesso vocabolo, e nell'atto medesimo confutata: « Lo diritto distri-

che gli statuti stabilire non sanno; ell'è quell'ispirata prudenza del cuore, che ha nome prudenza perchè non determinabile da arte veruna [1].

Ma il secolo nostro (come lo chiamano) *positivo* vuol determinare ogni cosa, pagare la virtù, comprare gli affetti, scomporre il semplice, definir l'infinito; rappigliare il sangue, per meglio osservarlo; spegner la fiamma, per avere il merito di raccenderla. Siccome la craniologia a ciascun organo assegna una facoltà, quasi cella a romito o sepoltura a immoto cadavere; siccome la statistica squarta la vita delle nazioni in tabelle, e pretende a forza di numeri far palpabili gli affetti e i dolori; al medesimo modo la scienza civile non solo ha distinta dalla morale l'economia, ma l'ha recidendo divisa [2]; men cristiana e meno umana di Socrate, il quale esecrava coloro che l'utile e l'onesto, per natura congiunti, per loro opinione avevano distaccati [3].

LXIII. La scienza economica, che orbata d'affetto vuole provvedere all'umana felicità [4], è come l'arte rettorica che, spenta d'ispirazione, promette illuminare e riscaldare gl'ingegni. Vedete nelle due nazioni che da settant'anni più lungamente andarono d'economia pubblica ragionando, vedete che piaghe sociali profonde, che ricchezza misera e tremenda [5], che continuo sotterraneo muggito. Vedete l'Inghilterra col paese di Galles costretta in tre mesi a provvedere della carità pubblica un milione e trecentomila

» butore di tutti li beni, lo quale dà a ciascuno *secondo la misura della
» sua capacitade*, si è Messer Domeneddio. » Etica d'Aristotele, trad. da Brunetto Latini, stampata a Venezia dal sig. Berlan, che insieme con una società di giovani poveri intraprese quest'opera e questa spesa; esempio che merita d'essere rammentato con riconoscenza, e imitato.

(1) *Quia nulla dirigitur arte, prudentia est.* — Vico.
(2) Un giornale dell'austera Ginevra non arrossisce di dire: « demander
» que l'économie politique mette ses principes d'accord avec les sentiments
» moraux et religieux; c'est demander qu'elle s'annulle, comme science. » —
Bibl. Univ. Janv. 1844, p. 217.
(3) Cic. Off. III. 3.
(4) *Scientiæ minus certæ, prout aliæ aliis magis in materia corpulenta immerguntur.* — Vico, Ant. It. sap.
(5) *Abundantia laboriosa, copiosa egestas.* — Aug. ver. rel. 41.

persone; delle quali dugentunmila negli ospizi dell'indigenza, il restante nelle case pie di lavoro. Vedete più famiglie schifosamente ammontate in una medesima stanza, infradiciate dall'umidità, divorate dalla putredine, usare per ranno i propri escrementi; altri basire all'aperto sotto gli alberi di Hyde Park, dicontro alle illuminate abitazioni de' ricchi, disputanti politica tra le bottiglie; altri morir sulla pubblica via, morire di fame; e il medico venire, e spararli, e scrivere: « finì per difetto d'alimento. » Vedete nella fuliggine delle officine, nella notte delle miniere, fanciulli miserabili, a cui la ragione non è che ministra d'infelicità oscura e d'acerba corruzione; fanciulli miserabili e donne travagliarsi, peggio che bestie, le dodici, le diciotto, le venti ore del giorno; e sentite un ministro famoso, a chi propon di scemare la durata del quotidiano supplizio, rispondere che gl'*interessi* lo vietano, e ch'egli, piuttosto che condiscendere a ciò, se n'anderebbe dal ministero; e che a smania vana di popolarità non sarebbe per cedere mai; e il Parlamento non iscuotere da sè il peso delle crudeli parole; e la nazione, dopo sentitele, attendere in pace alle faccende sue, come se a lei non fosse quel giorno raggravata sul capo una maledizione spaventevole e un infortunio obbrobrioso. Vedete in Irlanda, d'otto milioni d'uomini forti, ardenti, ingegnosi, due milioni e trecentomila prostrati nella miseria, dico la miseria della fame; e la fame e la fede congiurate, e alzarsi a Dio una preghiera incessante, somigliante al rumore continuo di tuoni innumerabili; e intanto i diritti del povero rompersi fragorosi alle mura de sordi palazzi, come l'oceano che le coste dell'isola prepotente circonda e flagella. Vedete nel Belgio stesso a migliaja il lavoro mancare; vedete in Francia, trentacinqu'anni dopo che il Buonaparte con le procellose sue voglie d'onnipotenza si diè vanto di spegnere la gran famiglia de' mendichi, i mendichi per le vie non temere nè sbirro nè carcere; e tuttavia pieni gli ospizii, e degli abitanti negli ospizii il terzo (orribile a dire) o privati o debilitati delle facoltà della mente [1]; e in solo il duodecimo sestiere

---

[1] Journ. écon. dec. 1813, p. 26.

della città di Parigi, quindicimila anime annoverate a' necessitosi; e gremiti i monti de' Presti, e alla piazza del Castelletto un grande affaccendarsi agl'incanti delle spoglie del misero; e nell'anno di grazia milleottocentoquarantatre, censettantacinque creature umane, morte di freddo, di fame; e nè per questo i grandi fallimenti cessare; e antichi patrimonii ricchissimi dileguarsi, e moltiplicare le migrazioni, moltiplicare i suicidii, moltiplicare le misere cupidità negli adulti, la pedantesca leggerezza ne' giovani; moltiplicare dottori senza coscienza, pittori senza mente, scrittori senz'anima.

LXIV. Deh che nessuno di cotesti mali minacci l'Italia! Deh che in Italia gli spedienti adoprati ad alleviare i mali del povero, non giungano, come altrove, a più miseramente aggravarli! Umanità, *sensibilità,* beneficenza, *filantropia;* questi nomi, parte nostrali e parte forestieri, tutti insieme non dicono e non possono tanto, quanto quest'uno soave e semplice, *carità;* perchè non dicono il rispetto ch'è dovuto al debole, l'amore ch'è dovuto al pezzente, la gratitudine ch'è dovuta a Dio il qual vi porge nel povero opportunità d'acquistare un merito espiatore, di mettervi in serbo una memoria consolatrice. *Carità* nella radice del nome stesso (come nel germe il fiore e il frutto) contiene e l'affetto di colui che offre, e le grazie di colui che riceve; ma quegli che voi soccorrete con piglio disamorato e irriverente, e gli gettate una moneta sì che la morbida vostra mano non tocchi la callosa sua, quegli non vi può essere grato, perchè con tale atto gli rammentaste e le sue disgrazie passate e le sue immedicabili doglie avvenire; gli diceste che tra la sua anima e la vostra sta un muro insuperabile; lo insultaste. Insultaste un'anima che ha forse più dignitosamente patito e più riccamente meritato che voi; un'anima forse più gentile assai della vostra per tenerezza coraggiosa, per silenzii pudici, e per difficili sagrifizii.

La carità fu sentita altamente in Italia, sebbene l'Italia non abbia, a dir vero, scoperto il Perù della beneficenza meccanica, dico le zuppe condite con la gelatina delle ossa, che a basire d'inedia. La carità è qui tuttavia nobilmente sentita; e non poche città potrebbero mostrarne grandi esempi e recenti. In Rovigo un Giacomo Giro sloggia dall'abitazione propria, che potea vendere al prezzo di settantamila lire e non volle, e la dona in albergo de' poveri; e per farvi gli acconcimi necessarii, Silvestro Camerini reca al vescovo lire quattordicimila. In Verona la casa de' poveri ha più di due milioni in men di vent'anni, e più d'un milione è lasciato alla pubblica carità da una sola famiglia. Donano, e celano il nome; donano cristiani a israeliti, israeliti a cristiani; donano per calamità lontanissime, per uomini che mai non vedranno. Nè per sussidiare i pubblici luoghi cessano i sovvenimenti privati; ch'anzi taluni, diffidenti del modo come certe rendite del povero sono amministrate o distribuite, amano collocarle di propria mano, con gli occhi proprii accertarsi.

LXV. Ben so che, laddove son uomini, sono errori; che mai la carità non è stata infallibile, nè può chi la ministra appagare tutte le brame, a tutte le necessità soddisfare. Ma badino gl'Istituti pii che il gelo della diffidenza nelle moltitudini non si sparga. Non chiamino calunnia ogni doglianza, nè oltraggio ogni desiderio del meglio: non respingano le proposte del meglio, anzi le comandino con impero; le investigazioni non temano, anzi sincere le invochino sinceramente. Chiamino a testimonii del loro operare i ricchi e i poveri, il sacerdote e la donna; chè chi gli ha testimoni assidui e consiglieri fidi, non gli avrà esploratori sospettosi nè accusatori temuti.

I mutamenti che il tempo ha resi inevitabili, sia del modo d'esercitare il benefizio, sia nella scelta delle persone a cui compartirlo, non vi facciano, o buoni, paura. Cotesta che un'ingegno altissimo disse *bella mutabilità de' tempi* [1], è legge provvida, è ineluttabile necessità delle cose. Quella soave forza con cui compisce gradatamente la natura i suoi fini, voi, uomini, con ubbidienza spontanea seguite gradatamente. Non impazienze superbe; non togliere agli uni di

---

(1) Aug. ver. rel. 41.

colpo, quando ancor non sapete come distribuire ad altri, o non sapete, o non siete degni. In cotesta scompigliata giustizia, in cotesta rapace beneficenza, nella quale il torbo secolo si compiace, è gran perdita di capitali, di tempo, d'affetti, di meriti; come nel depredare di popolo per carestia furibondo è più il grano rubato dagli audaci satolli, o dissipato per via, di quel che resta alla fame del povero verecondo.

Ma le forme della pubblica beneficenza, saviamente mutate col consenso e il consiglio di molti, faranno dall'un lato le querele men acri, dall'altro la gratitudine più fruttuosa; e la beneficenza medesima renderanno non tanto medicatrice della società umana inferma, quanto conservatrice delle sue forze sane, e delle modeste sue gioje modesta eccitatrice. Perchè quella, o buoni, è delle carità la più grande, che prepara l'uomo a far senza dell'elemosina altrui, gli fornisce i modi non solo di bastare a sè stesso, ma di confortare i fratelli, gl'insegna ornare di gentile coraggio e d'opere eleganti la vita, lasciare a' secoli che verranno ricordanze d'amore, eredità di bellezza.

Parte IV. - LA PATRIA

La Matelda di Dante.

La vita della contessa Matilde è soggetto degno di storia, e, qua e là, di poema. Non credo che il Parmigianino traesse da'libri antichi l'immagine a cui diede il nome dell'alta donna: e a me giova immaginarla, quale Donizone l'accenna, dotata di forme belle. La vera forza e rettitudine della mente e dell'animo più sovente si trova ne' corpi ben fatti che ne' deformi sconciamenti. Che Matilde a quindici anni guerriera, non fosse di tempera forte, ma soggetta a frequenti infermità, questo è contrapposto non rado che la rende più amabile al mio pensiero. Nè dee parer cosa maravigliosa che donna usa all'armi fosse pure umana di sensi e ne' modi piacevole. Cesare e Napoleone, e Niccolò Catinat e Clemente de' Paoli, e tanti altri, fuori della battaglia erano ben altro che fieri. Non robusta di corpo, e occupata alle cure del governare e del combattere, e circondata da gravi pericoli, e pia nell'anima, e altera, e congiunta con mariti, l'uno contraffatto, l'altro avido del suo retaggio, ambedue superbi, stranieri all'Italia, stranieri alle ardenti credenze di lei, non è punto maraviglia che, in tempi non molli, in mezzo a esempi illustri di castità difficile, e di più difficile continenza, ella sia potuta vivere quasi vergine nel fatto, se non vergine, come vuole il Fiorentini, per voto. Il primo marito doveva non tanto con la bruttezza svogliarla di sè, quanto con le sue pertinaci ire contro papa Gregorio, da Matilde venerato e come pontefice e come grand'uomo, e con le arti abbiette da esso marito e per vincerlo da' Tedeschi adoprate. N'era svogliata, non glielo significava però duramente, come forse egli; che a marito e straniero e meno potente non poteva non dispiacer forte la ferma volontà di Matilde, e la coscienza ch'ell'aveva e dimostrava d'avere della sua potenza esteriore e della sua propria interiore dignità. Morto ch'egli fu di coltello, confittogli per *secreta nàtium*, Matilde raccomandava l'anima di lui alle preghiere di Gregorio; e quello spirito severo, dimenticando i torti gravi di lui, non disperava della sua eterna salute, e ne ragionava con pacate parole. Chi affronta quest'onesto linguaggio con le scellerate imprecazioni che scaglia nella Stuarda l'Alfieri contro il marito della sua donna; da questo solo indizio, lasciando stare ogni altro, s'avvede che tra il vecchio papa e Matilde non era tresca d'amore siccome i preti scismatici andavano piamente spacciando; i quali dalle loro simonie e dalle lor concubine avevano l'immaginazione così viziata, che non sapevano dar fede alle pure e nobili cose. Nè, se tresca c'era, Matilde si sarebbe mai allontanata da' luoghi dove dimorava Gregorio; nè egli avrebbe avuto coraggio o cura di tanto dire e far tanto contro i preti conviventi con femmine. Quando si offrono due maniere di giudicare un fatto, un'intenzione, un'anima umana; ell'è cosa onesta e pia, ed onorevole ancor più al giudice che al giudicato, attenersi alla parte più pura e più generosa, massime ove si tratti d'anime singolari. Del resto, Matilde s'è dimostrata non meno fervente difenditrice de' papi che vennero dopo Gregorio; e rinnovò sotto Urbano la donazione della quale erasi perduto già il documento. Pur nessuno ha pensato che di tutti cotesti papi ella fosse l'amica nel turpe senso odierno.

Ma non ciecamente devota era alla sede pontificia Matilde: e quando Raugerio vescovo di Lucca, intrinseco di lei, riprese liberamente nel pubblico Concilio il pontefice, che non reggesse abbastanza Anselmo, l'illustre Italiano, contro il re d'Inghilterra, Matilde non cessò dall'avere a consigliero fidato esso vescovo il cui zelo fu, *per avventura indiscreto,* nota il Fiorentini timidamente. Questo dimostra che, nel propugnare i pontefici contro i re, Matilde seguiva non tanto il proprio talento o le passioni de' pontefici stessi, quanto la coscienza sua, e l'opinione sua ferma, e i sentimenti e le utilità di buona parte del popolo italiano. E chi sa quanti schietti consigli e arditi ella avrà dati a Gregorio stesso; e egli da lei (nobilmente affezionatagli, e esperta nelle arti del governare e del resistere e del vincere, esperta delle nature italiane e delle straniere) senza rossore accettati? Queste cose la storia non narra, perchè la storia non penetra oltre la corteccia de' fatti; e quand'entra a toccare le intenzioni, dà sovente in congetture fantastiche e in giudizii temerarii. Pur tuttavia, com'essa per Enrico IV imperatore intercedesse presso lo sdegnato pontefice, dalla storia sappiamo. Nè quella era commedia preparata; che quelli non erano tempi di politica rappresentativa, e di tragicomica diplomazia: nè Gregorio era uomo da lasciare a Matilde la lode e il merito della clemenza, tenendo per sè l'odiosità di crudele rifiuto, se egli avesse voluto essere sul bel principio indulgente di suo proprio movimento. Ma Gregorio pareva, e forse era vero, che non minore fermezza, non minore durezza si richiedesse a rompere quelle che il buon Fiorentini chiama *insolenze d'Alemagna:* e quattro o cinque volte ripete questa parola *insolenze.* Coloro che dannano gli atti di Gregorio VII come stranamente arroganti, non pensano con che strane e dure teste egli avesse a combattere; non pensano che senz'esso l'Italia diventava otto secoli prima una provincia dell'impero; non pensano che a quella resistenza essa deve le sue repubbliche aiutatrici di civiltà a Europa tutta. Fatto è che Matilde con l'armi, con l'oro, col cuore, col senno, fu di quella resistenza non piccola parte. Onde Enrico V nel venire in Italia disprezzò gli altri potentati, ma a lei rese onore: nè poco valse a conciliare stima negli occhi di lui il parlare ch'ella faceva il tedesco come un' Tedesco. Sapeva il francese altresì; e al suo servigio aveva Francesi, Inglesi, Sassoni; Russi, che adesso tengon a meno onorato servigio uomini italiani. Era più dotta de' vescovi (dice un uomo del suo tempo); e combatteva coi vescovi, e quel di Parma fece prigione: e quel di Reggio fece scappare ignudo, e nascondersi per tre dì in un pruneto; e ai marchesi lombardi ruppe le corna. Notabile che i più acri nemici a Gregorio fossero i vescovi di Lombardia, della terra che portò il Tamburini, e che dianzi aveva preti un po' giansenisti; che scismatico fosse il vescovo di Pistoja, il predecessore del Ricci. Venezia le era amica; Venezia, potentato e ne' difetti e nelle virtù, intimamente italiano, il più italiano di tutti che seppe essere altamente credente e franco insieme dalle soverchierie della corte di Roma, prima che il troppo lodato Servita insegnasse a lei le fratesche sue impertinenze. Se l'Italia contava parecchi reggitori della mente e dell'animo di Matilde, non insorgevano forse le guerre civili che la deturparono e fiaccarano; guerre aizzate da' signorotti vilmente ambiziosi, e mantenuti come strumento di potestà sminuzzata miserabile. I coetanei di Matilde avevano un senso confuso, ma forte, di questo, se nella morte di lei fu scritto: « Adesso le sètte comincieranno. » Nessuna donna regnante, ch'io sappia, ebbe lode più desiderabile nè più meritata. Perchè Matilde veramente era l'arra, e come il preludio, dell'italiana unità; di quell'unità che non soffocasse le libere forze de' popoli, che li tenesse sottomessi ad un'autorità suprema, ma non soggiogati; di quella unità, che i Ghibellini, due secoli dopo malauguratamente chiederebbero altrui, come elemosina, sempre promessa e sempre negata parte per noncuranza parte per provvida impotenza, la chiederebbero agli imperadori tedeschi. E per questo non è maraviglia che Dante, non Ghibellino pretto, ma Bianco, e nato guelfo, e guelfo sempre nell'anima, collocasse Matilde al sommo del monte onde gli spiriti umani volano a' cieli. Dante, leale e generoso com'era, non poteva non amare il leale e generoso coraggio di questa donna amata e tremenda: nemico, com'era, dell'avarizia principesca, della benefica ed elegante liberalità lodatore, non poteva non ammirare quanto ella fece a pro degli studi e delle leggi, e del culto sacro, e delle arti più nobili e più suntuose. Quell'imparzialità che lo indusse a mettere Costantino, l'autore della favoleggiata donazione, su in cielo, molto più volonteroso doveva farlo a dipingere con sì freschi colori la donna *soletta*, al cui guelfo zelo dovette Firenze la sua popolana grandezza, e senza la quale egli, Dante, non avrebbe forse su quasi tutti i poeti d'Europa levato il volo del canto.

Chiamare tal donna, come altri fece, l'Elisabetta dei secoli di mezzo, mi pare ingiuria immeritata; chè Elisabetta non ebbe di Matilde nè il guerriero coraggio, nè il senno civile, sereno nei pericoli e proprio suo; nè la fede umilmente salda, nè l'anima ardente, nè il nome puro; fu invidiosa, rabbiosa, vana, falsa, crudele, ipocrita, tradita, infelice. Piuttosto, con un uomo del suo tempo, vorrei assomigliare Matilde a Debora; senonchè i meriti di Matilde furono nella storia dell'umanità più difficili a acquistare e più maggiori. E più degna di poesia e di pittura mi par questa donna, o che io la vegga, tutta armata, levarsi l'elmo di capo e inginocchiarsi agli altari; o arrestare la lancia contro il petto d'un vescovo fellone; o accogliere, modestamente dignitosa e severamente leggiadra, i ricchi presenti dell'imperatore Comneno; e rifiutare senza durezza nè sdegno la mano del figliuolo di Guglielmo Conquistatore; o, sola e raccolta in sè, meditare gli anni della giovanezza fuggiti senza gioja d'amore; richiamare alla mente l'immagine lontana, e pur viva e luminosa, di qualche povero ma animoso guerriero, che piacque agli occhi di lei vergine combattente; più degna, dico, che non la regina di Saba, la quale viene a cavallo di un dromedario via pel deserto a far la pedante col re Salomone, e proporgli Dio sa che indovinelli da giornale, o che domande spropositate sul cedro e l'isopo [1].

Ma io non so come possa il signor conte Mozzi credere vera l'accusa da un rumor vano mossa a Matilde, dell'aver fatto avvelenare il re d'Italia Corrado; accusa discreduta dal Muratori, che pur della forte donna discorre talvolta con parole di prosaica irriverenza. Tale atto, tanto disforme dalla rimanente vita di lei, non sarebbe credibile anco se uno o due cronisti del tempo l'attestassero chiaramente. Come mai immaginare che, prima di disfarsene, donna tanto prudente e tanto risoluta, lasciasse questo Tedesco languire di povertà compassionevole, e gli desse agio a proporre a un prete castrato quel singolar caso di coscienza: « I re che hanno fame, non potrebber eglino rubar qnalche cosa ai preti satolli? » — Che importava a Matilde che vivesse o morisse un re tanto scemo?

Le cose toccate dicono in che la debole opinion mia si conformi o no a quella del conte Mozzi, e di quale specie considerazioni generali e raffronti io amerei che fosse arricchito il libro di lui. Ben fec'egli a ritrarre ne' particolari della narrazione il colore del tempo; e se anche più l'avesse fatto, era meglio. Più brevemente forse poteva accennare i miracoli dalla pia tradizione recati, e più vivamente narrare la fame del 1085, e, a proposito di Canossa, la romanzesca fuga d'Adelaide al castello; e la singolare scena coniugale dal Villani esposta; e recare le forti parole con cui fulmina i vizii sacerdotali del tempo quel Pier Damiano che tiene sì splendido posto nel paradiso di Dante. E invece delle notizie raccolte dal Padre Luchino intorno alle rendite di un monastero arricchito già da Matilde, giovava recare alla lettera la bella orazione consi-

---

[1] Le parole che nel sottoscrivere gli atti pubblici accompagnava Matilde al suo nome, *Dei gratia, si quid est,* sono non solamente di gentile modestia, ma di cara eleganza; e rammentano *si quid mea carmina possunt* di Virgilio; e *si quid est in me ingenii* di Tullio, e *si placeo* d'Orazio. Ma questa bella forma trovata ne' secoli di barbarie dal cuor d'una donna, i moderni re e imperatori smessero; e si son tenuti il *Dei gratia,* non tanto per scudo a sè, quanto per farne lancia contro i sudditi disgraziati.

gliatrice di carità tollerante, che nella consulta di Carpineta pone in bocca al vescovo Euberto il buon Fiorentini; orazione ch'altri direbbe da romanzo storico, ma a me piacerebbe chiamarla piuttosto erodotea.

Ben fece a approfittare dell'opera di questo Lucchese il signor conte Mozzi, che riguarda Venezia come seconda sua patria. Da Lucca a Venezia migrarono già colonie intere d'artefici industri; e il dialetto di Lucca è tra' toscani quello che al veneto più s'accosta sì nel troncare di certe desinenze e sì nel pronunziare di certe lettere; di che questa Vita stessa stampata di Matilde ci è prova che scrive *avansamento, innalsare*. Che se il conte Mozzi ad altri lavori simili vorrà dar mano, vegga d'usare dicitura più semplice e più evidente, che conservi all'affetto limpidezza, alle immagini dia risalto.

La Pia di Dante. (Da lettera.).

«Il concedere tre versi alla preghiera, e tre alla narrazione del fatto, è bellezza di quelle che si trovano, ma non cerche; e le manda quel Dio che manda i poeti. Aggiungo che il toccar della morte in due sole parole *disfecemi Maremma*, è bellezza, al sentir mio, più profonda del tanto lodato: *Quel giorno più*.. Distendersi, dopo ciò, nell'immagine dell'amore, è tanto più pio quant'è delicata la modestia di quel *Salsi colui* che accenna e non accusa; e rammenta l'altro *Dio lo si sa qual poi mia vita fusi*, d'un'altra cara donna e tutta del Paradiso, Piccarda. La già beata e la destinata a salire, il male ricevuto tocca quasi con pudore; la dannata ci calca: *Noi che tingemmo... Se fosse amico... Nostro mal perverso... Che mi fu tolta, e'l modo ancor m'offende... Ad una morte.... Caina attende.... Anime offense*. Aggiungo che quel *pria* è come un rimprovero alla seconda moglie del marito uccisore; che il rammentare lo sposalizio di lei è un accennare al secondo matrimonio a cui la gioia schietta di quella cerimonia fu dal peccato negata. Nè poteva Nello dar con tranquillo animo a Margherita la gemma non più sua, chè la Pia l'aveva portata nella sepoltura con seco. Delle voluttà coniugali non tocca l'anima tradita; ma di quel ch'ogni amore ha più puro, e più lungamente a' pii memorabile, la speranza. Così nel Vangelo Maria ci si presenta *disposata ad un uomo che aveva nome Giuseppe:* così nel quadro di Raffaello il sacerdote avvicina la destra di Giuseppe per inanellare Maria. In quattro versi un dramma, un quadro, una storia e un'elegia.

Sacco di Lucca. (14 giugno 1314.)

I Ghibellini, raccolti nel campanile di San Frediano, lanciavano dardi e pietre sulle teste affollate de' Guelfi. E i Guelfi si sforzavano, chi di arrampicarsi alle finestre men alte, e, precipitando sugli armati, s'infilavano nell'aste di quelli; chi atterrare la porta ferrata. E l'urtarla, e lo scrollarla, e il percuoterla con ascie, era invano. Quand'uno degli assalenti, tolte materie accensibili, le accomodò sullo strale, e lo strale vibrò da una casa di contro nella torre; ma non s'apprese la fiamma. Altri da altre parti diressero simili strali: e videro dalle feritoie escire il fumo a gran vortici portato dal vento. La fiamma saliva, e scacciava i guerrieri dall'alto. Scendono nella chiesa; e al portico di San Frediano rappiccano la battaglia. Ma i più de' Guelfi, vedendo montare la favilla per l'abbandonato campanile, lasciavano la sacra torre divorare all'incendio, e a nuova zuffa correvano.

Correvano a nuova zuffa: ma i più mansueti, mandato messaggiero alle case de' Fatinelli, pregavano l'ira ghibellina ristesse; funeste dicevano quelle vittorie, e sacrilego incendio, e scellerate rovine. Il messaggiero non giunse alle case de' Fatinelli; chè uno degli Obizzi, guelfo accanito, e capo di sua parte, lo respinse minacciandogli morte. E intanto al portico di San Frediano si combatteva; e alle torri di cui Borgo era tutto guerrescamente superbo, si combatteva: e più ardito di tutti combatteva Castruccio degli Antelminelli, prode guerriero e caldo ghibellino; e la bellezza del nobile aspetto gli folgoreggiava nell'ira.

Ma un altro Ghibellino, Uguccione della Faggiuola, signore di Pisa, e genero di Corso Donati, veniva: veniva, chiamato da Castruccio e da altri Ghibellini, a prendere la signoria di Lucca; e cittadini pisani lo accompagnavano e soldati tedeschi. Una porticciuola murata gli fu aperta al passo: chè i Guelfi, alla zuffa d'entro occupati, non attesero a ributtarlo. Entrò con esso la piena delle ire civili e delle straniere cupidigie; e si mescerono in orribile modo crudeltà, rapina, libidine. Il sacco incomincia.

Prime le case più prossime vanno a ruba. Gli uomini fuggono, o muoiono resistendo, o cadono precipitati dall'alto delle case, o schiacciati dai destrieri correnti, o dalla folla che va. Le donne o si nascondono, o si gettano a piedi del rapitore, o combattono con mani inermi per il poco argento della casa, lungo sudore dell'industre famiglia. Un'onda d'armati urta nelle porte de' Malapresi e le sfonda. La madre sente con terrore suonar d'armi le scale. Un giovanetto di sedici anni era seco; ed ella opponendosi a lui anelante alla zuffa, con le braccia avvinte or al collo e or al petto e or alle ginocchia, da morte certa per forza lo ritraeva. E mentr'egli si slaccia da que' nodi che a lui parevano d'infamia, ecco i Tedeschi far impeto nella stanza, eccoli afferrare il giovane guelfo. Due lo strascinano, due rimangono a rattenere la madre disperatamente gridante. Gridava: Rendetemelo! E prendetevi tutto, prendetevi la vita mia. — Un Pistoiese ch'era con quelli, e più bestiale di loro, solo intese la parola, e rispose: Questo che noi qui vediamo, è tutto di noi. Mostraci il tesoro nascosto, e avrai il tuo figliuolo. — A me il figliuol mio prima; e tutto darò. — E dalla finestra lo richiamava con le grida e co' cenni: e lo ricomperò con quant'oro ell'aveva portato dalle case paterne, con quanto aveva mercatando raccolto in terra del Soldano l'avaro marito; con assai più che a lei non chiedessero ne' lunghi mesi d'inverno i poveri intormentiti di fame e di freddo.

Gli stranieri in quel trambusto impazzavano, briachi di mercenario orgoglio e d'ira non propria; di casa in casa correvano, dolenti del non aver mani nè forze che bastassero a tanto tesoro di argento e di bellezza: e la sorprabbondanza della preda e della voluttà li limpediva; e li indugiava il dubbio; e tutti si gettavano sul medesimo pasto; e quasi guerreggiavano a morte fra loro.

L'un d'essi entrò stanco in casa di povera apparenza, dove, guardando, aveva intravveduta una giovane donna bella. E nell'entrare vide un'arpa accanto a un piccol verone; e la donna sedeva temendo, ma ardita nel timore. E il soldato fremere d'un senso ch'e' non aveva mai provato in sua vita; e un tremito misto di calore gli correva per le ossa come a chi nel fervore della battaglia s'accorge della ferita che sanguina. E la giovane donna lo guardava sfrontata; ed egli le bestemmiava in strano linguaggio non so che parole di comando e d'amore; e quella rispondeva col guardo. Allora, additando l'arpa, accennò che suonasse: e mentr'ella si rizzava, sollevò il legger velo che le copriva le spalle, e volle che, così nudata, suonasse. E la donna cantò: Fresca rosa novella, Piacente primavera. E il soldato, non osando toccarla, a quelle non intese parole, tremava. E la donna, preso il ferro ch'e' portava a cintola, lo ferì. Quegli moriva invocando la Vergine: e la donna fuggì spaventata invocando la Vergine.

Cresce col caldo del giorno il tumulto. Grida, strida, singhiozzi; e le preghiere con le bestemmie, e le promesse con le minacce, e il ferro con l'oro, e gli abbracciamenti forzati e gli scontri di morte.

Un drappello di Bianchi pistoiesi entra a furia nelle case de' Salamoncelli ch'erano di parte Nera; e, salendo nelle stanze riposte, coglie la moglie del conte, e le sorelle, e il figliuolo. Gridava il fanciullo; le donne tacevano: e il nemico le conduceva quasi riverente in ostaggio, per trarne prezioso riscatto. Quand' ecco rincontrano tutto trafelato il marito, a cui gli Obizzi e gli altri compagni avevano consigliato l'uscita dalla dolente città: ma egli non volle; e tornò nel pericolo della patria e de' suoi, come uomo che torni a vedere la donna sua agonizzante o composta nella bara. In vederlo, la moglie e le sorelle trassero insieme un grido; un sol grido acuto e breve; e non piansero. Piangeva il bambino portato tra le braccia nemiche, e tendeva le tenere mani gridando al padre. Il padre non fremè, non parlò: pose mano alla spada, poi la ritrasse pensando al pericolo di sì care vite. Si volse a un di costoro ch'e' conosceva, però ch'aveva combattuto in sua compagnia; e quest'una parola gli disse: Quanto? L'altro, sporgendogli il figliuolo, sì che quasi le mani del bambino toccavano le mani del padre: Quanto daresti? — Tutto, — esclamò; e prese il figlio, e andava innanzi e i guerrieri lo seguivano, e le donne tra loro: e il padre, assorto nell'aspetto del figlio, non guardava alla moglie. Solo, quando fu sulla porta delle case paterne, guardò: e si commosse.

Parve a un tratto composta in silenzio la città, e fatta quasi solitudine. Qualche accento squarciato di straniero udivasi ad ora ad ora, e qualch'urlo di donna forzata, e il piangere sommesso di gente che tutti ancora non sente i proprii danni. Non già che la città fosse queta; ma l'impeto della rapina si versava tutto sul monastero di San Frediano, dov'era un milione di fiorini, alla custodia de' monaci affidato da papa Giovanni. I Ghibellini avevano, tutt'intorno alla badia, combattuto la lunga battaglia; da molti lati era aperto l'accesso: e pure la riverenza del luogo santo li teneva, insinattanto che non risepperò la ricchezza del tesoro serbato. Allora la cupidigia potè più che la pietà; minacciarono. Piena d'armati la chiesa: e taluno di que' soldati, sporco di rapina e di sangue e di mal tolti baci, s'inginocchiava a pregare: pregava a voce alta, e con atti strani, come ossesso. E le preghiere facevano contrasto con le grida dei chiedenti il tesoro: ed è contrasto che tuttodì si rinnova nel tempio di Dio; senonchè le contrarie domande fannosi nel cupo delle anime mutamente.

L'abate venne: e incominciava un lungo sermone, quando gli affollati copersero la sua voce coll'urlo. Ond'egli, volgendosi ai Ghibellini più prossimi, li pregava ristessero; temessero Iddio, rispettassero i vasi del tempio. E del tumulto uscivano, come fischi d'antenne dal muggito dell'onde, voci discordanti che dicevano, Iddio non aver bisogno d'argento; e del papa non so che soggiungevano: onde il frate a cui la paura cresceva, e fuggiva la parola, si trasse in disparte: ed eglino gettarono a terra le porte della sagrestia, e il milione di papa Giovanni sparì.

Lontano dalla tempesta de' predatori, nella parte contraria della città, un giovane ghibellino de' Quartigiani saliva le scale d'un gran palagio deserto. Saliva inerme e tremando; e or correva, or s'arrestava quasi affannato; e ambascia di dubbio era la sua, non anelito di fatica. Misurava co' passi echeggianti le alte scale romite, e i lunghi corridoi tetri di scarso lume; e pregava. Pregava com'uomo occupato da un dolore cocente e continuo; ma pregava. Trovò le stanze ignude de' ricchi ornamenti, e i letti scombuiati, e confuse a terra spade, croci, ghirlande. Tastava i letti, come per trovarvi una dormente, o una malata, o un cadavere: chiamava un nome ora con sommessa voce, or con altissima; e lo illudevano, quasi risposta, le grida delle case attigue e della strada.

Entrò in una stanza, vide ignudo ogni cosa: solo rimaneva al luogo noto un crocifisso di legno. Lo baciò, rammentando di che baci fosse impresso quel legno: e poich'ebbe tutto visto il palagio, salse alla torre. Salse pieno di quella speranza che fa più angosciosa l'indagine di cosa smarrita: nè chiamava; che l'ansia ormai gli chiudeva la voce; e il pensiero era sì pieno di quel nome, che parevagli pronunziarlo, e taceva.

Nell'entrar della torre la vide, rincantucciata, ginocchioni, le mani giunte, e scapigliata, e nude le braccia. E la baciò. La innocente negatagli sposa e destinata ad un chiostro, non l'aveva da più mesi veduto, nè lo ravvisava sull'atto: e non riconobbe, se non dopo molto ripetere, la voce di lui; e riguardatolo con un lungo sguardo di pietà disperata, chiuse nelle mani la faccia. E s'abbracciarono. E uscì pura dai lunghissimi abbracciamenti: ed ebbe sposo il suo desiderato; e a lei fu vita e libertà la rovina della patria e l'onta di tante infelici.

Pochi tra i Pistoiesi (ed erano i più valorosi) astennero le mani dal facile latrocinio: e que' pochi lo rimproveravano ai feroci compagni, e della italiana più che della straniera rabbia arrossivano. Ma che faceva il prode Castruccio nella vituperosa rapina? Altri dice averlo veduto guidare lo straniero alla preda nelle case de' suoi principali nemici; altri ch'e' stesse in disparte sdegnoso o vergognante; altri che dal sacco i vili allontanasse, e difendesse dagli insulti le donne, e parecchi, imbestialiti nel furor delle insolite gioie, ammazzasse.

Erano non lontane da Borgo le case di Matilde Bernarducci, il cui cognato aveva con Castruccio chiamata la signoria d'Uguccione, e aperto l'adito alle armi rapaci. La donna era ghibellina nell'anima innanzi che il cognato a parte ghibellina piegasse: severa men di virtù che d'orgoglio; mesta non di mansueto dolore, ma di tedio superbo; agli infimi pia con durezza, agli uguali durissima con amore. E il trattato d'intromettere in Lucca Uguccione a lei parve bello: e quando sentì il primo grido degli irrompenti, alzò gli occhi a Dio, quasi ringraziando. Ma il furore soldatesco mal discerneva Guelfo da Ghibellino: e dovunque oro fosse o donna bella, ivi era razza di Guelfi. L'odio e l'amore non conoscono disuguaglianza.

Ora i Tedeschi invadevano le case della orgogliosa, e fugavano i servi di lei, contrastanti fiaccamente; e, lei vedendo, bella di tutta italiana bellezza, bella di quasi principesca alterigia, bellissima di pallore, tutt'altro sentirono che pietà. — E l'invocato straniero più volte con la sordida mano turbò le chiome voluttuose: e il delicato petto più volte rabbrividì sotto l'usbergo dello straniero invocato.

Durò tre giorni l'infamia. Quando la città fu bene rubata e contaminata, Uguccione vietò si rubasse e si violasse più oltre, a pena l'avere e la vita. Ma allora più acuto si fece sentire il dolore, si fece sentir la vergogna; le case nudate piangevano, e i talami profanati dicevano non più voci d'amore ma di vendetta: e molti mariti tacevano alle loro donne la sùbita povertà, molte donne ai mariti l'incomportabile vitupero. E dalle case desolate riparava la moltitudine ai templi; e quella magnificenza d'oro e di preghiere e di colonne e di cantici li confortava: e quivi posavano come il naufrago che giace nudo e immobile sulla spiaggia, e i piedi stesi verso il mare sentono ancora il venire dei flutti sonanti.

Non sapeva Matilde innalzar l'anima alla preghiera. Sul letto ove fu consumata la troppo dura vendetta, giaceva l'altera vedova, senza pensiero: si risentiva di tratto in tratto, e al tocco di quelle coltrici inorridiva, ma senza far motto. Chè il dolore e il ribrezzo, e il digiuno, e, più d'ogni cosa, l'orgoglio, le impediva la voce. Stette digiuna tre giorni: invano Enrico il cognato supplicava per Dio; e Castruccio (a cui forse la morte di nobil donna e giovane e ghibellina, doleva più che lo strazio di mille) a mutare il crudele proposito indarno la confortava con soavi parole. Venne un frate, un santo frate, che alle case de' ricchi non s'appressava se non per consolare il dolore o la morte: ma già la donna vaneggiava, e non intendeva i conforti di lui. Alla metà del quarto giorno rinvenne, e parlò: parlò per profferire il nome di Dio. Avrebbe allora consentito forse a ricevere nutrimento: ma più non poteva. Allora si ricordò della Vergine; e alle parole del frate rispondeva con gli occhi languenti. Stese, come per cercare alcuna cosa, la mano; e Castruccio, rizzandola leggermente, le accostava alla bocca un liquore; quand'ella tra le sue braccia spirò.

Quattordici anni dopo, Castruccio doveva anch'egli sentire gli abbracciamenti della morte: e forse in quel punto gli tornò a mente, come proprio peccato, l'agonia della misera Matilde.

L'assedio di Tortona.

Chi son que' soldati che intorno a quella fonte s'affaccendano a gettare nell'acqua cadaveri? Perchè ve li gettano senza rispetto della morte, senza ribrezzo, con rabbia e con gioia negli occhi feroce?

Cotesto castello che dal suo poggio riguarda la pianura a diritta del Po, e adesso vede dall'alto luccicare al sole migliaia di lance italiane e alemanne, che lo stringono d'assedio e minacciano, cotesto castello è Tortona. Lo assedia da ponente Federico Barbarossa imperatore co' suoi: Enrico di Sassonia da mezzodì nel sobborgo stesso della città, ch'è già preso; da tramontana e da levante la assediano cittadini della nemica Pavia. Perchè dunque nemica?

Le cose che siamo per raccontare accadevano nel secolo duodecimo dopo la Natività di Cristo Signore. Gl'Italiani, che pur dicevano sè cristiani, credevano cosa onorevole odiare il fratello, chiamare i lontani in aiuto per isterminare i vicini. Allora Tortona era nemica a Pavia; e Milano era amica a Tortona, perchè Milano era la principale nemica, siccome di molte altre città lombarde, così di Pavia. E le città lombarde alle quali il giogo di Milano pesava fieramente, chiamavano Federico Barbarossa, che co' suoi forestieri fiaccasse e Milano e le città con lei collegate.

Un largo fosso divide la città dalla circostante campagna, per chiudere agli assediati ogni scampo. Armi e bandiere e vesti di genti diverse, ne' medesimi accampamenti vedi aggirarsi, avanzarsi, giacere: e volan per l'aria parole di diversi linguaggi, ferri cavati dalle viscere di lontane montagne. S'innalzano macchine molte a percuotere col forte urto le mura, e a scagliare nel mezzo della città grandi massi. Un giorno stavano nella piazza tre de' più notabili cittadini di Tortona, consigliandosi del comune pericolo: quando piomba, gettato dalle lontane macchine, un macigno che tutti e tre d'un colpo gli schiaccia. Fra le torri della città era una sola che non avesse le fondamenta nel sasso vivo: onde ci si poteva, scavando, per via sotterranea penetrare e riuscire improvviso. Federico co' suoi tentava aprire una via sotterra: ma i Tortonesi, avvistisene, colsero i nemici, già lieti della rovina la qual venivano apparecchiando.

E perchè mai quelle forche rizzate di contro alle mura? Per impiccare quanti uomini di Tortona avrà Federico Barbarossa in sua mano prigioni. Ma Federico è egli guerriero o carnefice? — « Io combatto, dic'egli, non per trionfare di nemici, ma per punire ribelli. » — La forca al Barbarossa è trofeo. E i Pavesi non corrono a atterrare il vessillo di maledizione?

I Pavesi stanno buttando nell'acqua cadaveri. Questa è la sola acqua che resti da dissetare l'assediata Tortona: e i Pavesi voglion togliere ai compatrioti esecrati questo poco di refrigerio, voglion rendere il gusto di quell'umore insoffribile alla sete loro. E siccome con l'acque infondesi, irrigando, nelle piante la vita; così costoro intendono con l'acque diffondere ne' petti umani la morte. I soldati di Germania stanno a vedere come i fratelli contro i fratelli si faccian arme perfin de' cadaveri. A quella vista chi degli stranieri freme, chi si compiace crudelmente, chi guarda freddo, chi si volge al compagno e parla sommesso, chi torce gli occhi; pochi s'allontanano; nessuno va per istornarli da tanta scelleraggine. Del resto, credete voi che tutti coloro che intingono nell'atto scellerato, lo facciano senza punto ribrezzo? Tutti, più o meno, sentono ribrezzo di quello che fanno; ma altri si vergogna di parer meno ardito de' compagni, meno amante la patria; perchè di que' tempi odiare il vicino era un ben amare la patria: altri si sdegna con sè stesso di quella ripugnanza che prova, e tanto più odia quanto l'odio gli fa male: altri vorrebbe celare del fatto orrendo, ma non gli riesce, e il suo ghigno è come di spasimo acuto:

Gli assediati vedevano dalle mura contaminarsi di corpi morti quell'acqua ch'era necessaria alla loro difesa più che le mura e le spade; e rabbrividivano nel pensare ai giorni dell'angoscia imminente. Rabbrividivano tacendo; perchè le imprecazioni e il lamento erano repressi dalla vergogna di parer pusillanimi in faccia a' compagni, e dalla pietà dei mali che già sovrastavano alle persone care. Ma i nemici nel fare immonda quell'acqua, non pensavano dunque alla sete, all'agonia de' vecchi, delle donne, de' bambini innocenti? Oh se l'uomo vedesse tutti a uno a uno gli effetti lontani e ultimi del male ch'egli incomincia a commettere, ne sentirebbe orror più profondo.

Pensate il raccapriccio delle donne infelici nell'immaginarsi come forse in quell'acqua che le si mettevano in bocca, era stato a infradiciare il corpo amato del lor proprio marito o del figlio ucciso nell'armi; pensate la pietà delle madri nel dar bere ai cari bambini quel liquor di putredine. Le più buone di loro, quelle che meno volevano male ai nemici, adesso con più forza sostengono la fiera angustia: le più loquaci a maledire, sono adesso o le più loquaci a dolersi, o le più chiuse in silenzio cupo.

Pur nondimeno la città si reggeva. Come il malato che a gran pena trangugia una medicina disgustosa senza punto speranza di guarire per essa; così que' disgraziati nell'aspra sete s'accostavano alle labbra quell'acqua fetente, e, sorseggiandola adagio adagio, più la sentivano abbominosa. Vivevano e combattevano: della qual cosa veniva ai nemici non so se più maraviglia o dispetto.

Ma vedendo resistere i petti de' Tortonesi alla sete, così come le mura alle macchine abbattitrici, pensarono modo di poter rendere ancora più intollerabili quell'acque. E cercarono con istudio, e trovarono. Trovarono che buttandovi dentro zolfo acceso e pece, le renderebbe amare tanto da non potere la sete più bramosa reggere a berne. Gettarono adunque e pece e zolfo: l'acqua riuscì di tanto orribil sapore, che i Tortonesi languivano assetati a morte.

Chiunque ha provato, dopo lungo camminare negli ardori del solleone, necessità di ristorarsi con un po' d'acqua; ha provato quel senso che provano la lingua, la gola e il profondo del petto, senso di pena indicibile con parole; s'immagini quanto questa gente dovesse soffrire non per minuti e per ore, ma per giorni e per settimane. Sempre, o fratelli miei, fate questo pensiero: dal molto o dal poco che avete voi patito, argomentate quel molto più ch'hanno o altri uomini simili vostri patito o patiscono. Serbate, o fratelli, nella memoria il vostro dolore passato, siccome sorgente viva di compassione e di carità: e di là con l'immaginazione traetelo all'occorrenza, per impietosire del dolore altrui, e, potendo, alleviarlo.

In ogni via, in ogni casa, in ogni persona si spargeva sempre più affannosa l'inquietudine di quell'ardor incessante. Le trafitture di ferita o di piaga, o ristanno per alcun tempo, o, se rinfieriscono, levan l'uomo di mente: nella fame, passati i primi morsi e il primo basire, le smanie si placano: ma la sete è travaglio instancabile, sempre crescente; e pe' sensi, quasi per porte spalancate, entra allo spirito, che ne sente con lucido e distinto dolore ogni colpo. Nella peste altri giace, altri campa: e può talvolta il parente o l'amico assistere alle agonie de' suoi cari: e i morenti non tutti almeno patiscono del tormento altrui, nè tanto lungamente patiscono. Nella sete è universale l'incendio, uguale da ogni petto l'anelito; tutta la città un'agonia. Come in nave vinta dalla tempesta, ai naviganti manca il vigor di soccorrersi, e tutti barcollano sul ponte, tutti veggono aperte le voragini del mare, e lo sgomento di ciascuno si specchia e moltiplica nello sgomento di tutti; tale era quivi. Le donne affettuose, al vedere i vecchi venerandi, al vedere i pargoletti amati languire per qualche malattia che rendesse l'arsione più affannosa, si disperavano del non avere più gocciola di latte nel seno, del non gli potere con un po' d'acqua pura inumidire le labbra. Vedevano ritornar dalle mura i guerrieri trafelati, boccheggianti, che con le fauci enfiate potevano a pena profferire parola che l'orecchio intendesse:

e non avere un po' d'acqua da porgere in ristoro del sangue! Guardavano al cielo con ansietà fatta omai disperata dal languire lungo, guardavano se con qualche spruzzolino di pioggia volesse refrigerarli: ma più l'inverno se ne andava, e più crudelmente bello appariva il sereno, e il sole quasi sorridere ai mali umani.

Odiosa la luce del giorno; aspettate le notti, per il vegliare smanioso, lunghissime. I rintocchi della campana nelle tenebre parevano suono di morte. E' mettevan fuori quante cose potessero imbeversi dell'umidità dell'aria notturna; e strizzavano quel po' d'umore, e lo succiavano con le labbra riarse, e que' corpi rinfrescati se li accostavano al viso od al seno per mitigare il brucior delle carni e la fatica del respiro. Al nemico intanto (ah perchè debbo io chiamare nemici uomini nati poche miglia lontano, parlanti la medesima lingua?), al nemico quel loro perire lento era festa: e se fossero poche gocciole d'acqua cadute dal cielo a dissetare per poco migliaia d'uomini, qualche Pavese forse ne fremeva di rabbia.

S'avvicinava la Pasqua: e Federico concedeva agli assediati quattro giorni di tregua. Ma nel tacere dell'armi, lo strazio de' miseri non aveva posa. Anco il venerdì santo eran ritte le macchine minaccianti, ritti di contro alle mura i patiboli. Che era a Federico permettere che in que' giorni di sacro dolore entrasse nella città tant'acqua da provvedere ai malati, alle donne che allattavano, ai sacerdoti i quali dovevano cantare la risurrezione del Re mansueto? A che poco costo, che lode grande acquistava cotesto Barbarossa, di gentile pietà! Ma Dio non permette che il flor della rosa cresca sul rovo; non permette che certe ispirazioni generose entrino alle anime grossolane; non permette che le anime grossolane ricoprano la sconcezza loro con que' delicati ornamenti che appena son dati in premio a lunghi anni di virtù umile e vereconda.

Nel silenzio de' giorni santi che piangono sulla morte del Figliuol di Maria, si faceva sentire più cupo il silenzio della città disperatamente assetata. Per non accrescere all'ansima grave, risparmiavan la voce; e, se parlare era forza, la parola usciva, faticosa e rotta, dalle fauci anguste, e moriva nel secco palato, tra la lingua ruvida e le labbra rosseggianti. Chi ritto in arme, appoggiato alla muraglia come spettro; chi, slacciata l'armatura, bocconi per terra; come per sentire il mormorio d'una polla nascosta, consolatrice. La persona smaniante non trovava luogo dalla febbre interna, che faceva il battito delle arterie enfiate simile a scossa: e avrebbero pur bramato quetarsi, sì per non far l'affanno più acre, sì per non accorare i lor cari, i quali e' guardavano con occhi affossati, oscuri, senza lagrime, come pieni d'un altro pensiero, come fuori di sè. La gente povera, usi allo scalmanarsi e al correre sotto la sferza del sole, e a nutrirsi di cibi acquosi che non irritan la sete; la gente povera pativano meno. Pietosa legge d'Iddio giusto, che fa meno gravi i dolori grandi a coloro che a men grandi si sono quasi educati. A chi il dolore è fratello, non è tiranno. Ma i fortunati del mondo, come l'uomo che accumula debiti sopra debiti, per poi tutti pagarli a un tratto, scontano in pochi giorni di pene non aspettate, e impotentemente patite, i suoi fiacchi godimenti. Così colui che porta un gran peso, col dibattersi, lo sollalza un po', ma lo sente più grave piombare sul petto.

Più alto gridava il dolore, e l'odio abbassava la cruda sua voce; e, freddato dalla necessità estrema, sembrava serpente intormentito, non morto. E pure, se a calmare la sete della vendetta, volevansi le agonie della morte; provvido dono del cielo anco le agonie della morte!

Erano in Tortona dugento Milanesi, venuti a rinchiudersi nell'amica città, a cimentare la vita per essa. I quali, siccome dianzi al combattere, adesso si mostravano forti al soffrire: onde i Tortonesi (quell'esempio dando ad essi coraggio dapprima, poi vergogna di parer più dappoco eglino in casa propria che quelli nell'altrui) tacevano reprimendo il lamento. Ma, giunta già l'egra arsura all'estremo, parve a' Milanesi dovere d'umanità ormai parlare di resa: e senza lunghi giri di parole, senza paura d'essere sospettati codardi, dissero ai cittadini: che abbastanza aveva Tortona dato pensiero al nemico, una sola, e non grande città, resistendo a tanto esercito ben sessanta giorni; espugnata non dalle macchine nè dall'armi ma dall'orribile sete: dissero che tante vite amate e innocenti, di figliuoli, di padri, di donne, tante vite benemerite di guerrieri, non era da seppellirle vive, e concedere agli assediatori sì facile preda sì ampia vendetta: dissero che, se biasimo dalla resa era per venire ad alcuno, verrebbe tutto su loro, che primi avevano pregato e forzatavi la città renitente; che accusa di viltà non temessero, e ch'eglino i Milanesi del proprio e dell'altrui coraggio si facevano mallevadori nel cospetto del mondo: profferivano da ultimo ai profughi dalle sedi natie, nuova patria Milano, e mura quasi note, ed unanime famiglia, e comuni le vendette, i guai, le speranze.

Con quella franchezza che i Milanesi proposero, i cittadini di Tortona accolsero la proposta; senza finte ritrosie, chè non v'era tempo, nè bisogno, a dar saggio della loro fermezza indomata; senza mettersi a dire che non per la salute propria divenivano a patti, ma per pietà de' lor cari, per rispetto de' Milanesi stessi, e per serbare la vita a tempi migliori. Queste e altre cose sottintendevansi meglio che a dirle: e guai quando s'ha di bisogno di dir con parole ogni cosa. A quei tempi di passione terribilmente sincera, e di fede salda, e di vita continuatamente operosa, e d'urgenti necessità, gli stessi nemici s'intendevano in certe cose fra loro meglio che non facciano oggidì certi amici.

E per questo, allorchè i Tortonesi scesero a'patti, il nemico che troppo sapeva l'estremità nella quale erano, non si sdegnò dell'altero portamento con che venivano a chiedere, infelici, lo scampo; nè con lunghi indugi li tenne fra la vita e la morte. Ma, o fosse che il Barbarossa temeva mettere con rigori atroci a disperazione le altre città resistenti; o fosse che di maggiori atrocità paventava l'infamia; o piuttosto (e perchè non credere, potendo, un nobile sentimento anco in un'anima ignobile?), o piuttosto che sentisse pietà di tanto penare di tante anime umane, che sentisse rispetto di tanta costanza e contro a'violenti pericoli e contro la consunzione lenta, Federico concedette sgombrassero dalla città, salve le vite, portando seco quel che potevano in collo.

Or questo che ai Tortonesi sull'orlo della morte doveva parere un'uscita da'guai, sentirono essere cominciamento di guai: e tra il morire di sete, e l'errare tapini sopravvivendo alle mura tanto tremendamente dilette, le anime non sapevano qual fosse più duro. I vecchi cadenti e le gracili donne, che più avevano ne'corpi patito, più pativano adesso nel cuore: perchè più forte cosa dell'odio, è l'affetto. Allora per tutta la città una confusione grande succedere al morto silenzio di prima, un affaccendarsi doloroso, un chiamarsi a vicenda senza attendere la risposta: come quando la piena minaccia, che il fiume sta per inondar la campagna e le dolci case degli avi. Nello scegliere le robe da portar seco a ristoro della miseria e a memoria della vita passata, non sapevano più quali fossero le più care: ogni piccola cosa acquistava valore dal gran dolore ch'era costata in difenderla, e che adesso costava il privarsene. Si caricavano di roba; ma poi, rammentandosi di qualch'altro arnese diletto, o secondando le preghiere di persona amata, posavano le cose prese, e ne prendevano in quella vece altre. E quelle che non potevano portare, baciavano. Le immagini sante mettevano in collo o tra le braccia a'bambini piccoli; e i bambini piccoli soppesavano or questo arnese ora quello, a vedere se lo potessero; e col correre e col chiedere e col profferirsi accrescevano il subbuglio, le dubbiezze e il rammarichio. Non so dire se ai vecchi decrepiti e agli ammalati fossero date carrette, o se si strascinassero a passo tardo o portati a braccia per la mestissima via.

Giunge l'ora che debbono uscire, uscire esuli tutti; lasciar vuote le strade note, le camere fide, le chiese in cui furono battezzati. Ma quando si fu all'atto del comparire in presenza del vincitore, allora la confusione e le voci cessarono; e fecesi silenzio come d'esequie funerali. Sfilavano come usciti dalle porte di morte; i visi allungati, le occhiaje livide, i corpi esausti. Sfilavano lenti, sì perchè domati dal patimento grande, e sì per non parer di fuggire paurosamente il nemico. Uomini robusti vedevi, per toccate ferite, reggersi sul bastone o al braccio di più attempati di loro. La testa alta, ma gli occhi alla terra, non come scornati, ma come pensosi. La lunga malattia della sete aveva, come lavoro d'incessante scalpello, scolpiti più fortemente in que' volti gl'intimi sensi dell'animo; e le donne modeste parevano in quella sfinitezza più santamente modeste; e i guerrieri arditi parevano in quel pallore più minacciosamente guerrieri. I bambini, per quell'istinto che li fa consentire per poco ai dolori non mai provati, e rendere come specchio le attitudini de' circostanti ch'egli amano, i bambini, con gli occhi chini e in collo le cose sante, mettevano riverenza a guardarli più che pietà. Nel dolore, anco che sia meritato, purchè sostenuto valentemente, è una virtù che trasporta la vittoria dal lato di chi più patisce, e rende meritevoli di compassione gli sciagurati che fanno patire. Que' Pavesi, poc'anzi sì baldanzosi pur della speranza di vincere, adesso paion eglino i vinti; così lo squallore degli uscenti e il lento loro procedere, gli sgomenta: come cacciatore che guata alla fiera ferita, e pensa il passato pericolo, e la sua vittoria gli fa paura. Sempre la speranza del male è traditrice, e promette godimenti maggiori del vero. Coloro i quali più s'immaginavano di gioire nello spettacolo di cotesti cadaveri, che, cavati da una comun sepoltura, si disperdono per la campagna; coloro son quelli che meno attenti li guardano; e vorrebbero che la lunga fila fosse finita. Ma il Barbarossa co' suoi baroni, egli sì, ci assisteva più da vicino siccome a mostra trionfale, e il cuore gli balzava d'orgoglio; e non pensava che per sessantadue giorni egli aveva picchiate indarno le mura di sola quella città e che non il valore de' suoi gliene apriva le porte. Coloro che nel buon successo de' fatti hanno men parte di merito, più ne gonfiano.

Già si perdeva lontano l'ultimo suono de'passi, e tra il verde novello degli alberi sparivano i colori delle vesti lacere e sanguinose. Quando, coperti dalle piante, potettero i Tortonesi senz'esser visti rivolgere gli occhi indietro alle mura deserte, si volsero e piansero. Piansero sommessamente, chè l'aura nemica non apportasse al vincitore la fiera gioia del loro abbattimento. Chi inginocchiarsi, chi alzare le mani al cielo, chi tenderle alla casa natia riconosciuta fra molte, chi abbracciare i figliuoli tacendo.

E i sacerdoti? I sacerdoti consolavano il comune dolore pur con l'aspetto degli abiti sacri. Ma eglino nell'assedio avevano dato a' lor cittadini un ignobile esempio: erano in processione iti al campo del Barbarossa, chiedendo grazia per sè soli, e abbandonando la città alla vendetta. Il Barbarossa disprezzò gli uomini e la preghiera, e li rimandò a consumarsi di sete nelle mura ove nacquero. Ma il popolo, che, quando non sia aizzato da tristi, ha di bisogno di perdonare, d'onorare e di credere; il popolo che sa, meglio de' superbi sapienti, distinguere nella religione la parte umana dalla divina, la divina verità venerare, e i falli umani nè seguitare alla cieca, nè scandalosamente moltiplicare divulgando; il popolo in quella fuga misera non pensava al passato, e nell'affetto compassionevole tutti quanti i suoi concittadini abbracciava.

Mentre che nella muta città entrati con gli alemanni i Pavesi, la saccheggiano e distruggono tutta; erano i Tortonesi a Milano ricevuti con meste e rispettose accoglienze. E invero, per cagion di Milano aveva Tortona patito gli estremi danni. Senza patria, senza tetto, senza vicine speranze; a carico di gente non vista mai; per istrade e per case che con la stessa ampiezza insolita smarrivano; pensare il nemico che ruba e brucia e atterra que'luoghi che costarono tanti travagli, que'luoghi da'quali il cuore non s'era staccato mai! E con tutto questo, l'animo dell'uomo è così fatto, e Dio buono lo governa così, che, quando l'affanno pareva ch'avesse a rinfierire, allentava. La cordialità milanese, maggiore ancora delle speranze; quelle parole di familiarità riverente che vanno all'anima perchè dimostrano ch'altri senza tante parole v'ha inteso, e che sente degnamente di voi; l'essere usciti di man della morte e averne salve le famiglie care, salva la fama guerriera; attutavano in parte le smanie e i timori. Aggiungete quello stanco letargo che segue al molto agitarsi, e che rintuzza il pungolo del dolore; aggiungete la novità delle cose, che, pur non volendo, svaga: ond'è che l'uomo, quand'ama disperatamente il dolor suo, fugge, come ferita nuova o come colpa indegna, tutto quanto lo diverte da quello. Fatto è che i Tortonesi soffrivano meno spatriati che in patria innanzi che il fiero assedio cominciasse. Soffrivano meno, perchè meno badavano a far patire.

I Milanesi promisero, appena il torrente nemico desse luogo, riedificare Tortona. E Tortona risorse. E questa grande riedificazione, e le castella qua e là costrutte, e i bastioni e i ponti, dicesi che intorno a quel tempo costassero a Milano ventisette milioni e mezzo di lire. Ma le rovine che l'odio aveva fatte negli animi, nè per danaro nè per lavoro nè per vittorie era facile risarcire.

Flagello certamente tremendo fu all'Italia il Barbarossa; ma essa, Milano, chiamò sopra sè i suoi furori angariando le città sorelle più deboli, che, vinte dal dolore e dall'ira alzarono agli stranieri la voce. E quando pensiamo che più d'una volta Milano s'inchinò a Federico, e gli profferse danaro (danaro profferse al Barbarossa), purch'egli la lasciasse opprimere gl'Italiani fratelli; allora le maraviglie della lega lombarda si coprono come d'un velo nero agli occhi nostri. L'odio che fece di tutta Italia un gran campo d'insidie e di sangue, l'odio doveva rendere vane all'uso della comune grandezza le eccelse prove dell'ingegno italiano e della virtù e del coraggio.

Ricordiamoci di quell'acqua là sotto Tortona, dove il nemico getta cadaveri e zolfo, e la fa insopportabile a bere. Così gli antenati con l'odio avvelenarono nella fonte le acque da cui dovevano i nepoti attingere refrigerio, e non lo potettero avere. Affrettiamoci: compensiamo la colpa degli avi: amiamoci con amore generoso; perchè senza generosità non è nè civile grandezza, nè vita.

La Donna d'Ancona. (Dipinto del signor Filippo Giuseppini.)

LETTERA A FRANCESCO RIO.

A chi scrisse la storia d'un Collegio di Bretagna; a chi, in guiderdone di singolare coraggio, ricevette, giovane di sedici anni, la croce di cavaliere dalle mani di gentile giovanetta che poi doveva morire in un chiostro; non può tornare discara la memoria di que' fatti in cui l'amor patrio fa magnanima la pazienza, la virtù fa santo il coraggio. A voi che amate l'Italia, a voi che i simboli dell'arte illustrate con la storia delle credenze e de' civili costumi, sarà grato sapere che un giovane artista friulano, Filippo Giuseppini, lasciando i temi volgari, chiede ispirazione alla storia; e di lei non isceglie esempi o fiaccamente teneri o stolidamente allegri o intempestivamente pomposi, ma di forza modesta e di mestizia generosa.

Nell'assedio d'Ancona, è da ammirare nella donna italiana l'amore di patria vestito di gentile ardimento, e quelle tempre soavi di costanza umile e di rassegnazione animosa per cui la donna sovrasta al valor virile e lo ispira. Una donna d'Ancona, intanto che i vecchi guerrieri ristanno, s'avanza sotto le macchine nemiche portando la fiamma e attacca l'incendio, e non si muove di sotto al pericolo, sinchè non vegga tra il fumo crepitar le faville. Una donna, Aldruda contessa di Bertinoro, di quella casa che Dante invidiava poi dell'essere perita a tempo innanzi di confondersi nelle rovine d'Italia; Aldruda che, nata de' Frangipani, forse aveva nelle vene del sangue di Dante; soccorre co' suoi armati ad Ancona: e veggo tuttavia nel pensiero que' lumi che in cima alle lancie scendenti dal monte, risplendono per la notte, annunziando ai famelici rinchiusi salute, agli assediatori spavento.

Erano disperatamente affamati. Ma non perdettero l'animo; non perdettero la fede in Dio e nella morte. E un vecchio cieco, il quale aveva già per più generazioni d'uomini visto il lampo e la nebbia delle battaglie, andava, timoroso non d'altro che dell'altrui timore, raccomandando a' cittadini, tutti nell'angustia divenutigli figli, che sapessero patire e morire. E tènere donne dicesi che offrissero ai militanti per la patria, in vivanda le carni proprie. E una madre a due suoi figli che combattevano sfiniti, mandava del sangue suo, tratto dal braccio manco, e cotto, e condito d'aromi, per rigenerarli al sacrifizio, e rinfondere i proprii spiriti in essi. E una matrona, con in collo il bambino, da quindici giorni pasciuta di cuoio bollito, al vedere un guerriero per terra estenuato, gli porge le ultime gocciole del latte negato alla sua creatura; e lo inanima: e egli s'alza, e va, e cade morto nell'armi sante. Che se queste a taluno paiono favole, io non compiangerò tanto costui quanto benedirò quell'età di cui favole narransi così splendide, quanto loderò quell'artista il cui pennello amò favole tali più che il cigno di Leda e Danae nella torre.

Delle madri spartane non rammenta la storia cose più grandi. Comandare al figlio che torni o vincitore o morto; la madre uccidere di sua mano il figlio fuggente; questo è atto snaturato, quella è parola sublime, non più che parola: ma porgere una madre il suo latte anzi al cittadino che al figlio, è opera non di disumana fierezza, bensì di virtù sovrumana. Con quelle scarse gocciole par ch'ella intenda campare da morte quanti bambini lattanti, quante vite adulte, quante nobili memorie ha la patria. Tu non sapevi, o innominata, quanto sublime tu eri nell'inginocchiarti a quel guerriero giacente: non sapevi quante anime e quante età si sarebbero inchinate e commosse alla tua tenerezza. Quest'è che fa grande l'affetto della donna non guasta dagli artifizii del mondo: ch'ella non pensa i suoi sacrifizii; che la generosità è in essa istinto, la compassione operosa è prepotente, e, pur libera, necessità.

Quand'altro pregio nel dipinto del signor Giuseppini non fosse che dell'argomento, sarebbe memorabile a me. E non è l'unico: ma io de' restanti lascio il giudizio a' versati nell'arte. Dirò solamente per quel che spetta all'espressione, che, quantunque difficil cosa fosse serbare compostezza all'atteggiamento di donna che dinanzi a guerriero mostra parte del seno, pur l'immagine ha verecondia religiosa: così dal viso di lei spirano pudore, patimento, pietà. L'attitudine non parrà fredda a chi pensa che il ribrezzo della pittura pantomimica, la quale col suo sbracciarsi par voglia urlare agli occhi e assordarli, tenne in freno l'artista; a chi pensa che quella ch'ivi si rappresenta, è gente affaticata dal lento soffrire, e che ha negli occhi continuo doppia immagine di morte; gente che comandano a corpi già mezzo morti, di vivere e vincere. Il sig. Giuseppini fu apposta in Ancona a ritrarre l'aspetto de' luoghi, e quell'arco eretto in onore d'un imperatore pagano, il qual arco pareva dall'alto gridare mansuetudine a' Cristiani assediatori spietati. Ell'è insomma opera di coscienza sincera; e per questo io ne parlo; perchè ben più che all'artista, mi piace rendere all'uomo onore. Tra i soggetti ch'egli sta meditando, son questi: il dipartirsi de' Milanesi dalla patria distrutta pochi anni innanzi il gran fatto d'Ancona; la madre milanese che con tanto affetto è nel Manzoni dipinta, quando raccomanda il cadavere della figliuoletta, già certa anch'essa la madre di seguirla tra breve; Mosè che atterra l'Egiziano, angariatore de' suoi fratelli; Eva che, discacciata dall'orto dell'innocenza, nasconde fra le mani il volto, e non osa riguardare il compagno che le sta accanto confuso; la Vergine di tredici anni che, intravvedendo nelle Scritture sante i destini dell'umanità, presentisce la dignità del dolore; la Vergine madre, che, dalle piene acque del dolore portata, rimira i simboli della Passione, e congiunge i proprii ai martirii del suo diletto. Quest'ultimo quadro, commessogli da un benefattore della donna derelitta, il padre Carlo Filaferro, di quella famiglia del Neri che generò il Malebranche; un incognito generoso lo fece incidere in pietra, e vendette l'incisione a pro delle poverette del Rifugio Udinese. L'altra Vergine giovanetta è acquisto d'un amico del signor Giuseppini, amico vero, che con gentile inganno fece le viste di comprare per altri l'immagine, e nel proprio studio la tenne. Degno il sig. Giuseppini di ricevere tali onori del cuore; degno d'ispirare atti tali.

Raccomando alla patria, già tanto feconda alle glorie dell'arte, raccomando col cuore il giovane egregio: e a voi mi giova, o Rio, volgere queste parole; a voi che per la terza volta rincontro in Venezia, dopo casi sì varii, dopo rincontratovi in Firenze e in Parigi, dopo visitata la vostra, come vi scrissi, a me sacra Bretagna. E mi sarebbe pur stato caro ricevere in tempo l'invito vostro, e vedervi nell'isola d'Arz, e inchinarmi alla vostra buona madre, il cui santo e umile coraggio nel vostro libro è dipinto con tanta pietà. A lei che dopo tanti affanni ebbe dal figlio tante consolazioni, a lei che potrà riabbracciarlo ancora sulla terra, ancora potrà benedirlo, dite che un uomo che non ha più madre, pensa con lagrime a' dolori di lei non mai vista, e chiede la sua benedizione con lagrime. Addio.

Lettera d'una Madre e d'una Sorella. (Dal Veneto.)

GUERRA DEL 1859.

Il più lieto augurio di questo moto che, scuotendo l'Italia, riscuote verso di lei l'attenzione del mondo, non pio agli infelici se non quando cominciano a mostrarsi forti e a volere il proprio meglio e l'altrui, si è appunto la concordia del volere, che manifesta la forza e la accresce; concordia che, meglio d'ogni sforzo politico e militare, apparecchia la desiderata unità. Nè questo fatto pote-

essere più evidentemente significato che dal concorrere di tanta gioventù da tante parti d'Italia, attraverso a difficoltà e a pericoli, bramosamente concorrere a un onorato pericolo. Perchè, prima di giungere a questa meta ch'era il principio della via, dico al luogo dove potere stringere un'arme, bisognava incontrare, fuggiaschi e inermi, difficoltà molte; sottrarsi non solo alla vigilanza nemica, ma all'affetto delle persone dilette, vincere la più ardua vittoria, quella delle proprie affezioni. E se grande era il merito de' giovani che, quasi commettessero atto non degno, dovevano con la fuga involarsi agli amplessi e alle lagrime de' cari loro; più grande ancora quello dei genitori e dei congiunti che, prevedendo il proprio affanno, non osavano antivenirlo, e non sapevano se lo dovessero desiderare o temere; e, orbati de' figliuoli e de' fratelli, piangono lagrime miste di dolore e di consolazione, ed esultano trepidando. Questo contrasto, anzi armonia forte e soave d'affetti, apparisce dalle lettere che qui rechiamo, d'una madre e d'una sorella, che certamente non le scrissero per la stampa, e tanto più le fecero degne della luce d'Italia, e della nostra ammirata pietà. Le parole di questa madre, un'altra madre, ascoltandole senza punto maraviglia ma colla coscienza del cuore, comentava dicendo: che, per trafitto che rimanesse il cuore materno, non poteva altro mandare a' suoi figliuoli che benedizioni di lode consolatrice; che ormai il sagrifizio era compito, e giovava colla virtù farlo irrevocabile e santo; che non si doveva con tarda querela infonderne, nonchè pentimento, troppo amara dispiacenza nell'animo de' figliuoli; che l'accorarli sarebbe stato uno scuorarli, e renderli men validi all'opera dell'onore; che sarebbe stata crudeltà perseguirli con l'immagine del proprio affanno, quasi con apparizione malaugurata e imprecante; che confortarli conveniva dimostrandosi forti, parlando loro della buona salute e del tranquillo essere proprio. Qui non esercita in altro la madre la sua autorità che nel comandare che si riguardino, che si serbino interi al cimento, e possano con pieno vigore affrontarlo; che, siccom'essa dall'amore attinge coraggio, eglino così dallo stesso coraggio sentano confermarsi l'amore. Prega che stiano vicini l'uno all'altro, se possono: questo non comanda, perchè sente che in questo debbono ubbidire ad altri che a lei; chè la patria è ormai madre loro: e non intende aggravare con la tirannia dell'affetto le mutue loro apprensioni. Moltiforme nella sua semplicità, sì che pare contradicente a sè stesso, è l'affetto. Io so d'un fratello che chiedeva di combattere disgiunto dall'altro fratello, temendo che la vista di lui ferito o cadente non lo intenerisse e arrestasse; e so d'un fratello che desiderava combattere accanto all'altro per poterlo soccorrere pericolante o caduto: quello che in due modi contrarii si esprimeva, era un medesimo amore. Ma del secondo, *meglio questo,* soggiungeva pronto, al sentirlo narrare, un bambino di men di sei anni.

Non aliene dall'*Istitutore* [1] son queste lettere, non solamente per il soggetto ch'è d'alta educazione, ma per la forma eziandio, meglio che letteraria. Io so di qualche letterato che, innanzi di scrivere lettera familiare, ne leggeva una stampata, di scrittore del cinquecento, del Bembo. E di scrittori lodatissimi vedo lettere foggiate a grand'arte, e quelle da taluni essere più vagheggiate, e preposte alle più schiette che corrono con più limpida velocità; e nelle scuole vedo Raccolte di lettere sopra soggetti finti, e darsene temi ai giovani sopra soggetti tali; che, del resto, è meno pedante esercizio del far parlare Leonida o Epaminonda. Nelle cordiali parole di questa madre e di questa sorella, e segnatamente di questa madre, sentite quella semplicità inimitabile che fa gli scrittori grandi, e ch'è la suprema e spesso disperata ambizione dell'arte.

Ma queste peregrinazioni da devozione animosa ispirate verso l'esilio in cerca della patria; questi atti di tenerezza ardita e di coraggio verecondo; questa primavera sacra della ricchezza delicata e dell'elegante vigoria giovanile, e, che più vale, di lettere e d'arti, e dell'ingegno elevato

---

[1] Giornale di Torino.

dal cuore a un nuovo senso di civile uguaglianza, non mi porgerebbero speranza tanta se i suoi auspizi non vi aggiungesse la religione, alla quale in tutti i tempi si trova congiunta la vera carità della patria: e chi questi due sentimenti divide, li mortifica entrambi. La madre spartana, additando lo scudo, diceva al figliuolo: *O con questo, o su questo*. La madre cristiana, mostrando Dio, dice: *Con questo e per questo*. E le prime mosse della presente guerra ben provano la necessità del chiamare da alto l'ispirazione; dacchè l'esito loro non si può certamente attribuire ai computi dell'umana, per quantunque sia vigile, previdenza.

« Tesori miei, io scrivo per me: il papà e gli altri faran da per loro. Lo strazio del cuore, per chi ben sente, è nulla in paragone della soddisfazione di compiere un dovere. Si taccia quindi intorno al dolore che mi cagionò l'improvvisa separazione sì dell'uno e dell'altro, da me non potuta mai desiderare perchè troppo attaccati al mio cuore, eppure temuta e prevista. Voi avete avuta quella forza che raramente in una madre si può rinvenire; avete compiuto il più santo dovere; e io ne son lieta, pregandovi dal Cielo ogni benedizione.

» State tranquilli sulla mia salute; anzi sto tanto bene che mi sentirei capace d'intraprendere a piedi il viaggio onde raggiungervi e volare ad abbracciarvi e lodarvi della vostra risoluzione. Ricordatevi, però, che vi comando di tener conto anche della vostra salute. E il più che è possibile scrivetemi. Ditemi ciò che vi abbisogna; ditemi che ritornerete tra noi ritemprati nel fisico e nel morale, se mi volete contenta. Sia sempre vostra base la religione vera; non vi dipartite mai dai vostri santi principii. Amatevi, e procurate di starvi vicini, se lo potete. Vi lascio coll'anima straziata, ma vi lodo e vi ammiro.

» A., B. e L. furono a visitarmi: anzi, da dopo la vostra partenza, siamo tuttora in continue visite. Tutti desiderano sapere di voi, io sopra chiunque. Abbiatevi un milione di baci; e fatevi onore. Addio, addio. L'Angioletta vi manda mille baci.

« VOSTRA MADRE. »

« Fratelli miei, quale contrasto di differenti affetti abbia in me destato la vostra partenza, potrete di leggieri immaginarvelo se pensate a quanto provaste voi stessi; ma l'amor di patria riporta sempre la palma. Bravi, miei cari fratelli, voi compiste il vostro dovere: e vi amerei ancor più se lo potessi, dacchè foste capaci di vincere il vostro cuore così tenero e affezionato alla famiglia. La coscienza di aver fatto quanto il dovere d'Italiani vi imponeva, vi renderà meno pesanti le privazioni e le fatiche. Dirò anzi più: voi accetterete con gioia e privazioni e fatiche, essendo accompagnati dalla benedizione dei vostri teneri genitori, dalle preghiere dei vostri fratelli, dalla riconoscenza dei vostri concittadini. E al ritorno? Al vostro ritorno io imprimerò su quei cari visi quei mille baci che ora vi mando col cuore.

« VOSTRA AFF. SORELLA. »

Corona che le donne esuli di Venezia deposero nel cimitero di Torino a onore di Guglielmo Pepe.

Le donne di Venezia, che posero ad Alessandro Poerio una memoria di gratitudine cordiale pensando ai dolori ineffabili della misera madre, offrono a te, Guglielmo, questa corona che tu non solo colle opere di guerra ma con la bontà dell'animo, rara più de' militari ardimenti, ti sei meritata. È bisogno al cuor loro, onorandoti come possono, confortare sè stesse, e consolare con quest'atto di ossequio il dolore della vedova degna, la quale, sentendo quanto possedeva, sente quanto ha perduto. Così gli esilii, le sventure, la morte stessa, stringono tra persone di patrie diverse, e quindi tra le diverse nazioni, di quelle alleanze dell'anima che la fallace utilità non concilia, e che un nuovo fantasma d'utilità che apparisca non può lacerare. Così fu veduto sulla tua bara parlare e lagrimare insieme un Francese d'illustre nome, sospinto anch'egli dal turbine a questa terra che pochi anni fa certamente non s'aspettava d'accogliere profughi di schiatte e pensieri così differenti, e aprire il suo seno alle loro ossa stanche. La comunanza de' patimenti c'insegni la concordia del sentire; giacchè non d'odii si nutre (e il cuor della donna lo sa) il vero amore di patria. Le nostre parole modeste come il dono che qui deponiamo, rammenteranno che le tue esequie, solenni per sincero compianto, accadevano appunto il dì undici d'agosto, giorno all'infelice Venezia memorando. Ma, acciocchè questa non paia memoria di divisione, che anzi è vincolo di tanto più efficace quanto men materiale unità, ricorreremo col pensiero al maggio di quello stesso anno, a quel giorno veramente di primavera, quando i legni napoletani, approdando alle nostre lagune, fecero, per un momento, di tre bandiere italiane una sola bandiera; quando il sogno della potenza d'Italia parve cominciato a avverarsi; quando il compagno e quasi figliuolo tuo, il buon Poerio, sollecitatore animoso di quell'armamento, gettandosi tra le mie braccia, vide la gran piazza gremita di popolo festeggiante, e udì suonare a gioia le campane di S. Marco, memori d'altri dì gloriosi e di men fugaci allegrezze. Nè egli, il Poerio, morì nell'esilio, se i Veneziani lo sentirono, dopo perduto, più concittadino che mai: nè tu nell'esilio sei morto, se terra italiana ti copre, se tanti tuoi compagni e di guerra e di speranze e di lutti circondano di benedizioni la tua sepoltura. E io so d'essere interprete e di queste pietose che, privilegiate dall'esilio, son qui presenti, e delle lontane che si uniranno ad esse in pensiero, e c'invidieranno la sacra mestizia di quest'ora, se in lor nome ringrazio la pia ospitalità del municipio di Torino, se ringrazio coloro il cui suffragio ti destinava ancor più solenni onoranze, perchè le sapevano debite non tanto alla lode tua quanto al comune decoro. Ma l'onore più grande che alla memoria tua possa rendersi, gli è l'onorare te come vivente in que' prodi che tu con l'autorità del nome tuo raccogliesti, con la mansuetudine dell'affetto tenesti fortemente congiunti fin che non fosse suonata l'ora ultima della patria de' Pisani e de' Dandolo, della tua, della loro patria novella. Era destino che i diciotto mesi di quella vita esultante d'angoscia componessero un'immagine storica intera, simile a un de' musaici dell'antica basilica, dove ciascuna pietruzza non avrebbe disegno di per sè, ma, insieme commesse, quale in parte più cospicua e quale in meno, formano una figura d'uomo che parla al pensiero. Nell'ultima pagina di quella grande storia, come in libro d'oro della verace nobiltà, stanno scritti, o Napoletani, i vostri nomi, scritti per mano della patria riconoscente con la penna elegante d'Alessandro Poerio intinta nel sangue di lui e nel sangue di Cesare Rossaroll. E chi sa che quell'ultima pagina non sia la prima d'una storia novella non a una sola città, ma a tutta la nazione infelice? Temperiamoci dai vanti vani e dalle incaute speranze, che son forse insidia tesa a noi da' nemici, e che noi tendiamo a noi stessi: ma, con opere generose e con sacrifizi perseveranti apparecchiando sorti men dure, se non per noi, per la generazione crescente che ce ne saprà forse grado, non disperiamo della patria e di Dio. Addio, Guglielmo. Le virtù degl'Italiani, e, se non la loro civile grandezza, i dolori con grande animo sopportati, siano la tua più degna corona.

Lettera scritta a me dalla madre di Alessandro Poerio, morto a Venezia d'onorevole ferita nella sortita di Mestre.

Mio carissimo amico signor Tommaséo,

Dico a voi lo stesso che ho detto al signor Generale Pepe; cioè, che ho incominciate molte lettere di risposta alle vostre, e non ho potuto proseguirle. Ma questa mane ho forzata la mia volontà; ed eccomi all'opra. È un grande ardire per me di scrivere ad un letterato di primissimo ordine; ma non ho voluto confidare a nessuno la cura di rispondervi. Comunque sia la mia lettera male scritta, al certo essa esprimerà i miei veri sentimenti. Debbo però prima di tutto chiedervi scusa se, senza avere il bene di conoscervi, scrivo con troppa confidenza; ma voi eravate l'amico di mio figlio, esso sempre mi parlava di voi; ora lo rappresentate nel mio cuore; vi amo come un altro mio figlio. — Tutto quello che mi dite per consolarmi, potrà essermi utile in un altro tempo; io però ve ne sono tenutissima: per ora non veggo che la mia perdita; per ora non sono che madre tenera, debole, inconsolabile. Il tempo potrà modificare il mio dolore, renderlo meno atroce; ed allora la memoria del mio Alessandro verrà come una cosa sacra. Anch'io dico spesso a me stessa: esso è in cielo. L'anima sua pura, scevra da ogni pensiero di utilità propria, veridiero, poteva tacersi sopra i suoi sentimenti, ma non mai tradirli neanche per celia... ma voi lo conoscevate da vicino; per conseguenza apprezzavate le sue virtù, e compativate i suoi difetti, che in parte nascevano dalla sua fisica costituzione e dalla sua sensibilità nervosa. Vi prego di presentare i miei ringraziamenti al signor Manin per quello che ha fatto per la memoria di mio figlio; vi prego di ringraziare le buone Veneziane delle parole che han messe sopra la tomba di Alessandro; vi prego di andare a questa tomba e baciarla in mio nome.

Vostra aff. POERIO.

L'Italia.

A UN PITTORE. 1859.

Vediamo se ci sia modo di conciliare il desiderio suo con la mia coscienza. Farei una donna d'alta statura, in un campo di fiori e di spine, e queste e quelli intrisi di sangue; ferita il seno, scomposti i capelli e le vesti, ma con dignità di bellezza; la man destra e il piede sinistro legati; che con la manca brandisce una spada lucente, e a' piedi ha vecchie armi irrugginite e cetere rotte. Ella guarda a un cavaliere che le sta di fronte, e che con la mano tesa pare che insieme le prometta soccorso e voglia moderar i suoi dolori e i suoi sdegni. Nell'alto, tra i due, la Speranza, con ali bianche e abito verde e giustacuore vermiglio, porge alla donna una ghirlanda di fiori azzurri bianchi e rossi, al cavaliere un'altra di rossi verdi e bianchi. Dietro questo a diritta un artigliere con cannone de' soliti, a sinistra un altro con cannone rigato. Tra i cannoni è un arco di trionfo, un lanciere, un corazziere, un ulano, un della cavalleria leggiera, disposti a due a due; e poi un bersagliere ed un granatiere. Dietro all'arco fanno capolino in aguato dalle due parti uno zuavo ed un africano.

Ella e il cavaliere possono a modo loro intendere questa scena: io intendo che la Speranza è in aria, e è vestita coi colori italiani, e porge all'Italia per conforto i colori francesi, e al cavaliere tende l'altra ghirlanda, ma ancora non gliela dà. Intanto la donna è ferita, e mezza legata, e con sola una mano può tenere la spada; e il suo aiutatore, nell'atto d'incuorarla, si studia di frenare col cenno i suoi impeti. Il resto simboleggia l'esercito della nazione, e si spiega da sè.

Ella poi veda se, per fare più pieno il concetto giovasse dalla parte della donna fare nel fondo un antico anfiteatro mezzo diroccato, una chiesa gotica magnifica intera, con palazzo d'architettura bastardo tra il palladiano e il francese: e più in qua un patibolo, e appesogli accanto un bastone d'un caporale tedesco: più innanzi, una sorella che cinge al fratello i tre colori, e una madre che piangendo benedice il figliuolo già mosso alla guerra; più innanzi ancora un soldato italiano con divisa tedesca, il qual toglie dalla cartuccia la palla fratricida, e un altro che con sdegno si spoglia la divisa e la calpesta; finalmente più presso alla donna, un padre che accompagna il proprio figliuolo all'esilio e al pericolo, un giovane d'alta e bella persona, il quale, sotto i cenci che lo coprono, mostra un ricco vestito, e pone in mano monete d'oro alla guida che lo trasse all'onore delle battaglie.

L'Italia.

A UNO SCULTORE.

In una immagine di scultura, come accordare insieme allegria e moralità e nudità, non saprei. Temperando queste condizioni, e dando alle parole di Lei un senso alquanto mio, veda un poco se potessimo intenderci. L'allegria può essere cosa seria; e però l'immagine potrebbe, pare a me, rappresentare l'Italia che, riscossa da un'ebrietà tra torpida e spensierata, sorge di subito in armi. Colla manca dà di piglio a una spada; ma i capelli e le vesti tuttavia scomposti; e nello sguardo, pur vôlto con nuove speranze in alto, non so che vago, e quasi errante tra l'antica dissipatezza e la gravità del novello pensiero. Il piè destro teso innanzi, e parte ignudo; la sinistra del seno alquanto scoperta, ma la man destra è sollecita colla veste a velarla, e le si fa velo essa stessa. A terra una tazza riversa, e ghirlande di rose sfogliate, le cui spine pungono il piede di lei, mezzo sciolto dalla catena la quale s'avvolge per terra.

Chi volesse, potrebbe aggiungere un Genio che le presenta un elmo grave, e lo solleva con ambe le mani; immagine della coscienza di lei stessa, della coscienza che la invita, nell'atto di armarsi all'offesa, a difendersi quanto è da lei, le insegna prudenza insieme e coraggio. Qui ci sarebbe un poco di nudità, ma pudica, e simboleggiante qualcosa che non è carne, purchè l'artista sapesse ritrarre l'idea. Questo per modo di dire, e per soddisfare al desiderio di Lei.

Intorno alle lettere di Stanislao Bechi scritte poco innanzi la morte, e di tre dame polacche alla vedova, dopo la morte di lui.

Le schiette espressioni d'affetto, che nelle lettere di Stanislao Bechi leggiamo, a' suoi figliuoletti e all'amata sua buona moglie, sono raccomandazione efficace. Nella novità delle cose e de' luoghi, tra i cimenti di guerra, il cuore gli ragiona pur sempre de' suoi cari lontani; di parte del poco stipendio e' si priva per essi; prega che curino la loro salute, egli che la vita propria dì e notte ha in pericolo; del pericolo accenna con ilare rassegnazione; spera di rivederli, ma non sa celare il presentimento che non li rivedrebbe mai più. Le donne di Polonia, tutte abbrunate, gli fanno parere il passeggio pubblico un cimitero. Rincontra in Polonia una donna d'Italia, che dopo ott'anni per la prima volta con lui riparla la lingua materna; rincontra in Polonia, e riconosce (particolarità da Odissea), il cane fidato compagno delle sue caccie in Maremma, dove, quasi presago, egli indurava alle intemperie le membra animose, e, vincitore dei mali influssi dell'aria, era detto l'uomo di ferro. Chiede i ritratti della moglie e de' figliuoli, da unirli ai capelli che porta di loro; e i ritratti gli giungono per ricevere il bacio della morte. E dove posarono le labbra di lui nella serena agonia dell'anima libera, poseranno (ripatriando quelle memorie) le labbra da esso amate, inumidite di lagrime. Pietosi e santi ministeri che alla religione dell'affetto rende l'arte, da tanti spregiata, profanata da tanti. E Stanislao sentiva italianamente nell'anima l'arte; e alla sposa, suonatrice valente, diceva, come parola d'amore, ch'e' non vorrebbe per moglie donna che non sapesse di musica. La parola di lui in queste lettere, comechè affrettata e negletta, dipinge gli abiti e le costumanze, le cose e gli uomini, il contrapposto e l'armonia della vita civilissima e dell'agreste, gli agi alternati ai disagi, l'ordine nella rivoluzione, la sommessione nella dignità, la pietà nel valore; la preghiera che non ritarda le vigili rapide mosse, e ne abbisognano gli spiriti come il corpo di pane, e la vogliono augurio di ben combattuta giornata. Egli solo forestiero nella schiera dov'è, non straniero: lo tengono già come antico commilitone, più che amorevoli, grati. Egli, non meno prudente che accorto nella modestia, raffrena l'ardore e lo zelo; vuol prima conoscere uomini e luoghi e consuetudini, non tanto per darsi meglio a conoscere, quanto per meglio adempire il dover suo, sebbene gli istinti di guerra e l'agile ingegno e l'amore gli facciano indovinare a un tratto assai cose.

Alessandro Manzoni, con quell'armonia di lirica veloce e di logica severa e di critica arguta, che, contemperate nel senso morale, creano l'originalità del suo ingegno, ringraziando un vecchio soldato di Napoleone per uno scritto sopra la spedizione francese di Russia; e ricordando come il valore degl'Italiani esercitato in servizio dello straniero giovò a ridestare in loro la coscienza delle forze proprie e l'animo da più degnamente adoprarle; e come a' giovani ne' fatti recenti della guerra patria fu eccitamento l'esempio e l'aspetto di que' militi antichi; ne deduce che anch'essi in effetto combattettero per l'Italia madre tra i geli di Russia e nelle strette di Spagna. Ancora più veramente può dirsi che il Bechi, il Nullo, il Lencisa, non meno che per la Polonia, per l'Italia morirono. E a ragione sperava Stanislao morente, che la Polonia proteggerà l'orfana sua famiglia; la proteggerà, non foss'altro, col rammentare ai figliuoli il padre morto, perchè siano degni di lui, e agli Italiani tutti l'Italiano infelice, perchè lo imitino nel consolare i proprii dolori consentendo agli altrui, e, quanto le forze comportano, alleviandoli. *Viva la Polonia!* con voce ferma egli esclamava morendo; e in quel nome il suo cuore comprendeva l'Italia; e la Polonia a quel grido con gratitudine, *Viva l'Italia!* risponderà. Nel sagrifizio è una virtù espiatrice che si stende oltre ai limiti delle generazioni e de' regni, degli spazi e de' tempi; e la religione nostra, insegnandoci ad accomunare i dolori acciocchè si faccia moltiplicata la comunione de' meriti, ci si rivela divina. Nelle morti generose è un inesauribile germe di vita. *La patria è in polvere; ma il gigante rinascerà;* cantava della Polonia sin dal 1834 Giuseppe Bajza ungherese. Io non so se le lotte gloriosamente sventurate di lei abbiansi a dire malattia violenta o agonia; so che morti non sono: e consiglierei gl'Italiani, impazientemente avidi di vittoria facile e quasi festiva, specchiarsi nella Polonia, e armare di sofferenza il coraggio, fregiare di longanimità la speranza.

Fratello lo chiamano le tre donne scriventi alla vedova; alle quali fu conceduto d'assistergli negli estremi; conceduto, io non vo' credere, per isgomentare le pari loro coll'esempio terribile della giustizia russa, ma sì piuttosto per un certo pudore d'umanità verso questo forestiero che s'arroga il privilegio tremendo di pagare i debiti delle sventure altrui, pagarli col sangue. Noi dobbiamo grazie ai ministri della severità moscovita che ci forniscono testimoni di questa morte così autorevoli e cari; ma ancora più vive grazie dobbiamo a quella Giustizia provvidente che dalle durezze degli uomini deduce per noi argomento a meglio sentire la carità della compassione, e rende inutili gli accorgimenti e gli sforzi degli oppressori a soffocare la voce e a denigrare la dignità degli oppressi. Vietano alle donne polacche portare il bruno, come se quella fosse agli uccisori minaccia, come se il bruno fosse l'unico segno del pubblico lutto; come se di quella vista abbisognasse i figli della Polonia a sentire il dolore, a sapersi unanimi tutti nella devozione alla patria e alla morte. Il bruno, alle donne di Polonia vietato, vuole il morente che sia il fregio della sua vedova e della sua figliuoletta; e, quasi già sciolto dai veli corporei, ritorna a vederla, e più bella gli appare sotto quel nero la sua testa bionda. Lega col bruno alla moglie una ciocca de' proprii capelli sudanti di morte: e le tre consolatrici a lei mandano una presa della terra che copre le spoglie di lui. Mi sovviene d'una madre russa, la quale in Venezia accompagnava al sepolcro il figliuolo suo unico, e si prostrava sopra la fossa recente, e su quella terra posava la faccia, e se ne empieva nel delirio della disperazione la bocca, quasi per satollarsi della morte, e riaccostarsi il più che potesse al frutto caduto delle straziate sue viscere.

All'ambasciatore italiano preganti (ed era un cugino dell'imperatore Napoleone), il principe di Gortschakoff rispose negando, e rinfacciandogli la pietà che alla Polonia dimostravano i municipii italiani. Al generale Berg, che da sè non osava mietere questa testa, l'imperatore Alessandro risparmiò generosamente il rimorso, facendone la propria penna carnefice. Quanto il console di Francia per lui s'adoprasse, non so; ma quello che opera per la Polonia la Francia, tutti sappiamo. E non è da farne maraviglia o querela. La diplomazia che lascia le bombe borboniche fulminare Messina, le bombe italiane fulminare Gaeta, e i vinti così di Messina come di Gaeta compiange; la diplomazia che minaccia di salutare il Pireo con gli stessi cannoni che tuonarono a Navarino, e con quelli stessi vendica il Turco in Crimea contro la Russia già collegata in Navarino; ha le necessità proprie, porta le catene che i suoi stessi arbitrii le vengono fabbricando. Era pur facile cosa e sicura ostentare umanità verso questo Toscano perdutosi in un de' Palatinati ribelli; e, menando rumore della vita donatagli, coprire con quello, agli orecchi dell'Europa indulgenti e paghi dell'essere illusi, i sospiri e le strida dei mille trafitti, flagellati, strascinati in Siberia a assaggiare a goccia a goccia la morte. Al Gransignore delle Russie anche questa uccisione parve necessaria e bella vendetta; e non s'accorse che del sangue di questo Italiano rimarrebbe sulle sue mani una macchia men facilmente lavabile che molto sangue d'ignoti corrente a rivi.

Non faceva inganno l'infelice a sè stesso nella fiducia della grazia chiesta da altri per lui; ma il rigettare da sè questo filo di speranza gli sarà parso un offendere l'amore debito a' lontani suoi cari. E, in questa battaglia tra la speranza della vita e la morte, serbarsi tranquillo, è prova di vero coraggio. Vero valore è, al sentir mio, l'annunziare a' suoi cari con un *Aimè!* che il Russo ordina la sua morte; il non la temere nè prima nè dopo aver confessato di pur amare la vita.

Nel notare la *dolcezza* di lui in que' momenti, le pietose scriventi alla vedova ▮dano lui ben più che di forza; perchè la forza vera è dominatrice di sè, uguale a sè stessa: lode degna e di guerriero buono e di donne valenti. Quando lo chiamano *indulgente nel valore*, indovinano, come cuore di donna suole, quel che non sanno della sua vita: nè a lui era agio, nè egli avrebbe degnato di dire i torti patiti; nè ciò potevasi raccogliere dalle parole sue: *Io perdono a' miei nemici con tutto il cuore*. Se una memoria dovessesi porre a lui nella sua patria, sarebbe da scriverci le parole di queste donne: *Morì da buon Cristiano, da vero gentiluomo, da prode Italiano*. Le donne di Polonia non si vergognano del rendere per prima lode a un guerriero quella di buon Cristiano. Impariamo da esse, e vergogniamoci noi della nostra fiacchezza a confessare una religione cresciuta nel pericolo, educata dal sangue del suo Istitutore, dal sangue di tanti martiri, dalle lagrime generose di tante anime nella mansuetudine forti. Se non si vuole che dal credere venisse a lui la fortezza e la tranquillità della morte, concedasi almeno che il credere non gli nocque a memorabilmente morire. Scrivendo *Muoio fucilato; non ho più che tre ore da vivere*, egli sente tutta quanta la vita e tutta quanta la morte; riguarda a quella, s'affisa poi nell'immagine di questa, e vi ferma tranquillamente il pensiero. Ordina a sè di prendere sonno, come i nemici suoi ordineranno ai soldati d'ucciderlo; ma egli certamente con più serena coscienza che loro. Quali i suoi sogni? Forse, nessuno; forse di guerra e d'affetto: certo, non di spavento. Quale, nel risvegliarsi, la sua preghiera? E' poteva rivolgere a Dio le parole che tutti i dì, al rinnovare l'offerta della grande Ostia, innalza il sacerdote cristiano: *Non perdete con gli uomini di sangue, o Dio, la mia vita. Nelle mani de' quali sono iniquità; la destra loro è ripiena di presenti; ma io nella innocenza mia procedetti. Liberatemi, e abbiate misericordia di me*. Poteva; ma non ne avrà pensato di simili, tutto raccolto nel chiedere perdono a Dio degli errori proprii senza rammentare gli altrui, perdono alla sua famiglia del lasciarla infelice. Non infelice se egli le lascia la bella necessità di seguire un esempio raro, le lascia la riconoscenza pietosa di due nazioni.

Benedice due volte ai figliuoli e alla moglie, benedice al cognato e alla zia: già levato con l'anima sopra le cose di questa terra, sente più soavi e più forti i vincoli santi che lo congiungono a chi rimane sulla terra a lagrimarlo e a combattere con la vita; li benedice nell'umiltà del dolore con quell'autorità augusta che al nome di marito e di padre è data non dal contratto civile ma dal religioso sacramento il quale fa della famiglia una cosa immortale e divina.

Le donne di Polonia, per tutta consolazione, invitano l'Italiana a prostrarsi alla croce con esse, use a prostrarlesi co' padri e coi fratelli, co' mariti e coi figli loro; use a rilevarsi di là con essi e portare alta la fronte contro il dolore e contro il pericolo, guardando al cielo e all'onore. Pregano sulla sepoltura dell'Italiano conosciuto da ieri, come hanno pregato (pur felici se potevano ritrovarla e discernerla) sulla sepoltura di que' ch'esse amarono dall'infanzia, e che dagli anni della florente giovanezza le amarono; come pregheranno sulla sepoltura de' cari loro ancor vivi, ma, ad ogni passo che fanno, aventi dinnanzi a sè aperta la fossa che abbraccierà i lor cadaveri sanguinosi. Nè esse, le gracili donne cristiane, con molli parole e con lagrime li ritrarranno dalla via del sepolcro: *Illum turbat amor, figitque in virgine vultus; Ardet in arma magis*. Dotte del soffrire rassegnatamente ma senza viltà, del trovare nelle tempeste del cuore la fermezza dell'anima; dotte dell'amare la patria infino alla morte, e con la patria la morte, esse ben hanno autorità d'insegnare a noi, novelli nell'arte del soffrire, che Dio solo può consolare i grandi dolori e dar loro veramente grandezza.

Uno scrittore che non ha cuore di femmina, indirizzava dianzi alla vedova in nome degli operai livornesi parole pie: — *E le nostre donne gli vorranno bene*; e finiva innalzando il pensiero a *Colui che affanna e che consola*, parole del poeta cattolico nel canto degno del grande capitano che volle morire cattolico, e che nell'esilio, sortitogli a espiare il torto del non aver potendo voluto beneficare Italia e Polonia e i popoli tutti, scrisse della divinità di Cristo alte cose, le quali onorano la mente e l'animo suo più di dodici vittorie vinte. Or domandate a que' prodi che in Polonia da un anno, avendo poche armi e poco d'umana speranza, combattono contro il rigore degli elementi e la rabbia degli uomini, contro la frode e la forza che li serra entro un muro di bronzo da cui fulmina fuoco incessante, contro le intestine discordie e i sospetti dissolutori, nemico più di tutti tremendo; domandategli se abbiano nutrite le loro indomite anime con Ernesto Renan o con somigliante pastura. Ai gentiluomini tratti in Siberia, ai vecchi padri orbati de' loro figliuoli, alle vedove senza pane e senza tetto, alle gentildonne umiliate sotto lo staffile de' Moscoviti, dategli, perchè non rinneghino sè stesse, perchè non bestemmiino la patria, perchè sappiano sostenere la morte e la vita, dategli leggere Ernesto Renan.

Muoio da milite italiano.... Vado a riconciliarmi con Dio; scriveva Stanislao Bechi a Giuseppe Garibaldi, dandogli del Lei con dignità di gentiluomo, annunziandogli la propria morte con pacatezza d'antico guerriero, raccomandandogli con fiducia riverente l'orfanata famiglia. *Vado a riconciliarmi con Dio.* La parola del lontano morente risuonerà, spero, al prode nell'anima; risuonerà più intima e più soave che le bestemmie di quelli tra' suoi partigiani i quali esaltando lo premono, per far le veci di quelli tra' suoi avversarii che malcauti lo esaltano deprimendo.

Alla vedova di Stanislao Bechi.

Pregiatissima Signora,

Vorrei che il poco ch'io fo, potesse davvero essere consolazione: ma Ella del buon volere s'appaga, perchè maestro di gentilezza è il dolore. Le appresta migliore conforto la rispettosa commiserazione di tanti; ma insieme impone a Lei l'obbligo d'adoprarsi acciocchè la vita de' figliuoli corrisponda alla morte del padre, che lascia loro una sacra, ma grave, eredità. Accólga, prego, Signora, gli augurii riverenti del suo....

A un Napoletano, che s'adoprava in pro degli orfani di Stanislao Bechi.

Il marchese Paolo Farinola, il quale abita coll'avo suo Gino Capponi, è il tutore degli orfani: a lui saran bene inviate le lire trecento. Godo che Napoli porga a questa povera famiglia segni di commiserazione operosa, adesso che alcuni della carità patria fanno, se non bottega, teatro o accademia. Ella, o Signore, coll'autorità del suo nome, procuri che sia seguito il nobile esempio; e accolga, co' suoi colleghi, i rispettosi ringraziamenti anche del suo....

A un giovane lucchese che scrisse di Stanislao Bechi.

Più prontamente che non potessi rispondere, ho letto, Signore, il suo discorso; e godo che in così giovane età Ella dimostri sentire così dignitoso. Consigli più autorevoli de' miei nella sua patria non Le mancheranno; ma Ella può consigliarsi col suo cuore stesso, che Le ha dettate quelle parole, le quali a me paiono quanto più semplici tanto di più vera bellezza: *Quante volte rimirò dolente la sua medaglia di Lombardia!* Ma quelle altre: *Amando più la libertà che la vita, s'uccisero,* Ella, ripensandoci, saprà rischiararle per modo che non paiano lode a coloro i quali dimenticano che la vita non è un giuoco da poter mandare a monte quando siamo in sul perdere la partita; e che l'uomo, non sapendo i destini della propria nazione nè i proprii, deve a quelli serbarsi, e coll'esempio della nobile sofferenza beneficare i presenti e gli avvenire, beneficarli forse con più frutto, e certamente con più merito, di quel che farebbe nel tripudio della libertà trionfante. Ella saprà meditare, limare, pregare; e così crescere buon oratore e buon cittadino.

D'un discorso greco recitato in Atene, commemorandosi le feste olimpiche. (Da lettera.)

Vegga se qui la Grecia moderna apparisca erede dell'antica potente breviloquenza; e se le prime dieci pagine di questa orazione non potrebbero stare in un periodo che a un bel circa dicesse così: « Di quegli antichi esercizii di cui la greca civiltà lasciò esempi in tutto il mondo e in tutte le età memorandi, addestrando i corpi insieme e gl'ingegni a vigore elegante, di quegli esercizii la Grecia risorta ravviva la libera imitazione in maniera che allo spirito diasi, come i tempi richieggono, importanza maggiore; e a me, suo umile figlio, commette che, interprete de' suoi rinnovati intendimenti, rammemorando le glorie passate, ne faccia preludio alle speranze avvenire. »

Umile figlio, sarebbe bugia europea più che greca. E io, perciò non mi sottoscrivo *umilissimo*, ma alla signora Luisa

Nel dì benaugurato di papa Callisto II

Dev.° TOMMASÉO.

Della parola Oscitanza.

Alla Sig.····

Ella ha ragione a domandare di che lingua sia la parola *Oscitanza;* giacchè non l'ha nè l'italiano di Dante nè quello di Sebenico, nè quel di Firenze, nè quel della Crusca, che non è sempre coll'italiano di Firenze una cosa. *Oscitazione* ha un altro dizionario nel senso di sbadigliamento, come i Latini l'usano: e dice che i medici chiamano oscitante la febbre che fa sbadigliare. I giornali si sono non senza perchè impossessati di questa parola; essi che rappresentano così la lingua della nazione come la coscienza; ma qui la coscienza loro propria gli insegnava la proprietà della lingua.

Ai Latini *oscitare* valeva altresì *boccheggiare* in genere, e quindi *starsene stupidamente svogliato*. Or con quanta ragione l'Italia presente debba, insieme con la carta-moneta, dare corso a cotesta voce; e, dopo sentitala boccheggiando, riceverla a boccabaciata, lo dicono a Lei questi esempi di Cicerone, ch'io traduco alla lettera. «In perizia di capitano pinzo, brillo, oscitante — Oscitante e sonnacchiosa sapienza — Fiaccamente e oscitantemente operare — Grandi calamità vi toccarono; al vederne di più gravi imminenti, sedete oscitante.» Il signor Giulio Le dirà che *oscitare* corrisponde nel proprio al greco *chasmào*, e *chasma* è abisso: e dall'abisso della noja prorompono gli sbadigli: e io Le soggiungo che nel latino hanno la radice medesima *sbadiglio* e bacio; e che il *musare* di Dante e il francese *s'amuser* sono forse fratelli in idea. Ma Ella sbadiglia come se leggesse un giornale italiano. Vada via; e mi saluti santa Caterina da Siena: la quale io giuro che non ha mai sbadigliato in sua vita.

Le donne italiane [1].

Fondamento e norma della città, è la famiglia. Or le famiglie più povere sono, in Italia così come dappertutto, le più virtuose: e ciò conferma essere nel popolo, non altrove, la principale speranza.

Quali le più tra le mogli de' ricchi, gli effetti cel mostrano; divorate dal vermine della noia, schiave degli umani pregiudizi, schiave di straniere consuetudini nel vestire, nel cibo, nel linguaggio, negli atti: in nessun nobile pen-

---

[1] Scritto nel 1833.

siero atte a trovar distrazione della propria miseria, non ad altro potenti se non a fiaccare l'anima degl'infelici che senza compassione stanno loro dintorno. Ed è questa la donna, l'angelo della consolazione, la rivelatrice all'uomo dei segreti dell'anima sua? Questa da cui dipendono la pace della nostra vita, il destino de' nostri figli?

Quali io le ho dette, no tutte non sono: e meno in Italia che in Francia: ma sono ancora troppe; son quelle che più traggono a sè gli sguardi, quelle che più s'aggirano nell'angusta sfera che dicesi alta società, dal cui rivolgimento è creduta dipendere la fortuna delle nazioni; quelle che pur talvolta pensano libertà, che sovente ne cianciano. E di libertà recano auspizi l'inerzia, la vanità, l'affettazione del male, la debolezza de' corpi, delle volontà, de' pensieri. Di libertà parlano; e menano in festa di danze e d'amori la vita, intanto che le migliaia languiscono, e torbido s'affaccia il presente, e lampeggiante fra le tenebre l'avvenire. In esse l'amore di novità è moda straniera: la libertà vagheggiano come divertimento dalle noie presenti, come solletico di voluttà.

Se i despoti ai più tra coloro che libertà vagheggiano, dicessero: « Libertà chiedete? L'avrete a un patto. Non
» più lusso insano, non più conversazioni stupide, non più
» quotidiano teatro. La più ricca e delicata di voi dovrà
» contar le ore con opere fruttuose, educare da sè i pro-
» prii figli, delle cose domestiche prendere cura; cercare i
» poveri come cerca ora i piaceri, beneficarli non solo col
» pascerli ma col farli migliori, beneficarli onorandoli di
» vero cuore; dovrà con la vita cittadina alternare la vita
» campestre; dovrà, compiuti i doveri, conoscere i proprii
» diritti, ed esercitarli, e insegnarli alla propria famiglia;
» e i diritti del povero ignorante, dell'oppresso ignorato,
» difendere; » se questo dicessero i despoti, e soggiungessero poi: « Chi nel nostro governo pacifico si contenta,
» avrà noie condite di rimorso, e sonnifere melodie, e pas-
» seggi immobili in cocchi eleganti, e diritto d'effemmi-
» narsi e imbestiarsi a grand'agio; potrà pascere di latte

» venale i suoi figli, e affidar l'anima loro ad anima ve-
» nale; potrà dai sudori del povero trarre alimento a pre-
» ziose vergogne; e potrà comprare l'oblio de' diritti con
» l'oblio de' doveri, e potrà disprezzarci, purchè si renda
» egli primo dispregevole, e ci porti in tributo l'ozio suo,
» le sue congratulazioni bugiarde, il suo codardo sorriso »
— se così parlassero i despoti, dite qual sarebbe la vostra
risposta? e quale la scelta?

Abito è, non impeto, la passione in costoro: son essi che la vanno frugando, la solleticano, invece d'esserne solleticati. L'intelletto dell'amore, l'affetto dell'amore, l'immaginazione dell'amore, non hanno. Il lungo segreto sospirare a un incognito bene; i fantasmi della memoria, per lontananza confusi e mutati in idoli aerei di speranza; que' sensi a cui le parole non bastano, ora così profondi, ora così alti, ora così tenui che sfuggono all'anima stessa di chi li prova; que' lampi di pensiero che mostrano un mondo interminato d'idee, come in un grido inarticolato o in un cenno s'asconde materia di parole innumerabili; que' fremiti di pudore che, se non abbelliscono, attenuano sin la colpa, e racconsolano l'anima errante nella coscienza di una non affatto smarrita dignità; que' piaceri innocenti che il cielo non nega anche a un amore non puro, e che sono i più ardenti, i più memorabili; que' moti repressi perchè non trovano corrispondenza neppur nell'oggetto d'un degno amore; e le soavi lagrime dell'amore che incomincia, e le lagrime amare dell'amore che teme dover morire, e le lagrime sublimi dell'amore che lascia l'anima vuota di sè, piena tutta di nuove rivelazioni e di nuovi dolori; quante sono di voi che per prova le intendano, sventurate? Quante di voi che possano farne malinconica consolazione ai lunghi e deserti anni senili, e scuola all'età giovanetta che sulle vostre orme s'avanza, e o disprezzate vi calpesta, o v'incalza imprecate alla tomba?

Incominciano (l'avvertiamo di buon grado), incominciano anco tra' ricchi alcune anime più gentili a arrossire di così misero stato: l'educazione si fa meno ignobile: la donna già sente essere chiamata anch'essa a nutrire l'indebolito spirito con più forti pensieri. Ma gli esempi (ripeto) son pochi, e (come la virtù sempre suole) modesti. Intanto la confusione degli ordini sociali che, operata dalla virtù, sarebbe massimo bene, operata dalla necessità o dal vizio, i mali nostri moltiplica. E gli stolti trastulli, la leziosa gentilezza, gli artifizi del male, si vengono dalle nobili alle ricche e dalle ricche a quelle che ricchezza ambiscono, e da quelle che ricchezza ambiscono a quelle che si vergognano della povertà, diffondendo. Non solo la passione è impedimento a virtù; ma l'imitazione, la vanità, l'avarizia, l'invidia. E queste miserie i' tacerei se alle miserie politiche non si riferissero come causa ad effetto; tacerei se quella parte della nazione ch'io sempre nomino con riverenza, non fosse da queste miserie ogni dì più minacciata.

La poveretta che, lieta del suo pudore, passava, guardando più a Dio che alle proprie sventure, dalla chiesa al talamo e dal talamo alla bara, s'infosca in desiderii rei, in sciagurate speranze. Ora tardati, ora fatti impossibili dalle ambite doti, e dal terrore della voragine coniugale, i matrimoni; ora precoci e immeditati, e dalla benedizione de' padri e dall'esempio delle madri non consacrati. Inesperta de' reciproci doveri e diritti, la coppia infelice si trova aggiogata, nè sa come o a qual fine. O la noia, o i sospetti, o la miseria, o nuove passioni che sorgono nel non soddisfatto animo, fanno procellosi i giorni, disperate le notti, tetri i dì festivi, ogni trastullo fonte di nuove amarezze: e, quel che non potrebbe la miseria estrema, convertono in abito l'infelicità, le smanie del dispetto in natura.

Oh chi può dire gli affanni che all'uomo e alla donna prepara un'educazione svogliata e improvvida, la qual non sa farci nè liberi con dignità nè schiavi con pace? Chi può dire quali sciagure minaccino un popolo dove il matrimonio non fosse più nè sacramento divino nè contratto leale nè traffico utile nè passione sincera nè breve giuoco; ma pur conservasse la dignità del sacramento, la rigidità del contratto, la terribilità d'una passione, la ridevolezza d'un giuoco?

La famiglia, ecco la vera costituzione della cosa pubblica. Quando la donna è schiava insieme e tiranna, schiavi a vicenda e tiranni non i principi solamente, ma i cittadini presso che tutti. Perchè, se i due mali, tirannide e servitù, non fossero insieme confusi, e non ne partecipassero governanti e governati; non avrebbero vita così tenace com'hanno: e se i re non ubbidissero al male, saprebbero non essere indocili al bene; se i sudditi non si compiacessero nel soverchiare e nel dispregiare i lor pari, dai re non sarebbero con tanto impudente vigliaccheria conculcati. E una tra le radici della schiavitù, ripetiamo, è la donna. Se nella famiglia non s'adempie l'antico precetto, che è pur sempre nuovo, l'amore; la libertà non può che accrescere agli odii licenza, e alle forze dissolventi efficacia. E laddove gli animi non reggono al peso delle domestiche cose, ogni peso che loro si soprapponga li troverà curvi e stanchi. Inetto a educare sè stesso, come potrà l'uomo aver cura sapiente de' figli? Divorata da inenarrabili e mal tollerati dolori la donna, come potrà far serena di sè la famiglia, nutrirla di coraggiosa e nobile sincerità, d'affezioni nè ligie nè prepotenti? Dove impareranno i figli la sapienza che sola fa grandi gli uomini, sola le repubbliche grandi, la sapienza del cuore? Piangiamo sui mali di queste creature infelicissime, perchè mali nostri; piangiamo sulla loro disperata e inquieta rassegnazione, perchè simile alla impotente inquietudine e alla forzata menzognera pace d'Italia.

Da tante calamità quale scampo? Uno solo. E l'ho già detto più volte. Vieto rimedio ma unico. Se tanto forti sembrate a voi stessi, da poter rigettare la religione come soccorso inutile; rispettatela, perchè la donna ha bisogno di pregare come ha bisogno di amare; rispettatela, perchè la religione sola ha fatto un dovere della felicità, del piacere una virtù, dell'amore una santificazione, della donna un angelo, della sommissione un trionfo, delle sue lagrime un inno, degli obblighi suoi le speranze della patria, de' suoi diritti i diritti del genere umano.

E qui, più che altrove mai, parmi luogo d'insistere sopra una verità che i politici di tutte le parti del mondo sembrano ogni dì più disprezzare; e ogni dì più manifesta ricevono del disprezzo la pena. Non ne' gabinetti e non negli accampamenti si librano i destini d'un popolo: no tanto non possono la frode o la forza, i capricci di pochi o le ciancie. L'anima della nazione sta nelle mani sue stesse: la politica sua s'esercita continua, onnipotente, nella chiesa, nella casa, nel cuore. Le più grandi forze della natura son le meno palpabili: le cause de' più moltiplici effetti son le più semplici nell'intima natura loro. Diplomazia, polizia, re, governi: fantasmi! Nulla è al mondo che sia vero e durevole fuor che la fede e l'affetto. Costituzioni, repubbliche, guarentigie d'ogni sorta, son forme, son colori, son mezzi. Con tirannici stenti e ire e terrori innalzerete un edifizio novello; e l'edifizio cadrà fatto in polvere dal sospirar d'una donna, dall'inciampare d'un pargolo, dal pregare d'un vecchio.

Sopra lo stesso argomento.

Dalle donne vennero ai popoli sempre e gravi impedimenti a libertà, e aiuti grandi. La donna italiana, d'ispirazioni capace, sapiente dell'ubbidire, sapiente del comandare ove occorra, è guarentigia a noi di men duro destino. Fin laddove gli uomini sono più corrotti e più deboli, quivi le donne sono men deboli e meno guaste di loro.

Ma l'istruzione imperfetta e male accomodata, sovente perverte l'educazione; e l'istruzione presente delle donne d'Italia è solletico al male assai volte. Si pascono di suoni, di danze, di fiacche letture, di ozii delicati· della debolezza dell'animo fanno un vanto, della irritabilità morbosa ai minimi dolori, una gioia; e intanto i veri dolori della patria, de' mariti, de' figli, del proprio lor cuore, non curano.

Men suoni, e meno danze: non sia rinchiusa nei collegi se non quando le cure materne le manchino, nè possano tenerne vece altre cure. Conversi con le sue pari; con gente del popolo, in presenza de' suoi; impari ad amare molte cose e persone d'affetto candido ed innocente. Le ore tutte alla donna sian piene, e in determinati studii partite. Le cure domestiche (e dall'infime ancora nessuna condizione rifugga, perchè nessuna condizione è libera da' bisogni a cui quelle cure soddisfanno; e giova saperli da sè soddisfare, per meglio essere liberi); i lavori; la lettura sobria; gli elementi di quelle scienze naturali che più a donna s'avvengono; i modesti esercizi ginnastici; i trastulli che possono addestrare la mente; ogni cosa rivolto ad un fine, ma senza che il fine appaia sempre tedioso, e sovrasti tiranno.

Abbiano tutte alle mani un mestiere che possa loro campare la vita: a taluno dei più facili tra gli esercizii civili si addestrino, e affrettino il tempo quando la donna potrà vivere la vita indipendente dall'uomo, potrà seco trattare da pari a pari; e per amore e per ragione e per dovere gli cederà, non per legge iniqua o per necessità ferrea; quando in molte funzioni della privata e della pubblica vita la donna potrà tenere le veci dell'uomo, ed essergli aiutatrice ed amica nel pieno significato del nobilissimo nome; quando il tempo di fare il bene le mancherà, non le vie.

Le mogli e le madri, e le figliuole e le sorelle de' governanti, hanno anch'esse il loro uffizio: uffizio di consolazione, di beneficenza, d'amore. L'educazione delle donne, la cura degl'infelici, gl'innumerabili doveri là dove la benevolenza ha principal luogo, affidati alla donna. Quando l'autorità delle donne non buone verrà scemando, sentiremo allora come l'autorità delle buone sia soave e potente. La donna è cosa ridicola insieme e orribile se non diventa un affare serio della vita.

Al signor Angelo Colombo.

Il *Genio del Cristianesimo*, s'io avessi a tradurlo, mi sentirei in debito di soggiungere a ciascun capitolo un nuovo capitolo, che riguardasse l'argomento in aspetti più poetici ancora, perchè più ampi e più alti; ma a tale lavoro il tempo mi manca. — Quel che i giornali dicono delle povere cose mie, non voglia Ella mostrare a me, se non quando le paia che l'onore offeso chiedesse una qualche risposta. Da tutto quello sproloquio di mal gusto che fu stampato in un'appendice costì, da tutte quelle donne antiche che tutti sapevamo, non s'intende qual grandezza di nuovi destini il critico creda serbata alla donna; se non fosse il seder deputata con un bambino al petto, o la gloria di maritarsi dinanzi al Sindaco, non per compiere un atto civile e in cosa lecita ubbidire alla legge ma per puerile dispetto del prete, o il privilegio di fare figliuoli anche senza il marito. — Al cenno della ...., non ho ancora trovato tempo a rispondere; e risponde assai la mia vita, e la vita di certi anonimi coraggiosi: ma risponderò per memoria, non per dare alle stampe, che sarebbe un troppo onorare certa gente, la qual vive dell'importanza che le si dà.

La donna forte.

Libro che dal francese tradussero le Allieve del fiorentino Istituto della SS. Annunziata. A Mons. G. Bini Accademico della Crusca.

Esercizio e di mente e di cuore e di stile Ella ha bene scelto alle gentili alunne di cotesto collegio meritamente in Italia accreditato; esercizio che a tutte le donne italiane, speriamo, sarà fruttifero, e con la lettura del libro tradotto e coll'esempio di simili traduzioni a cui possono e ne' convitti e nelle case private dar opera le giovanette. La *Donna forte,* quale rappresentasi qui, non è quella che fa le forze contro gli uomini e contro le cose, nè che si sforza a essere dappiù di quel che può facendosi altra da quello che deve: è la donna che riconosce, la moderazione degli atti e de' sentimenti essere condizione d'amabilità, così come la giusta misura richiedesi alla grazia della persona, e modulazioni esattamente osservate all'armonia de' suoni e de' canti; riconosce che vera grazia esteriore non c'è senza interno vigore, che la docilità è sapienza, l'umiltà è dignità, l'ubbidienza dona l'autorità del comando, il silenzio educa la parola, e diventa di per sè non rade volte eloquenza. Una legge di bontà risplende a lei nella mente; e illumina le opere e gli occhi e il viso di lei; onde il Savio la assomiglia a *candelabro* lucente nella sua casa diletta, non a fiaccola nojosamente fumosa, nè a tizzo propagatore d'incendii, alla cui vista non possono gioire che i matti.

Promettendo ch'ella nel *dì novissimo sorriderà*, il precettore poeta nobilita il detto, *Ben ride chi ride l'ultimo;* detto che volgarmente suol torcersi a speranza di ricatto amara e d'odio vendicato, ma che giova intendere in nobile senso, delle consolazioni serene serbate in premio al dolore patito valentemente, al bene perseverantemente operato.

Quello che da Salomone s'accenna della vigilanza operosa, rammenta i versi in cui Virgilio nobilita e purifica il colloquio tra Vulcano e la moglie, *quando il primo riposo, varcato già mezzo il corso della notte, ebbe vinto il bisogno del sonno, allorchè la donna a cui piace col fuso e colla sottile opera dell'ago tollerare la vita, ridesta il fuoco sopito sotto la cenere spenta, dando la notte al lavoro, e le ancelle esercita nel lungo cómpito al lume per poter casto serbare il letto del marito, e allevare i teneri figliuoletti;* dove il popolano Gentile non dirò che aggiunga una bellezza, sottintesa in questa pittura del re Giudeo, ma certo la esprime soavemente: *et possit parvos educere natos.* Il lavoro continuato al possibile, giova all'educazione de' figli col preparare a loro un retaggio migliore che di terra e d'argento, l'eredità degli esempi feconda e santa; giova a corroborare la tempera degli stessi genitori, e a far nascere parti più sani, e a fornire le forze richieste al patimento del ben allevarli. Il verso meritamente ricantato: *Incomincia, o pargoletto, a conoscere col sorriso la madre; dieci mesi alla madre recarono noja di lungo patire*, comprende nella maternità la malattia pericolosa del puerperio; ma può distendersi con larghezza ancora più affettuosa, e ci fa ripensare che *longa fastidia* son quasi tutti i giorni alla povera madre, la qual non ne chiede in compenso se non il sorriso riconoscente della sua creatura, compenso che le è tante volte negato. Ma questa, dell'educare sè stessi, anche corporalmente, per essere genitori di prole sana, e preparare alla patria una famiglia non fiacca e non infelice, è cura da avere a cuore più che non s'abbia oggidì. E que' figliuoli che da' maggiori redavano buona struttura a reggere la fatica, a prevenire il male e il pericolo, o a superarlo, dovrebbero con più riconoscenza ricordarsi di questo inestimabile benefizio, e, ogniqualvolta ne risentono in prova gli effetti, ringraziarne coll'anima chi non è più sulla terra.

La donna forte di Salomone attende anco a' traffichi, intanto che il marito consacra parte del suo tempo alle utilità della patria; e il più sicuro de' traffichi, sì moralmente e sì civilmente, è collocare i risparmii fatti colla domestica industria nella coltura de' campi. *Del frutto delle sue mani ella ha piantata la vigna:* fatta così, la madre di famiglia, pianta feconda essa stessa, valente non tanto a dedurre da guadagno, fonte di guadagno, quanto a far pullulare da fatica merito di fatica. Così la ricchezza legittimamente accresciuta è frutto che, a maturarsi, richiede e il tesoro del tempo e l'umano sudore e le pioggie e il sole di Dio; e pur lo spremerlo costa lavoro, e la custodia non ne è senza cure, e non senza virtù il parco usarne non a ebrietà nè a stravizzo, ma per confortare le membra languenti e concelebrare la gioja de' dì solenni in seno alla concorde famiglia. Per traffichi virtuosamente esercitati le italiane repubbliche crebbero, da farsi di tutta la famiglia terrestre benemerite educatrici: e allorchè questa sorgente o per cupidigie s'attossicò, o pestifera stagnò per ozio, la grandezza d'Italia perì. Ma se non a tutte le famiglie odierne è dato poterla a proprio vantaggio riaprire; a tutte, anco alle men ricche, è dato imitare la donna forte del Savio, quando provvede al benessere de'suoi domestici e al sollievo de' poveri. *Domestici* e i congiunti e i serventi, non a caso già intitolati famigli, titolo dalla corruzione de' tempi vituperato, così come quel di *domestico,* inteso francesemente, ha perduto l'originario valore. E, dicendo: il sollievo de' poveri, intendesi che la donna coll'intelletto del cuore può meglio discernerne le stringenti necessità, e que' bisogni di convenienza, i quali non sempre sono fittizii e morbosi e bugiardi, ma appunto il sentimento tenero della figliuola buona e l'avveduto della esperta madre può senza nè credulità nè freddezza commisurare a ciascuno di quelli il sovvenimento, e giudicare quando e' siano di compassione meritevoli, e come. Ben dice il libro, che alle giovanette di Poggio Imperiale dobbiamo tradotto, ben dice che d'assai cose che sfuggono all'occhio dell'uomo, si addà nel suo spirito delicato la donna; e questo può specialmente giovarle nell'arte del consolare e dell'educare.

A tutto quel che concerne il Bello, il bello sovrano, che è verecondo e severo, non è la donna, quanto dovrebbe, educata oggigiorno. Quindi il gusto depravato, le mode imitate con goffa e dispendiosa servilità, la smania di divertimenti scipiti e grossolani, l'affettazione delle maniere, l'ineleganza del linguaggio che mal correggesi colla ricercatezza, e quella smania dell'esagerato e del falso, la cui prurigine è stuzzicata da letture straniere; onde poi, come gli avvezzi a liquori inebrianti, più non si gusta nè intendesi la fina arguzia, l'amabile schiettezza, la grazia modesta. E queste lodi della donna forte ci porgono di bellezza letteraria un esempio imitabile; perchè qui narrando si consiglia e si insegna, si dipinge e si canta. Noterò solamente le liriche mosse di verso la fine, come nel sentir questo passo riletto dal sacerdote nelle messe che commemorano donna santa, mi viene con sempre nuova ammirazione notato. Detto di lei che i figliuoli e il marito *sorgono* a benedirla, il poeta si volge a lei stessa: *Molte figliuole hanno adunato ricchezza; tu le hai vinte tutte.* Segue all'apostrofe la generale sentenza: *Fallace la grazia, e vana è la bellezza; donna che teme il Signore; essa avrà lode vera.* Poi si volge a quanti hanno in cuore una lode affettuosa da rendere, a quanti hanno un premio da onorare i benemeriti: *A lei date del frutto delle sue mani;* non più di quel ch'ella si è guadagnato; datele di quel che è suo non tutto, chè tutto voi non potreste; voi così ricchi non siete; e parte della propria ricchezza, essa la ha già con la carità e con l'esempio in voi collocata. Da ultimo un'altra voltata lirica ancora: *Lodino lei nel cospetto degli uomini le opere sue.* — Rammenta la bella locuzione del poeta italiano: *La vita il fin, e il dì loda la sera;* rammenta quella più alta bellezza del poeta maggiore: *Senza risponder, gli occhi su levai, E vidi lei che si facea corona Riflettendo da sè gli eterni rai.* Perchè la virtù è sola degna corona a sè stessa, in quanto la luce proviene dall'alto, e, accolta in lei degnamente, le si forma in aureola, la adorna e la vela. Il testo dice: *Lodino lei sulle porte le opere sue;* perchè quivi all'aperto rendevasi la giustizia senza anticamere nè uscieri più duri di porte ferree; e dinanzi alle mura eran alberi; e appiè d'un albero anche i vecchi re di Francia rendevano giustizia, che i vecchi Italiani chiamavano non a caso *ragione*. E scrivendo questo accenno alle porte, il figlio di Davide avrà forse pensato al libro di Rut, alla vedova cara, che Obed sposava prendendo a testimoni gli adunati alle porte della città di Betlemme; e Isai ne nacque, il padre del pastorello, a cui troppo caro costò la corona di re.

Lo studio del tedesco [1].

E perchè una lingua, anco che fosse delle men belle, è di per sè stessa un tesoro, massime se lingua coltivata da uomini dotti e civili; io non dubiterei di consigliare agli stessi Italiani, e anco alle donne, che studiino meno di francese, e un po' più di tedesco; sì perchè c'è altro da leggere che il codice austriaco, sì perchè quella favella può farcisi, se non arme a offendere, scudo a difenderci; e giova e bisogna fare intendere le proprie ragioni agli stessi nemici o per convincerli o per ammansarli (dacchè anco alle bestie brute cerchiamo di farci intendere con linguaggio appropriato); giova e bisogna sapere quel ch'essi dicono tra loro contro noi, e taluni per noi. Non è più il tempo che l'Italiano possa chiamare barbari e paria e profani tutti i figliuoli del primo padre che non sono Pelasghi; ma il barbaro, se così piace dirlo, che intende e la nostra lingua e la sua, è anche in ciò più avveduto e più forte di noi, e de' nostri archeologici e rettorici primati si ride.

DELL'ISTRUZIONE.

Dialoghi di Raffaele Lambruschini. (Lettera all'attore)

Dal vostro libro si vede che voi cominciaste a pensare e operare e scrivere prima che si sedesse in cattedra questa che voi ben chiamate pedagogia faccendiera. Voi volete non professori da scena, accattatori d'applausi, e che aspirano alla perfezione d'avere una coda per dimenarla adulando gli uomini imbestiati, cioè sè stessi; volete ma-

---

[1] Frammento che gli editori non osarono stampare in un articolo che feci innanzi il 1859; ma adesso, io veggo il mio desiderio soprabbondantemente esaudito; e il figurino delle mode grammaticali, estetiche, filosofiche, essere in Italia docilmente studiato, e qualche femmina intedescarsi più che non sogliono le donne tedesche di senno. Servilità, ch'è gastigo a chi della libertà non sa fare buon uso.

dri sul serio, cioè, a dire, alla buona, non già che imparino a recitare la parte, e a biasciarla o declamarla in attitudini sguaiate e con noiose cantilene; volete educata la fantasia coll'affetto e con la ragione, che non sogni, che non deliri, che non si metta a combattere con le cose e coll'intima coscienza. Voi volete educata l'attenzione, cioè che l'uomo sin da' primi anni ubbidisca alla legge comune del vivere, la qual sola rende onorato e comportabile il vivere, la fatica; ma con ciò non intendete ingiungere il travaglio é il tedio dell'analisi, che disperde, non esercita, le facoltà, che fa schiave del metodo le intelligenze, che mette l'educatore e l'educato sotto una campana di vetro, fuori dell'aria libera e sana, e gli vieta porre a profitto quelle opportunità, sempre nuove, del mondo esteriore da cui deriva non solo ammaestramento continuo ma ispirazione incessante. Voi non credete che l'occhio s'acuisca stancandolo in osservazioni microscopiche o abbarbagliandolo con luce importuna; voi non fate del gas e del petrolio e dell'elettrico i supplementi del sole e i nemici; voi non interdite nè a voi nè al popolo misero i conforti della bellezza immortale: e, vedendo che tristo uso faccia delle ali proprie la ragione incredula spennacchiandosele, altera dello strisciare alla terra, riconoscete che i voli dalla fede sorretti insieme e moderati, sono alla nostra natura conforto, diritto, necessità. Voi sapete il valore de'fatti; ma non restringete lo scibile ne'fatti d'un genere solo; non ammettete che da quelli si possa cavare quanto in essi non è, cioè a dire che scientificamente si fantastichi e impazzi. Nel vostro pensiero gli è un fatto, che l'intelletto umano contempla alcuni aspetti del vero, non può tutti da sè comprenderli, ma può quel che manca integrare con certe norme di senso comune e di tradizione; le quali sono a lui guarentigia, e trovano conferma mirabile nel linguaggio usitato da tutti gli uomini viventi in società ben composta, e dagli scienziati increduli con goffa barbarie violato. La chiarezza della vostra parola comprova la verità delle cose che dite; il modo vario dell'esporle presenta l'unità del principio in maggiore evidenza. Io vi ringrazio che abbiate condotta a buon termine quest'opera buona; e voi ringraziatene Dio benedetto.

La famiglia del letterato.

La casa de' Gozzi, al dire di Carlo, era uno spedale poetico; la letteratura ivi entro; una quasi epidemia. Giacomo il padre, uomo buono, e largo spenditore in cani e in cavalli e in altre cose, mise in collegio i due maggiori, Gasparo e Francesco, chè le facoltà domestiche ancora glielo comportavano: a' due minori non fu a tempo; ma Carlo, e taluna eziandio delle femmine, si sentivano presi dal medesimo male nelle adunanze letterarie tenute in casa, ove doveva recitare versi o cosa simile anche Giacomo il padre: del quale e del figliuolo Francesco, che insieme con Gasparo dicesi Bergamasco, ne ho trovati in una Raccolta per nozze del conte Francesco Grimani e di Cecilia Algarotti, sorella all'amico del re di Prussia. E in una Raccolta del tempo ho trovato versi d'Angela Tiepolo, ch'è forse la madre; e versi di Marina Tiepolo Gozzi, ch'è non so se la zia o la sorella; e versi di Girolama Gozzi che poi fu moglie a un Corner. Dagli avi del padre, da' zii, dalle zie, una vena, tuttochè scarsa, passò ne' figliuoli di Gasparo nostro; due de' quali, l'abate Giambattista e Francesco, lasciarono il nome loro in alcune di quelle Raccolte da me solo fra tutti i mortali scartabellate più o meno d'un secolo dopo uscite alla luce.

E poichè siamo nella genealogia, accennerò che delle cinque sorelle di Gasparo, Chiara, la più giovane, andò monaca nel convento degli Angeli in Pordenone; Laura, maritata ad un Renovati nobile d'Adria, fu ava d'un'altra Laura, la quale è morta dianzi, lasciando cenventimila lire a fondare un ospizio di poveri; che Carlo, minore di più di dieci anni, non ebbe moglie; che d'Almorò o Ermolao vive un nipote, portante il nome di Carlo Gozzi; che dei cinque figliuoli di Gasparo le tre femmine ebbero figliuolanza, la qual vive ancora; il prete morì in età giovane; Francesco ebbe tra gli altri un figliuolo, Gasparo di nome, il qual vive nella terra di Mestre.

Ora tornando centottant'anni addietro nella casa del conte Giacomo, importa cercare quivi, innanzi ancora che Gasparo nascesse, l'origine delle sue pertinaci sventure: la quale a me pare che sia il matrimonio d'un nobile uomo del Friuli con una gentildonna della città dominante. Chi ha punto osservato l'esito de' matrimoni disuguali, saprà immaginare qual disordine dovesse portare nella testa e nella casa d'un nobiluccio di provincia splendido per natura, sbadato per letteratura, una moglie avvezza alle pompe oziose, a' comandi assoluti, all'ineguaglianza nelle abitudini, nell'umore, e sin negli affetti: una moglie che lo fa ricco di nove figliuoli; che non sa vivere in compagnia nè sola, che non intende ragione del risparmiare, perchè nacque di quella pianta di che si fabbricano le dogaresse; che, per privilegio de' natali, pretende d'avere nel patrimonio comune un patrimonio suo, un governo domestico nel governo; donna insomma che condiscende a essere moglie, e ne esercita saporitamente i diritti, ma non indovina gli ufficii di consorte. Quando sentiamo da Carlo, che un memoriale richiedevasi in quella casa per ottenere un ducato o un pajo di scarpe; che la madre, del resto buona, aveva, per vizio di sangue, in predilezione certuni de' suoi figliuoli; e nondimeno, con impostura da illudere forse sè stessa, diceva: *Tagliatemi un dito, mi duole; tagliatemi un altro dito, anche quello mi duole;* quando leggiamo nelle lettere dell'infelice Gasparo, com'ella fino agli ultimi anni volesse aver beni da amministrare per sè, e facesse contratti furtivi per frodare il suo proprio figlio e i figliuoli del figlio suo; ci avvediamo allora che le tribolazioni dell'Osservatore incominciano in radice dal giorno che il conte Giacomo mise gli occhi addosso a quest'Angela discendente di Bajamonte; ci avvediamo come Gasparo, il quale lasciava in eredità al figliuolo tanto d'averi quanto servisse a famiglia maggiore della sua, non poteva mai dirsi povero, ma sempre impicciato e de' proprii e degl'impicci paterni. E se la lettura del presente scritto giovasse a persuadere che a nessun uomo, anche nobile, si conviene tor moglie femmina che sia o si creda punto punto più nobile di lui, massimamente se cotesto infelice è per maggiore infelicità letterato; non avrei spesa indarno l'opera mia.

Seconda piaga del Gozzi, dopo la madre gentildonna, fu la moglie letterata; Luisa Bergalli, nata nel 1703 in Venezia, e discendente da un calzolaio piemontese; acciocchè nella casa di Gasparo s'unissero, con le due estreme condizioni sociali, due delle estreme contrade d'Italia; a quel modo appunto che la vita di lui, alternata tra la città e la campagna, tra la ricchezza e le angustie, tra i versi e i conti del grano e del vino, doveva delle incomodità stesse giovarsi a esercitare e affinare l'ingegno. Luisa Pisani Bergalli, tenuta a battesimo da patrizii che le diedero il proprio nome, ebbe i primi insegnamenti dalla pittrice rinomata a quel tempo in Europa, Rosalba Carriera, poi da Caterino e da Apostolo Zeno; e per la coltura dell'ingegno, rara in donna segnatamente povera, sparse tal fama di sè, ch'ebbe inviti di Milano, di Roma, di Polonia, di Spagna: ma più onorevole titolo la aspettava, di moglie a Gasparo Gozzi. Di ventitrè anni stampò una tragedia, e anche gli scelti componimenti poetici delle rimatrici d'ogni secolo; di venticinque anni un'altra tragedia; dai ventiquattro, mano mano fino ai trenta, Terenzio tradotto; di trenta, una commedia dedicata all'illustrissimo signor Jacopo Antonio Gozzi con queste parole:

« Sig. sig. Padron mio Colendissimo. — Ha per l'ap-
» punto un anno che mi faceste comando, Illustrissimo
» Signore, di scrivere una qualche commedia: e ciò che
» non mi lusingava di potere ottenere per forza di mio
» proprio istinto, mi venne fatto per volere di un vostro
» cenno. Ella è questa intitolata, *Le avventure del poeta;*
» delle quali, guardando in un certo modo a me stessa

» d'intorno, mi prese talento di scrivere. Se, quando mi
» uscì dalla penna, fu da voi gradita ed accolta (ciò che
» bastami per non crederla affatto indegna di comparire);
» non vi dispiaccia ora di mostrarmene aggradimento, ora
» che al vostro nome l'esibisco e consacro. Non so, poi,
» se l'antica servitù ch'io tengo presso voi, e principal-
» mente presso la N. D. Sig. Angela Tiepolo, intendentis-
» sima e generosa vostra consorte, deggia tentarmi a scri-
» vere, o piuttosto tacere, le vostre prerogative. So certo
» che, s'io ne parlo, si dirà forse che gli obblighi miei, e
» quella particolare inclinazione onde per tutta la vostra
» casa son io portata e disposta, son le ragioni che così
» vivamente animano le mie parole, e che tanto ad in-
» nalzarvi m'insegnano... Permettetemi dunque ch'io dica
» come, d'antichissima nobiltà potete vantarvi, cosicchè fu-
» rono i vostri, quelli che diedero i primi fondamenti alla
» Repubblica di Raugia: il che basti sapere per credere
» che fossero uomini di generosità e valore dotati, com'es-
» ser debbono coloro che a dar principio ad un qualche
» stato si pongono. Di là passati furono tra noi ed ascritti
» alla nobiltà di Bergamo; le cui storie non sono scarse
» delle loro imprese e delle loro lodi. Quel di che più mi
» consolo, è l'aver a vedere la vostra famiglia sempre più
» che mai stabilita nel suo splendore e nel suo decoro,
» mercè la bell'indole e l'ammirabile talento de' vostri, an-
» cora giovanetti, figliuoli. Tanto merita il vostro savio
» genio, e l'indicibile bontà vostra; alla quale raccoman-
» dandomi, do fine e mi dichiaro... »

L'*inclinazione particolare* che la signora Luisa *sente per tutta la casa* del signor Giacomo, e le lodi che dà *alla bell'indole e all'ammirabile talento de' suoi giovanetti figliuoli*, dicono assai che la dedica andava non tanto a Giacomo, uomo generoso, quanto a Gasparo, sulla cui fresca età di vent'anni la Musa di trenta aveva già fatto assegnamento. Tanto più, che maestro alla Luisa era Antonio Sforza, parroco di San Jacopo a Rialto, amico di Gasparo, che lui, morto, pianse insieme con essa, non ancora sua moglie.

Più di due anni par che durasse l'amoreggiare; dacchè nel trentasei troviamo il giovane fattosi difensore di una traduzione tentata, se non erro, dalla Bergalli delle tragedie del Racine: e nella difesa apparisce non solo l'acume dell'ingegno esperto già dello stile, ma insieme un certo calore d'affetto.

Nel trentotto troviamo l'onesto giovane ammogliato per *una geniale distrazione poetica* (dice Carlo), ammogliato con questa donna di trentacinque anni, non brutta, a giudicare dal ritratto posto in fronte al Terenzio, ne' lineamenti piacevole, vispa negli atti, nel collo ben fatta, ma, com'è vezzo delle donne sapute, soverchio ardita.

Poco prima delle nozze, a quanto pare, diè fuori le Rime pietose di Gaspara Stampa, con giunta di rime di vari (rime accennanti all'edizione, come usava allora); e, tra gli altri, di Gasparo. In un sonetto di lui sono questi due versi: « *Se spesso di pietà le stelle scarse Non fosser là 've s'ama oltre misura.* » E in un secondo questi altri: « *O pure note, or chi v'ha intorno sparte, Lassa, miglior destin d' Eco non ave: E sol rimaso è il suon vostro soave, Nato di lei, distrutta a parte a parte.* »

Negli anni dell'amore, compose Gasparo un *lungo canzoniere petrarchesco* per lei, che, fattagli moglie, *ne lo retribuì*, dice Carlo, con cinque figliuoli. E di lì a poco, peggiorando sempre le cose domestiche, lasciarono la città per ritirarsi co' genitori a Urbinale, villaccia allora sgradita al nostro, il qual pure, se non erro, ne attinse quella freschezza e vivezza di stile che lo distingue tra i suoi coetanei. E venuto a vecchiezza, doveva poi sospirare quel verde e quell'ombra. Questo però è da soggiungere, come attestato dal fratello Carlo: che i disordini famigliari incominciano prima ancora che Gasparo divenga capo di casa; e si aggravano appunto dal non saper lui esser capo davvero, e dall'abbandonare le cure alla moglie, famosa per le sue *poetiche bestialità*, e per *l' amministrazione pindarica*. Aggiungasi la madre che spadroneggiava dalla sua parte; aggiungasi il padre paralitico, vissuto così fino al marzo del 1745: e si conoscerà in che maniera Gasparo, *martire indolente, lepido anche con la febbre, e filosofo per quanto si può esser filosofo,* passasse la vita. Se crediamo al fratello, e a certe lettere dell'uomo stesso, *una sua conversazione geniale* fuori di casa (ma questo dopo circa anni quindici di matrimonio), inacerbiva l'animo della moglie, la quale, tra la gelosia e la poesia, poco poteva badare ai fattori, malcuranti dell'arte de' poeti, « *Che bevon sempre al fonte d'Elicona, E non mangiano mai* (1). »

Ora, per continuare la storia di questa povera donna, dirò ch'ella visse fino al luglio del settantanove, se non teneramente amata, rispettata sempre, sempre provvista del bisognevole, e fin nelle sue bizzarrie secondata. Ch'egli le condiscendesse, anco in cose dov'era meglio resistere, questa sia prova tra mille: che nel 1758, essendosi pensata, per racconciare le faccende domestiche, d'accollarsi l'impresa del teatro a Sant'Angelo, il marito non disse di no: ch'anzi fornì e traduzioni dal francese in verso e in prosa, e drammi di suo. Ma, com'era facile prevedere, il nuovo traffico fu nuova rovina.

Venne nello stesso anno a Venezia la signora di Bocage, chiaro nome a quel tempo: e Luisa tradusse le *Amazzoni*, e Gasparo il *Paradiso perduto*. Le *Amazzoni* poi diedero al buon Goldoni l'idea della sua *Dalmatina*. Così la moglie del Gozzi, uomo d'illirica origine, traducendo un dramma francese, destò in un Veneziano il desiderio d'onorare la gente illirica, che di lì a quarant'anni doveva provarsi invano di salvare Venezia dall'armi francesi, e poi combattere anch'ella sotto le armi francesi altre genti di sangue slavo: e dovevano donne di Dalmazia, fatte mogli a Italiani e a Francesi, per diverse regioni d'Europa peregrinare. Raccontano che, essendo la signora di Bocage andata a ringraziare la Gozzi, la trovasse che stava a scrivere con indosso una schiavina, e

---

(1) *Avventure del poeta*, 1, 4.

in capo (perchè le tenesse caldo) la parrucca del conte marito; la quale doveva dare assai strana sembianza, all'età di cinquantacinqu'anni, a que' lineamenti neppure in gioventù femminili.

Raccontano anche della sua sbadataggine; che, traducendo o in nome del marito o in proprio dal francese, per guadagnare otto lire venete, cioè quattro franchi circa, al foglio di stampa, ella scrivesse, nel bel mezzo delle cose tradotte, le parole altresì che udiva o che rispondeva alla gente di casa; e che i generi suoi andassero poi levando le glose mescolate col testo. Infino al 1773 trovo nelle Raccolte componimenti di lei, che non ne sarà certo ristata se non per morte.

La pedante.

Pensa a sè stessa sempre; sè stessa ammira e compiange in altrui; ha dolori, virtù, difetti, purchè la facciano risaltare. Non piange, piagnucola; carità patria non sente: la compassione meno. Per non pensare ai dolori altrui, mostra di rimbrividirne. Parla di libertà, e fa fatti servili; deride la nobiltà, ed è patrizia in cuore; scherza contro i re, e ai piaggiatori de' re s'inchina. I figliuoli le sono pretesto a lodarsi, e come specchio. Agli amici ineguale, secondo non l'umore ma la vanità. Ha sentimenti spontanei; e non li esagera, ma li guasta col linguaggio affettato, micidiale all'affetto. Il linguaggio, fetido non d'arte, ma, peggio, di scienza. Non vede in natura che coleotteri, dicotiledoni, mammiferi, gas. La dignità umana non sente, nè il pudore di donna. Conosce l'amicizia di testa; l'amicizia e l'amore ammazza per farne notomia; poi chiede risuscitino. L'amicizia vuol terra terra, la probità in prosa, e conservata in salamoia di termini tecnici. Odia il volgo profano. Fa doni, ma miseri, che pur le costano perchè gretta. Ogni cosa sua le par grande. Immaginazione poca ha; poca fede: macchina critica. Giudica giusto i giudizi altrui; e le opinioni che aveva essa, in altri deride, perchè derise da molti. La Bibbia, purgata che sia di molta scoria, ha per buon libro. Eccetto la Trinità, l'Incarnazione, l'Eucaristia, e altre cosette, è cristiana. Permette a Dio che sia: ma, non sentendo d'aver con lui comunicazione, non prega; cerca chi in questa comunicazione la metta. Legge e compone, e fa versi; la poesia non sente: ma sente l'Alfieri. Disegna: ma la bellezza dell'invenzione e dell'espressione non sa che signifchi. Sorda alla musica: scrive il francese. Sa qualche parola di zoologia, di mineralogia, di craniologia ossia di scheletro. Della storia intende la cronologia meglio che il resto. Ora pare ingegnosa, ora imbecille; è donna logica. Ai celebri si attacca, li rivuole, li dissuga, li spossa. Gl'ignoranti dispregia come Giudei; nota a viso i loro spropositi, li fulmina di scienza. Ascolta sè, non chi parla: in luogo d'altrui o della verità mette sè. Alla facezia tira sempre, non c'imbrocca mai. Pronunzia impacciato: scrive grave: ride forte o sogghigna; il sorriso non sa. Si dice vecchia, e si sottintende giovane; parla dell'antica sua bellezza e de'trionfi: fa le viste d'amare, credibili se non parlasse. Ha denti bianchi; viso impachiucato; nè occhi, nè collo, nè fronte. E pure ha acume e ingegno e anima e sapere abbastanza; ma, perchè sa d'avere quel c'ha e si crede più che non sia, perchè si rannicchia in sè e stende le braccia non per abbracciare con affetto ma per comprendere l'universo, è misera. Maligna non è: tanto pregio copre tutti i difetti.

Parte V. - L'INGEGNO

Degli studii che più si convengono alle donne.

Vissero in molto più numero donne benemerite di bella fama ad uomini, che uomini a donne. Più sovente la donna è ispiratrice di nobili azioni, che istigatrice di ree. Tra l'uomo e la donna è quella differenza che tra la forza del fare e la virtù del patire. Dalla quale virtù l'intelletto femminile acquista talvolta rapidità e chiarezza tremenda; perchè fortemente associate sono le idee quando le stringe il vincolo del dolore. La memoria delle cose patite è piena di fantasie vive, di sentimenti potenti, verso i quali ogni raziocinare della scienza è zoppo e infermo. La ricchezza dell'esperienza e la sicurezza del senno non vengono nè dalle molte cose vedute nè dalle molte lette; ma vengono dalle meditate col cuore. Or la donna, nella soggezione perpetua, nella gracilità delle membra che fa più ferventi i voleri, nelle apprensioni del male incerto che la scuotono più angosciosamente della certezza stessa, ha più agio a meditare il suo patimento, a riguardare da tutti i lati le cose importanti, a conoscere la necessità d'una più che umana ispirazione che la illumini dentro e consoli, a invocarla, a sentirne nell'anima l'avvenimento. Ell'ha più solenni, perchè più raccolti e più inaspettati e non dimostrabili con parole, i piaceri e gli affanni. La sua vita è sacra a due grandi ministeri: l'ubbidienza, e l'amore. L'amore, quest'alato figliuolo della libera volontà, diviene alla donna legame talvolta terribile d'ubbidienza: e i desiderati effetti dell'amore la traggono di tanto in tanto vittima volontaria al limitar della morte. Il letto e l'altare, la culla e la bara! Quella stessa candela ch'arse il dì delle nozze, anderà forse all'agonia tua: quel prete ch'oggi battezza il tuo bambolo, di qui a un anno forse seppellirà tuo marito.

La battaglia degli affetti le è fatta più forte dalla sua debolezza: l'occupazione del pensiero è fatta più intensa dall'ozio della vita. Donna non angustiata dal bisogno di pane, e non levata sopra le cose terrestri dall'amore di Dio, non ha altro a fare nel mondo che ripensare a' proprii desiderii e destini. E ripensare con pensiero continuo anco le gioie, è terribile cosa. L'anima a tale sforzo non regge: o il tedio la piglia del bene presente, o timore che il bene fugga. E col timore di perderlo, lo perde già; e, nel goderne, di goderlo dispera.

I timori e i tedii dell'uomo, distratto da cure varie, contento della civile sua potestà, tutto inteso a abusarne o a disfarsene; i tedii e i timori dell'uomo non sono a que' della donna quasi mai comparabili. L'uomo non sa quale amore sia l'amor di sorella; non sa come donna giovane, ignara della vita e degli uomini, si stringa al figliuolo della madre sua, all'uomo che Iddio le mise vicino, compagno indiviso de' suoi sorrisi e delle lagrime prime, bello d'innocenza e di giovanezza. E quando gli anni preparano il tenero corpo all'uffizio misterioso del continuare la specie, e quando il primo amore batte alla porta dell'anima dubitante e confusa, e quando le cade dal capo la ghirlanda verginale, e quando nel seno della fanciulla palpita la coscienza di madre; e quando col proprio sangue ella nutrisce un'anima nuova; e trema per essa, gioisce per essa, pensa e muor vivendo per essa; che può egli mai l'uomo immaginare di tante dolcezze accorate, di tanti esultanti timori, di tante mutazioni rivelatrici?

E non è senza provvido consiglio che rari alla donna siano dati nel suo sesso i conforti dell'amicizia: perchè l'intimo e il supremo di certi sentimenti debbono nell'anima femminile rimanere come in sacrario riposti, e aura non ne giungere neppure ad orecchio d'amica. Dal silenzio ha grazia il pudore, potenza l'amore, sublimità le parole; e chi molto tace, sa dire di molto. Tra le donne, proverbiate per vana loquacità, è men dannoso cicaleccio assai, che tra gli uomini: e men uomini che donne mostrarono nel cimento il coraggio del tacere. Il qual tesoro di cose ineffabili ch'è nell'anima loro, e d'osservazione raccolte nell'ore memorande del vivere, le fa nelle cose del cuore, ove occorra, parlatrici possenti. Son buoni della donna i consigli, perchè l'esperienza sua è illuminata d'amore, perchè le osservazioni raccolte da lei sono attinte non dalle carte o dalle fredde labbra degli uomini estranei, ma da' baci delle persone amate, dal suo sangue materno, dal latte del suo proprio seno, dalle lagrime de' proprii occhi suoi.

Ci racconti dunque la donna non tutto quel ch'ella ha sentito (che tutto già con parole non si può), ma quel tanto che valga a insegnare al suo sesso forza, al nostro umiltà, a' parvoli affetto, pudore agli adulti. Studiino le donne ne' libri tanto quanto bisogna a dire con proprietà e con chiarezza parte di quel che sentono in cuore; imparino a fare interi i concetti proprii, non a rubacchiare gli altrui, o a ripeterli infiacchiti e rimpiccoliti. Nè il pensiero uccida o intormentisca l'affetto: l'arte non costringa ma faccia più snella ne' moti suoi liberi la natura. Quando la letteratura o la galanteria o la politica o la miscredenza estinguono nell'anima femminile la fiamma avvivatrice delle schiette parole e de' subiti moti; la donna, per dotta e arguta che sia, diventa non so che di schifoso da mettere ribrezzo e pietà: peggio che cadavere, mostro. E in tutto in tutto, la non cessa però mai d'essere donna; ma in lei gl'impeti schietti e generosi si fanno sempre più radi, e la misera se ne vergogna come di debolezza, e talvolta li teme quasi più che il peccato. Come mai paragonare l'umiltà dell'ignoranza sincera ai fastidii della scienza fetente? Il libero sereno del cielo a una stanza coperta di pitture chinesi?

> Sorge più bello in solitaria balza
> L'arbusto; e in suon più vivido il ruscello
> Per non segnate vie spuma e rimbalza.
> Guarda il lido del mar: chi lo fea bello
> Di pietruzze lucenti? E donde apprese
> Sue dolci note l'amoroso augello?

Il sapere nelle donne produce, in amore, quel medesimo effetto che in cosa più grave fu detto produrre negli uomini: se poco, corrompe l'amore; se molto, lo sublima e lo infiamma. Ma il saper molto e innocuo, è raro: e amore vero, così come vera generosità, troverai meno difficilmente in donna digiuna che non in donna rimpinzata, di lettere. Costei non indovina niente, perchè vuole intendere tutto. E, se il più grande avversario dell'ispirazione è l'orgoglio; forza è dire che donna letterata non sia veramente ispirata mai se non quando una grande scossa di dolore la vuoti di sè stessa, e la faccia riessere donna. Quel che crea sì l'amore e sì l'amabilità, sì nell'uomo e sì nella donna, gli è la modestia: dico, la modestia dell'umiltà, e la modestia del pudore; il non essere in tutto sicuro di sè, il sentirsi uguale insieme della persona amata, e minore; il nascondere le proprie doti come difetti; il tacere a tempo; il cedere della propria forza e autorità, come si farebbe di peso incomodo a sè più che ad altri. Il dotto è indocile: or la docilità è la potenza e la grazia dell'anima. La donna dotta o troppo si nasconde o troppo poco; si maschera o s'ignuda; s'appiatta all'insidia, o si sfronta all'assalto. Gl'ignoranti son creduli del bene; i dotti, del male: quelli moltiplicano i miracoli, questi le ciarle: quelli abbondano in inni, questi in calunnie.

Ma per altro mestiere che di letterata è messa nel mondo la donna. Lo stato di moglie, da tante mogli e da tanti mariti riguardato come il fine e l'uffizio della vita, non è che mezzo e preparazione al ministero di madre. Dico che i mariti sono alle mogli e a sè stessi autori d'infelicità e di vergogna se le trattano come arnese di piacere, di comodo, di vanità; se nella moglie non veggono sopra tutto la madre. Questo titolo che fa la donna venerabile nella gioventù, e rinnovella nella vecchiezza l'anima sua di giovanili speranze, e la incorona quasi d'una perpetua verginità; questo titolo caro e sacro può dare non solo all'affetto ma all'ingegno femminile eziandio, forza e sanità e tenerezza e impeti generosi. Dall'accento de' suoi bambini la madre apprenderà suoni che i libri non dànno. E dal suo stato augusto, nel quale è vicenda continua di timori e di speranze, di gioje e d'affanni, e le gioje e gli affanni insieme misti si fondono in lagrime; dal suo stato le verranno continue illuminazioni di bontà, e aliti di bellezza. Infelici le madri che dividono sè stesse dalle viscere proprie per affidarle a braccia venali, e di latte compro nutrirle: infelici, che invidiano a sè stesse tanti tesori d'amore; che si fanno volontariamente inferiori in umanità all'umile donna del popolo, ai bruti stessi. Come mai, nella voluta stupidezza del cuore, sarà possente l'ingegno? Donna che non convive co' figli suoi, che da loro non riattinge la vita che infuse in essi, non vive. Ma quella ch'educherà il proprio ingegno a fin d'educare i figli proprii, o, se di proprii non n'ha, quelli de' congiunti e de' poveri; con ciò solo avrà fatti innocenti gli studi, e lavatili d'ogni pedanteria. Donna tale non leggerà nè tanti giornali letterarii nè tanti romanzi; ma libri semplici di religione, di morale, di storia: e, laddove manchino al suo bisogno, ne farà modestamente da sè, o dalle opere degli uomini sceglierà quei tratti che all'occorrenza sua e de' figliuoli suoi si confanno. E, cercando l'utile vero, s'incontrerà, senz'addarsene, nel piacente e nel nuovo. E la soavità dell'anima sua sarà forte soavità: perchè le fibre gracili della donna siccome resistono al dolore, così rispondono validamente all'amore. Donna tale, quand'anco legga di molto, leggerà al modo che, secondo la bella imaginazione de' vecchi nostri pittori, leggeva Maria quando venne il messaggio annunziatore

<small>Della molt'anni lagrimata pace.</small>

A lei gli studii non saranno balocco o pericolo, ma dovere e salvezza. Salvezza dall'ozio tentatore; consolazione dalle calunnie crudeli, e da' dolori indicibili, fortemente repressi; cantico segreto, e preghiera.

LA DONNA DOTTA

SCENE

ATTO PRIMO

SCENA I.

AMALIA — SATURNINA.

AM. *(leggendo)* « Un antico dolore viveva all'infelice nel-
» l'anima. »

SAT. Che maniera di leggere! Par che leggiate un testamento. Ma che? Non le sentite le cose? Non ce l'avete un po' d'anima?

AM. Io le sento: ma...

SAT. La signorina sente! davvero? Non si direbbe. Tiriamo innanzi.

AM. *(leggendo più piano e più adagio con voce tremante)* « E non la rasserenavano nè la bellezza del cielo, nè
» le dolci parole... »

SAT. Se non ci avete abbastanza lume, accostatevi alla finestra. Sentirvi compitare è una pena.

AM. *(dopo breve silenzio affrettando la voce)* « Nè le dolci
» parole che la primavera, come vergine amica, diceva
» al cuor suo. »

SAT. Ora mi biascicate. Spiccato s'ha a leggere — *Le dolci parole* — e qui riposare un poco — *che la primavera* — e qui nella voce una virgola — *come vergine amica* — sta tra parentesi. — La pronunzia deve aprire e chiudere le parentesi in modo chiaro. Chi parla bene, e massime chi legge, ha a essere come un libro stampato.

Am. Io leggo come so, e non pretendo...

Sat. E chi è che pretende? Sarebb'egli cotesta una bottata che viene a me?

Am. Non mi pare.

Sat. E a me par di sì. E a me pare che con quell'aria di susorniona, che starebbe bene a una matrona di sessant'anni, voi stiate facendo le vostre chiose maligne su tutti quelli che vi stanno d'intorno.

Am. Ma se non parlo, io!

Sat. E questo è il peggio. Voi non parlate; ma io v'indovino, ma io vi conosco. (*S'alza in piedi con atto cruccioso: entra in quello un servitore, e le porge un giornale: ella, mutando voce*) Il padrone?

Servo. È di là. Se comanda...

Sat. No, no.

(*Il servo esce: ella apre il giornale.*)

Sat. Oh bene! *Dell'astronomia da insegnare alle donne. — Dell'emancipazione della donna. — D'un dodicesimo nuovo pallottoliere per insegnare a far di conto. — D'una grammatica ragionata per le scuole infantili. — Della carità, e del suo tornaconto.* — Magistrale parola: tornaconto! (*Apre il libro a caso e legge*): « E » chi potrà dire le delizie de' cuori filantropi nel vedersi » sviluppare gradualmente quelle anime tenerelle? Chi » potrà dire le delicate emozioni?... »

SCENA II.

Un Bambino — Amalia — Saturnina.

Bam. Mamma.

Sat. (*impazientita*) Che c'è egli?

Bam. Senti, mamma.

Sat. Va via. Non posso. « Le delicate emozioni... »

Bam. (*accostandosi pian piano ad Amalia*) Dimmi, Amalia, che vuol egli dire *ablativo*?

Am. Bambino mio, non lo so.

Sat. *(scotendosi)* L'ablativo! Vien qua che te lo insegnerò io. Oh a proposito, signorino, e il sonetto?

Bam. L'ho studiato, mamma.

Sat. Sentiamolo.

Bam. *In quell' età ch'io misurar solea*
Me col... Me col...

Sat. *Col mio* — Avanti.

Bam. *Col mio...*

Sat. *Col mio capro* — Animo.

Bam. *E il capro...*

Sat. *Era maggiore* — Ci vuol tanto? Ne hai tu mai visto de' capri, carino?

Bam. No, mamma.

Sat. Te ne farò vedere tra poco. — Ora lasciami.

Bam. E l'ablativo?

Sat. La impari il sonetto e poi le darò l'ablativo.

Bam. Una parola, mamma.

Sat. *(stizzita)* Oh insomma, a chi parlo io? Se ne vada. *(più dolce)* Vai, poverino, vai.

(*Il Bambino si ferma a discorrere con l'Amalia. Saturnina si mette a leggere; e a un tratto si volta.*)

Sat. Che cosa sono cotesti chiacchiericci? *(Il bambino fugge)* E voi perchè non lo mandate via quando dico? Io non intendo che gli si dia tanta confidenza a cotesto bambino: ve l'ho già detto altre volte.

Am. Io credo di volergli bene davvero.

Sat. Grazie; ma non importa. Tante tenerezze io non le voglio.

Am. *(commossa e punta)* Fossi una serva, direi. Ma alla fine...

Sat. Voi siete la cugina del mio signor marito; lo so: e mio marito si piglia la cura di rammentarmelo spesso. Cotesto titolo di cugina me lo sento ripetere da tante parti, che non me l'avrei a scordare per ora. Ma insomma la padrona del mio figliuolo son io.

Am. Non mi pareva aver fatto cosa da offendervi.

SAT. Dico che qui la padrona son io.

AM. Ah me n'accorgo, e, senza tante parole, lo so, signora. Lo so ch'io sono una povera infelice, un'orfana sola nel mondo. Se vi dispiaccio, avvertitemi de' miei mancamenti: se, senza volerlo, vi offendo, correggetemi; ma con pietà di sorella. Non mi avvilite co' rimproveri. Voi vedete, io non ho difesa nessuna. Se son povera, se vi sono a carico, non è colpa mia. Ah, sono a carico, infelice, a me stessa *(china il capo e piange)*.

SAT. Io non rimprovero *(chetandosi, e sentenziando a testa alta, e passeggiando la stanza)*. Io so bene che tutti s'ha le nostre debolezze, che non tutti hanno la medesima squisitezza di sentire; che la ricchezza e la povertà sono da ultimo un giuoco crudele della fortuna; che il povero...

SCENA III.

Entra il sig. SEBASTIANO, *si ferma a vedere* AMALIA *piangente, e la moglie sdottorante: questa, passeggiando, si volta e si trova a faccia a faccia col marito.*

SEB. Seguitate *(Amalia, al sentire la voce di lui, esce con la pezzuola sugli occhi)*. Il povero piange. Il povero, stretto fra gli artigli crudeli del ricco, non può nè fuggire, nè difendersi, nè scolparsi: e... il povero piange.

SAT. Voi mi pigliate le cose sul tragico.

SEB. Nel caso, l'avrei imparato da voi. — Che v'ha ella fatto quella ragazza, da avvilirla così?

SAT. Chi la tocca? Pare a me di trattarla con tutto il rispetto.

SEB. A giorni. E poi, altro è il rispetto, altro è l'affetto. Se sapeste, a forza di rispetto che brutti servigi si possono rendere!

SAT. Io non dico che qualche volta... Ma... *(addolcendo la voce e guardandolo)* Amalia è permalosa; tu sai.

SEB. Amica cara, e' c'è da impermalirsi teco; credilo a me.

SAT. A sentire voi altri, io sono una furia.

SEB. Una furia no, ma una pittima.

SAT. Non le ho a avere anch'io le mie giornate nere? Se le ha fino il cielo!

SEB. Il cielo ci avrà le sue ragioni: non so. — Ma tu, pensaci un poco, mia cara Saturnina. Questa ragazza non ha nè padre nè madre, nè al mondo parenti più stretti di me suo cugino. Se tu, moglie mia, avessi una cugina teco, e che....

SAT. S'io avessi una cugina meco, la tratterei da cugina. Da cugina a moglie ci corre. E non veggo ragione di darle tutte vinte a lei.

SEB. *(con bontà)* Tutte a lei, non mi pare.

SAT. *(sedendosi)* In somma, parliamo d'altro.

SEB. Parliamo pure. Ma prima *(sedendole accanto, e quasi timidamente)* promettimi, Saturnina, che quella ragazza tu vorrai trattarla un po' meglio.

SAT. *(rabbruscandosi)* Che ragazza?

SEB. Nostra cugina. Non si parlava di lei?

SAT. Signor Sebastiano, vostra cugina vi sta molto a cuore. Gli è del tempo che me ne sono avveduta: e v'avverto che cotesta tanta compassione potrebbe dar nell'occhio alla gente. — I cugini! Bella invenzione! Gli è un comodo titolo. Non sono di famiglia, e son più che di famiglia. Si difende, s'aiuta, si piange, si fa il chiasso: tutto è lecito; son cugini. La natura v'ha dato due, tre fratelli, alla più disperata sei: de' cugini chi ne sa il numero? Dal lato paterno, dal lato materno, cugini della moglie, cugini di cugini: il mondo è pien di cugini. Non ci si può vivere. Siate in qualche necessità, in qualche affanno; spariscono: parenti lontani. Siate in migliore stato di loro; vi cascano addosso tutti. Non vi riuscirà di redare da un cugino quant'è una capocchia di spillo; e vi toccherà pagare a tutti i biscugini, per lo meno de' grossi legati. Le cugine poi sono una benedizione del cielo.

SEB. A quanto io veggo, in questa faccenda, il torto l'ho io.

Sat. E chi l'ha a avere? Io no di certo. Io non ce n'ho cugini d'intorno.

Seb. Ci avete de'letterati.

Sat. Come sarebbe a dire?

Seb. Nulla. Ma un letterato con la fama ch'egli ha, e con la fama che non ha, dà nell'occhio alla gente più che diciassette cugini.

Sat. Discorsi sciocchi.

Seb. Sciocchissimi: come tutte le verità palpabili. Meglio non li toccare certi tasti, mia cara. Io non credo punto che tu mi voglia far la gelosa per mettere le mani innanzi. Ma giacchè siamo a questa, ti dirò quel che dico oramai troppo spesso: che da un pezzo in qua i letterati in casa nostra son troppi. Troppi, in coscienza dell'anima. E ti dirò che tutta questa letteratura mi secca.

Sat. Certamente che l'innestare i castagni sulle querce, e il meditare sui modi di conservar le patate, è cosa più dilettevole assai.

Seb. Non so se più dilettevole; ma le patate saziano più de'sonetti; e il castagno fa miglior ombra al povero che gli allori accademici. Voi altri, col vostro tanto vagheggiare l'aurora, non la vedete mai; e col vostro dar leggere al popolo, non gli date mangiare. Cotesti balocchi possono essere cosa bellissima due o tre volte all'anno: ma sempre gente dotta tra'piedi.... vi dico la verità, ne son pieno.

Sat. Oh sapete com'ell'è? Voi pensate ai vostri bulbi, al vostro bestiame, ai vostri bachi: e lasciatemi....

Seb. Pensare ai vostri letterati. I miei bulbi fruttano più dei vostri baccelli. E se ci pensaste un po'troppo? E se cotesto da ultimo facesse del male a voi più che a me? Se le spese che porta?....

Sat. Ah le spese che porta! Lo so io dove la batte. Volete che io vi scopra a voi, che non li discernete bene, i perchè dell'uggia che vi fa la gente che sanno? Il primo perchè gli è che vi fa paura lo spendere; e il secondo, che temete vi rubino il cuore della cugina.

Seb. E tonfa colla cugina! quand'è così, tocca a voi liberarmi da cotesta tentazione della cugina, e levarvi cotesta spina dagli occhi. Animo, maritiamola.

Sat. Voi le dareste marito?

Seb. Purchè non sia troppo dotto, nè socio di nessuna accademia; e purchè non sia minimamente *umanitario*, io le darei marito, gnor sì. Ma a patto che insieme con lei escano da questa casa i chiarissimi che io non merito.

Sat. Oh sentite. Il vostro fare, mezzo tra accorato e buffone, non mi va punto punto; perchè offende sul serio, e non lascia ch'altri pigli sul serio l'offesa. Io davvero, ma davvero, vi dico che soverchi non ne soffro da nessun uomo del mondo; che de' fatti miei nessun può dire nulla, nè potrà mai; ve lo giuro io; che non farò torto alla mia nascita; nè mi farà di bisogno la vostra gelosia per custode del mio decoro; e che, quanto allo spendere, poi, io non spendo del vostro. I frutti della mia dote bastano a molto più *(abbassando la voce con freddo disdegno)*. Mi dispiace dovervi di tanto in tanto ripetere queste cose; ma se non ci fossi forzata....

Seb. E a me dispiace dovervi ripetere le mie risposte. E le mie risposte sono....

SCENA IV.

Un Servo, *indi* Gentili *e detti*.

Servo. Il signor Gentili *(il servo esce)*.

Seb. *(infervorato nel discorso)* Perchè...

Sat. *(bruscamente a bassa voce)*. Smettete. *(Con dolcezza gioviale)* Signor Gentili *(si mette a sedere mentre che suo marito si volge dal lato della finestra.)*

Gent. Come sta la signora? Oh signor Sebastiano, scusi: non l'avevo veduto.

Seb. Le pare?

Sat. *(fa cenno al Gentili di sedere.)*

GENT. Non vorrei essere importuno.
SAT. No, davvero.
SEB. *(si mette a sedere un po' discosto coll' una gamba sull' altra, dondolandola, e guardando in alto.)*
GENT. Che dic'ella di questo tempo, signor Sebastiano?
SEB. *(scuotendosi)* Dice a me? Tempo buzzo.
GENT. Non mi pare. La giornata è bellissima.
SEB. Non direi. Vuol far roba.
SAT. Che ci porta di nuovo il signor Gentili?
GENT. La resa di Tangeri.
SAT. La resa di Tangeri! Davvero? Ma questo è un avvenimento da dar da pensare a molte gran teste d'Europa.
SEB. Non è nulla. Tangeri si può arrendere, ma Tangeri non si muove di lì.
SAT. Eh! ma l'impero del Marocco...
SEB. È un impero come tutti gli altri.
GENT. Il signor Sebastiano non mi pare oggi in vena di considerazioni politiche.
SEB. Io non so d'essere mai stato in vena di considerazioni politiche. Non me ne intendo *(dondolando la gamba)*.
GENT. A proposito! Io credeva d'aver meco quel libro che ella chiedeva', e non me lo trovo *(si alza)*.
SAT. C'è tempo; non preme.
GENT. No, signora. Fra poco son qui.

SCENA V.

SEBASTIANO — SATURNINA.

SAT. Vedete come vi fate scorgere.
SEB. Per colpa di chi mi fo scorgere? Gli è un bravo giovane quello.
SAT. Certamente.
SEB. Ha veduto la marina torba: m'ha letto nel pensiero; m'ha lasciato un momento padrone di casa mia, m'ha dato licenza di parlare a mia moglie.
SAT. Mia moglie! Che vuol'ella dire a sua moglie, padron bello?

SEB. Con sua licenza, le vo' dire l'animo mio. Non le ho dimenticate (sapete!) le parole di dianzi. La risposta ce l'ho qui *(accenna alla gola),* che gli è tanto: e l'ha a uscire.

SAT. *(sedendosi)* Sentiamo.

SEB. *(in piedi)* La signora non si ricorda forse più d'avermi toccato non so che della nascita.

SAT. Che discorsi?

SEB. Lo dico anch'io: che discorsi! Ma la signora non si rammenta più di quel tempo, di quell'antico tempo, di dodici anni fa, quando si faceva all'amore...

SAT. Smettiamo con coteste giuccate.

SEB. Eh non vo in tenerezze: non dubiti. — Di quel tempo ch'io, quantunque amassi con l'anima, nondimeno inorridivo al pensiero di sposare una donna che potesse un giorno rimproverarmi la sua nobiltà come mio disonore, che potesse dirmi: Io t'ho fatto elemosina del mio nome; t'ho con la mia mano levato infino a me; mi sono degnata d'amarti: mi sono degnata...

SAT. *(abbonita)* E chi ha mai parlato coteste cose?

SEB. Voi. Peggio che parlarle, le sentiste nell'intimo dei vostri pensieri. Voi le sentite: ora, adesso, qui le sentite.

SAT. *(corrucciata)* Eh via!

SEB. *(commosso)* E non dovreste. Perchè, vi rammentate voi delle vostre promesse; e con che dispiacere, con che dispetto accoglievate i miei timori, i miei presentimenti; come vi tenevate lieta e superba di poter essere chiamata col nome mio?

SAT. *(guardandolo)* Sebastiano!

SEB. Perdonate s'io vi rammento quel tempo lontano.

SAT. No, lontano non è.

SEB. Ma dunque? Perchè con le vostre parole avvilirmi? Voi donna d'ingegno, che tante volte sentenziate sulla vanità de' titoli, sull'uguaglianza de' cuori; voi che sapete come non c'è altri nobili al mondo se non chi sa voler bene; voi venirmi a me, a me venirmi a rinfrancescare i pregiudizi delle contesse ciuche e delle patrizie da dozzina!

SAT. *(stizzita)* Ma voi vagellate, mio caro. Che v'ho detto io?

SEB. Una parola di quelle, una mezza parola, un garbo, un silenzio, è una ferita nel cuore. Io non pretendo dominio; non chieggo che essere pari vostro. Ma inferiore, ma suddito... oh no — per la vita del figliuolo mio, — questo no.

SAT. *(turbata)* La vostra fantasia vi fa inganno.

SEB. *(con altra voce)* E foss'anco fantasia, compatitemi. Ah infelici gli uomini che si sono condotti da sè a questo passo! Più infelici del servo che spazza loro la stanza. Dubitare se tua moglie ti disprezzi; sin nelle parole e negli atti dell'amore sospettare un insulto; riguardare negli occhi de' parenti di lei, sempre incerto di quel che dicano, incerto se le loro parole meritino un ringraziamento o uno schiaffo — miserabile vita!

SAT. *(guardandolo)* Sebastiano!

SEB. *(senza guardarla)* Sebastiano martire! E la letteratura, che aveva (speravo io) a liberarmi da questo primo flagello, è un altro flagello. Questa da qualche tempo non è più casa mia. Visite, imbasciate, lettere, plichi, accademie, sedute, tornate; letterati, scienziati, artisti, accattapane, accattabrighe, umanitarii; che gragnuola di gloria sul mio povero capo! Ma che ho io fatto per meritare tanta celebrità e tanti sbadigli?

SAT. Ma chetatevi.

SEB. Lasciatemi dire. Gli è tanto che gonfio.

SAT. Abbassate la voce. Or ora vien gente.

SEB. Non me ne importa. Se sono filosofi, soffriranno; se sono filantropi, compatiranno; se sono mercanti, faranno le solite orecchie. Ma lasciatemi dire.

SAT. E io me n'anderò via.

SEB. E io vi terrò dietro; perchè non ho ancora finito, e voglio finire. Voi mi avete toccato anco, grazie a Dio, della dote.

SAT. Anche su questo c'è da ridire!

SEB. Ma certamente. Io posso farvi vedere i miei conti; e potrei farli vedere a tutti coloro che vanno alla caccia

di doti ricche; e non sanno disperazione, maledizione
che sono le doti ricche: che Iddio ne scampi ogni cuore
ben fatto. Ma non sapete voi *(abbassando la voce)* —
io non fo per raffacciarvelo, ma bisogna ch'io mi discolpi — non sapete voi quel che costano le associazioni
ai giornali, alle enciclopedie, a questo diluvio di enciclopedie, alle ristampe con le vignette e le figurine, alle
opere degli uomini che vanno acquistando fama, o che
la vanno perdendo, alle opere degli amici, de' parenti o
conoscenti degli amici; quel che costano le lettere, le
collette, le accademie, le mesate per gli artisti che hanno
più fame che ispirazione, e più vizii che fame, e più
ignoranza che vizii? Sapete voi quanto costa la filantropia delle mogli ai disgraziati mariti? La donna letterata, quanto a spese di fronzoli, riman sempre donna.
E chi l'ha, può far conto d'avere due mogli e mezzo.
Questi son conti chiari, non c'è che ridire.

Sat. Avete finito?

Seb. *(sedendole accanto e sempre più abbassando e addolcendo la voce)* Mia cara moglie, perdonami. A me duole il
dir queste cose, più che a te l'udirle, mi duole. Ma come
si fa? Se non le senti dalla mia bocca, chi avrà animo e
cuore di dirtele? Le spese, gli è il meno; ma cotesto
va e vieni continuo, cotesto non poter esser padrona
del tuo tempo, cioè della tua anima, è il male peggiore.
Tu non sei più dell'umore che eri prima, prima che
ci bazzicasse per casa tutta questa sapienza. La tua
ingenuità ci perde; le affettazioni de' libri e de' pedanti
ti si appiccicano, e tolgono ogni grazia al tuo fare.
Quando parli con un di costoro, tu pari altra donna;
anzi donna non pari. Badati, Saturnina, che c'è poche
cose al mondo che più della letteratura facciano le donne
ridicole. E qualcosa peggio, figliuola. Ci va del decoro.

Sat. Questo è troppo. Che osereste voi dire di me?

Seb. Io nulla: ma il mondo è più crudele assai de' mariti.

Sat. *(levandosi)* Basta così *(suona il campanello)*.

SCENA VI.

Servo *e detti.*

Sat. Di là c'è gente.
Servo. Il signor Gentili che parla...
Sat. Con chi parla?
Servo. Con la signora Amalia.
Sat. E perchè non lo fate passare? *(il servo esce)* Ecco qui! si dà campo...
Seb. Che campo?
Sat. Che? Non v'importa che la cara cugina?...
Seb. S'avrebbe a vedere a chi più ne importa.
Sat. Che intendereste voi dire?
Seb. Nulla.
Sat. Dunque potreste tacere.
Seb. Il mio sermoncino ha fatto un bel effetto.
Sat. L'effetto che fanno i sermoncini.
Seb. Sarà meglio me ne vada *(esce)*.

SCENA VII.

Saturnina, Servo, *poi* Gentili.

Sat. *(al servo)* E così?
Servo. Eccolo *(esce)*.
Sat. Perchè aspettar fuori? Sapete...
Gent. Mi pareva ch'ella fosse in discorso col signor Sebastiano.
Sat. *(con sdegno rattenuto)* Col signor Sebastiano, già.
Gent. Mi dispiace.
Sat. Di che? M'avete reso un vero servigio. Ah mio caro Gentili! *(mutando tuono)* Oh vediamo il romanzo. *(dopo breve pausa)* Se mi mancassero i libri, se non sapessi con questo poco d'ingegno alleggerire i patimenti del cuore...

GENT. E chi non patisce?

SAT. Gli stupidi non patiscono.

GENT. Chi lo dice?

SAT. Tutti patiscono; ma la donna legata come uno schiavo con lunga catena, lunga ma pesante catena, alla parete della sua stanza, non può fare un passo, ch'ella non senta suonarsi dietro i suoi ferri. E tutti le parlano in nome del suo dovere; e tutti le chieggono sagrifizi: e in ricambio che cosa dànno? Il sospetto, se amanti; se desiderosi, la querela; se disamorati, il disprezzo; il rimprovero a viso, lo scherno dietro le spalle. Ah società, società!

GENT. Che ci si fa? Ma cred'ella che tutto per gli uomini sia rose e fiori; che noi altri si sia più liberi e più contenti?

SAT. Prendete pure la difesa degli uomini: coraggio, anche voi. — *(alzando gli occhi)* Chi m'intende?

GENT. Vorrei ch'ella mi leggesse nel cuore il desiderio ch'io porto d'ogni suo bene.

SAT. *(guardandolo)* E se vi leggessi nel cuore?... — Vediamo il romanzo *(prende il libro dalla mano del Gentili)* Ah! gl'Italiani son freddi. De' *Misteri di Parigi,* in Italia non se ne fa.

GENT. Non ci fosse altro male che questo.

SAT. Già voi di romanzi, signorino (scusate), non siete giudice. Avete vo' amato mai?

GENT. Chi le dice di no?

SAT. Sentiamo, via.

GENT. Avrei di bisogno ch'ella mi stesse a sentire davvero.

SAT. Conosco io l'oggetto?

GENT. Lo vede sovente: se lo conosca, non so.

SAT. *(confusa)* Oh mi dimenticavo. Conviene ch'io legga domani alla Società delle Arti, che mi ha voluto sua socia. *Socia* o *Sozia?*

GENT. Come le pare.

SAT. Ho voluto toccare di certe questioni eudemonologiche *palpitanti.* Vi prego di darci un'occhiata.

GENT. In verità, non saprei...

SAT. Prego. Cancellate pure: ma sopratutto, aggiungete. Qualche citazione francese, anche di giornale politico; qualche *esemplificazione* tratta da qualche moderna invenzione; qualche facezia ben preparata da lontano, qualche tocco tenero, qualche botta calda; ma nel principio, nel mezzo e nella fine le lodi del secolo. Fate voi.

GENT. La sua fiducia...

SAT. *(guardandolo)* Gentili. *(in fretta)* Vien gente, riponete il foglio.

SCENA VIII.

SERVO, *indi il dottor* GIOCONDO, *e detti*.

SERVO. Il dottore Giocondo.

SAT. Oh Giocondo, dottore giocondissimo *(addita la seggiola. Egli s'inchina appena, e siede)*.

GIOC. Io della giocondità vengo a riceverne, non a darne.

SAT. Sarebbe questa la prima volta. Ma come fate voi, medico, a essere così burlevole?

GIOC. Domandatelo agli avvocati. Un medico serio è un uomo che piange o gli *esseri* ch'egli ha mandato all'altro mondo, o gli *esseri* ch'e' sta per mandarvi.

SAT. Ma far faccia allegra in mezzo a tante *atrofie, gastralgie, coxalgie...*

GIOC. Quest'è nulla. Il più difficile è far faccia allegra in mezzo alle malattie che non hanno nome, e l'ammalato stesso non sa che diavolo siano. Quando si vede che l'uomo ha a andarsene tra que' più, il medico dice la cosa, si fa onore, e addio. Ma quando l'ammalato è spedito, e sul più bello guarisce! Di questi scherzi la natura ne fa. Brutta cosa per il medico una guarigione improvvisa!

GENT. Che male ha egli, dottore, il bambino della signora Tuttavoi?

GIOC. Oftalmia purulenta.

SAT. Purulenta! Da *pus?*

Gioc. *Pus, puris*, madama.

Sat. La medicatura è ella *topica?*

Gioc. *Topica*, s'intende: l'occhio è *congestionato*, ma qualche dozzina di mignatte lo libererà bravamente.

Sat. La mignatta è una bestia liberatrice.

Gioc. I paduli che fanno le malattie, è troppo giusto che le disfacciano.

Sat. Or ditemi un poco, dottore; come si fa egli a prevenire ne' *globuli* del latte la *produzione caseosa?*

Gioc. *Travagliando* con l'opera medica sul *tessuto mammario*.

Sat. Il?....

Gioc. *(Con un gesto dichiara)*.

Sat. Capisco. E come si fa egli a *travagliare* sul *tessuto mammario?*

Gioc. *Regolarizzando l'azione de' condotti galattofori*.

Sat. Capisco. — Ah se il dottore avesse la pazienza di darmi qualche *nozione* d'anatomia patologica!

Gioc. Ma io ne sarei *rapito*. Quando uno scienziato (se la parola non è troppo superba)...

Gent. Tutt'altro.

Gioc. Quand'uno scienziato è *abbastanza felice per aver l'onore di comunicare i suoi lumi* a un essere così *eccezionale* come lei...

Sat. E anche l'anatomia comparata è tanto *interessante*.

Gioc. Certamente: perchè l'animale...

SCENA IX.

Servo, *poi* Pugolone, *e detti*.

Ser. Il signor Pugolone.

Gioc. A proposito.

Pug. *(nel baciare la mano a D. Saturnina)* Permetta..... *(siede)* Non domando, contessa, com'ella stia di salute; perchè la risposta le si legge negli occhi, tremenda.

Sat. Vale a dire ch'io sto spaventosamente bene.

Pug. Chi parla di spavento? Ma la grande bellezza può benissimo far paura a un pover'uomo.

Gioc. La bellezza far paura a un artista!

Gent. Purchè non sia viceversa.

Pug. Eh m'intend'io da me. Ma io ho interrotto un discorso.

Gioc. Si parlava d'animali; e volevo appunto domandare a voi come vanno i vostri studi d'anatomia comparata. La signora saprà che il nostro Pugolone ha scolpito con verità mirabile un orangutano, ch'è tanto bello nel genere suo, da fare invidia a molti uomini nel genere loro. Pugolone ha trovato una via nuova nell'arte; e desidera che la posterità lo intitoli lo scultore delle bestie.

Pug. La posterità è cosa troppo lontana. A me basta che il mio secolo mi conosca, che poche persone del mio secolo mi conoscano, che una sola persona del mio secolo mi conosca.

Gent. Pensate, però, che la Società delle Arti v'ha commessa la statua del Progresso; e che gli orangutani....

Gioc. Domando perdono. Tutto è legato in natura: dal lichene alla rosa, da una spugna a una Venere.

Sat. Sì; ma da una spugna a una Venere...

Gioc. C'è meno distanza di quel che si crede.

Pug. Non sarebbe la prima volta che l'uomo cercasse il nuovo per disperazione del noto. Signor Gentili, e chi dice a voi che un artista, essendogli vietata una forma di bellezza umana, di più che umana bellezza, che gli sta negli occhi, gli sta nel pensiero; quest'artista, svogliato di tutto, non si possa mettere a rappresentare animali — *(pateticamente)* animali bruti?

Gioc. Questa, scusate, m'ha l'aria d'un rimprovero. E se la crudele persona che dite, vi sentisse....

Pug. La crudele persona mi sente.

Sat. Giovane sconsigliato! Non mi fate arrossire. Se io permettessi che nel vostro studio, che nelle sale dell'Accademia, gli oziosi, i maligni e le pettegole ignoranti vedessero il mio ritratto; il mondo direbbe che Donna Saturnina è la modella del signor Desiderio Pugolone.

Pug. Il mondo direbbe che Donna Saturnina è il modello d'ogni forma e d'ogni atto gentile: il mondo direbbe... Ma lasciamo dire il mondo, e pensiamo ai casi nostri.

Gent. Fate intanto la statua del Progresso.

Pug. Ma se la Società non ha stabilito come s'ha a fare?

Sat. Se ne parlerà nell'adunanza domani.

Pug. Mi raccomando, contessa.

Sat. Ma smettete con cotesto titolo. La nostra non è l'*epoca*...

Pug. *Epochissima.*

Sat. E mio marito, del resto tanto rispettabile, non essendo di questa... vedete bene... sarebbe un voler rammentargli...

Pug. Verissimo: ma scappa detto. E alla fine delle fini, una contessa, voglia o non voglia il marito, è sempre contessa. Tornando al proposito, se qualche altra commissioncella ci fosse... Dottore Giocondo, signor Gentili...

Gioc. Che ci poss'io?

Gent. E io?

Pug. Tutti possono. Le gocciole fanno il mare, e le mezze parole fanno la gloria. In questo secolo di progresso, di assicurazioni mutue, tutti ci ispiriamo e ci proteggiamo a vicenda.

Gioc. È vero. In tutti c'è una dose omeopatica di Mecenate.

SCENA X.

Pio Divoranti, *e detti.*

Ser. Il sig. dottore Pio Divoranti.

Divor. Madama.

Sat. Buon Pio!

Gioc. Si parla di mecenati: *lupus in fabula.*

Divor. Eh ci vuol altro al nostro secolo che mecenati! *Gl' interessi materiali,* mio caro; questa è la *parola d'ordine.* Si tratta della *classe più numerosa e più povera,* delle *masse;* si tratta d'*illuminare, emancipare, falansterizzare....*

Pug. Sì; ma il dottore Pio Divoranti non dimentica neanco i poveri artisti.

Divor. Chi dice di dimenticare gli artisti? Io dico che al nostro tempo gli artisti non possono *assorbire* tutta la nostra *sensibilità;* dico che la *missione* dell'uomo *filantropo* è *complessa.*

Gioc. Massime dell'avvocato filantropo.

Divor. Vede, Donna Saturnina! per darle un'idea. Stamane mi desto, ed ecco mi trovo davanti una fanciulla, che viene a implorare le mie *simpatie;* una povera *interessante* fanciulla, che chiede un sussidio dotale di pochi scudi.

Sat. E sua madre era seco?

Divor. Orfana, l'infelice! Era con una vecchia amica di sua prozia.

Sat. Pensa che lagrime!

Divor. Non piangeva, per verità. Ma che serve?... Uscita questa, capita una povera vedova che chiese difesa da un affine ladro. Le affinità sono cosa pericolosa. Poi capita un povero ciabattino con un figlioletto che ha avuto il primo premio, e vuol seguitare i suoi studi, e onorare la *classe* dei *proletari;* poi un forestiero povero per una colletta per un letterato povero, che, stampando un'opera, vuol pagare i suoi debiti.

Gent. Vuol farne degli altri.

Sat. E l'opera è.... *magistrale?*

Divor. Alquanto.

Pug. Indovino io. Gli è il giovane....

Divor. No, questi è un vecchio. Ma conosco anche il giovane. So chi intendete. Poverino, è venuto anche lui. Si farà quello che si potrà; ma in silenzio. Le son cose gelose: capite bene. Io arrossisco.

Gioc. Di che?

Divor. Cioè, non arrossisco; ma....

Gent. Voi volete che la destra non sappia quel che fa la sinistra.

Gioc. Basta bene che la sinistra sappia lei quel ch'ella si faccia.

Divor. Quanto a questo poi.... non fo per dire. I desideri sono grandi; ma le forze non reggono.

Gioc. Sì; ma voi sapete raccogliere le forze disperse, voi avete una potenza d'*assimilazione*....

Divor. Credete, dottor mio, non mi basta. Vengono i giorni del *disincantamento* e della *lassitudine;* quando l'ingratitudine degli uomini vi pesa sul cuore come una *massa di piombo*. E allora l'uomo *sensibile è tentato di detestare i trasporti* della propria generosità.

Sat. Ma non tutti, poi, sono ingrati. Per esempio, quei bambini teneri per i quali voi fate tanto.

Divor. Ah Donna Saturnina, quello è il balsamo della mia vita. *In linea* di sollievo, non c'è il più squisito. Quando le brighe del foro, le convenienze del mondo m'hanno inaridita l'anima, corro alle scuole infantili, e me la rinfresco. Che delizia veder que' piccini, con quelle testine bionde, *analitiche,* con quegli occhi pieni di vivacità e di grammatica, con quelle manine arimmetiche!... E come ripetono bene! Come definiscono! Basta dire che le bambine sono arrivate a definirmi l'usucapione.

Sat. Possibile?

Divor. Sull'onor mio, l'usucapione.

Pug. Pensa i baci, che dispenserà il signor Pio!

Divor. Quanto ai baci, conviene andare a rilento. Io ci ho la mia teoria intorno ai baci, considerati come strumento d'educazione: e vo' leggerne una *memoria* al Congresso.

Pug. Materia delicata.

Sat. Delicatissima.

SCENA XI.

Servo, *poi* Stupefatti *e* Laudati.

Servo. Il signor Stupefatti.

Stup. Permetta, signora contessa, che io le presenti il cavaliere Gaudenzio Laudati, nome chiarissimo nel mondo colto.

LAUD. Non ho creduto poter passare impunemente da questa città senza inchinarmi a quella chiarissima, che onora il bel sesso, il bel paese e il bel tempo nel quale viviamo.

SAT. Io mi tengo onorata grandemente da lodi tanto cortesi d'un uomo famigerato.

LAUD. La signora dice?...

STUP. Il cavaliere ha una flussione all'orecchio.

SAT. Poverino, tanto più *interessante*. Egli *infallibilmente* appartiene a molti *corpi* letterari e scientifici.

STUP. Ps! Non vuole? Un uomo di questo calibro! I giornali ne hanno parlato tanto!

GENT. I giornali volanti?

STUP. E anche i... Testa forte! È stato a cinque Congressi.

GIOC. È capace di andare anche al sesto.

STUP. Capacissimo.

PUG. Quantunque?... *(accennando alle orecchie)*

GENT. Anzi.

PUG. Il signor cavaliere è stato a cinque *(co' gesti esprime il congresso)*. Ma bravo!

LAUD. Debolezze. Che vuole? Si fa il possibile per uscire dalla mediocrità.

SAT. E in tutti e cinque il cavaliere ha parlato?

STUP. Già.

GENT. Tanto più, che non poteva ascoltare.

LAUD. La signora dice?

STUP. *(gridando)* Se avete parlato ne' cinque Congressi.

LAUD. Senza soggezione. In queste cose la prima volta c'è un po' di ritegno: ma poi gli è un piacere.

STUP. Bella cosa! Mille ottocento, dumila dotti! — Tutti vivi! Tutti lì; come prenderli in una rete. Che spettacolo! Ma! in tutta la Grecia i sapienti eran sette; e adesso... che progressione arimmetica!

GENT. Dite geometrica.

LAUD. Anzi, giacchè la signora degna informarsi de' miei meschini lavori, mi sarà cosa dolcissima farle sentire il discorso che dissi nella sezione di tecnologia, alla quale indegnamente ero ascritto.

Sat. Veramente, se il signor cavaliere avesse la bontà di serbare questa lettura piacevole ad altro tempo....

Laud. Del tempo a me ne avanza. In tre quarti d'ora gli è bello e letto *(spiegando il foglio)*.

Sat. Ringrazio cordialmente; ma, per dire il vero, non potrei ora.

Laud. Un'ora? Che! Quarantacinque a cinquanta minuti. Incomincio.

Gioc. *(a Saturnina)* Se lo faccia prestare per leggerlo da sè.

Sat. Se il cavaliere permette, io lo pregherò di lasciarmi lo scritto *(tende la mano)*.

Laud. La signora dice?...

Stup. *(gli prende il foglio di mano, e gli spiega con cenni la cosa)*.

Laud. Quest'è troppo onore. Ci ho anche un breve sunto che i giornali hanno dato del mio lavoro; e se a questi signori piacesse accettarlo...

Stup. *(mentre che il cavaliere presenta a ciascuno il suo esemplare)* Quest'è il signor Giocondo Materia, medico rinomato.

Laud. Avvocato! La professione dell'Arpinate! Difensore della vedova e del pupillo.

Stup. *(additando il Divoranti)* Quest'è l'avvocato; ma quegli è il medico.

Laud. Il signore è medico? Me ne rallegro. Si vede all'occhio.

Pug. Io sono Pugolone, scultore, a servirla.

Laud. Troppo cortese.

Pug. Scultore.

Laud. A olio, già: lo faremo. — E il signore *(al Gentili)* è senza dubbio ingegnere.

Gent. Signor no.

Laud. Impiegato?

Gent. Nemmeno.

Laud. Dunque sarà professore *(il Gentili accenna di no)*. Ma possibile che non sia professore?

SCENA XII.

Servo, *poi* Francucci *e detti*.

Servo. Il professore Francucci *(esce)*.
Fran. Nipote garbata, signori.
Sat. Vi presento, zio, il cavaliere...
Fran. Conosco benissimo *(al Laudati che s'alza)*. Non si scomodi.
Laud. Chiarissimo professore.
Pug. *(a bassa voce)* Poverino, ha il difetto...
Fran. Un letterato sordo? Felice lui! Che abbiamo di nuovo, sig. Beaziano? C'è egli cosa per aria e d'un *interesse palpitante* stamani?
Stup. Delle palpitanti, professore, ce n'è sempre.
Fran. Lo credo. Mi piace però l'accoppiamento, *interesse palpitante:* come dire, marito rispettoso, e avvocato conciliatore. Oh domando perdono, dottor Divoranti.
Divor. Faccia pure. Le amo anch'io le facezie.
Gioc. Come? *Interesse palpitante* sarebbe modo?...
Fran. Barbaro, come tantissimi che usa adesso.
Stup. E pure tutti dicono che adesso la lingua si studia, si sviscera, si notomizza.
Fran. Vuol dire ch'è morta. Eh, signori miei, quando non si conosce il valore delle particelle, siamo iti: non si conosce neanco i propri doveri.
Sat. Ma la grammatica, a' bimbi la insegnano.
Gent. E quanto!
Stup. Ma!
Pug. Eh questo in cui la natura ci ha fatto nascere (lasciate dire) è un bel secolo.
Stup. Un gran secolo. Secolone!
Fran. Secoluccio!
Sat. Che ne dite, Gentili?
Gent. Son del secolo anch'io, e non ho tanta modestia da dirne male.

FRAN. Ben detto.

STUP. Benissimo detto.

LAUD. *(a Giocondo)* Il professore diceva?...

GIOC. *(gridando)* Parlano del secolo decimonono.

LAUD. Uh! bel tema!

PUG. *(piano)* Contessa, in tutta questa disputa io non sento che il suon d'una voce.

SAT. Ed è?

PUG. La voce del cuore: e mi dice ch'ella è il fiore del secolo.

SAT. A me basterebbe essere la foglia di sì gran vegetabile.

DIVOR. Ma, per esempio, questo spirito *umanitario* che invade il *globo,* che, come una rete fitta, lo piglia, non è egli cosa *interessantissima?*

FRAN. Interessantissima.

DIVOR. Come sarebbe a dire? Ella crede che la causa del povero sia in cattive mani?

FRAN. Ma io non l'ho detto.

DIVOR. *(alzandosi)* Professore, se le sue parole tendessero a mordere...

SAT. Divoranti!

DIVOR. *(siede prestamente).*

GEN. Il professore è uomo di proposizioni generali, che non fanno male a nessuno.

LAUD. *(a Giocondo)* Pare che questi signori si litighino.

GIOC. *(a gran voce)* Discorrono tranquillamente.

SAT. *(a Giocondo)* L'avete spaventato. *(al Divoranti)* Debbo parlare con voi. *(al Gentili)* Uscite un po' con mio zio.

DIVOR. *(a Pugolone)* Liberateci dallo Stupefatti.

GENT. *(levandosi)* Del resto, professore, abbiamo un nuovo giornale, e godo che lo fregierà il nome vostro.

FRAN. Chi lo dice?

GENT. Il programma.

FRAN. *(levandosi)* E voi credete ai programmi? Oh da che valle di Arcadia venite voi? Trafficano i nomi nelle stamperie, come le novità del mondo alla borsa. Non fanno conto di nulla, e fanno computi sopra tutto. Secolo d'aggio! Dov'è cotesto programma?

Gent. Dove sono i programmi: sul di dietro della Gazzetta. Venite *(saluta ed esce col professore)*.

SCENA XIII.

Detti, meno Gentili *e* Francucci.

Pug. *(levandosi)* Se il sig. cavaliere volesse onorare il mio studio, e concedere ch'io metta mano al suo busto...

Laud. *(levandosi)* Busto? Dunque pittore e scultore? Ella vuol fare il mio busto? Il dono è doppiamente onorevole.

Pug. Dono; cioè...

Divor. *(levandosi)* Lasciate correre. Parlerete a lavoro finito.

Laud. Vengo sull'atto. Spero, signora, ch'ella mi permetterà qualche volta di *mettere a partito i suoi lumi*.

Sat. Troppo compito.

(Escono inchinandosi, Pugolone, lo Stupefatti, il Laudati).

SCENA XIV.

Giocondo *si rimette risolutamente a sedere. Il* Divoranti *e* Saturnina *si guardano.*

Divor. Del resto, contessa, se ora io fossi importuno, si potrà in altro momento discorrere.

Sat. No.

Divor. Meglio adesso, dic'ella?

Gioc. *(dopo breve silenzio)* S'io guasto...

Sat. *(a mezza voce)* Tutt'altro.

Divor. E come va la vostra ammalata, Giocondo? La moglie dell'avvocato Verdinindugio?

Gioc. Non c'è più che fare.

Divor. Se avessero bisogno di voi?

Gioc. Alla sezione ci sarò senza fallo. Bel caso *patologico!*
Divor. E non andreste a consolare il marito?
Gioc. I mariti si consolan da sè.
Divor. Egli ha sopracchiamato due altri medici.
Gioc. Quando?
Divor. Or ora.
Gioc. Quest'è un'insolenza.
Divor. Sta, vedi che la guariscono!
Gioc. Che?
Divor. Ve la fanno.
Gioc. *(alla signora)* Permette?
Sat. E come! *(Giocondo esce).*

SCENA XV.

Saturnina e Divoranti.

Divor. Ce n'è voluto a spiccicarcelo. Certi medici tengono della mignatta, ch'è loro supplente. In fatto di visite abbondano sempre.
Sat. Quando le sono gratuite, non è a dolersi.
Divor. Non so. E poi, a questo mondo, la cosa gratuita è il preludio della pagabile. Ma venghiamo a lei.
Sat. Caro Pio, ho di bisogno di voi. Tra i molti a' quali potevo rivolgermi, ho scelto voi, perch'ho fiducia nella vostra segretezza.
Divor. La segretezza è il mio debole. Si dice degli avvocati, che parlano troppo. Parlano troppo delle cose che non importano; ma v'accerto io che al bisogno sanno dir poco. L'avvocato conosce più cose (non parlo del confessore), ma più del medico assai. Io, per esempio, ho più segreti in corpo, che non ho capelli in capo: e me li smaltisco da me.
Sat. Poss'io dunque sperare?
Divor. Ma son'io uomo da uccidere la speranza?
Sat. Ecco, voi conoscete Sebastiano.
Divor. Suo conjuge? A fondo.

Sat. Buon'uomo.

Divor. E come!

Sat. Ma...

Divor. Già.

Sat. Sentiamo l'opinione che avete di lui.

Divor. La medesima che n'ha lei.

Sat. I mariti, sapete...

Divor. Chi non sa quel che sono i mariti?

Sat. Io, a dire il vero, del mio non mi posso dolere.

Divor. Sì, ma son sempre mariti.

Sat. Gli ha delle qualità solide.

Divor. Più che *brillanti*. I mariti già se la cavano colle qualità *solide*. Questo vuol dire che non siamo in Turchia.

Sat. Sì, ma in Turchia le infelici donne, certi capricci se li posson cavare; gli abbigliamenti, i turbanti dell'Indie, le babbucce ricamate, le perle, i bagni profumati, il rossetto. I miei abbigliamenti sarebbero i libri eruditi, le mie pantofole di lusso, i giornali; i miei bagni, le società *filantropiche;* il mio rossetto, la carità. E queste cose mi sono interdette.

Divor. Che orrore!

Sat. Quasi interdette. La mesata...

Divor. *(gravemente)* Capisco.

Sat. E pure la dote ch'io portai in questa casa...

Divor. Me l'avete levata di bocca. La contessina era un de' meglio partiti del paese: e tanta ricchezza, tanta grazia, venire alle mani d'un uomo... *solido!* Allora l'erudizione non s'era in lei *sviluppata* tanto *enormemente:* ma...

Sat. Dunque tornando, lo squilibrio fra l'entrata e la spesa...

Divor. *(freddamente)* È spiacevole.

Sat. E per questo io ricorro alla vostra cordialità.

Divor. Tanta fiducia m'intenerisce. Se la mi veniva un giorno prima, io sarei il più *felice uomo del mondo*. Ieri appunto ho dovuto prestare una somma per maritare una cognata di mio cugino, che... non poteva aspettare. E poi tutti i dì, tutte l'ore, prestiti, anticipazioni, elemosine, sussidi, sottoscrizioni, mance, porti di lettere, tasse, spese d'amministrazione, 'che non si notano; gite, *partite di piacere* a fine *filantropico,* spettacoli caritatevoli, pranzi, lotterie, incanti, sconti... a pro di terzi s'intende. Non finisce mai.

SAT. E non potreste voi trovare la somma?

DIVOR. S'io cerco una somma, il mio credito è ito. Tutte le oneste persone che affidano danaro a me, penseranno: Pio è in secco. L'occasione fa l'uomo... leggero — diranno.

SAT. Pazienza.

DIVOR. *(dopo breve silenzio)* Pensavo una cosa. Quanto vi fa di bisogno?

SAT. Cinquecento scudi. Tra l'altre cose vogliono dedicarmi un romanzo *illustrato* con figurine saporitissime; l'autore, il famoso Arruffanti, ha bisogno d'un qualche...

DIVOR. *Incoraggiamento:* già, già. Senta una cosa. Ma no..

SAT. Dite pure...

DIVOR. Dirò, per ubbidire; ma sia per non detto. I' ho in deposito delle somme di pupilli e d'istituti pii, che son sacre. Ma quando si tratta, in modo sicuro, di giovare al povero co' danari di chi non è povero; io *trovo* la speculazione *piccante,* e, sto per dire, faceta; e, sia detto fra noi (parlo con una persona spregiudicata), mi par quasi di ajutare il povero a burlarsi un pochino del ricco. Ecco come fo io. Questi soldi giacenti in deposito presso di me, io li do (diciamo pure il vocabolo proprio) a grossa usura: e l'usura cade, a pro' di chi? a pro' d'altri poveri, che conosco e scelgo io. Perchè io, i poveri li conosco, e ci metto la mano sopra. Per esempio: la contessa vuole cinquecento scudi a un suo scopo erudito, lodevole; ella pure vuol giovare al suo simile: invece di fare una carità con le proprie mani, la fa per le mie. Io do i cinquecento scudi, e di qui a tre mesi ne ricevo cinquecento quaranta.

SAT. E se fosse a sei mesi?

DIVOR. In ragione. È un' elemosina che si fa; e io n'ho doppia consolazione. Ma se la signora non vuole o se questo le scomoda...

Sat. Non mi scomoda: e voglio.

Divor. È una bizzarria, lo capisco, la mia: ma che vuole? Son di quei ghiribizzi...

Sat. Bene; portate il danaro.

Divor. Quando?

Sat. Anche subito.

Divor. Ma... domando perdono. Si tratta del povero. Tutti siamo mortali... non dico di Lei. Ma s'io sono cancellato dal libro dei viventi, e che vengono, e trovano un vuoto; io son morto, e non mi posso difendere. Conviene almeno sostituire un valore...

Sat. Come si fa? Privarmi delle mie gioie, o di cose simili, darebbe nell'occhio.

Divor. E il finimento di gioie di sua cugina?

Sat. Come lo sapete voi?

Divor. Glie l'ho detto, che io delle cose ne so di molte.

Sat. Ma come?

Divor. Contessa, dia retta a me: non si affidi mai nè a servi nè a serve, che tradiscono, sbeffano, e poi diffamano. Di questo, se piace a Lei, parleremo. Le gioie in mia mano son sicurissime, e aiutano anch'esse a fare un'opera buona.

Sat. Ma il valore loro è tanto più grande.

Divor. Tanto meglio.

Sat. Quella è roba lasciata all'Amalia, da sua madre. Non posso.

Divor. Dicevo per lei. Quanto a me, se avessi a darle un consiglio, le direi di lasciar andare e le *dediche*, che sono vecchiate, e i romanzi illustrati, tutta questa letteratura trafficante.

Sat. Ma non sapete voi che l'Arruffanti, se io non lo.... incoraggisco, è capace di fare la dedica alla Tarlati?

Divor. Questo è un altro paio di maniche. A quella?....

Sat. Donnucola, che si è messa in capo di portarmi via le persone della mia conversazione; come se i letterati amici miei fossero simili a' suoi galanti. Certo che il mondo non può dir nulla di me. E se a taluno le mie maniere non paiono delle più... delle più ributtanti, certo che io nella sua illusione non prendo una *parte attiva*.

DIVOR. Possono dire che nella contessa la bellezza rende *infinitamente* più *piccante* l'erudizione, e l'erudizione rende *infinitamente* più *seducente* la bellezza; ma sempre ne' limiti.

SAT. Dunque tornando...

DIVOR. Ella non si può privare di questa dedica, intendo; ma io non posso tradire la causa della vedova e del pupillo.

SAT. Sia come vi pare.

DIVOR. Ora che siamo soli, facciam la minuta d'una ricevutina.

SAT. *(mettendosi a sedere)* Dettate voi.

DIVOR. *Ricevo* (s'intende) *dal dottor Pio Divoranti*.

SAT. Scusate, dottore; secondo la lessigrafia e l'etimologia, s'avrebbe a scrivere *Devorante: da devoro*.

DIVOR. Sì, ma negli atti legali s'è sempre scritto *di:* e non vorrei (che so io?) che col tempo venissero a *impugnare* l'*identità* della persona. La *lessigrafia* è una bellissima cosa; ma gli atti legali.... *Divoranti*. Così! — *Ricevo dal dottor Pio cinquecento quaranta scudi*.

SAT. E quaranta?

DIVOR. Ma già; per quel ghiribizzo che le dicevo. Per non s'imbrogliare, scriviamo la somma alla prima. La cosa è più semplice *(va per toccarle la mano sinistra)*. Bella mano!

SAT. Fermo costì.

DIVOR. Oh Saturnina!

SAT. Insomma, mi lasciate finire?

DIVOR. Ubbidisco.

ATTO SECONDO

SCENA I.

NAPOLEONE — LETIZIA.

Nap. *(correndo dietro a Letizia che passa d'una in altra stanza)* Oh Letizia, ohe! Tu fa' orecchie da cameriera.
Let. Chi ce lo porta, lei, in questa casa? la nebbia?
Nap. L'amore.
Let. Figuro! Escimi di costì. Tu lo sai che la mia padrona non ti ci vuole. Dice che sei un birbante. Una delle poche cose buone che dica.
Nap. E se fossi un birbante? È ella ragione cotesta da trattar male un suo simile? *(patetico)* Letizia, e anche tu?
Let. Anch'io, gnor sì. Dov'è ella stata tutti questi tre giorni che non si è lasciato vedere?
Nap. Ho mutato padrone: son con uno scultore, Desiderio Pugolone.
Let. Non me ne importa niente. *(Napoleone va per prenderle la mano)* Fermo.
Nap. Fammi un po' la sdegnosa.
Let. Fammi lo spasimato. — Insomma, la mia padrona non vuole che tu metta piede in sua casa.
Nap. Che, ci vengo per lei? Le letterate non mi garbeggiano a me. Tra Saturnina erudita, e Letizia cameriera, la scelta è facile.
Let. Oggi non so quel ch'ell'abbia addosso. Dappoi che ha parlato con quel Pio Divoranti, mi fa certi occhiacci. Scommetto che la gli ha chiesto quattrini in prestito, e che costui le ha detto qualcosa di te.
Nap. Di me?
Let. Veramente, l'ultima volta che le abbiam trovato danaro, gliene facesti pagare salato.
Nap. E chi dice a' padroni di confidare a' servitori i segreti del loro borsellino? Quelli del cuore, via.

LET. Si confidino o no, già noi li sappiamo.

NAP. La si fidi nel signor Pio, e la mi saprà dire chi è meglio; certi servitori, o certi avvocati.

LET. Ma s'ella ti vede, guai.

NAP. Sto qui tra due usci; se vedi o senti gente, mettiti la mano al cuore, e io scappo via. — Che dice dunque la tua padrona di me?

LET. Pretende che tu mi seduca.

NAP. Ma di' tu s'è possibile!

LET. E Pugolone? Che diamine ti pensi d'andare a servire quello spiantato?

NAP. Con gli spiantati ci si fa più buon' pasti; lo spiantato non è avaro; lo spiantato non è petulante; lo spiantato ha bisogno di te, e il servitore è il suo padrone.

LET. Quanto all'ubbidire ai servitori, tutti quanti i padroni a cert'ore del giorno sono spiantati.

NAP. E poi, un artista non è mai così tribolato come sarebbe un letterato, per modo d'esempio. L'artista è attaccato come uno strascico all'abito della ricchezza: striscia per terra; ma alle volte il signore lo prende in mano,... o per mano. Io poi con Pugolone la fo bene assai: perchè a' tempi nostri, anche gli artisti bisogna che qualche giorno dell'anno sappiano scrivere. Pugolone è uno di quegli artisti che non sanno scrivere. Io ci lucro e come servitore e come segretario: io compongo, egli copia.

LET. Tu scrivere meglio d'un artista?

NAP. Ci vuol poco. Tu non mi conosci, Letizia: e non sai che con questi occhi io ho contemplata, lunghissimamente contemplata, la faccia di due, di quattro, di sei professori; che con queste mani io, Napoleone Sciupati, ho applaudito, furiosamente applaudito il mio professore quando diceva male de' suoi colleghi, o quando ci dava vacanza. Io non ti sforzo a crederlo: ma il fatto è che io ho studiato fino al terz'anno di legge.

LET. E poi?

NAP. Qualche fragilità.

LET. Ah! tu sei fragile?

NAP. Ero. Mio padre, che faceva il sensale, e che non senza grandi speranze m'aveva messo nome Napoleone, invece di darmi il nome di mio nonno, Ilario; mio padre, che speculava sulla laurea, morì prima di raccogliere il frutto del suo capitale: e io, dopo varie vicende.... eccomi qui, beato del poter vagheggiare una delle più vispe, delle più aggraziate, delle più indulgenti, delle più pericolose fanciulle.

LET. *(si mette la mano sul cuore, Napoleone scappa; ond' ella ridendo)* Ah, ah, che paura! — Impara a adulare le cameriere. Credi tu che sia cosa facile lodare con garbo le donne.... povere?

NAP. Non c'è tempo da perdere. Prendi questa del mio padrone, e portala alla contessa.

LET. Tu dunque gli scrivi le lettere, e poi le porti?

NAP. Io fo di più. Invece di servire all'amore, come sa fare ogni servitore ordinario, io creo l'amore: lo fabbrico.

LET. Come lo fabbrichi?

NAP. Te l'insegno. Credi tu' che Pugolone pensasse stamane a scrivere questa lettera? Io cominciai adagino adagino a fargl'intendere qualmente egli era un giovane che poteva piacere, che piaceva; gli confidai in gran segreto, che la contessa non poteva essere fredda, non era fredda alle fiamme che sempre si deve immaginare che divampino dall'anima d'un artista. Ci pensò un poco, credette, amò, scrisse.

LET. Cioè tu scrivesti e pensasti per lui. Segretario compito! Ma s'egli s'avvede poi, che la mia padrona non abbada a lui più che tanto?

NAP. Che? Non se n'avvede. Crede a me più che alla tua padrona, più che a se stesso. Crede a me, perchè mi paga per credermi, e perchè queste cose si credono volentieri. E la contessa, quando leggerà la sua lettera, crederà d'essere amata sul serio; e rileggendola, si figurerà d'amare.

LET. Ma se non lo crede?

NAP. Lo crede. I letterati, e massime le letterate, fanno

e ascoltano tutto sul serio. E poi tocca a te fare il resto; persuaderla ch'ell'ama.

Let. Quando non ama?

Nap. Ma certamente. Questa è cosa che si può persuadere benissimo come l'altre. E come credi tu che si facciano tanti matrimoni, e tante altre faccende nel mondo? S'immaginano d'essere intesi, si figurano d'intendersi: e il tempo fa il resto.

Let. O disfà. — Ma se poi la padrona piglia una di quelle cotte?

Nap. Che? Una letterata, è difficile. I libri per l'amore sono un gran rinfrescante. Chi vuol amare davvero, faccia la calzetta; chi vuol disamare, legga, scriva, e faccia di conto. Ma poi, in ogni caso, non ci siam noi di mezzo? Si finisce la commedia al quart'atto; e la morale economica è salva. A me basta per i miei fini.

Let. Qui ti volevo. Quali sono i tuoi fini? Il sugo della speculazione qual'è?

Nap. Il sugo è questo: che Pugolone, protetto dalla contessa, troverà più lavori, che farà parlare di sè; che le donne per dispetto, gli uomini per puntiglio, per imitazione, per adulazione, per vanità, per riguardo, per una di quelle tante mezze ragioni che producono le mezze generosità, si metteranno a proteggerlo; che Letizia e Napoleone avranno delle imbasciate da portare, e avranno l'opportunità di vedersi, di pensare agli anni avvenire, a quel vincolo...

Let. A che vincolo?

Nap. Tu mi fai perdere la pazienza.

Let. E tu parli di vincoli? Sento rumore *(Napoleone va per uscire)*, no, di costà passa gente. Di costà la padrona. Dietro, giù. *(Egli s'acquatta dietro a un seggiolone.)*

SCENA II.

SATURNINA e detti.

SAT. *(con un giornale in mano)* Che fate voi qui?
LET. Comanda?
SAT. Comando che restiate nella stanza accanto alla mia... sempre. — Chi siete venuta ad aspettare voi qui? Napoleone, scommetto.
LET. Io non l'aspetto davvero. Lo manderei pur lontano.
SAT. *(passeggiando)* Non è vero nulla. Voi gli volete bene; e glie ne volete perch'è un soggettaccio. Non voglio che lo guardiate.
LET. *(mentre la padrona passeggiando si volta verso di lei)* Lo guardavo; ma adesso non più.
SAT. Nè che gli scriviate, nè che riceviate sue lettere.
LET. *(mentre Saturnina si volge e legge nel giornale, riceve la lettera di Pugolone, che Napoleone rannicchiato le porge. Saturnina ritorna a passeggiare in su e in giù. Letizia stropicciandosi le mani)* Io me ne lavo le mani. Del resto bisogna vedere s'egli sa scrivere.
SAT. E chi non scrive? Anche i servitori scrivono.
LET. Cioè gli scrittori servono.
SAT. Non lo posso soffrire. Se stamane mi si dà di vederlo ronzare attorno casa...
LET. Attorno! oibò. Vuol vedere? *(la conduce alla finestra)* Guardi un poco là in fondo, là in via dell'Amore: s'ella potesse vedere quella figura rannicchiata: gli è lui.
SAT. Napoleone?
LET. Napoleone. Guardi bene: si rizza: ma guardi, ma guardi. Va per andarsene — è ito *(Così farà Napoleone. Letizia scostandosi dalla finestra)* S'ella non l'ha visto, non è colpa mia.

SCENA III.

SATURNINA e LETIZIA.

SAT. E pur mi pareva di non aver tanto tanto la vista corta.
LET. Il grande studio... Ma adesso che siamo sole *(Saturnina siede)* e tranquille, mi permetta di dirle: che le ha egli fatto quel giovane, che ce l'ha tanto seco? Se io qualche volta le ho reso qualche piccolo servigio, non glie l'ho forse reso per mezzo di lui?
SAT. E ardisci rammentarmelo, impertinente, sfacciata? Io le so tutte le ciarle che fate voialtre.
LET. Se io ciarlassi, le mie parole la le leggerebbe nel viso del mio padrone. Ma de' suoi debitucci il signor Sebastiano non ne sa nulla sinora.
SAT. Sinora?
LET. Sinora.
SAT. Tu minacci?
LET. Io prego. Ma prego di volermi trattare un po' meglio. Dal giorno ch'i'ho il suo segreto, io non son più la sua serva.
SAT. Il mio segreto non mi fa disonore. Son presto trovate poche centinaia di scudi a pagare qualche miserabile debito.
LET. Ma intanto il mio silenzio, signora mia, non si compra con gli scudi nè con gl'insulti. Se vuole ch'io usi prudenza, m'usi rispetto. Io so quello che i signori rispondono alla servitù che si duole: ti scaccierò via. La mi scacci.
SAT. Che maniera di parlare è cotesta?
LET. Da sfacciata, vah! Non me l'ha ella dato il mio titolo? Il titolo mi fa comodo, e me ne servo. Voglio almeno godere i privilegi della mia condizione di serva per poter qualche volta parlare con libertà. Che si crede, che io non le intenda le parole che offendono? Che io non abbia altro che mani e piedi per servir lei, senza lingua nè

occhi nè cuore nè sangue? Maltrattarci con le ingiurie, co'rimproveri, con le raccomandazioni piene di diffidenza che non finiscono mai, con quel fare di grandigia sprezzante che urta più delle busse; qualche volta accarezzarci per più strapazzo quando porta il bisogno o il capriccio, e, come si fa colle bestie, per piacere o per chiasso: e poi pretendere rispetto e amore da noi! — Che? m'ama ella?

Sat. Adesso sei tu che fai'l chiasso. Non lo sai, pazzerellona, che io ti vo'bene?

Let. E anch'io le ne voglio al medesimo modo. S'ella fa celia, e io fo celia; s'ella dice di buono, e io fo di buono. Qualche mezza faccia de'suoi libri la leggo anch'io a tempo avanzato; e mi son fatta spiegare un giorno quello che i letterati intendono quando dicono *emancipare*. A lei preme tanto che sia rispettato il popolo, che sia amato il popolo? Cominci da casa sua; rispetti la sua servitù.

Sat. Ah tu leggi e pensi? Ma brava! Non credevo che, stando meco, ti si *svilupperebbe* tanta *eloquenza* naturale.

Let. Naturale.

Sat. E, intanto, con cotest'uscita tu mi sgusci, e non rispondi delle ciarle che fa Napoleone di me.

Let. Pover'uomo. Napoleone pensa a lei troppo più che lei non si creda. E se sapesse ora quel ch'egli fa per salvare il suo decoro!

Sat. Il mio?

Let. Ma ella non merita che le si dica nulla.

Sat. Come, non merito? Ma tu mi strapazzi. Letizia, via parla.

Let. Che! Non ci possiamo intendere.

Sat. Ma sì che possiamo. Animo, Letizia, te ne prega la tua padrona.

Let. Dite: la tua Saturnina.

Sat. La tua Saturnina.

Let. *(affrettando sempre più)* In poche parole: Napoleone serve ora Desiderio Pugolone. Pugolone è innamorato matto di lei.

Sat. Di me?

Let. Di chi dunque? Mi lasci finire. Pugolone è capace di fare qualche pazzia, di mettere in ballo il suo nome.

Sat. Il mio nome?

Let. E di chi? Aveva scritto una lettera: voleva mandargliela, non si sa con che mezzo, o portargliela con le sue mani.

Sat. A me?

Let. E a chi? Per iscansare uno scandalo, Napoleone glie la strappò, ed eccola.

Sat. *(dopo breve silenzio)* È quella?

Let. Questa. Io le consiglio bruciarla senza nemmeno leggere la sopraccarta.

Sat. C'è il nome mio?

Let. E come! Guardi *(le mostra)*.

Sat. Chi sa?

Let. Si fa presto a sapere *(dissigilla)*.

Sat. No, no.

Let. Dunque no *(la richiude)*.

Sat. Come comincia?

Let. *(leggendo) Adorata contessa.* Pugolone l'adora.

Sat. Infelice! Che poss'io fare per lui?

Let. Leggere *(posa la lettera sul tavolino)*.

Sat. *(la prende risolutamente e la legge sotto voce)* Ma!

Let. Se la si sente turbata?...

Sat. Chetati.

Let. Ubbidisco.

Sat. Scrive bene. Non credevo.

Let. Anche gli **artisti**, a star co'signori, pigliano il loro fare, e si ripuliscono.

Sat. Lettera calda. Oh dimmi un poco...

SCENA IV.

Servo *e detti*.

Servo. Un signor forestiero.
Sat. Seccature.
Servo. Dice ch'ha un'imbasciata del dottor Faccendini.
Sat. È persona colta?
Servo. È venuto in carrozza.
Sat. Passi. *(servo esce)* Da chi hai tu avuto la lettera?
Let. Ecco qui la persona colta *(via.)*

SCENA V.

Raspanti *e* Saturnina.

Ras. L'ardire di presentarsi non conosciuto sarebbe per verità imperdonabile, se non avessi per mediatore il nome del dottor Faccendini, e per iscusa il desiderio di conoscere le *notabilità* de' paesi che vengo per mia *istruzione percorrendo*.
Sat. Il signore?
Ras. Felice Raspanti; che le avrebbe portata una lettera del chiarissimo Faccendini, se la precipitata partenza e le sue innumerabili occupazioni...
Sat. Uomo infaticabile! Di che sta egli scrivendo?
Ras. Di tutto, signora. Egli fa di tutto, entra in tutto, conosce tutto. L'Enciclopedie, gli almanacchi, gli Atti accademici, le Raccolte per nozze, i Campisanti, i Giornali, le Strenne, son piene delle sue descrizioni, delle sue imitazioni, delle sue creazioni. Uomo invidiabile! E nessuno l'invidia, perch'egli sa vivere: alla mano e sostenuto, *aristocrata* e *democrata*, franco e cortese, gaio e variopinto come un prato di maggio. A vederlo nelle conversazioni, nelle scampagnate, ne' pranzi, nei balli de' congressi scientifici, non si direbbe mai: quest'è

l'uomo che ha scritto tanto, che scriverà tanto. A leggerlo, si direbbe: costui non sa parlare; a sentirlo, si direbbe: costui non sa scrivere. E a proposito di strenne, io mi dimenticavo di ringraziar la signora a nome del dottor Faccendini per quel bellissimo componimento ond'ella ha inargentato una delle sue quattro strenne: *La mediatrice*. Che poesia!

SAT. Perdoni: è una prosa.

RAS. Una prosa! Domando scusa: ma tutto quel che esce dalla sua penna, è poesia viva e vera. Che stile!

SAT. Ella mi confonde.

RAS. Impossibile. E quel discorso accademico sulla *missione* delle donne nel secolo vigesimo primo!

SAT. Ma quella è poesia.

RAS. Ah... confondevo... Sì, sì, me ne rammento. Il dottor Faccendini me n'ha parlato tanto.

SAT. Ma egli non l'ha letto ancora.

RAS. N'avrà sentito parlare. Che, crede che il nostro paese sia fuor del mondo? Vegga un po', mia dotta e gentile signora, roba che si stampa da noi *(cava di tasca un mazzo di manifesti, e li viene schierando sul tavolino)*. Questi son tutti manifesti de' nostri librai: opere nuove, una più madornale dell'altra. Che grazia di Dio! *L'Enciclopedia femminile:* questa ha a essere di cartello. Un nuovo giornale: *I Pugni. Biografia degli scellerati. Libretti d'opera imitati dal francese,* con vignette che vengono da Parigi. Le associazioni costano una bagattella: piccole dispense *omeopatiche*. Il dottor Faccendini m'ha raccomandato tutti questi autori, che sono o intimi amici suoi, o amici degl'intimi: e io, ne' viaggi d'istruzione che fo, dissemino volentieri di questi annunzi; e mi vo' componendo per mio particolare diletto una bella serie d'autografi, con le sottoscrizioni delle persone più illustri con cui m'avviene di far conoscenza. Così proteggo (debolmente) gl'ingegni, e mescolo l'utile altrui col mio dolce. Ho anche, a dircela qui, permissione dagli editori d'usare una qualche facilità...

Sat. Come a dire?
Ras. Quello che volgarmente dicono de'ribassi. Non dico per lei; ma per dimostrare con che larghezza si trattan le cose *(cavando di tasca un altro annunzio).* E questa! Grande opera che ha a diventare questa! Ci lavorano quaranta nomi: quaranta letterati.

SCENA VI.

Sebastiano, *e detti.*

Seb. *(Entra in fretta, e si ferma vedendo gente.)*
Ras. *(Si alza.)*
Sat. Marito mio, il signor Raspanti, conoscente del dottor Faccendini.
Seb. Ho piacere tanto.
Ras. Non è cosa che usi, dare il mi rallegro a un marito per... ma come mai non invidiare l'uomo che in piena pace possiede?...
Sat. Il signore è troppo buono.
Seb. Giova ch'ella sappia ch'io non son letterato punto.
Sat. Mio marito è modesto.
Seb. Qui non entra modestia.
Sat. Egli dice di non amare le lettere: ma legge in segreto, e di molto.
Ras. C'è tre sorte di letterati: que'che leggono e scrivono: quelli che leggono senza scrivere: e quelli che scrivono senza leggere. Io e il signore siamo della seconda specie.
Sat. Non fo per dire; ma egli conosce la scienza agraria a fondo.
Seb. Smettiamo, ti prego.
Ras. *(cavando un manifesto di tasca)* Ho qui un eccellente trattato d'agronomia, tradotto dal francese; un bel volume in ottavo. Se comanda, gliene fo vedere subito. L'ho preso anch'io.
Seb. *(guardandolo)* Il signore è pratico? — Veh quanti manifesti!

Ras. Compro libri sovente; e mi piace far conoscere i buoni.
Seb. Il signore viaggia?
Ras. E viaggiando...
Seb. Capisco. — Ma io traduzioni dal francese non ne leggo.
Ras. E pure traducono così fedelmente!
Seb. Che tant'è leggere addirittura il francese.
Ras. Che delizia, negli ozii campestri con un libro in mano passarsela poeticamente, economicamente! Quanto meglio sentire il muggito de' buoi, che una prima recita la sera di Santo Stefano protomartire! Non nego, è cosa amena vedere seduto un gran corpo accademico solennemente; ma gli è anche bello vedere le pecorelle innocenti innocentemente sdraiate all'ombra de'giuggioli. E quando un pensatore, un uomo disingannato delle vanità della terra, sta sotto un albero meditando e fumando... Il signore fuma?
Seb. *(guardandolo)* Anche?...
Ras. Io posso servirlo di sigari dell'avana, squisiti *(ne cava di tasca).* Se comanda per saggio...
Seb. Come! Il signore?...
Ras. Mi ci diletto. Adesso già i letterati fumano.
Seb. Dopo d'avere brillato.
Sat. O prima.
Ras. Questo diventa un oggetto quasi scientifico.
Seb. Già, già; la scienza comprende ogni cosa.

SCENA VII.

Angiolino *e detti.*

Seb. *(nel veder entrar suo nipote)* Oh Angiolino, appunto te.
Ras. Il signorino ama?
Seb. Ma non s'associa. È mio nipote. Anzi bisogna che parliamo sul serio, Angiolino, dell'affare che sai.
Ras. Non vorrei diventare importuno.
Seb. Ella non può diventare.

Ras. Verrò prima di partire a ricevere gli ordini della signora.

Seb. E questi... negozi? *(additando i manifesti)*.

Ras. La signora può divertirsi a darci un'occhiata, e veder d'illustrare alcuna di queste imprese con qualche suo scritto o consiglio.

Sat. Troppo onore.

Seb. *(al Raspanti, che uscendo s'inchina)* Servitor suo.

SCENA VIII.

Saturnina, Sebastiano e Angiolino.

Seb. Il secolo delle mignatte doveva produrre anche gli associatori. Che piaghe!

Sat. Lo chiamate associatore, un amico del dottor Faccendini, un uomo di lettere.

Seb. E c'è de' letterati dissocianti, e ce n'è d'associanti: il difficile sarebbe trovarne d'associabili. Ma lasciamolo quel ch'egli è. Tu sai perchè t'ho fatto chiamare, Angiolino. Tra poco... Sediamo.

Ang. *(Siede accanto alla signora, seduta già)*.

Seb. Tra poco tu devi pigliare una risoluzione dalla qual dipende tutta quanta la vita; o tirare innanzi negli studii, o sceglierti un'occupazione che chiegga meno anni, meno dispendii, e men seccature. Bisogna pensarci per tempo. Tu non hai vivo tuo padre, che possa e pretenda pensare per te. Io non mi sento nè facoltà nè prurito di darti una vocazione di mio capo, di spedirti all'università come si spedisce un collo di roba alla fiera. Tocca a te scegliere, e fare da uomo. Discorriamo dunque in famiglia de' fatti nostri. C'è qui tua zia, che ti vuol bene; e tu puo' aprirti seco, come faresti a tua madre.

Sat. Io per me non c'entro: non voglio rimproveri.

Seb. Oh io, che, ne voglio? Per questo, è bene che ci intendiamo; e quel che s'ha a dire, si dica avanti.

Ang. Io, caro zio, farò quello che loro vorranno.

SEB. Non è vero nulla. Tu farai da ultimo quello che vorrai tu: e cotesto andrà bene purchè tu sappi un po' quello che tu ti voglia. Sentiamo: vuoi tu far l'avvocato? Ti piace egli dalla mattina alla sera essere tentato, se non dall'amor de' quattrini, dall'amor proprio, a confondere l'ingiusto col giusto? Ti piace egli consumare il tuo tempo per accertarti se il cliente abbia ragione; e, visto che ha torto, dirgli: « Amico mio, avete torto; e del » lavoro che ho fatto per scoprire che avete torto, me » ne renderà il merito Iddio? » Chi non fa a questo modo, che accetta le cause prima d'averle studiate, è un avvocato furfante, che tradisce il cliente, insulta il giudice, disonora sè stesso. Ma quante sono le cause senza parte di torto? Poche. — E quel tanto di torto che il vostro cliente ha, converrebbe confessarlo: ma guai! L'avvocato è pagato per far le viste di credere che il cliente ha ragione in tutto e per tutto. Angiolino mio, se ti piacciono le sofisticherie, i perditempi, l'aver sul serio a rispondere ad argomentazioni sciocche, l'aver a supporre e dimostrare gli altri o sciocchi o cattivi, l'aver da ultimo a pagare tutte le cause che perdi per inavvertenza tua (perchè l'avvocato che sbaglia, bisogna in coscienza che paghi — non c'è remissione); e tu fa l'avvocato.

ANG. A far l'avvocato, mi ci annoierei: e annoiarsi gratis, può essere cosa degna; ma annoiarsi per il quattrino, mi parrebbe viltà.

SEB. Questo è buon sentimento; ma ringraziamo il Cielo, figliuolo mio, che ci sia degli uomini onesti che non si annoiano. Guai se un mestiere pericoloso fosse abbandonato a uomini tutti pericolosi! — E il medico ti piace egli?

ANG. Mi piacerebbe se...

SEB. Se fosse più facile, non è vero? Eh sarebbe troppo ghiotta cosa fare il medico, se non occorresse nè sparare cadaveri, nè vedere agonie, nè sentir pianti e singhiozzi che straziano l'anima e confondono i sensi; se non occorresse nè levarsi la notte di crudo verno, nè viaggiare sotto la sferza del sole ardente, nè rendere colle proprie mani al povero schifoso i più schifosi servigi; se non vi fosse pericolo di sbagliare la cura, e di ammazzare quello ch'eri pagato per dover risanare, e di tormentare e spaventar coloro che ti chiedevano consolazione e speranza. Un buon medico certamente è più che uomo; ma il medico cattivo non è degno d'accostarsi nemmeno a una bestia.

ANG. E per diventare buon medico, quanti anni!

SEB. E quanti spropositi! Fortunato chi non se ne avvede degli spropositi ch'e' fa, o che lascia fare! Ma chi ha la pelle punto punto delicata, non è affare per lui.

ANG. Che mi consiglierebb'ella dunque?

SEB. Una cosa facile. Ma prima sentiamo quel che pensa tua zia.

SAT. Dite, dite.

SEB. Ma no.

SAT. Ma sì.

SEB. E se poi non ti piace?

SAT. Dirò che non mi piace: non dubitare.

SEB. Eh non dubito. Ecco, Angiolino, quel ch'io farei, fossi in te. Tuo padre, buona memoria, t'ha lasciato qualcosa: per l'appunto, sì, ma da campare ce l'hai. Io mi metterei a coltivare que' poderetti sui quali tuo padre viveva onoratamente; e che, coltivati bene, renderebbero il doppio. Così ti mostreresti grato alle sue fatiche; faresti onore al suo nome illibato; avresti una occupazione sana, decorosa, libera da molte noie e insidie e viltà; libera dal desiderio tormentoso del superfluo e dalla turpe necessità dell'inutile. Cominceresti a intendere la vita, non ne' libri, ma ne' fatti; a leggere nella terra, nel cielo, e nel cuore dell'uomo. Cominceresti meglio in campagna che in città, a diventar cittadino; a conoscere la povera gente; a trattarla con carità, con rispetto; a sentire com'ella è più necessaria a te, che tu ad essa. Dicono che chi non sa ubbidire, non sa comandare; ed è vero: ma giova anche saper comandare con bontà, per poter con decoro ubbidire. Diventando buon padrone, sarai a suo tempo buon padre. Una di quelle professioni che chiamano civili, un impiego, ti condannerebbe a dieci anni di noviziato duro, di soggezione pesante; ti metterebbe addosso la febbre lenta delle speranze fredde, gelose, schiave. Saresti frollo del corpo e decrepito dell'anima innanzi di giungere a piantar casa, a consolare con un matrimonio modesto la solitudine del tuo cuore. E se fosse troppo tardi? Se del matrimonio tu non avessi a avere altro che i pesi; se tuo il capitale, e il frutto d'altri? L'avvocato, il medico, l'impiegato, quando non bada che a fare fortuna, può egli prendere cura della moglie e de' figli? E se lo mutan di posto? Se ammala? Se muore? I suoi figliuoli son orfani, anco vivente lui: la famiglia non ha radici, nè patria. Per arricchire dell'impiego, egli abbandona quel che i suoi poveri vecchi gli avevano lasciato, che poteva essere il sostentamento de' suoi anni canuti; a grande studio si fa miserabile e servo. Questi non son mica sogni: questa è la storia di tante famiglie disfatte per fare un dottore.

SAT. Ma se quello ch'egli ha, non gli basta per vivere?

SEB. Basta. Ed è bene che non n'abbia d'avanzo. È bene che da giovane tu senta, figliuolo, la povertà; la contenta, la degna, la non venale povertà. Ma vuoi ch'io t'insegni, al bisogno, una maniera di guadagnare, che sarebbe benefica a molti? Se ti vergogni a far solo, faremo a mezzo. A' contadini scannati dagli usurai, presteremo danari e semente con utile onesto; e libereremo loro, e faremo sicuro guadagno noi.

SAT. Che razza d'idee! Farlo biadaiuolo e mercante; e voi suo socio?

SEB. Sì signora, e io suo socio. Meglio biadaiuolo onesto che avvocato imbroglione, meglio mercante umano che medico snaturato.

SAT. Io credo che adesso facciate celia. Veramente, il marito d'una mia pari mettersi a dare a credenza!

SEB. I vostri pari pigliano danaro a prestito più volentieri che darlo: lo so.

SAT. Che intendereste di dire?

ANG. Cara zia, mi dispiace che per causa mia...

SAT. *(con impazienza)* Parla insomma tu. Non mi hai tu detto più volte che la *carriera* letteraria sarebbe di tuo genio?

SEB. La *carriera*?

ANG. Veramente sì. Sento che adesso i letterati guadagnano.

SEB. Quanti guadagnano? Come guadagnano? E tu spereresti con la letteratura campare la vita? Povero Angiolino! Servire a librai, che ti prescrivono il tema e il numero delle pagine; servire a lettori che t'impongono in che *senso* (come dicon loro) hai a scrivere s'eglino hanno a comprare il tuo libro; servire al tempo e astenersi da ogni accenno contrario a' suoi pregiudizi, alla moda, alla paura, alle convenienze, al capriccio; non basta. Se tu brami mangiare il tuo tozzo in pace, raccomàndati alla carità de' giornali, che non ti strapazzino come fa un facchino briaco quelli che incontra per via; prega il Cielo che non ti venga addosso un qualche miserabile a insegnarti la lingua, il pudore, l'amor patrio, la dignità, con maniere barbare, sguaiate, nemichevoli, vili. Sai tu quando potresti vivere dell'ingegno? Quando tu fossi abbastanza ricco, o abbastanza generosamente povero, da non voler vivere dell'ingegno. Allora ti cascheranno addosso le profferte, gl'inviti: sapendo che non vuoi essere protetto, ti vorranno protettore; non osando nè potendo straziarti, t'annoieranno. Ma sinchè scrivi per pane, nessuna dote dell'ingegno, nessuna dell'animo ti salverà dal disprezzo. Meno oltraggiato saresti a chiedere l'elemosina per le vie: chi chiede l'elemosina non aizza l'invidia, non chiama il sospetto, non si colloca in alto per far contemplare alla gente sbadata o affaccendata la sua povertà. Fa a mio modo, figliuolo mio: scrivi da te solo, e per te: sii re nella tua casa, nel tuo tugurio, re del tuo tempo, dell'anima tua. Ma se qualcosa hai bisogno di dare a nolo, dà piuttosto le braccia che l'ingegno.

SAT. Intanto non è male ch'egli faccia conoscere alla *repubblica letteraria* il suo ingegno con qualche *produzione*.

SEB. Con qualche *riduzione*. Quando la repubblica letteraria avrà i suoi consoli, allora vedremo. Per ora, sta zitto.

SAT. M'hai tu portato?... *(Angiolino si cava de' fogli di tasca)*.

SEB. Che è egli cotesto?

ANG. Un lavoruccio da stampare.

SEB. Che non si stamperà.

SAT. Perchè no?

SEB. Perchè Angiolino ha giudizio, e ascolterà il consiglio di suo zio.

SAT. Ma sua zia...

SEB. Metta fuori lei, se le piace, le cose sue.

SAT. A me que' fogli, Angiolino.

SEB. Angiolino, bada bene.

ANG. Ma che ho io a fare, Dio buono!

SEB. Bruciarli.

SAT. Vorrei vedere! Qua a me.

SEB. Io dico di no.

ANG. Insomma la finirò io *(straccia i fogli)*. Meglio lacerar questi fogli, che l'anima di chi m'ama *(esce)*.

SCENA IX.

SATURNINA e SEBASTIANO.

SAT. Siete contento? Quel ragazzo vi ha dato una buona lezione.

SEB. A me l'ha data?

SAT. O a me forse?

SEB. Adesso già tocca ai giovani educare i vecchi.

SAT. Ma vi par egli? Venire a tu per tu con la vostra moglie in presenza d'un estraneo?

SEB. Gli è un mio parente.

Sat. I vostri parenti, mio caro, non sono i miei.

Seb. Me ne duole, ma non ne arrossisco. *Mio caro!* Cotesta parola è piena di fiele.

Sat. Quel fiele che ci mettete voi.

Seb. Sta bene. Io venivo appunto a parlarvi de' miei parenti, e dirvi che credo d'aver trovato un buon marito alla Amalia.

Sat. Non me ne importa.

Seb. Lo so. E le cose spiacevoli che un galantuomo sa, non accade dirgliele con parole. Le donne hanno tanti altri modi di farsi intendere. Ma bisogna pure che voi lo sappiate il nome dell'uomo che io le darei per marito. Non si tratta d'affetti; si tratta d'affari. Queste son cose che si debbono dire anche tra marito e moglie.

Sat. Sentiamo.

Seb. Il signor Gentili.

Sat. *(ridendo)* Ah, ah!

Seb. Che c'è egli?

Sat. Il Gentili all'Amalia?

Seb. Io desidererei che mi fosse lecito sapere perchè questi due nomi messi insieme, paiono alla signora ridicoli.

Sat. Voi domandate la ragione d'una cosa ridicola! Ma vi pare? Quella ragazza melensa a un giovane?...

Seb. Che le vuol bene.

Sat. Chi ve l'ha detto?

Seb. I suoi occhi.

Sat. Che? Gli uomini non sanno legger negli occhi.

Seb. Sempre meglio che le donne dotte.

Sat. Andate a piantare le acacie, e non a indovinar l'amore.

Seb. Con vostra licenza, appiè delle acacie si conosce l'amore meglio che a tavolino: perchè l'amore se la dice più col verde e co' fiori, che coll'inchiostro. Dacchè mi avete cominciato a seccare con la cugina, io ho cominciato a osservare: e, raccapezzando ogni indizio, posso dirvi che il Gentili non vede di mal occhio l'Amalia, nè l'Amalia lui.

Sat. Quanto all'Amalia, le ragazze da marito hanno un capitale di tenerezza sempre pronto.

SEB. Le ragazze soltanto? Fatto è che il signor Gentili è un giovane non troppo bello, non troppo faceto, che non fa troppa pompa nè di sapere nè di probità; che non si vergogna d'andare alla messa; che non ha debiti.

SAT. E che non pensa alla vostra cugina.

SEB. Ve l'ha egli detto?

SAT. Io lo so.

SEB. Come?

SAT. Lo so; e tanto serve. — Oh smettiamo cotesti discorsi insulsi.

SEB. Anzi salati. Sentiamo, via, il vostro segreto.

SAT. Se l'avessi, non lo direi, certo, a voi.

SEB. Gli è vero. Io sono... un marito. Dunque sia per non detto. E io vedrò, da me, di condurre questa faccenda a termine.

SAT. Lasciate almeno ch'io esplori il cuore della ragazza, che io parli a quattr'occhi al Gentili.

SEB. Se non ve ne importa?

SAT. Gli è un modo di dire.

SEB. Modi poco eleganti.

SAT. Ma quando si viene ai fatti, tu sai che il mio cuore è buono.

SEB. Questo sì.

SCENA X.

SERVO, poi GENTILI, e detti.

SER. Il signor Gentili *(esce)*.

SEB. A tempo.

SAT. Lasciatemi scoprire terreno.

SEB. Me ne vado apposta. *(al Gentili che entra)* Signor Gentili carissimo. Con quanto piacere vi veggo!

GENT. Posso forse?

SEB. C'è mia moglie che... E anch'io... *(Saturnina lo guarda)* Caro Gentili.

GENT. Godo di vedere il signor Sebastiano di miglior umore del solito.

SEB. Chieggo scusa se qualche volta la mi trova imbronciato. Ma un capo di casa... Ella sa... Cioè non sa, ma potrebbe sapere... *(Saturnina tosse)* Insomma, addio a poi *(gli stringe la mano, ed esce)* . . . .

. . . .

PENSIERI.

Il senno materno è osservatore: ogni buono osservatore degli uomini tiene del cuore materno.

La risposta di Cornelia alla donna di Capua, e il sapersi com'essa educasse de' suoi figliuoli non solamente l'animo ma e l'eloquenza, ci insegna che la donna ha, nelle ispirazioni non del cuore soltanto ma eziandio dell'ingegno e nella custodia e coltura del linguaggio, la massima parte. Essa che fa nascere gli uomini brutti o belli, infermi o sani, li cresce anco a morale vigore e a bellezza ideale: essa, che insegna a orare, meglio che le scuole di rettorica, li farebbe oratori. E appunto siccome le gioje e i vezzi di Cornelia erano i suoi figliuoli, così dall'affetto vengono raccolti, custoditi, e fatti lucenti di luce preziosa, gli ornamenti del dire.

La donna può educare l'uomo e anche santificarlo e farlo sapiente, più che non sappia e non voglia questi lei.

Alla giovanetta raccomandate, non con parole ma con esempi, il dispregio della ricchezza, l'amore dei poveri; parlatele sovente de' dolori che attendono le più felici tra le figlie d'Eva quaggiù. Guadagnato che abbiate l'animo suo, non temete di dirle qualche parola severa. Severità affettuosa è conciliatrice possente d'affetto.

Certa educazione femminile è compressione d'affetti, fomento di passioni.

Giova parlare alla donna linguaggio affettuoso ma fermo; e trattare in sul serio le piaghe dell'anima sua. La donna è men leggiera dell'uomo. Le astrattezze la muovono a noia, ma le frivolezze a dispregio. Ella le ascolta e sorride; ma disistima il lusinghiero; e le soffre perchè debole, perchè in ogni cosa è condannata a patire.

Educare la fanciulla a essere madre, è un educarla a ben sostenere la vita anco senz'essere madre.

L'educazione che molti dànno alle donne, serve a renderle buone civette piuttostochè buone madri. Sono degli uomini in gran parte i torti che noi rimproveriamo alle donne.

Certa educazione delle donne, segnatamente agiate, è tentazione.

Certe donne non povere paiono allevate apposta per dare a uno la dote, altro ad altri.

Scuole femminili non ben regolate, sono serragli in erba, aremmi peripatetici.

Alle femmine meglio si confarebbero scuole private che pubbliche. E il moltiplicarsi delle private darebbe campamento a più donne, che troppo ne mancano, e non ne cercano senza pericolo; renderebbe l'educazione più modesta insieme e più diligente.

Le scuole pubbliche femminili, moltiplicate, tra gli altri pericoli, han questo, d'incappare in maestre troppo inesperte del loro ministero, e troppo esperte d'altre cose non necessarie a insegnarsi a' fanciulli.

Un ordine religioso apposta di maestre non vincolate da voti perpetui, farebbe più bene che parecchi conventi di frati predicatori, o che tutti quanti i cavalieri dell'ordine gerosolimitano.

Fanciulle agiate potrebbero per qualche anno consacrarsi al ministero di maestre, prepararsi all'ufficio di madri; acquistare, se le sorti mutano, un sussidio ai bisogni, una consolazione ai dolori.

Le donne, colla loro pazienza intelligente e affettuosa, potrebbero essere insegnatrici degli elementi di tutte le prime cognizioni e delle arti belle, e anco delle meccaniche, non soverchio faticose. Questo e accrescerebbe alla dignità della donna, e le sue miserie scemerebbe, che vengono in gran parte dall'ozio.

Abbiamo Ebree e Greche poetesse: una Greca, Ipazia, è già dottoressa, se pure non si voglia dare il primato ad Aspasia, maestra al maestro di Platone e di Senofonte. L'Italia ha messo donne in cattedra: ma più che Lucrezia Piscopia, la cui statua vedesi nello Studio di Padova, io amo la Agnesi, che, con tutta la sua matematica, sapeva contentarsi di una seggiola da vegliare i malati. E più mirabile quasi di Debora giudice, m'apparisce Caterina da Siena, severa ed elegante consigliera di principi.

Trattati tre: logica de' bambini, delle donne, del popolo; il primo d'educazione, l'altro d'amore, il terzo di politica; di poesia tutti e tre.

Parte VI. - Memorie

I.

A Donna Greca.

Da Cipro a Venezia voi foste, o donna gentile, trapiantata siccome pianticella odorosa: a Venezia, il cui leone sulle torri munite degli avi vostri distendeva le ali che il tempo spennò. Qui volaste com'una di quelle colombe che tra le cupole di S. Marco hanno il nido: e qui rinveniste conforti d'affetto meditato che forse l'isola felice al cuor vostro porgere non poteva. Quante rivelazioni ha l'esilio! Siccome, levata da tempio in rovine, un'immagine del greco scalpello diffonde in terre men sorrise dal sole alcun raggio di pudica bellezza; così voi, donna gentile, tra noi portaste viva un'immagine della modesta, e pur possente, ellenica leggiadria. Oh rimanete tra noi modello di tempi migliori. Non desiderate la terra che vi vide bambina, le cui memorie v'errano quasi sogno languido per la mente. Vi stringono stretta all'Italia vincoli cari di vita.

Se mi riconducessero in Cipro, e mi mettessero (voi dicevate) a un certo punto della via, da me sola mi pare che saprei ritrovare la casa mia. — Ma deserta la trovereste, e mutato ogni cosa.

Rimanete tra noi. E ogni passo che, dignitosamente graziosa, mettete per le vie della vita, vi sia benedetto.

La patria vostra, o donna gentile, un dì giardino d'ogni terrena delizia, fu ricca in dolori. Le antiche memorie co'guai presenti compongono una mesta armonia, della quale nel suono della vostra voce a me par di sentire un concento. Cipro la bella, posta tra l'ardente e ampio Oriente, e la grazia ammisurata e tranquilla della stirpe europea, congiungerà forse un giorno le altezze del pensiero severo alle profondità del sentimento fervente: la terra de'morbidi piaceri apprenderà i forti affetti.

All'educazione dell'anima giova sortire, siccome famiglia, così patria piuttosto infelice che lieta. L'anima nell'umiltà s'innalza, col dolore si scuote e s'appura: l'ingiustizia sofferta insegna quella virtù senza cui vero affetto non può essere, la pietà. Dalla limpida luce del patrio cielo e dalla fresca vita dell'acque e dalla dovizia d'ogni bello e buon frutto, viene a voi quella mite serenità, quell'amorevolezza pia, che, contemplata, desta e acqueta i pensieri: ma dal sentimento de'dolori intesi e patiti viene quel senno del cuore, che fa essere unica, o donna gentile, la grazia vostra.

La patria, quand'è divisa da grande distanza, dando una mestizia quasi pellegrina alle memorie, ingentilisce più e più gli spiriti naturalmente gentili. Allora l'amore de'luoghi natii è simile a grido per molta lontananza fioco, che pare tratto dal petto profondo d'uomo a cui la lena manchi. La patria allora ci si presenta nell'estremo orizzonte, quasi terra confusa col mare e col cielo. E quando la patria sia isola, il pensiero dell'esule se la dipinge come fuggente sull'acque; e vede i cedri fiorenti, e le viti piene del sugo di salute apparire e sparire fra le torbide spume.

Rammenti tu l'acque vive e i cedri fiorenti e i bagni odorati di Cipro tua? Ti rammenti l'aspetto superbo de'barbari, e il terrore dell'empia strage? e quando, ricca testè, ti destasti senza padre e senza dote, altra che le virtù del cuore e le grazie della gentile persona? Colse da te la sventura nuove armonie; perchè il pianto infradicia l'anime languide, le generose alimenta.

La sventura spirò nell'accento della tua voce, degna degli ellenici numeri, non so che gioia mesta che conforta e commuove; e mise nell'affetto dignitoso una pace che attrae i desiderii riverenti, gli audaci allontana. Docile e forte, mansueta e severa, sai la potenza e del nobile silenzio e dell'ingenua parola. Felice, nelle miserie sue venerate, la donna che te chiamò figlia, felice l'uomo che sposa!

Desideri, donna, tu mai l'acque vive e i cedri fiorenti e i bagni odorati di Cipro tua?

La Generosità.

È raro all'uomo, anche buono, e difficile alla donna, anco che affettuosa, saper rattenere gl'impeti dello sdegno, commosso da immeritato rimprovero. Sentire viva nel cuore l'offesa, poterla respingere con parole tremende, e tacersi; gli è più che non si lasciar cadere a urto improvviso; gli è più che correndo per precipitoso declivio, fermarsi a un tratto. Non costa tanto perdonare al nemico, quanto non si risentire alle ingiurie dell'amico. Perch'egli è un altro noi stessi, parrebbe quasi nostro diritto mostrarsi severi a lui. Ma la donna nella delicatezza sua trova forze alla vittoria dolorosa. Appunto perch'ella potrebbe con una parola far gran male a chi ell'ama, nol fa: teme quasi d'aver ragione, e tratta l'offensore diletto come madre pia tratta il caro figliuolo ferito. Perchè la donna nasce con cuore di madre, e sin da' primi anni ha viscere e autorità di madre, ed esperienza indovinatrice delle segrete cose dell'anima. Ella ha il senno del cuore, quel senno che il mondo e i libri sovente guastano, mai non dànno. Nella generosità sua stessa è pudore: nè vuol farla apparire, acciocchè l'offensore diletto non rimanga abbattuto dal dispregio di sè stesso, non dispregi un'anima ch'ella stima, ch'ella ha come sua. E in tutti i modi s'ingegna ridargli la stima di sè; nè di lui rammenta altre cose che degne; e nel velo dell'amor suo lo ravvolge, e lo fa candido come quello. Riceve amarezze, e non vuol dare che gioie; riceve umiliazioni, e non vuol rendere se non dignità. Così la terra, calpesta dal piede, aperta dal ferro dell'uomo, gli dona in ricambio messi e ghirlande: così l'onda del ruscello sbattuto fra'sassi, si fa più limpida, e suona sommessa, e par che tema piegare i florellini del margine. Oh Angeli che numerate i dolori dell'anime, versate le vostre consolazioni all'affetto umile e generoso.

La generosità invigorisce l'affetto. Tanto più caro le torna l'uomo per il quale ell'ha fortemente sofferto; l'uomo che le ha data la dolce necessità di rendersi sempre più meritevole di riverenza e d'amore.

La Grazia.

Agile e riposata in ogni atto, non avventa in sul primo, ma penetra soavemente nell'anima a poco a poco, e la intenerisce e la rinnovella. Chi sente più forte, riceve in sè più profonde le ispirazioni della grazia delicata, e meglio risponde a quelle: così dall'alta montagna scendono più abbondevoli le correnti del fiume.

La grazia, nel raccoglimento dello spirito che la contempla, apparisce più splendida come un lume di cielo. L'arte non la insegna, nè l'arte la intende. Oh quanto pochi son degni d'accogliere distinta ed unita quella sottile armonia!

Le memorie di lei sono sentimenti tenui, quasi sgombri d'immagini; un volger di capo, un cenno lieto, un suono di voce senza parola, un silenzio; come un digradar di colori, come un'aura di fiore. Mille sensi in un suono, mille moti in un atto, mille ardori in un lampo.

Laddove è grazia, ivi è affetto, o affetto sarà; laddove è grazia, è o germe o vestigio di virtù. Niente è comune in lei; sempre non so che alto ed eletto: alto, e pur umile; eletto, e pur semplice. La grazia è modestia: e nella passione più intensa conserva non so che verginale, che ispira riverenza e pietà. In volto cui la grazia possegga, gli sdegni appaiono e sono più mansueti e più dignitosi; appaiono e sono più pazienti e più dignitosi i dolori. Il sorriso della grazia mesto, la mestizia elegante. Ilare ell'è, non allegra; sommessa, non abbattuta mai. La grazia ben s'accompagna al dolore; e fugge i felici.

Ritratto.

L'alta statura, il candore bellissimo delle membra, la dignità e la snellezza del portamento, e sopratutto i soavi lineamenti del viso atteggiato alla pietà, facevano l'aspetto di quest'unica donna, degno di venerazione quasi più che d'amore. Ella non giungeva per anco a trentatre anni; e il varcato confine della giovanezza pareva rendesse più mirabile la maestà delle sue belle forme. Il dolore e il disagio aveva già impallidite e attenuate le guance di lei; ma quella magrezza faceva parere più delicate, e quel pallore più affettuose le sue sembianze.

Il Marchese Antinori. Alla Signora C. M. B.

Per buon augurio, Le mando da leggere un libro che a Lei piacerà certamente, perchè in esso aggiungono valore ai pregi della mente i pregi del cuore, de' quali non suole trovarsi ne' libri ricchezza grande. Quest'esempio lascia di sè agli scienziati, agli scrittori, ai patrizii, ai padri e alle madri italiane, il marchese Vincenzo Antinori, la cui famiglia per cognazione o per affinità si trova essere congiunta ai Capponi e ai Baldèlli, ai Rinuccini e quindi ai

Trivulzio, ai Mannelli Galilei; nè all'illustre parentado è disuguale il nome di Alessandro Borgheri, cittadino di spiriti nobilissimi, se non d'origine. Un altr'uomo, non patrizio ma imparentato ai Targioni Tozzetti, famiglia nobilmente benemerita della scienza per molte generazioni, il signor consigliere Marco Tabarrini, milite di Curtatone, successore al marchese Capponi nel presiedere all'Accademia della Crusca, e che, se altre cure non lo sviavano, l'Italia conterebbe tra' suoi più ragguardevoli e professori e scrittori, premette al libro parole di riverenza affettuosa, lodando meritamente che l'illustratore delle scoperte e raccoglitore de' monumenti scientifici di Galileo, il precettore d'un principe, egli passato dalla corte senz'essere cortigiano, si facesse in vecchiezza lodatore d'un suo povero servo, morto da cinquant'anni, e se ne dichiarasse con figliale gratitudine alunno. Il marchese Ridolfi, altro cugino ai Capponi, e che in sua casa innalzava una statua a monsignore Bianchini, precursore delle dottrine economiche prevalenti oggidì, benedice riconoscente alla memoria del suo fattor di campagna, Testaferrata; il marchese Antinori scrive la vita del suo servitore, Simone Bianchini: la scrive quasi settuagenario; e quest'è meglio che a ottant'anni studiare Catone la lingua greca. Il degno vecchio non aveva mai smesso di parlare seco medesimo la lingua del cuore; e forse il parlarla sommessamente, per tema ch'altri lo sturbi stuonando, gliel'aveva resa più cara e più meditata. Alle consuetudini del mondo la mansueta sua indole si piegava senza curvarsi; ma per intima forza modesta si veniva da sè rilevando: e il vigore, risparmiato, forniva, se così posso dire, a' suoi cadenti anni una virtù adolescente. Custodite nell'anima, escono dal pieno dell'anima limpide le sue parole; com'acqua ascosa che, giunta da ultimo all'orlo di dove scorrere, scende pura e quieta con mormorío verecondo. Siccome dicono che al morente ritornano sulle labbra le parole dell'idioma che fece lieta la sua fanciullezza; così a questo vecchio innocente ritornano le sue memorie puerili, illuminate dall'esperienza d'una vita illibata e d'una intelligenza serena. E sappiamo da lui come, prima d'entrare al servizio di casa Antinori, Simone Bianchini a' suoi primi padroni, caduti in miseria, si facesse sostenitore con lunga industria paziente e ingegnosamente modesta; come sapesse grado al novello padrone del confessarglisi subitano il temperamento, e del premunirlo quasi contro sè stesso; come sapesse con la devozione acquistarsi quella autorità che altri intende arrogare a sè colla servile baldanza; come, tenendosi nel di fuori alla distanza debita, si facesse più intrinseco a' suoi padroni; come invecchiasse riverito da essi di cuore. Lo vediamo da ultimo, che più non potèva il lavoro, stare in giardino *togliendo i sassi e sbarbando l'erbe nocive*. Orazio scriveva al suo servo: « Villico della selva e di quel » poderetto che mi rende a me stesso, e che tu hai a noja, » vediamo se io svello più forte le spine dall'animo, o tu » dal campo; e se migliore sia Orazio o la cosa; » E per *cosa* io temo abbia a intendersi la persona del servo, non il podere. E segue dicendo i lavori al rustico servo ingrati; e come i vicini ridano del poeta a' vederlo smuovere per balocco le zolle e i sassi. Non solo più affettuosa e più morale ma più poetica pare a me la pittura che del suo servitore di città offre il marchese in una parola. E nelle parole semplici *finch'egli mi restò in vita*, quel *mi* figliale e più che figliale, spira affetto ineffabile, e prepara a sentire nell'anima la dolcezza di questo addio che dà al morto da un mezzo secolo l'uomo morente: « O mio Simone, così » ti avessi lamentato e pianto allora, quanto io ti ho la- » mentato e ricordato dopo, per tutto il tempo della mia » vita! E chi ti avrebbe detto che, siccome tu fosti mio » custode, mia guida, mio pedagogo, mio compagno, nei » primi anni della mia gioventù, stato saresti, colla ricor- » danza del tuo affetto e delle tue virtù, mio grato pen- » siero, mia diletta occupazione, mio sollievo e mio con- » forto negli ultimi anni della mia vecchiezza? »

In questa parsimonia disinvolta di stile sentesi lo spontaneo linguaggio di signore toscano non imbarbarito da imitazione straniera: e così negli altri scritti è un sentimento d'italianità sana e schietta, una temperanza d'erudizione assennata, un desiderio onesto del meglio, un senso del conveniente, senso ch'è fatto ormai più raro dalla accattata ricerca del bello, dalla boriosa ambizione del nuovo e del grandioso. L'Antinori che vide l'Alfieri, e ne parla in termini rispettosi, e ci racconta come l'Astigiano conversasse con famiglie che consentivano più a' gentiluomini piemontesi che a lui, giudica l'Astigiano più che sè stesso dicendo che egli, fiorentino e già facitore di versi, poco o nulla ne intendeva; e, appunto perchè non inteso, era l'Alfieri da certuni stimato. Ma tutta questa narrazione è testimonio di tempi diversi dai nostri: e appunto perchè non possono oramai il padrone e il servo tenersi l'un l'altro alla distanza d'un tempo, non possono tanto neanche approssimarsi. Il ragguagliamento de' ceti ha resa men facile la conciliazione degli animi; la confusione può preparare col tempo congiunzione più intima, congiunzione di per sè stessa non è. In quella vita che ora direbbesi aristocratica erano certe consuetudini e di democrazia patrizia e di aristocrazia popolana, che non paiono credibili, nonchè attuabili, adesso: perchè le consuetudini aristocratiche (io qui non lodo nè biasimo) dagli ordini superiori si distendono giù via via graduando, e la società tutta quanta compongono a un certo modello. Fatto è che l'Alfieri dagli uomini regii d'allora veniva assai più pregiato o compatito che non sarebbe un repubblicano da regii d'adesso, che pur si disfecero di duchi e di re; fatto è che il marchese Antinori, uomo d'ordine quant'altri mai, vuole il nuovo, desidera il meglio, ambisce l'onore italiano: riconoscente dell'essere adoprato da un principe, non si lascia adoprare come strumento; s'adopra per Leopoldo secondo granduca come per l'esule Leopoldo Nobili, e all'esule Nobili largisce più lodi che al principe, ma non può negare lode al principe che si adopra alla gloria di Galileo. Le novità più vantate che conseguite in fatto d'educazione e d'ammaestramento, a lui non fanno paura; ma gli fa compassione il vedere che, in questo tanto cianciare d'Italia, siano dagli Italiani obliterate le benemerenze di Vittorino da Feltre; e al povero munifico, precettore dei duchi di Mantova, dedica pagine conoscenti, presaghe delle onoranze che Italia gli apparecchia, Italia non riscossa convulsamente, speriamo, ma coscientemente ridesta.

Alla Sig. Marchesa Teresa Visconti d'Aragona Milanese, maritata in Francia.

Lontano e cieco, io veggo Lei quale, più di trent'anni fa, La vidi una sera, rassegnata e mesta, invocare da Dio con lo sguardo virtù a sostenere le presentite traversie della vita. Matura di senno in quegli anni, Ella è giovane dell'animo tuttavia, e coi conforti della fede e della carità Dio corona la sua pazienza. Giova che da un Italiano riceva tali esempi la patria degli Albigesi; giova che Francia apprenda a rispettare in Lei questa povera Italia, calunniata più dalle follie di pochi suoi figli che dall'odio de' nemici. Altri intende accarezzare e onorare la patria con l'urlo in gola e la schiuma alla bocca, o, peggio, col ghigno velenoso e la fredda bestemmia; ma ad altri, che dicono sè credenti, la schiuma pare unzione, e il ghigno grazia dello Spirito Santo; e non sentono che bestemmia è altresì l'offendere la carità. Quest'è che più m'addolora; non però mi sconforta; perchè so che nè gli uni nè gli altri son proprio la nazione; e la nazione, nonchè rinnegare la fede de' padri suoi, ne conosce meglio che mai la bellezza e la necessità, con più libera elezione ne adempie i riti. Le chiese sono più liberamente e più compostamente frequentate di prima; più molti que' che s'accostano ai sacramenti, e non certamente per tema di vedersi scemato il salario o per vile speranza d'aumento: con cuore sincero lo fanno, ma ancora senza il coraggio di manifestare unanimemente le proprie credenze e i voleri. L'opinione pubblica e i suffragi universali, così come le assemblee deliberanti e le così dette dimostrazioni di piazza, sono scenate e bugie. Alla prepotenza gallonata succede una prepotenza canagliesca: gl'Italiani paiono più abbietti di quel che sono, perchè tuttavia nell'anima schiavi. Ci verrà dalla fede vera la vera libertà; dalla carità sincera la sincera uguaglianza. Ella mi rammenti al degno suo genero; e preghi Dio per l'Italia, e anche un po' per il suo...

Al Sig. Senatore Alessandro Rossi.

Grazie ch'Ella abbia nelle sue consolazioni domestiche pensato anco a me. Quel vedere, nel venticinquesim'anno del suo matrimonio, congratularsi a Lei con augurio di schietta cordialità, persone che godono di trovarsi nella sua casa da trenta e da cinquant'anni e più, m'ha commosso; e questa mi pare delle più belle tra le terrene onoranze, che faccia Lei Senatore davvero nel senso che Padri intitolavansi i Senatori di Roma.

Al Signor Giovanni Sforza.

Mia lettera che precede i ricordi e le lettere da esso stampate, del suocero suo, Michele Pierantoni di Lucca.

Il darmi da leggere, ch'Ella fa, prima ch'escano in luce, i Ricordi e le Lettere del suocero buono, è a me, più che le lodi letterate non sogliano, conforto e onore. Luce, intendo, modesta; che nel vuoto del mondo parrebbe languida e quasi inutile, e l'agitarsi della folla risicherebbe di spegnerla; ma, custodita, rischiara i visi e i lavori della raccolta famiglia. Pochi i libri che valgano a consolare i domestici dolori educando gli affetti, senza il freddo proposito di volerli a forza di sermoni educare. Qui abbiamo l'esempio d'uomo che seppe amare puramente, seppe rassegnatamente patire; e del così patire ebbe premio la buona riuscita delle figliole alle quali egli tenne vece di madre, e la sorte d'un genero che l'ha amato e lo piange con cuore di figlio.

Per più di quindici anni egli pianse la moglie amata, la pianse non con abbandonate querele nè con lamenti crucciosi, ma con quel dolore operoso che l'affetto ispira, e che mantiene la dignità dell'affetto. Nella coscienza del dovere egli seppe governare i moti del cuore; sentì nel cuore la voce della sua diletta, più viva che mai, dirgli: per l'amor mio e de' nostri e di Dio, sin che Dio vuole, vivi. Non si pose a giacere in quella oziosa mestizia che, quand'anche non sia, pare spesso una parte presa a rappresentare nel cospetto degli uomini; nè le apparenze sempre uguali se ne sostengono senza sforzo; e il voler farlo pure sinceramente, è un badare a sè più che ad altri. L'afflizione seria non è punto affettata; e certi sorrisi dell'uomo accorato son pieni di lagrime. Il Pierantoni, quand'ebbe una qualche ora consolata, non lo dissimula, la dice anzi lieta: questo, e per riconoscenza a Dio e all'anima cara che vive in Dio, e per conforto de' cari suoi vivi, a' quali egli crede dovuto anche quest'atto di paterna pietà. E, col medesimo intento, non intermise di coltivare gli studii che hanno resa onorata e utile la sua vita; e qualche viaggio fece, dalla distrazione deducendo insegnamento alla mente. Ma le città ricche d'agi e di monumenti rendevano a lui più bella l'immagine della sua patria, amata senza borie e senza quelle cupidità che fanno essere deplorabili i vanti della generosità e del coraggio. E bene aveva egli ragione d'amare la sua nativa città, ove i non molti ma eletti ingegni, ornati di lettere sode e eleganti, hanno sin qui saputo con rara concordia concorrere al comune onore; per il quale esempio Lucca è cospicua a Italia tutta non meno che per i suoi monumenti.

AL MEDESIMO.

Intorno al libro stampato per le cure di lui, e a un nuovo libro storico di lui stesso.

Ai congiunti di Michele Pierantoni sarà consolazione il pensiero dell'aver fatto del dolore di lui e del proprio un esempio che insegni a tutti sostener degnamente il dolore, ed esprimerlo degnamente. Il nuovo libro di Lei, signore, illustra di nuove notizie il suo luogo natale, e si fa anch'esso esempio imitabile. Appartiene alla storia universale la vendita che Andrea da Vezzano per circa quaranta fiorini d'oro fa della schiava tartara d'anni ventitrè, *bianca e rossa*. Ma delle notizie intorno a Zachia il vecchio, rivendicato alla Lunigiana senza però che sia tolto a Lucca, gli amici dell'arte sapranno a Lei grado. Prescelga nelle indagini sue que' fatti i quali ci mostrano il bene conciliato col bello, che troppo se ne divide oggidì.

Esempi di religiosa equità

(da lettera).

Per buon augurio del nuov'anno, a Lei e a' lettori del suo giornale, mando la notizia d'un nobile esempio; e non fo che copiare da due lettere che a un degno amico suo scrive un prete, parroco d'una terricciuola tra Pisa e Firenze; e son lieto di copiare, perchè di mio, nulla invero avrei da dire di meglio.

« Moriva un bottegaio, lasciando due figli di cinque e sei anni, e la moglie incinta. Il campamento della vedova e de' pupilli dipendeva dal riscuotere quello che il defunto aveva, tutto in credenza in pane o in vino o in altro. Ma come venirne a capo, se egli non aveva segnato nulla con certezza e regolarità, non sapendo scrivere? Dall'altare dissi al popolo: — Io sono il tutore delle vedove e de' pupilli: dunque io vi raccomando in pro della vedova

Borgioli una cosa giusta, pietosa, onorevole; ed è, che ciascuno vada da sè a riscontrare e confessare il debito che egli ha col marito di lei; chè possa veder modo di continuare la vendita. — E ponevo nella casa della vedova persone abili e di fiducia, che ricevessero la confessione de' diversi debitori, e in modo da testimoniarla all'occorrenza. Ora la sera del dì otto queste persone di fiducia avevano ricevuto la confessione spontanea per lire italiane 1400. Sia lode a Dio! Ma questo è un bell'atto che onora questa povera gente, e che mostra quanto riveriscano la parola del loro parroco. Intanto che si istituirà il consiglio di famiglia, sarà tutto ordinato in maniera da presentargli l'inventario dei beni del defunto, e un buon capitale di credito assicurato.

« Del resto, la scuola va bene. Gran peccato se dovessi cessarla! Ma io sono solo alla testa di mille anime, e in condizione di non poter mantenere essa scuola. Tuttavia confido *in Dio: e in Lui potrò fare il bene.* »

Il medesimo, in altra lettera: « Ella mi chiede in grazia di far noto per via di stampa, che questi buoni popolani, al solo invito del parroco, concorsero a confessare il debito che avevano con Giuseppe Borgioli bottegaio. Gesualda Gasparri moglie, e due orfanelli di cinque in sei anni, rimanevano, senza questo pietoso atto, al tutto abbandonati e diserti. Io cerco solo la gloria di Dio e il bene del gregge affidatomi. E da ciò, anzichè invanirmi, ritraggo una riflessione a rimproverarmi. Se la religione cattolica è così potente a mantenere tra' popoli la giustizia e la pace eziandio predicata da un peccatore, quale sono io; che sarebbe se io e i suoi sacerdoti fossimo santi? — Però, se Ella ama da questo fatto far conoscere quanto importi accrescere l'autorità della religione e del sacerdote cattolico per chiamare a virtù i popoli, faccia a suo grado. Ma taccia il mio nome, ed esalti invece la buona indole di questo popolo, il quale, sebbene poverissimo e senza lettere, tuttavia sente altamente la sua dignità, compiendo spontaneamente questo pietoso atto verso una famiglia disgraziata. Or non merita egli che gli venga amministrata la istruzione, che da tanto tempo egli invoca, per mezzo di una scuola serale? Il Municipio di Vinci la fa sospirare ancora. Ma noi non dobbiamo abbandonarlo: e i suoi trentotto giovanetti frequentanti da più di un anno la scuola serale in mia canonica, saranno, coll'aiuto di Dio, convenientemente istruiti. »

Ecco quel che vuol dire, fidarsi alla probità e alla bontà dell'anima umana, e lasciar luogo che acquisti merito il libero arbitrio di lei. Pronunziando sospetti, minacciando ai debitori restii, non si sarebbe ottenuto in pro degli orfani altrettanto rinfranco; i mal disposti, tenendosi quasi sfidati, si mettevano in punto di difendersi o con ragioni o con cavilli; altri erano tentati a appiattarsi in silenzio spietato, a rendersi, almeno per qualche istante, ladri in pensiero, ladri a danno d'una madre povera, di due deboli innocenti, d'una creatura innanzi ingiuriata dal mondo che nata. E tutti, per quell'intimazione indotti a temere, perdevano il merito d'una buona azione fatta spontaneamente e di cuore, per modo che il soddisfacimento del debito pareggia in valore un atto di carità, e forse in pregio supera certe elemosine.

Or io soggiungo: se questa buona azione fu consigliata da un prete, operata non in nome della *probità naturale* o della *filantropia* o della *filosofia* o cose simili, operata in nome di Dio da popolani poveri anch'essi, da Cristiani cattolici; il prete dunque è tuttavia buono a qualcosa, può la fede cattolica a qualcosa giovare; e volere a quella sostituire altre ragioni d'onestà, trovare altra specie di predicatori, sarebbe faccenda, quand'anco priva di difficoltà, per lo meno oziosa, in tempo che gli uomini hann'altro che fare che consumare le forze in distruggere quel che i secoli fecero, mancando e le forze e l'agio d'edificare.

Nè questo è l'unico esempio di benefizii civili dalla religione in presente operati; nè questo è l'unico prete che faccia il bene senza insultare preti nè laici, denunziando.

Egli vuole taciuto il suo nome: e io, rispettando la modestia di lui [1], non vo' per altro tacere che l'uomo a cui le due lettere sono dirette, e che aiutò questo parroco al compimento di qualche opera buona, è Giovanni Lotti; al quale io, che non soglio piaggiare nè paventare potestà di principi o ira di parti, amo rendere la debita lode, non già ch'egli n'abbia di bisogno a difesa, dacchè non è protezione soltanto al nome di lui ma ornamento la stima di molti autorevoli, l'affetto di non pochi buoni, e la vita intemerata, liberale alle altrui necessità fin dell'occorrente ai comodi proprii, e gli studii modesti, e l'ingegno elegante.

A Spiridione Artale, altro genero di Francesco Salghetti.

Si riscrive al sig. Salghetti mandando di nuovo la nostra benedizione, siccome io fo qui a voi con la mamma. Non basta ottenere cosa desiderata; conviene saper meritarla e a Dio chiedere questo per prima grazia, e farne proposito da poi mettere in atto per tutta la vita. Non vi lasciate andare nè colla signora Ernesta nè con altri di casa a troppa famigliarità; ma osservate sempre i riguardi debiti, quelli che, anco tra marito e moglie, debbono rimanere in famiglie civilmente e cristianamente educate. Per essere rispettati, convien rispettare: e il rispetto non detrae punto all'affetto più intimo; anzi è richiesto da esso. Non ci andate per casa se non quando e quanto il padre comporta, anzi vuole espressamente egli stesso.

---

[1] Nel ristampare questa lettera, credo lecito, anzi debito, nominarlo. Egli è il Dottore Ranieri Calcinai, ora pievano di Sesto Fiorentino, allora di Spicchio.

A Giuseppina figliuola di Francesco Salghetti.

Quand'io vedevo suo padre portarsi in braccio per le vie della città lei bambina con lieta cura, come portarsi un libro diletto o un fiore; non pensavo che dovrebbero a quelle gioie succedere tante lagrime. Non pensavo che il suo buon padre avrebbe con angoscia dovuto tra le sue braccia portare lei angosciata, per camparla da estremi pericoli. Ma Dio ha coronata la loro costanza facendo che lo scampo fosse un miracolo della sua provvidenza; come chi va tra le fiamme, e non ne ha strinato un capello. Il suo povero padre, tenendola stretta e alta tra le sue braccia, che sostenevan le veci delle braccia materne, le fece passare un torrente di dolore, e pose Lei intatta alla riva. Dai dolori provati, Ella saprà fortemente sostenere i doveri dello stato novello; e avrà, spero, aiuti e conforti dall'uomo che, avendo saputo conoscere i pregi di Lei, li saprà coltivare co' proprii. Io che per anni mi sono, come potevo, adoprato a dimostrare almeno il desiderio d'abbreviare la prova sua dura, se non ho di qui il titolo a mandarle una benedizione come di padre, l'ho da vincoli che congiungono i suoi cari ai miei, dall'affetto fraterno che a suo padre mi stringe. Riceva Ella dunque, col suo sposo insieme, la benedizione de' figliuoli miei proprii. Dio, nelle angustie inevitabili della vita, Le dia rassegnazione serena e operosa. Le insegni a moltiplicare le consolazioni proprie consolando al possibile gli altrui dolori. Siano custodi alla vita di Lei l'occupazione ordinata di tutte le ore del dì, la preghiera, la carità. Questi augurii Le fa di cuore il suo...

Al Sig. Cav. Luigi Venturi nelle nozze della figliuola di lui.

Caro Sig. Venturi.

I fiori del suo casto ingegno hanno più volte consolata la povera mia stanza così che mio debito era spargere qualche foglia almeno di verde sotto i passi della giovinetta che andava all'altare a ricevere la benedizione da Dio dell'affetto già benedetto da' suoi genitori. Ma io avevo a temere che, piamente chinandosi a raccogliere quella foglia, ella vi scorgesse una lagrima. Meglio non turbare la gioia d'una buona famiglia col mio dolore. Accolgano, con quelli della mia figliuola e degli altri miei, gli augurii che mando di cuore.

Il dì di s. Francesco d'Assisi, 1871.

AL MEDESIMO.

Io giudice a Lei? Gran mercè se scolaro. Lasci per primo ch'io mi rallegri alla sua figliuola e allo sposo di lei, ai quali il cielo destina benedizioni di tal padre, espresse in versi così schietti e di cuore. E quelli del sig. Emilio Frullani fanno co' suoi benaugurata armonia; e delle due cose del sig. Pieri mi pare degna del tema segnatamente la prima. Nel libro, ch'è opera sua, caro sig. Venturi, e anch'esso un bel dono nuziale, sentesi quell'armonia *degli affetti co' pensieri*, che piace a Lei, e al par di Lei pochi la sanno attuare. Il leggere qui le mie lodi, m'interdice la lode: ma prima ancora che la gratitudine si facesse tentazione alla vanità, mi piaceva ne' suoi Canti biblici, oltre all'intento morale e civile, la quiete serena, la rara evidenza, la pensata facilità, la destrezza nel maneggio dei metri. La poesia, fatta interprete alla bellezza delle arti sorelle, dimostra la bontà del suo cuore disposto a conoscere i pregi dovunque siano; e è rimprovero a que' mestieranti de' marmi e de' suoni e delle tele, i quali con ignoranza peggio che barbarica disprezzano, come se non potesse punto servire agli utili loro proprii, l'arte della parola. I versi in lode di Giovanni Dupré e d'altri, a me fanno armonia con le prose dettate da Lei intorno a opere d'arte: e nel prosatore sentesi la voce esercitata al magistero de' versi, si riconosce ne' versi l'uomo che ha meditato. Ella era degno di tessere lodi a Federico Ozanam; e quello che di lui qui si legge, è consiglio provvido (così non fosse rimprovero) a molti dei letterati odierni. Nelle iscrizioni, come negli altri lavori, piace la limpida semplicità, l'eleganza senza affettazione, la brevità senza sforzo. Se *resti* per *avanzi* o *spoglie mortali*, se *sovenirsi* in forma non impersonale, se *dessa*, non per *quella medesima* ma per *essa*, sian modi di dire sicuri e inevitabili, non spetta a me giudicare, che così poco ne so. Ella gradisca gli augurii e i ringraziamenti sinceri del suo...

Al Sig. March. Domingo Franzoni nelle nozze della sua figliuola col figliuolo del Duca di S. Clemente.

Grazie ch'Ella si sia ricordato di me ne' giorni delle Loro domestiche gioie. Gioie, e speranze di gioie maggiori; cioè tranquille, ispirate dalla coscienza del bene e fatto e voluto operare. Questo mi fanno credere e l'educazione d'insegnamento e d'esempi dati alla Loro figliuola, e la famiglia del suocero che le è destinato, il quale ama anch'egli d'amore munifico quegli esercizii del pensiero e del sentimento che ingentiliscono il cuore nobilitando la mente.

Alla Sig. C. Di B...

Godo che la salute di Lei si venga già riavendo; al che debbono potere non poco le consolazioni apprestatele dalla sua buona Maria, dal genero affettuoso, e da' nipotini, che crescano in benedizione. Non dico ch'Ella dissimuli ad essi l'affetto, ma non mostri di dar loro troppa importanza; il che guasta gli adulti più che i bambini, ma neanco a' bambini giova di certo. Più sono in ciò lusingati, e più poi sentono amare le umiliazioni inevitabili della vita.

Al Sig. Conte Francesco Fenzi, a Sebenico in Dalmazia.

Ella e la Signora sua fanno bene a prescegliere una Viennese allevata per privatamente educare giovanette di buone famiglie, e non una maestra di scuole pubbliche, quale sarebbe l'Italiana che io potrei proporle di qui.

Esorbitante parve anco a Fiorentine la chiesta; e se ne poteva, cercando, trovare per meno; ma il difficile era che l'istitutrice e i genitori, senza conoscersi punto, s'accordassero a un tratto in modo che l'educazione proceda colla conveniente armonia. Certi Italiani, che nelle cose loro più importanti par che non sappiano nè pensare nè operare da sè, dispregiano poi, più per ignoranza che per orgoglio, tutto quel ch'esce delle consuetudini loro. La Signorina, figurandosi di venire in paese di barbari, avrebbe guardati d'alto in basso i genitori, e le figliuole come animalini di razza inferiore. Quanto al bambino, non so quale idea sia la Loro, se farlo sempre educare in casa, o mandarlo a Zara, o in Italia o in qualche collegio di Svizzera, dove sono altri Dalmati. A Lei che provvidamente si prende ura di quanto concerne la religione, io non saprei consigliare neanche il collegio di Lugano, ch'è pur cantone cattolico, del quale collegio il signor Salghetti si loda, perchè sicuro che il suo figliuolo, fermo già nella fede nostra, non bada agli spropositi di certi maestri; ma non di tutti i giovanetti, specialmente se in età più tenera, è lecito sperare tanto. Quand'Ella vedrà le disposizioni del suo, e avrà ben fermo a che studii indirizzarlo e a che occupazioni, risolverà. Per quel ch'è delle femmine, al nostro paese, per agiate che siano, si conviene un'educazione casalinga e modesta; e abituarle a occupare tutte le ore del dì nelle cose necessarie primieramente, e poi nelle piacevoli, ma non inutili, e che possano anco tornare di profitto nelle non previsibili necessità della vita. Secondo che costì si trovasse un buon maestro o di musica o di disegno, sarebbe da far loro apprendere un'arte bella, ma sul serio, e coll'intendimento che possano un giorno insegnarla esse stesse. Anco le lingue son modi o di campare la vita o di giovare ad altri per umanità o per cortesia o per dovere d'affetto; e certamente agevolano i viaggi e li rendono più profittevoli; e spesso accade che risparmino danni e umiliazioni, e anche pericoli. Impareranno senza fallo l'illirico per poter meglio affiatarsi col popolo, e farsene amare, e non lasciar quella lingua quasi privilegio a certi imbroglioni che se ne servono come d'un fomite d'odii e quasi d'un arme omicida. E anche apprendendolo a scrivere correttamente, prenderanno per modello il parlato nella parte montana, che agli Slavi è come agl'Italiani il toscano; guardandosi da quel gergo misto di croato e di russo, di francese e di tedesco, e di slavo antiquato della Chiesa greca, del quale certuni si pavoneggiano come selvaggi mal coperti di cenci europei. Ora appunto leggo in un foglio dalmata: *Hoceli Russjia aktivno umiesâti se u istòcno pitanje? La Russie se mêlera-t-elle activement de la question d'Orient?* Di cotesta traduzione barbara dal francese, che costui razzolò da qualche giornale italiano, nell'atto dell'abbominare l'Italia e del maledire a chi studia la sua lingua, che vuol Ella che intendano gli Slavi veri?

Quanto a' libri italiani, spetta a Loro adattare le letture varie all'età, lasciandone alle stesse bambine o al bambino la scelta, ma proponendone di tali, che non possano scegliere malamente. Io trascrivo i titoli di taluni tra' libri che usa qui, più pregiati; ma altre nazioni sono in questo più ricche; e potrà nella sua lingua additarlene l'istitutrice tedesca. Se non intendono parola a parola, non fa, purchè ci trovino piacere, e colgano il senso, e sappiano ridire a un dipresso. I vocaboli che più si scostano dal dialetto veneto parlato in Dalmazia, e' li possono cercare nel dizionario del signor Fanfani, stampato in Firenze dal signor Le Monnier, dizionario ch'è per ora il più sicuro e il più ricco tra compendiosi che abbiamo.

Al Prof. L. C.

Nel pensare a quel che Le manca, pensi a quel che Le resta: una moglie, e una figliuola; affini che le prendono in cura, un fratello che ha per Lei cuore di padre insieme e di figlio; persone che a Lei dimostrarono stima e benevolenza; un ingegno e uno stile che possono, raffermati da migliori principii, beneficando altre anime, a Lei consolare la vita. Ma con abbondanza di cuore e d'ingegno non parla, e intisichisce e si rattrae e si mutila chi, potendo altamente credere e molto amare, fa patti d'usuraio e di ragazzo prepotente con Dio e cogli uomini, e dice: *questo che a me piace, lo piglio; il resto vi lascio;* e pretende dividere l'indivisibile, e di staccare sillaba da sillaba e lettera da lettera per profferire e intendere meglio. Ella, caro Signore, facendo a Dio la grazia grande di credere all'immortalità dell'anima propria, rimane tuttavia all'alfabeto non della Fede soltanto ma del senso comune, della comune vita. Legga, legga corrente: chi sa, non mi faccia le viste di non sapere. Non so se questa mia lettera troverà Lei a Venezia; nè so se a me sarà dato scrivernele altre, occupatissimo e stanco.

II.

Per albo di Donna Veneziana.

Corfù, marzo 1850.

Com'acqua dalla terra profonda, zampillarono in alto, o popolo diletto, le tue civili virtù.

Patisti sereno, come donna che ama altamente, e il patire le è dolce necessità.

Era raccoglimento nella tua serenità, nella tua pace era forza, religione nella tua libertà.

Come l'orizzonte purissimo par si combaci col mare, così con le splendide tue memorie si convenivano le grandi speranze.

Or quella luna che scherza sull'acque, e illumina la bellezza de' tuoi palagi, e la fronte delle tue donne pensose, riflette il suo raggio nelle spade dell'Austria: ma le spade dell'Austria cadranno un giorno; e il nome di Venezia rimarrà come il raggio consolatore delle notti, e i suoi dolori apparranno più desiderabili delle gioie dei re.

Io non vedrò mai più le tue bandiere, o Venezia, e i tuoi templi: ma veggo le tue glorie sin d'ora, e ne godo più che se mie.

Venezia.

Soave sera di maggio. La luce del sole cadente si spande sulle acque, e sulle case, che biancheggiano quasi vestite d'allegrezza festiva. Le poche nuvole leggere galleggianti nell'alto, non tolgono a quella lucida pace. Il correre delle fanciulle scalze in sul margine è pieno di quell'ardore ispirato che erra per la persona a giovanetta innocente e libera de' suoi moti. I rematori paiono, sospesi sulle barchette, non toccare il tavolato co' piedi; e le barchette sospese in cima dell'acque, quasi sollevate dalla luce dell'alto, non solcarle ma volare su quelle. Là dove passa l'agile prua l'onda azzurra si fa d'un bruno lucente che risalta sul piano quasi inargentato della quieta laguna.

Per albo di Donna Russa.

Corfù, marzo 1850.

Siccome sotto un suolo di terra sono altre terre diverse, sotto una nazione si trovano più nazioni. La Russia vera è ben altra da quella che appare al mondo e a sè stessa.

E la necessità delle cose la spinge anche adesso a giovare a civiltà: liberare e vendicare la Grecia, alleggerire agli Slavi il giogo austriaco, porre confini alla prepotenza di Germania e d'Inghilterra, e a loro stesse così risparmiare pericoli.

Come di quercia robusta, le sue radici appariscono lontane dal tronco, tanto da crederle d'altra pianta. Combatte coll'armi, coll'oro; anco della fede fa armi: inavvertita, entra i palagi del re, le capanne de' poveri.

Russia è un fascio di popoli; quando la forza sua sarà al colmo, il fascio si sciorrà.

I grandi imperi preparano le repubbliche, e le piccole repubbliche i grandi imperi.

Slavo sangue anco a me batte in cuore; e le glorie della gente slava desidero, i falli compiango. Ove sono infelici, ivi è la mia patria; e il Dio degli oppressi è il mio Dio.

Altri scritti per Albo.

Siccome una rustica porta può mettere a un bel giardino, e chi ne gode, non bada di dove egli entrò; similmente con avveduta cortesia richieggono sia aperto quest'albo da me, che non ci ho parte punto. Così bene sta. Nello stesso giardino, non tutte di pari bellezza e rarità son le piante, ma di varia forma e altezza e colore, natie di diversi terreni e climi, del trovarsi insieme talora si maravigliano. Il più risalta dal meno, dal comune risalta il singolare: e che sarebbero senza l'umile erbetta le chiome de'fiori? Da fiori men pellegrini trae l'arte essenze odoranti; dall'erba che il piè del passante calpesta, spreme la mano materna sughi salubri al suo figlioletto.

L'Italia che ha spesso dagli stranieri in prestito e in dono le cose proprie, da loro ha presa la consuetudine e il nome dell'Albo; consuetudine che confessa il culto, almeno per mostra, dovuto agli ingegni: nome che a raccoglitori e a scriventi dovrebbe rammentare che solo il candore dell'anima dà pregio ai segni ricevuti ed offerti d'onore e d'affetto; e deve l'affetto i fiori dell'ingegno irrigare, che facciano non erbario ma giardino; deve, coltivando, curare che alleghino in dolcezza di frutti. Può questo libro esser parte onorata di domestica eredità, documento di bene alle generazioni crescenti. Que'fiori che in un ballo notturno avvizziscono agli aliti d'una voluttà svogliata, impotente a scuotere la noia; raccolti in mazzolino modesto d'innanzi a un'immagine, appassiti che siano, la fanciulla ne riporrà qualche foglia nel libro delle sue preci, e quella memoria orerà con lei per lunghi anni, e potrà ricordare alla sposa e alla madre le vereconde delizie della sua giovanezza.

Per albo del Sig. P. B.

Fu sempre tenuto augurio buono e agli uomini singoli e a' popoli il riguardo che le generazioni novelle osservano verso coloro che gli precedettero nelle vie della vita. Il quale riguardo può e deve avere più gradi, dalla venerazione profonda e dall'alta ammirazione, al compatimento riverente e alla pietà generosa. Nè senza perchè la sapienza delle lingue comprende nel nome di pietà il sentimento religioso, gli affetti domestici, la commiserazione agli umani dolori: chè veramente è religione in tutte e tre queste cose. Nè senza fede è fiducia, nè senza fiducia stima nè amore. Ma i gradi della stima conviene saper commisurare ai gradi della benemerenza; esercitando così il cuore insieme e la mente, educandosi a docilità ispiratrice e a libertà dignitosa. L'Apostolo coll'insegnarci l'*ossequio ragionevole* sin nelle cose divine, non lo voleva nelle umane irrazionale di certo. E appunto siccome a esattamente misurare i pesi e gli spazii, e ogni qualità computare, la scienza si è rifatta dal cielo, e a fermare il metro e il litro e il grammo di lì prese norma; così dall'idea religiosa suprema gli umani atti e detti e pensieri ricevono regola sicura e uniforme. L'estimazione umile ma pensata degli uomini e delle cose, svolge l'affetto, modera la passione, ama i nobili paragoni del bene col meglio, non gl'ingiuriosi raffronti che tendono a rabbassare ogni grandezza, a deprimere col giudizio avventato quel che non varrebbe a comprimere la mano fiacca nè il piede impotente. C'è pur troppo una stima servile, un'ammirazione stupida; ma c'è un disprezzo più stupido ancora, una smania d'uguaglianza parteggiante, che educherebbe all'Europa razze di schiavi tiranni.

Felice chi attinge il senno insieme e la verecondia dal cuore, e dall'esempio de' buoni tra i quali gli corre modestamente operosa la vita!

Per albo d'una famiglia di Chiavari.

CHIAVARI E I SUOI ABITANTI.

Nutrono gli affetti domestici con la fede religiosa; attingono dall'amore della famiglia, come da fonte perenne, l'amore di patria; e però più che altrove operoso perchè più modesto, più fermo perchè più docile amore. Le cose lontane li ammaestrano a più tener care e a rendere migliori le prossime; al rispetto, non al dispregio, dell'antico domandano l'ispirazione del nuovo; nel nuovo mirando non all'insolito ma sì all'utile, trovano l'elegante. La snella forma delle leggiere lor seggiole, ch'hanno nelle più ricche abitazioni del mondo civile accoglienza amica, è l'immagine dello spirito che anima l'industria loro, e che sempre più schietto lo animerà. Di lì e seggiole e letti e tutta sorte arnesi usciranno da poter sempre più stimarsi com'opera d'arte; e non pur l'occhio e il tatto, ma l'orecchio stesso è a sperare che n'abbia sempre più eletti piaceri. Dico che gli arredi inviati dalle officine di Chiavari, saranno col tempo congegnati in maniera da riparare l'assalto che muovono alla civiltà gli organini con le loro spietate suonate, da fare di tutti i mobili delle case e delle contrade un concerto a' debiti tempi, e da diffondere in tutta l'aria che circonda il nostro annoiato pianeta le pure correnti dell'italiana armonia.

Alla Sig. Angelica Puccio per l'albo d'un suo conoscente.

Chi vuole da me il nome mio scorbiato di mia mano propria, per il pregio in ch'Ella lo tiene, è persona, ancorchè non vista mai, a me nota e pregiata. E io vo' proporgli un indovinello, a vedere s'egli riconosca una certa persona ch'io ritraggo così:

Negoziante fortunato, non per casuali riuscite come certe prosperità sopravvengono a certi stati senza merito e senza onore; seppe pensatamente avanzare nella sua via, seppe fermarsi a tempo, signoreggiando se stesso e la sorte. La ricchezza acquistata di là da'mari, collocò in ferma terra; terra fecondata dalla operosità sua più che mai giovanile. Mettendo a prova l'operosità del povero, gli conferì benefizio maggiore, perchè rese, meglio che a una famiglia o a poche, al paese intero fruttifera la carità. Propose, sperimentò nuove industrie; volle farsi interprete de' proprii concetti egli stesso. Erede degno di quegli antichi italiani che sapevano e computare e pensare, apprezzare e il valore delle merci e il valore della parola, sentì nella rettitudine della mente la necessità che scienziati di professione e letterati di mestiere parecchi oggigiorno non sentono, la necessità di conoscere nella radice intima ciascun de'vocaboli per poterli ragionevolmente adoprare. Nelle origini della lingua intravvide la storia del pensiero; la proprietà del parlare gli parve preziosa nel genere suo quanto la proprietà dell'avere, la ricchezza delle locuzioni più splendida che quella delle monete, la scienza de'suoni un'eco dell'intima coscienza.

Se all'amico di Lei non vien fatto di riconoscere l'originale, la colpa sarà del pittore disgraziato, che non seppe ritrarre un così felice [1] modello.

ALLA MEDESIMA.

Godo che i meglio versi ch'io abbia letti del buon Padre Bono gli siano stati ispirati da un Puccio; e prego il sig. Felice o Lei, quando scrivono in patria, di farne all'egregio uomo i miei ringraziamenti; e, se non è troppo ardire, i miei augurii alla famiglia.

---

[1] Alludesi al nome del sig. Felice Puccio.

Per albo d'una cugina del Sig. Ministro Càstagnola di Chiàvari.

A persone congiunte di tale uomo che, per avere un valore non abbisogna del titolo di Ministro, sarà non discaro che io le faccia interpreti della mia gratitudine presso di lui, che, nella modestia sua, volle salire le scale d'un povero vecchio cieco, e ascoltarlo con pazienza meglio che cortese, e affrontare il disinganno che segue all'aspettazione delusa, e sentire parole non adulanti, e, nella rettitudine dell'animo suo, consentire, quanto portava la dignità del suo uffizio e della sua coscienza. Piuttosto che spacciare le proprie sentenze sopra gli uomini e i fatti, egli degnava interrogare il mio sentimento, dimostrandosi posseditore dell'arte di saper ascoltare, arte difficile a tutti, massime a chi governa; confessava che vincolo possente di civiltà sono i modi affettuosi, accorgendosi non poter essere civiltà vera senza affetto di cuore; deplorava le cupidigie tentatrici che, con l'allettamento de' pingui salarii, sviando dal migliore cammino le forze intellettuali e morali degli uomini, scemano alla nazione intera il vigore e l'onore; riconosceva che la spirituale autorità, degnamente esercitata, è una potenza operante sopra ciascuna e sopra tutte le anime umane; potenza alla quale nè il ferro nè l'oro nè la scienza saprebbero da sè pervenire. Questo riconosceva senza invidioso dispetto, ma sì con quella ammirazione lieta che s'addice agli onesti. E formarono in lui quest'abito di probità l'educazione sua; e gli esempi della buona città ov'egli nacque.

ANCORA PER ALBO.

Siccome, al cenno di persona gentile, uomini d'età e di paesi e d'ingegno diversi, in un libro medesimo lasciano memoria di sè; e l'uno all'altro non noti, e forse in alcuna cosa dissenzienti, si compiacciono d'essere insieme, e ai minori trovarsi co'maggiori è conforto (perchè l'umile erbetta gode del fiore; e con la soggiacente verdura gli dà risalto); così possa l'Italia raccogliere uomini di differenti regioni e consuetudini e pareri e forze di mente, e l'affetto componga le inuguaglianze; e intendasi che al comune onore, fanno, più degli splendidi ingegni, i ferventi e concordi voleri.

Per albo d'uomo in pubblico uffizio.

Siccome nelle armi che diconsi dotte, anco il semplice milite apprende alcuni elementi di scienza: così dovrebbero gli operai che si affaticano ne'lavori pubblici e ne'privati, acquistare dall'ammaestramento le cognizioni opportune, e al sentimento del bello educarsi, sentimento che può e deve tener luogo in tutte le opere più manuali. Sinattanto che al povero non si accomunino certi vantaggi della civiltà privilegio tuttavia degli agiati; e gli agiati non partecipino, per necessità e per virtuosa elezione, per utile e per diletto, per cauta previdenza e per compassione generosa, a taluna tra le occupazioni del povero; mancherà, nonchè l'esempio, l'idea della vera libertà sulla terra.

Ricco il quale sconosce i proprii doveri, si colloca in gogna. Ma copre moltitudine di difetti la carità esercitata nel nome di Dio con affetto presente, con verecondo rispetto alla comune dignità e debolezza, coll'umile coscienza che porta un tributo (insufficiente per copioso che sia) alla maestà degli umani dolori.

Per albo d'un amatore di musica.

Se la parola ci è data (come quel valent'uomo diceva) per nascondere il proprio pensiero; pare che il canto a certuni sia dato per abbuiare e sciupar la parola.

ALTRO SIMILE.

Parlavasi un tempo d'orecchio musicale, d'occhio medico, di gusto letterario, d'odorato fino a conoscere il lontano e il nascosto degli uomini e delle cose. Ora ci è venuto di Francia il *tatto sociale*. Ma quel che più lavora oggigiorno, è l'orecchio politico, che s'allunga e s'abbassa, si tende e si rattrae, secondo i rumori di piazza o il tintinnio dell'argento, e adesso si fa sensibile al fruscìo della carta moneta; e permette a chi gli crede tenere le veci della privata e della pubblica coscienza.

III.

Al Sig. Michele Bartolami.

S'Ella ama, come fa, la sua buona sorella, non può certamente non amare la patria, ma d'altro amore da quello che mostrano certi dementi d'amarla. Le anime simili a sua sorella (e l'Italia ne ha; e queste sono la nazione vera, per la quale Dio fece e farà, speriamo, misericordie memorande) lo preghino che le affezioni patrie nelle domestiche si ritemprino; e allora l'Italia vivrà degna vita. Questo l'augurio del suo...

Alla Sig. March. B. F. V.

Permetta che gli augurii dovuti e voluti fare di viva voce, in questa lettera io glieli mandi, e migliore opportunità le desideri che quella danno a esercitare il coraggio e il senno materno in maniera esemplare i suoi figli. Da quella sera che il M. Gino m'annunziò il caso, dicendomi di pregare, ogni giorno in un pensiero comprendo e i figliuoli di Lei e quanti corrono o può temersi che corrano un qualsiasi pericolo. Da circa dieci anni, quando il povero di Lei padre era in fine, io che, salendo e scendendo le scale, penso ai pericoli della mia cecità e alla scesa estrema, cominciai a così concepire la mia preghiera, sì per l'estremo de' morenti, e sì per ogni sacramento dei vivi: *Pentiamoci per ricevere, riceviamo per ascendere, e tutti ascendiamo.* Queste cose Ella non legga a gente di fuori, che risica di sorriderne o di frantenderle; ma gliele scrivo perch'ella quando il tempo verrà, co'miei figli una volta all'anno si ricordi del suo...

Ai due fratelli Sig. Niccola e Pasquale Castagna.

Veggo con gli occhi dell'anima gli augurii delle anime Loro volare a me fraternamente congiunti; e però questa mia viene ai due come se fosser uno; e, lasciando il *Loro,* prendo il *Lei,* al contrario di quel che l'uso dapprima fece, spendendo il *Voi* per barattarlo in commercio col *Noi* de'principi. E veramente siamo noialtri poveretti, che anco grammaticalmente moltiplichiamo le noie de' *Noi* principeschi. Augurii dunque di cuore a Lei, coppia pregiata: e anco di beni terreni; non di quelli però, se la terra risica di farsi polvere negli occhi, o a'piedi e agli abiti fango. E prima più volte, e ora nell'atto di questi augurii, mi sono pentito e mi pento del non essere passato sopra a que'riguardi che si oppongono alla famigliarità degli spiriti, e del non aver invitato Lei, quand'era in Firenze, alla povera nostra mensa. Ma quel che non è stato, può essere. Faccia l'una o l'altra metà di Lei, che ciò sia. Quest'augurio fa a sè il loro obbligatissimo...

Alla Sig. Contessa...

Per tema che faccenda improvvisa domani mi turbi, sin d'oggi scrivo gli augurii che insieme co' miei fo di cuore, acciocchè l'altra parte dell'anno e tutti i seguenti Le passino con men dolori; e i dolori inevitabili, la rassegnazione e la beneficenza li rendano fruttuosi. Ella nel compatire gli altrui ha sovente trovato la consolazione de' proprii. Con più fiducia dunque Le auguro quel ch'Ella ha già in buona parte.

Al Sig. March. A. P.

Non colla solita polizza ne' giorni soliti, ma distinto dagli altri, desidero giunga il mio augurio a voi e a' vostri; augurio simile a quello che io fo per me stesso e per l'Italia disgraziata di troppe grazie; augurio, cioè, non di grandi prosperità, ma di meno dolori, e di vigore a portare gli inevitabili con dignità.

Addio di cuore.

Al Sig. Natale Ballerini.

Intanto che un altro Natale si vien facendo le gambe per fare il suo ballo in questa mal illuminata scena del mondo, ove gli applausi suonano più disonore sovente che i fischi; intanto che forse egli balla nel seno materno; io mando a Lei e alla signora Ballerini gli augurii di noi tutti; pregando Dio Signore che Le conservi la rara sorte d'una così buona moglie.

Al Prof. Girolamo Fanti.

Rendo di cuore alla sua Elisa il cordiale augurio ch'essa manda alla mia Caterina. So dal sig. Occioni come Ella riceva da codesta buona figliuola consolazioni ai tedii della vita; e mi è buon augurio sentire cresciuta una nuova messe di benemerenze e di benedizioni, alla sua famigliuola. Non accade raccomandarle che nel parteggiare di cotesta città non s'immischi Ella punto, ma custodisca i nobili affetti con verecondo silenzio. Vogliono cose immature; e si pentirebbero forse dell'averle ottenute. Ella che aveva attitudine a scrivere, senza quello che il cuore e l'esperienza dell'ammaestrare e del patire Le detta, osservi i costumi delle diverse schiatte che sono in cotesto paese; noti le giornaliere vicende da cui si possa dedurre moralità, le memorie d'affetto e di gratitudine: che saranno, non foss'altro, ricordi cari a' tardi suoi anni, e cari all'Elisa.

IV.

Al Sig. Generale La Marmora.

Invoco la mediazione di Lei per un atto d'umanità, il qual sarebbe a me stesso un eletto favore. Da quarant'anni circa io conoscevo la sig. Assunta..., donna di svegliato ingegno e di parola mirabilmente elegante, che del fare scuola a ragazze campava la vita; e dopo lungo patire, morì all'ospedale, e la nuora e il figliuolo di lei morirono allo spedale; e ne rimane una figliuola alla quale, collocata presso le Suore della carità, provveggono uomini buoni, e fo anch'io quel che posso. Poi rimane un figliuolo, che dice di voler entrare nella milizia, ma a compire i diciassett'anni gli mancano cinque mesi: intervallo pericoloso, spaventoso per giovane sfaccendato, a' tempi che siamo. Io prego dunque Lei, Generale, di sollecitare presto, ma presto, la grazia ch'egli sia accolto tra'militi. Le ne sarà veramente obbligato il suo...

Al Sig. Avv. Mancini.

Alla sua generosa facondia ardisco raccomandare un'opera d'umanità. A. G. figliuolo d'un probo infelice compositore di stampe, stato alla Galileiana per più di trent'anni, ben voluto da Gian Pietro Vieusseux, e debolmente, come potevo, protetto da me; A. G. è alle Murate, accusato per complice della uccisione d'un soldato accaduta due mesi fa. Io conoscevo da quarant'anni circa l'ava di lui, morta anch'essa allo spedale, stata maestra gran tempo della sua vita, parlatrice corretta, elegante, che aveva nella lingua uno stile da essere agli scrittori modello. La sorte di questa ben nata famiglia caduta in miseria estrema, e la peggiore miseria che minaccia questo giovane nel fiore degli anni, mi commuove di pietà e di sgomento, e mi dà animo a pregare Lei che s'ingegni d'alleviare i suoi mali e renderlo al consorzio civile a cui possono tornare le sue non volgari facoltà non inutili.

A una suora di carità.

Le signore Puccio e Parlatore non hanno certamente bisogno d'altri che interponga mediazione per esse; e molto meno han di bisogno di raccomandatore così poco autorevole come son io: ma si pèritano a dire cosa che sarebbe senza fallo ascoltata con indulgenza da una figliuola di San Vincenzo de' Paoli. Oltre alla povera bambina alla quale promettono di provvedere, Ella può credere che a queste Signore non mancano altre simili occasioni di spesa: e però vorrà, spero, consentire che di queste due orfane il corredo sia sulle prime qual può, cioè tra di roba vecchia e di nuova, purchè la si venga a poco a poco tutta di nuovo facendo; e che, compito una volta il richiesto al primo entrare, non debba esso corredo via via rinnovarsi. Dio provvederà, e il cuore delle benefattrici saprà sovvenire; ma giova non le sgomentare per ora. La carità di queste buone Signore non è di certo simile a una povera inferma in età tenera, abbisognante d'essere curata e allevata ella stessa; ma suor Antonietta sa per prova i riguardi che giovano a rendere più fruttuosa l'altrui carità. Ringraziando, piuttosto che chiedendo scusa, mi dico...

Alla Sig. Giannina Milli.

Queste quattro Signorine, ignote a me sino a oggi, diranno da sè quel che sono e quel che soffrono. Le raccomandi, se può, di grazia, al sig. marchese e alla sig. marchesa Peruzzi; e farà cosa degna d'un cuore a cui tanto deve l'ingegno; d'un cuore col quale consente in silenzio riverente e affettuoso il suo...

A un Consigliere del Comune di Firenze.

Il sottoscritto, non per sua propria conoscenza, ma per testimonianza di persone autorevoli, sa che questa famiglia Siciliana è civile, onesta, in miserie estreme, sostenute con operosità e con pudore. Onde spera che l'umanità del sig..., riconoscendo come l'alloggio assegnato non serva a sette persone, vorrà, compiendo l'atto caritatevole, tra le regioni d'Italia coi vincoli dell'ospitalità e della gratitudine stringere il patto della verace unità.

Al Sig. Consigliere...

Ben altra da quella doppia che senza sapermerlo io le movevo, e troppo scempiata, a nome del sig. P. è la preghiera odierna. Il Piemontese C. P. capitano direttore dei conti del 7. Reggimento de' Granatieri, adesso in Palermo, e ben noto al sig. General Govone, che nella visita fatta rimase, a quel che pare, singolarmente contento di lui, e se ne chiamano contenti gli altri superiori e gli uguali, dandogli segni di fiducia non comunemente usitati. Questo, a conoscere l'uomo Le basti, che, mortogli un fratello, e rimasta la cognata in miseria, egli volle piuttosto pagarle la dozzina nell'Ospizio delle vedove, che averne con meno dispendio servigi e conforti tenendola seco, per non dare pretesto alle dicerie de' maligni. Egli vorrebbe, per non più girare col reggimento quà e là, essere tramutato in Firenze all'ufficio delle Matricole, dianzi istituito, o nella Ragioneria nuova de' reggimenti, o in qualsivoglia altro posto non d'assegnamenti maggiori, purchè sia qui. E dal favore che chiede, prenderebbe il destro a un nuovo atto di cordiale beneficenza; prenderebbe seco a educare due de' cinque figliuoli d'un commilitone suo, morto senza poter lasciar diritto di pensione alla vedova, la quale se ne rimarrebbe con sua madre in Livorno. E la somma di franchi dugento e' mandava acciocchè fossero con decoro celebrate le esequie del suo povero amico, senza dirlo alla moglie che da altri per caso poi lo riseppe.

Al Sig. Conte...

La cordiale prontezza di Lei nel giovare a Benedetto Pagliai, mi dà animo a chiedere un altro favore, senza tema ch'io paia voler della sua cordialità fare abuso. La sig.

Marianna vedova del dottore Miglio cremonese, e nipote ai conti di Caboga, chiaro nome nella repubblica di Ragusa, rimasta con dieci figliuoli, nove potè collocarne con le materne sue cure; e uno le resta, dell'età di vent'anni, addestrato ai lavori telegrafici, e disposto a mostrarsi meritevole di raccomandazione efficace. Lo raccomandi Ella dunque al sig. Commendatore che adopri la sua autorità per trovargli un posticino anco in quelle regioni del mezzodì che da' più soglion essere poco desiderate. Sarà benefizio grande, e cosa gratissima anco a me, che attendo il destro di dimostrarne a Lei, come posso, la mia gratitudine.

Alla Signora...

Ubbidisco al suo comando di scriverle, comandando ch'Ella preghi il sig. Giulio di scrivere: fo ambasciatrice Lei, acciocch'egli si faccia dragomanno della sig. E..., che mi onora col nome di padre. Scriva egli dunque in nome della figliuola mia, natami a Cipro, la patria di Venere, e della quale (non dico di Venere) è tuttavia re Vittorio Emmanuele; scriva a uno tra i re della pubblica opinione, che la sig. E... dice conosciuto in Atene da esso, e preghi di quello ch'è detto nell'inclusa lettera, correggendola, e facendo il mio italiano più attico, se si può. Ma il suo greco, si sforzi egli di farlo men attico che si possa, per trovare grazia nel cospetto di un giornalista d'Atene. Il gran Signore s'appaga di dragomanni; turcimanni richiede Atene, più turca di Costantinopoli molto. Io a Lei fo un inchino alla turca; e mi dico nel nome di Allah...

A una signora di Rovereto, invitandola a soscrivere per il monumento da innalzarsi a Girolamo Savonarola.

Il nome della famiglia sua, udii, signora, in casa Rosmini pronunziare più di quaranta anni fa: e ho giovane l'anima alla ricordanza de' grandi. E in nome d'Antonio

Rosmini scusi l'ardita preghiera ch'io muovo perch'**Ella** si faccia nelle famiglie sue conoscenti raccomandatrice del monumento che innalzasi a Girolamo Savonarola in Firenze, Firenze nelle cui gloriose memorie si compiaceva da suo pari il prete roveretano.

Alla Sig... invitandola che soscriva al monumento da innalzarsi a Girolamo Savonarola.

A Lei, che ha cuore e senno d'educatrice, sarà caro il cooperare acciocchè sia al pensiero degl'Italiani rappresentata nel suo vero lume la vita di chi fu da avversarii e da amici ed è tuttavia da' biasimatori e da' lodatori, franteso; e così la nazione si venga educando a discernere i benefattori e amici suoi veri.

V.

Alla Sig. Lucia de Zolt.

Più caro d'onori letterarii e civili ambiti da molti mi giungerebbe il suo dono, quand'anco non fosse un pegno della fede comune, un atto di conscia carità, un augurio di speranza pietoso. Io che mattina e sera volgo a santa Lucia un pensiero invocante, e mi sento indegno di grazie miracolose, ma non ne discredo la possibilità, perchè credo l'incessante consorzio col mondo nostro delle anime beate in Dio che può tutto, io per me ormai non chieggo se non pazienza. E questa mi manca più che la luce degli occhi, e mi fa perdere in gran parte il merito del patire. Dico, in gran parte; perchè Dio buono, più generoso degli uomini, conta ogni minimo atto d'annegazione, e al pensiero d'un istante, all'affetto d'un punto, attribuisce premii d'eterno valore. Alla benevola sua interrogazione, Signora, sarebbe sconoscenza nascondere cose delle quali io non soglio far parola, per non rattristare altri senza alcun pro, e infiacchire l'anima in querele vane. Da quindici e più anni io non posso più nè leggere nè scrivere; e quel ch'Ella vede di mio, è tutto dettato non senza altrui noia, e spesa mia e perditempo. Già più non discerno i volti cari che mi stanno dinnanzi; e al breve passeggio Lungarno il bastone m'è guida oramai, come a' ciechi. Ella custodisca quel tanto che Le resta di luce; non legga in carrozza nè passeggiando, nè sull'imbrunire nè a lume languido; non usi occhiali con lenti se non temperate; badi allo stomaco, e dorma. A me nocquero i sonni scemati, le digestioni laboriose, e il cibo più scarso, quand'ero (come dicevano) quand'ero (Dio liberi), quand'ero (con riverenza) Ministro. Ora mi sento e più libero e più ricco e più felice d'allora. Creda alla gratitudine cordiale del suo...

Alla Sig. Marchesa Capponi Farinola.

Tanto per avere un pretesto di scriverle, mando questo libretto nel quale, a proposito di contagi e di coraggio del cuore, è rammentato con lode da me fino il re (io non rispondo che del proemio; dove non so se abbiano seguita la mia ortografia, nello scrivere *re* senza maiuscola); e mando questo frammento di lettera inviato a Roma al segretario del principe Buoncompagni (che non ha niente che fare coll'avvocato deputato), il qual segretario fa un giornale per dar pane a una famiglia povera, e non di suoi attenenti. Legga manoscritte le parole che parvero al Maestro del sacro Palazzo dover cancellarsi come irriverenti alle regie maestà, delle quali Roma fu sempre così tenera come contenta.

ALLA MEDESIMA.

Questo libro che arzigogola di latino e di greco, quantunque meno leggibile ancora di quelli che so far io, a Lei lo mando, che, tra gli altri coraggi modesti cioè veri, ha anche quello del leggere, e l'arte del saper combattere ora con la noia il dolore, ora col dolore la noia. Le noto in fogliolino le pagine meno illeggibili a Lei: ma Ella potrebbe intenderle tutte; e dall'italiano indovinare col sentimento, meglio che i critici di mestiere. Questi versi di Girolamo, spero, Le piaceranno: suoi proprii, e il concetto e la dicitura. Il sig. padre ci ha messo qua e là qualche parola, ma poche, e non le più belle di certo. Un mese gli manca ai sedici anni: povero ragazzo, quanto avrà, se vive, a patire! La buona signora Francesca (più originale di tutte le copie contraffatte che abbiamo della Francesca da Rimini) ci scrive da Parigi una lettera, di quelle sue, meritamente ammirate, cara signora Marianna, da Lei: ci si sente nella tenerezza il vigore d'un'anima maturamente innocente. A questi dì io stetti male; ora meglio, non bene però. A Lei che mi ha tante volte raccomandato suo padre, non accade ch'io raccomandi i poveri miei figliuoli. Del bene che Lei vuole alla Caterina, l'avviso mi viene dal Nuovo Mondo per la via di Parigi; e lo scriverne a Boston invece di venirlo a dire Lungarno, è prova di voler bene davvero anche questa. A suo padre dia questo foglio latino; versucci ch'io feci dieci anni fa, e non li volli mostrare agli Scolopii che quando Girolamo ebbe finiti i suoi studii da loro. Riceva le nostre benedizioni. Il dì di San Lino, papa toscano.

Alla Sig... l'autore mandando un suo libro.

Non perchè legga (ella già delle noje n'ha assai), ma perchè si rammenti chi di Lei si ricorda, e a Lei e a' suoi desidera tutte quelle consolazioni che non disturbino consolazioni maggiori.

Al Sig. Dott. N. Castagna.
Per giunte da lui fornite al Dizionario.

Il piacere della sua lettera e de' novelli suoi doni era turbato a me dal sentire quanto Ella abbia di questi mesi patito: ma la lettera e i doni tanto più mi consolano, che mi dimostrano in buono stato e la mano e la mente. E m'è caro ch'Ella riconosca la grazia da quella Benedetta tra le donne, alla quale taluni che si vantano della donna emancipatori, muovono oltraggi inverecondi; e non veggono come le donne, e madri e mogli e sorelle, possano, specchiandosi in lei, acquistare benedizione d'amabilità e di decoro.

Alla Sig. Eufemia Cabbani di Cipro.

Siccome è mio debito accogliere con riconoscenza gli augurii, così non posso respingere il dono che viene con essi, perchè so com'Ella lo offra di cuore. Toccando con mano quella poltrona (giacchè io quasi mai non mi seggo, e tengo in moto la persona, non ben potendo il pensiero come vorrei), mi verranno ricordati i suoi cari, che certo erano di cuore buoni se ispirano a Lei memorie così dolci e sacre. Accolga gli augurii riverenti del suo...

A una Sig. Americana.

Ella m'avrà visto iersera in figura de' miei; mi presento io stamane in forma d'una bottiglia di Maraschino di Zara, ch'è noto anche in America, più del nome mio certamente. Ella, e i buoni genitori di Lei, gradiranno l'intenzione; l'intenzione che dà pregio anco a un bicchier d'acqua offerto di cuore.

Il dì di s. Girolamo prete semplice, libero, solitario, scrittore possente, fervente amico.

Alla Sig. F. R. C.

Ieri gustai del suo dono; che, riavutomi da una indisposizione alquanto grave, altro cibo non appetivo; e stamane ricevo la cordiale sua lettera, che mi fa sentire più pro da quella vivanda, e mi libera dalla tema di parere sconoscente a persona che con tale affetto si ricorda di me. Se il dott. Basetti ch'Ella mi nomina, è l'amico del povero prof. Corradini, se quegli che esule in Corfù fece onore al nome italiano, e diede in luce per primo un saggio di canti popolari, nella Raccolta mia rammentati con la debita lode; prego gli dica come l'avere dopo tanti anni novella di lui, mi sia caro, e com'io di lui serbi memoria grata, è come deplori che questo paese, il qual non sa profittare nè delle sventure nè de' pregi proprii, non abbia potuto nè saputo valersi d'uomo così savio e onesto.

Alla Sig. A. P.

Da' miei ringraziamenti a' suoi doni ci corre quanto dalla fioca mia voce al soave suo canto. Ma il congiungere la gentilezza dell'animo alla ricchezza è cosa più rara delle musicali armonie. Non mi rammento s'io Le abbia, mesi fa, offerto un libro intitolato *La Donna*, o l'altro *Esempi di Generosità*; e per non ripetere la dose, verrò io stesso a sentire qual possa de' due presentarlesi, non per essere letto (che sarebbe augurio non lieto, e sconoscente ricambio), ma per mandare di tanto in tanto da un angolo una voce sommessa, e dirle ch'io sono...

ALLA MEDESIMA.

Alla squisitezza de' dolci aggiungeranno le pie sorelle di Lei, spero, il fragrante spirito delle preghiere, ed Ella la soavità del suo canto. E per le grazie ricevute e per le sperate rende augurii di cuore il suo...

Per presente ricevuto, alla Sig. P. G.

Non sempre il buon gusto nelle cose del palato s'accorda con quello che fa sentire le bellezze dello spirito rettamente; ma se e nell'uno e nell'altro è dannosa l'intemperanza, possono, bene usati, insieme ajutarsi. Io gusto nel dono di Lei la dolcezza d'un sentimento gentile; e i miei figliuoli apprendono, da una prova per vero troppo tentatrice e troppo eloquente, la dolcezza della riconoscenza che debbono a chi dimostra con tale costanza l'affettuosa sua bontà al padre loro. Ma nè egli e nè anch'essi, han di bisogno di tali stimoli per augurare a Lei, buona Antonietta, ogni consolazione, e a' suoi cari.

MEMORIE FUNEBRI

La contessa Antonietta Verri-Leoni.

Sterili le lodi date ai defunti, anzi pericolose e ree, se non giovano a eccitare l'affetto e l'imitazione ne' vivi. E però credo doversi lodare Antonietta Leoni, figlia di Pietro Verri, alla quale non solo la nobiltà del sangue non fu pretesto d'orgoglio licenzioso, ma non nocque la ben più cospicua nobiltà che le veniva dal nome paterno. I discendenti d'uomini illustri risicano d'abusare della splendida eredità o coll'impigrire in ozio superbo, contenti del lustro non suo, o affaccendandosi a continuare la fama dei maggiori con opere troppo ineguali, e fatte ancora più misere dal paragone. Alla Antonietta era padre uno dei più illustri Italiani del secolo andato, madre la sorella di quel duca Melzi che si meritò, meglio che la grazia, il rispetto del Buonaparte. Prima moglie al Verri era stata una Castiglioni, altro nome chiaro; giacchè pare destino provvido che intorno agli illustri per ingegno o virtù, altri si vengano via via stringendo con vincoli di parentela o d'amicizia, o d'emulazione, o fin d'odio, tremendo vincolo anch'esso; *e, come specchio, l' uno all' altro renda:* chè siccome la roba va alla roba, secondo il familiare proverbio, così la fama alla fama. Vincenza Melzi d'Eryl consolò del suo affetto gli ultimi anni del Verri, per invide brighe levatosi nel 1786 dal ministero pubblico in cui l'avevano collocato tante memorabili benemerenze; e la subita morte di lui nel 1797 pianse con lagrime di moglie e di madre: ma l'uffizio paterno assunse in sè; e, dopo allevati con la sua virtù i molti figliuoli, si fece madre ai poverelli, e de'segreti di medicina, redati dal padre suo fu liberale ad essi, coronando l'elemosina con l'affabilità e la modestia, e fino all'anno ottantanovesimo continuando il corso delle opere buone; destinata a vedere il sepolcro di tre delle sue figliuole, Barbara Porro, Maria Sordi, Ippolita Besozzi, per bontà e per bellezza amabili e venerate. Così la moglie del Verri, che i segreti della beneficenza attingeva da tradizioni domestiche forse del secento e più su, vide figliuoli delle sue figliuole che potrebbero essere vivi nel novecento: così poca cosa è la vita de'secoli, e vano il pretendere che la Provvidenza misuri alla corta vita di ciascuna generazione l'ampiezza de'divini disegni.

E la Verri era sorella alla madre di quel Palafox, nome immortale nella storia di Spagna, e troppo memorabile al Buonaparte e a tutti gl'incauti imitatori di lui. Giovane, in vista leggiero e tutto delizie, allo scroscio dell'invasione nemica si destò; destò Saragozza a quell'eroica difesa che i Francesi sanno, e in un tratto fu cittadino e oratore e guerriero. E un Palafox, il fratello maggiore del duca di Saragozza, sposò una contessa Montijo sorella al padre di quella che è ora chiamata imperatrice de'Francesi, e però, in qualche grado lontano, affine anch'essa alla madre di Carlo Leoni, congiunto per affinità a Federico Confalonieri. Un altro Confalonieri si sposava a un'altra figliuola di Pietro Verri; e nobiltà più alta che quella di Federico gli era l'esser nipote di Maria Gaetana Agnesi, che lasciò memoria di sè nella storia delle matematiche, e più in quella della carità, consacrando gli estremi suoi giorni alla custodia de'poverelli malati. Ma dell'affinità imperiale non menò vanto (e ne aveva il tempo) la madre di Carlo Leoni; nè bada a trarne profitto, com'altri farebbe, l'affettuosa sorella di lei, Fulvia Jacobetti, vedova del principe di Pietrasanta, cittadina in difficili tempi modestamente animosa, ora moglie d'un valente soldato del Buonaparte. Così le donne tra città e città, tra nazione e nazione, tra opinioni e parti e tradizioni diverse e contrarie stringono vincoli che paiono giuoco del caso, e una provvida mano li dispone con intendimenti il cui totale concetto è imperscrutabile a noi, ma con la serie dei secoli tanto se ne viene svelando da ispirare ammirazione mista di gratitudine e di spavento.

Pietro Verri, già vecchio, vedeva le sei figliuolette del secondo letto e il figliuolo scherzare sulle ginocchia e tra le braccia sue, con licenza ripresa dalla austera madre, troppo memore forse del sussiego spagnuolo. Questa Antonietta più di tutti ritraeva, dicono, della sembianza paterna. Orfana in tenera età, fu con altre sorelle mandata non senza provvida cura a educare in Firenze; di dove potrebbero le ricche famiglie di tutta Italia e le case d'educazione pubblica e privata chiamare maestri che non fossero servitori, e servitori che potrebbero divenire efficaci maestri. E Toscana tutta, segnatamente nelle città minori, così ricche di memorie e di monumenti, e nelle belle ispiratrici campagne, potrebbe a tutta Italia farsi ospizio di educazione (di che erano un piccolo saggio i collegi di Siena e di Lucca e di Prato), purchè volesse formarsi maestri degni d'allevare le nuove generazioni nella concordia del bene, ch'è condizione a civile unità. Certo che l'eleganza della favella di per sè sola non fa e non prova la gentilezza dell'animo, e che gli animi corrotti abusano siccome d'ogni dono, così di quel della lingua: ma gli animi gentili dalla soavità de' suoni ricevono perfezionamento e conforto ancor meglio che dalla venustà delle forme. E la giovanetta che, nata in Milano, doveva poi vivere e morire in Padova, avrà del soggiorno suo di Firenze conservate nello spirito impressioni ineffabili senza che forse il suo pensiero ne fosse consapevole a sè.

Le memorie del padre e degli zii illustri non invanirono lei, non la istupidì la ricchezza: ma ella coltivò con studii solitari la mente e il cuore modesto, senza che però si spacciasse per letterata, nè i parti del suo ingegno esponesse alla luce, come troppe femmine fanno, importune agli amici, ridicole ai malevoli, madri sbadate o pedanti, mogli tremende. Del suo intelligente amore agli studii raccolse uno de'frutti più eletti, la riverenza all'ingegno, pura in lei da quella impronta vanità che suol fare le donne dotte spesso accattatrici di conversazioni famose, per libidine sciagurata di fama.

Io non la conobbi sì a lungo nè sì dappresso da potere per propria mia esperienza attestare tutti i pregi del cuore, ch'ella velava come quei dell'ingegno, ma che pure apparivano dalla mesta serenità del suo viso, dalla dignità composta degli atti, da quella vereconda quiete che non dissimula nè i subiti moti dell'animo sincero, nè gl'intimi assidui dolori, tuttochè vinti dalla forza della mansuetudine, forza più rara e più difficile che l'ardito coraggio. Che in mezzo a que' pregi non fosse verun difetto, s'io osassi affermarlo, mi parrebbe d'offendere la sua benedetta memoria; ma debbo pur dire di non ne avere contezza.

E per saggio di quel ch'ell'era, un fatto ci basti. Giunse a notizia di lei, che una fanciulla povera, se un po' di dote le mancasse, perdeva il destro d'un matrimonio, fatto necessario dall'onore: e non volendo in quel punto ricorrere ad altri di sua famiglia, si tolse dagli orecchi le buccole di diamanti: e la fanciulla fu sposa allo studente desiderato. Quanto poche sappiano tra le donne agiate consentire alle donne del popolo; quanto sian rese crudeli altre dalla galanteria che parrebbe dover insegnare compassione, altre dalla santimonia che pur dovrebbe evitare gli scandali; quante volte la stessa carità sia maligna e insultatrice; quanto poco nelle città ove concorrono studenti si ponga cura a prevenire gli abusi dell'ospitalità, col renderla più liberale insieme e più austera, coll'occupare nel consorzio di cose utili ed alte gli ozii giovanili; quanto rimanga da fare acciocchè la figliuola del povero, in questo apparente ragguagliarsi e confondersi delle condizioni sociali, non sia più che mai ludibrio e vittima della civiltà, e schiava venduta quanto più anela a essere libera, molti lo veggono forse, ma pochi lo sentono con operosa pietà.

Non è vanagloria ma gratitudine il ricordare ch'io fo un altro atto pio, e forse non meno benefico, esercitato verso di me. Saputo delle tenebre che si addensavano sulla mia vita, ella che m'aveva appena rincontrato una volta, e cui le sventure altrui non facevano immemore nè paurosa, non di sua mano (la modestia vietandoglielo, non già la prudenza) mi fece sapere che una donna pregava, e si era comunicata all'amico degl'infelici, per me, per la luce degli occhi miei. Nessuna lode di letterato poteva gradirmi nè confortarmi tanto. E la preghiera di lei forse ottenne che mi sia prolungato questo tenue, ma tanto più prezioso, spiraglio che resta, di luce: nè a ogni modo, sarebbe caduta a vuoto, ma rifusasi in benedizioni maggiori e in grazie ben più mirabili a conseguire. Quest'è la potenza della preghiera: che, quando l'uomo la crede fallita al minore bisogno e al suo angusto e improvvido desiderio, Dio gliela serba come talento da rendergli moltiplicato all'ora ch'egli nel suo amore sa. Nessun alito dell'anima umana è senz'effetto o di bene o di male; ma il bene assai più efficace: e questo pensiero, nell'accrescere ad essa la coscienza della sua dignità, deve ispirarle umile consolazione non senza salutare sgomento.

Tre giorni innanzi il suo riposo dai dolori terreni ella s'era accostata all'altare, quasi presaga, e per fornirsi al viaggio. Chi può dire quel ch'ella sentisse in quell'atto, e ne' tre dì seguenti; la prece e i sogni dell'ultima notte; quel che provò nel levarsi dal letto in cui non doveva più rigiacere, nell'abbandonare per sempre le stanze testimoni delle sue lagrime e delle consolazioni sue intime? A tutti i casi che sopravvengono più improvvisi io credo precorrano presentimenti de' quali il senso arcano, inavvertito, i fatti poi ci rivelano: credo che alle anime elette sia serbato, anco nell'inaspettato termine della vita, incremento di grazie interiori, che gli ultimi pensieri del corso mortale fa essere fecondi di merito alla vita immortale. Ma certamente, nel veder disparir di subito, quasi gocciole assorbite dalla terra sitibonda, le persone che onoriamo ed amiamo, pur dianzi piene di vegeta vita, nel ripensare i pericoli che, aperti sotto i nostri piedi e sul nostro capo imminenti e prementi tutt'intorno, ci fanno quasi camminare per mezzo alla morte e vivere in essa; noi dovremmo, più sovente che troppi non facciano, ricordarci dell'avvenire, scorrere non con la pavida fantasia ma coll'affetto sicuro le avverse possibilità, e prepararci.

Andava l'egregia donna verso quella sua villa che ha vicine le ville onorate dai nomi di Melchior Cesarotti e di Giuseppe Barbieri, non lontana al chiostro ove medita e prega quell'anima gentile di Placido Tàlia, e alla terra ove riposano le spoglie di Francesco Petrarca; quando per l'imbizzarrir de' cavalli rovesciatasi la carrozza, ella cade percotendo del capo; e, portata in una casa di villici, con tanto ancora di mente e di cuore da poter rincorare l'atterrita e illesa compagna, spira.

Non è tanto vero quello del poeta, quanto pare: che con piede uguale la morte bussa alle capanne de' poveri e ai castelli de' re. Se coloro che il mondo chiama felici paiono privilegiati nelle allegrezze e nelle immunità dai doveri, e' sono privilegiati altresì nel pericolo e nel dolore. Parrà sentenza tanto ovvia da non si dire, che il ricco deve pur qualche volta camminare a piedi così come il pezzente, e andando a piedi, risica di cadere; che il pezzente, non andando in carrozza, non può ribaltarsi: ma questa verità tanto triviale è come il simbolo d'altre o meno pensate dai ricchi vani, e dai poveri queruli, cupidi di dolcezze amare o di sicurtà insidiose. Certo è che molti dolori rimangono comuni e a quelli che il mondo reputa fortunati e a quelli che chiamano sè fortunati, ma i più fortunati li hanno sovente più intimi e men sopportabili, per cagione del pensiero che ci lavora e li aggrava, e per la dissuetudine del patire. La virtù, e massime quella che confermata dalla religione, è la sola che possa e rendere meno tormentoso il dolore, e molti dolori risparmiare, anzi i più crudeli di tutti perchè volontari e meritati; la virtù è che ragguaglia le condizioni, e dona modestia al potente, al debole dignità. Que' villici che avranno tante volte sentita la carrozza della signora passare, mà riguardata lei con riverente familiarità perchè buona; or che avranno eglin detto in vederla sotto l'umile loro tetto morire? E l'infelice figliuolo che avrà egli sentito nel punto quando gli annunziarono che la madre sua, dianzi sana, sua madre amata da lui sopra tutte le cose della terra, era morta?

Dalla madre egli riconosce, ben più che la vita del corpo, il meglio dell'anima sua. Ed è lei che lo ispira tuttavia; e gli dettava le iscrizioni le quali egli propose d'incidere su tutti i luoghi della sua cara e illustre città, notabili per soggiorno d'uomini singolari o per fatto memorando. Di questo erasi in Venezia dato un qualche saggio; e la patria di tante grandi memorie, la città forse più costantemente italiana di tutte, era degna di porgere questo esempio per prima: ma a Carlo Leoni s'appartiene il merito non tanto del profferirsi egli solo alla spesa, quanto del dare la debita ampiezza e altezza al concetto, e volere che queste memorie siano insieme monumento d'onore ai passati, ammaestramento civile e quasi pubblica scuola continua ai presenti, alla lontana posterità documento.

Viveva la madre, se non consigliatrice, di certo acconsenziente di pieno cuore, allorquando il Leoni, vedendo il sepolcro del Petrarca in Arquà guasto dagli anni e dalla incuria degli uomini, da penetrarvi la pioggia e poterlo forse profanare una mano rapace, lo ristaurò a proprie spese; per mercede, chiedendo che alla città di Padova fosse data una costola di quel petto che, se troppo a lungo sospirò per bellezza terrena e straniera, ben seppe accendersi nell'amore di cose più veramente gentili. La mercede pattuita, il cui desiderio era un dono novello, gli fu poi negata; ma aggiunse a lui nuovo merito per fargli provare il dolore dell'altrui sconoscenza. Intanto quest'onore che al nome del Petrarca potevasi rendere dagli abitanti di Arquà, dai villeggianti lì presso, da altri ricchi, forse dallo straniero che poteva convertirlo in insulto, nè certamente dissimulare il rimprovero, il quale sarebbe suonato dal silenzio stesso, questo onore (mi giova commemorarlo) fu reso da Carlo Leoni, nipote di quel Pietro Verri che fu amico a Cesare Beccaria, all'avo di Alessandro Manzoni. E mi giova qui rincontrare congiunti i nomi de' due poeti che sì memorabilmente cantarono l'Italia e Maria.

All'età di vensett'anni scriveva il Petrarca la canzone all'Italia, il Manzoni all'età di vensette il primo suo inno, rivelatore d'un nuovo genere d'arte. Traduceva quegli in latino la *Griselda* di Giovanni Boccaccio; questi, nutrito d'eleganze latine, componeva i *Promessi Sposi*, e alla letteratura e alla lingua italiana apriva le vie d'una popolarità ben più dignitosa del sussiego aulico e dell'accademico: quegli dettava una frottola tutta indovinelli, questi e nel romanzo e in altri suoi scritti e ne' colloquii familiari porgeva l'esempio d'una facezia amorevole, arguta, profonda, enimma agli ingegni tardi e alle anime grossolane, ai pensanti materia di divinazione e di ammirazione. Ambedue più potenti artefici di poesia che di prosa, ambedue innamorati della perfezione, e per severo studio di quella indulgenti agl'indugi della lima: l'antico più uguale nella proprietà de' modi e nel numero, così portando il secolo e l'origine sua; il moderno più ricco di pensieri, più caldo sovente, più maschio, più parco. Innamorati ambedue di Virgilio; non così ammiratori di Dante che non ne discernessero i difetti; ma l'uno per più alto concetto d'un'arte meno infoscata dalle ire e per tedio di certe impotenti imitazioni più de' difetti che de' pregi, e di certe ammirazioni ora stupide e ora arrabbiate; l'altro per troppa diversità di natura, e fors'anco per emulazione di fama, non invida emulazione, inavvertita a lui stesso. I metri dell'uno eran quelli del tempo, cantabili allora; l'altro li scelse cantabili: e anco in questo innovò, ma donando al verso breve la dignità del più riposato e la pienezza e la risonanza. I versi del Manzoni in secolo che non canta quasi altro che le cose da non si dire e da non si pensare, furono musicati, spiegati nelle scuole, come poesia veneranda per antichità, e pregna di cose: ma il Manzoni non si compiacque nella musica e nelle altre arti belle forse quanto il Petrarca; nè lascerà per testamento un quadro di Giotto e un liuto.

Il Petrarca non tentò il dramma, ancorchè avesse dal padovano Mussato l'esempio d'un dramma storico: tentò l'epopea; e deve a lei il suo trionfo, cerimonia accademica come il poema. La storia di Roma fu dal Petrarca riguardata secondo que' pregiudizi di falsa grandezza che tiranneggiano tuttavia nelle scuole, ne' teatri, e negli scritti politici, e nelle azioni: il Manzoni, non contento di fare la verità storica ispiratrice alla poesia, considerò la storia stessa in aspetto più vero, più umano perchè cristiano. E se il Petrarca arricchì l'erudizione con la ricerca d'antichi documenti, e fece da mecenate e da principe; il Manzoni l'erudizione rinnovellò col senso morale, col sentimento poetico, con lo studio delle fonti, col sussidio delle dottrine civili. Italianissimo e d'ingegno e d'anima, non disdegnò i grandi esempi stranieri, ma ne fece suo pro con libera e matura docilità, in modo da farsi egli esempio: così come il Petrarca non pare che si rammenti della poesia provenzale se non per farne grado a innalzare la propria. La critica, come appare dalle sue lettere, non gli è ignota; e gli esempi di veri poeti potenti di quest'arte non mancano: ma nessuno forse più splendido del Manzoni, il quale e nelle dispute letterarie e in altre rimane modello unico di quella delicatezza che viene dal cuore e dalla carità; ed è rimprovero a non pochi teologi, nonchè a scienziati; delicatezza ch'è prova di forza, che rende l'argomentazione non solamente più persuasiva ed amabile, ma più calzante e tremenda.

E al Petrarca e al Manzoni veggonsi essere familiari e con venerazione amati Agostino e quegli altri grandi il cui ingegno è di per sè solo una apologia della fede; attinse l'uno a Platone, l'altro si disse discepolo del Rosmini, e lo lodò da maestro. Ma per istudii più variati esercitava il Manzoni la mente; e la scienza agraria e l'economica diedero il suo tributo al poeta, che nelle discipline civili fin nella vecchiezza si compiace, nobilitando la notizia de'minimi fatti co'generali principii a cui li reca, e con la moralità di cui li suggella.

Soverchie alla memoria di Napoleone le lodi; soverchie in Cola di Rienzo le speranze, ben tosto deluse: ma Napoleone era morto, e il nome del vinto era fatto bersaglio a improperi ingenerosi; onde al poeta parve pia la lusinga a un sepolcro diviso dai flutti dell'Atlantico e dagli abissi della sventura. Ma che poche fossero e brevi in entrambi i poeti le illusioni, lo dice quel cominciamento: *Benchè il parlar sia indarno*, e quella fine: *E il premio sperato promesso a' que' forti, Sarebbe, o delusi, rivolger le sorti, D'un volgo straniero por fine al dolor?* E la pietà di quegli odii e spregi fraterni che sono fonte inesausta dei dolori, risuona nel coro funerale: *Fratelli li dice Lo straniero*, e nel lamento: *Fastidire il vicino povero... Che fan qui tante pellegrine spade?*

Il Petrarca ebbe parte ne' negozii politici, e troppo frequente commercio co' potenti: il Manzoni s'astenne dalla pubblica vita, ma fu pur benemerito cittadino. L'astinenza di lui valse più che l'operosità di certi affaccendati. Il Petrarca nel cospetto de' Senatori veneziani (consesso cui forse meglio che il Romano conveniva intitolare consesso di Re in senso buono, perchè più civile e men distruggitore quel senno), si smarrì: al Manzoni non tanto il difetto della lingua quanto la modestia e la tediosa esperienza di conversazioni profanate da curiosità esploratrice e indiscreta, rende difficile la parola, che ad orecchi fidati corre abbondevole, fine, ricca d'affetto e d'idee, originale, rimeditabile come i suoi scritti. Nè quelli sarebbero tanto potenti se non istessero in armonia col linguaggio familiare, col pensiero intimo, e con tutta la vita

L'arguzia de'suoi colloquii e il vezzo della disputa sempre amichevole e serena, e' lo deve in gran parte all'indole sua, ma anche al consorzio con uomini degni, taluni de'quali francesi, da lui con abbondanza stimati ed amati. Il Petrarca ebbe amici Francesi potenti, e ne fu accolto ad ospizio; il Manzoni accolse ad ospizio Francesi perseguitati, contuttochè l'ombra de'sospetti cadesse uggiosa anche sopra di lui; ma e l'uno e l'altro sentirono in modo raro quell'amicizia ch'è non meno ardente e più soave dell'amore stesso. Che se l'uno dall'amore fu allettato alle dimore di Francia, l'altro ci si compiacque per più libera elezione; e con più calde parole significò alla Francia il suo affetto; e si appropriò la sua lingua, e nelle più riposte parti della sua storia civile e letteraria penetrò. Fece l'uno più frequenti e più lunghi e variati viaggi: l'altro de'suoi profittò meglio e da poeta e da pensatore; e il romanzo lo attesta, e nell'Adelchi l'ascesa del diacono su per l'alpi: ma la selva Ardenna al Petrarca non ispira che il verso *mille poggi in un giorno e mille rivi;* e il Rodano un'etimologia sbagliata, e *Tu te ne vai col mio mortal sul corno.* Senonchè nelle *chiare, fresche, e dolci acque* si specchia tuttavia l'imagine di Laura, e il paese di Valchiusa, e l'anima del poeta. Videro e amarono Venezia ambedue: il Petrarca raccolse, non lontano da essa, in solitudine amenissima la vecchiezza stanca; il Manzoni non per tardo disinganno ma per provvido studio di decoro e di pace, in seno alla campagna passava non piccola parte dell'anno; e sul Lago Maggiore rinveniva, oltre alla bellezza de'luoghi, i colloquii d'un suo pari, e gli confortava i dolori e la morte.

La prematura canizie del Petrarca, la tarda e vegeta e lieta d'Alessandro Manzoni; le visite a quello fatte da luoghi lontani quasi in pellegrinaggio, le visite a questo di ministri e di principi quasi corteggiatori, accolte con umiltà dignitosa; il lamento in onore di quello alla falsa novella di sua morte fatto da un Beccari di Ferrara, *Che poco sa, ma volentieri impara,* e le pubbliche preci per la sanità del Manzoni, sono conformità e differenze appena notabili al paragone delle più intime ed esemplari. Il Manzoni non è canonico, ma non fu nè anco per più di vent'anni innamorato; nella famiglia raccolse gli affetti; e potè quindi meglio distenderli a tutta l'umanità. Scrisse un libro della Morale Cattolica, il quale continua la serie delle testimonianze che i grandi ingegni e gli animi virtuosi rendono a questa credenza, la quale dal tenore stesso delle accuse ha conferma: ma, siccome il Petrarca con sdegno più severo del solito additò i vizii dannosi della corte di Roma, così gli abusi d'essa credenza il Manzoni notò con linguaggio più moderato, e quindi con più autorevole sincerità. Onore ad entrambi supremo, e a noi gemino esempio e conforto sia l'avere essi saputo non solo conciliare, ma gli uni con gli altri raffermare, gli affetti di religione e di patria.

LUCIA DE' THOMASIS

Al Sig. Antonio Rànieri, devoto alla religione dell'amicizia, al culto del dolore, N. T. riverente.

Nell'anno 1793 nacque in Mola di Gaeta, dov'era comandante suo padre Enrico Gomez di Palorna, della stirpe di quegli Spagnuoli che vennero nel Regno col Gran Capitano. E degli spiriti spagnuoli, e dell'indole virile del padre pareva non so che ritenere Lucia, rimanendo tuttavia donna, e nell'animo ancora più che nelle fattezze ritraendo la madre, gentilissima, Livia Porzio. Le convenienze e storiche e naturali fra i popoli di quella regione d'Italia e gl'Ispani darebbero a credere che il nome di Magna Grecia non le venisse sovrapposto se non per il soverchiare di quell'arguta e potente civiltà, ma che più antiche migrazioni facessero questa parte dell'Esperia italica ben più apparentata con quell'altra Esperia più estrema.

Lucia fu collocata nel monastero di S. Francesco d'Aversa; e sino a diciott'anni vi stette: la quale dimora non nocque alla vivezza delle affezioni domestiche, giovò ad informare il suo spirito di consuetudini religiose, senza cui le credenze non bastano. E di lì attinse l'egregia e infelice donna quella mite fortezza dell'animo per la quale potette resistere ai dolori e ai tedii mortalissimi della vita.

Dall'ombre del chiostro ell'esce a un tratto nella fervida luce di Napoli; e giovanetta si rincontra con uomini illustri per sventure patite, o destinati a levare grido di sè colle opere dell'ingegno; tra gli altri Giuseppe Poerio, Melchiorre Delfico, Carlo Troya. Veramente in quella terra di Napoli è un non so che di fatale; e l'intere sue città sotterrate e dopo secoli riapparenti in luce, e i suoi vulcani mi paiono immagine delle minacciose speranze che covano nel suo grembo. Gli esuli di quella terra sul principio del secolo portano di lei nobile saggio in Milano, di lì a vent'anni in Firenze, di lì a trent'altri in Torino: nel quindici prorompe di là una speranza acerba e vana all'Italia; dopo sei anni un esempio acerbo anch'esso; dopo altri vent'otto anni di là si diffondono moti che precipitano il corso degli eventi, e tornano in lutto i troppo facili vanti. Ma, a conforto e a compenso, le profughe armi napoletane, fatte cittadine di Venezia, concorrono ad una resistenza che forse la storia rammenterà. La gloria delle arti belle e delle umane lettere a quella regione direbbesi meno abbondantemente misurata che ad altre d'Italia: ma taluni de' grandi scrittori latini e greci son suoi; sua la musica e la filosofia; mediatrice tra quelle la matematica: suo vanto la scienza delle leggi, il dono della facondia copiosa. E considerando come ivi sorgessero esempi di tutte forme governi, e quivi di tutte parti d'Europa e forse del mondo si mischiassero sangui, e come quella per numero d'abitanti e d'armati e per ricchezza di suolo e splendore di cielo sia la più ragguardevole parte d'Italia, non posso non credere che dal destino di quella i destini di tutta la nazione abbiano finalmente a dipendere.

Conobbe nel 1811 la giovanetta Giuseppe de' Thomasis, nato in Abruzzo l'anno 1767, stato già reggitore d'una provincia, e allora procuratore regio alla Corte de' conti; la conobbe e amò, e volle e ebbe sposa. Per quanto le doti dell'animo e dell'ingegno, e gli agi del vivere procurati con devoto amore, e la vigoria stessa del corpo, e sopratutto la virtù della donna compensino la disuguaglianza degli anni, non sarebbe mai nessuno da consigliare a affrontarla: che nè l'altrui virtù nè la propria, nè il proprio nè l'altrui nome sono da porre a troppo difficili prove, e questo sotto specie d'affetto, crudele non sai se più agli altri o a sè.

Certamente il de' Thomasis non ebbe a pentirsi della sua scelta; tant'era di savia mente e di cuore retto la donna toccatagli in moglie: nè di quant'ella patisse, io mai ebbi notizia oppur sentore da parole o accenni di lei, che sempre lo ricordava con riverenza e con vanto. Ma i suoi due bambini nell'anno 1817 perduti in cinque dì, apersero nel cuore di lei una piaga che non fu mai risarcita. Vent'anni dopo ne teneva in seno i capelli come reliquia sacra, e come angeli li invocava. E l'avere provate le gioie e le angoscie di madre la fece essere madre per tutta la vita, pia per coscienza a tutti i dolori. Il marito buono la condusse quello stesso anno a Roma, se potesse lei consolare di tant'affanno la contemplazione di tante grandezze, che forse avranno aggravata la tristezza sua. Nel ventuno mutate le cose, egli ebbe tra gli altri uffizi il ministero della marineria, al quale per vero la sua molta dottrina giuridica non era punto accomodata, e dove, per gioco delle onnipotenze regie, doveva sedere anco il marchese Gargallo, il traduttore d'Orazio.

Tirata via quella scena, il de' Thomasis ne andò colla moglie in Firenze, dove ebbero la compagnia e la stima di parecchi tra i più ragguardevoli uomini del paese. E non del soggiorno di Roma, ma di quel di Firenze, io udivo lei ricordarsi con gioia molt'anni dopo. Ma quella vita dilettosa per le fiorenti memorie del passato che sotto il mite cielo toscano paiono ad ogni ora promettere nuovi germogli di bellezza e di gloria, e la novità di colloquii inebrianti, non occupavano l'animo della giovane donna sì ch'ella rimettesse punto delle pie cure debite all'infermo marito. Nè questa era affettata devozione di chi sa l'arte di conciliare le apparenze della virtù domestica colle distrazioni di società viziata; non era neanco rassegnazione di chi, consumando un sacrifizio, con gli atti e col silenzio e con l'ilarità ostentata vuol dare a divedere la pena che n'ha, vuol farsi ammirare e compiangere e amare. Gli era un naturale bisogno dell'anima sua. Ella al letto di lui notte e giorno: ella forse, posponendo il piacere proprio al bene di lui, fu la prima a parlare del ritorno in patria, a vincere le sue renitenze, consigliandogli chiederlo.

E qui giova, in servigio di certi esattori rigidissimi dell'altrui generosità, notare una cosa; giova dire a cotesti di nuova maniera pubblicani, che, se nobile costanza è il saper sostenere l'esiglio, non a tutti però dev'essere diniegato il preporre a questo così detto martirio, sovente assai comodo e ameno, altri meno appariscenti e più intimi. Siamo pure giudici severi a noi stessi; ma, quando l'uomo attempato e cagionoso desidera all'aria nativa, e alla sepoltura entro alla quale comporre le sue colle ceneri de' suoi cari; quando un padre di famiglia sente di dovere sè stesso a quegli uffizi della vita privata che avrebbero a essere, troppo più che non sono, condizione alla dignità della pubblica, quando chi sulla terra straniera è condotto agli estremi della miseria, e tentato a avvilire sè stesso, a profanare, nel cospetto di nemici astiosi o di freddi osservatori crudeli, l'esiglio e la patria; quando col ritornare sotto al proprio tetto, egli speri non solo di risparmiare a sè gli ignorati e calunniati disagi, ma di porgere ai concittadini esempio di vita incontaminata, e pur coll'astinenza dalla viltà, pur coll'austero silenzio, con la parola privata, con la presenza sua possa tener viva la memoria delle cose che furono, e il concetto di quelle ch'hanno a essere; il gettare dietro alle spalle di lui, che mestissimo se ne va, l'improperio, è stoltezza spietata.

Quel che distingue il vero affetto dalla passione e dall'affettazione, e il vivo della virtù dalla maschera, è la costanza. La buona moglie perseverò nelle stesse cure di figlia e di sorella infino all'anno 1830, che doveva essere l'ultimo a lui di vita. Non dirò che gli fosse prima di morire serbato il conforto di nuove speranze da quell'anno suscitate all'Italia; perchè la morte a chi crede nell'immortalità non è che la più piena rivelazione del vero; e da luogo più alto avrà egli ben presto veduta la vanità di quelle speranze, e veduto insieme il più lento, ma più sicuro, maturarsi di tempi migliori lontanissimi dal suo passaggio sulla terra e dal nostro, di noi nati più tardi. Il dì primo di settembre il dotto uomo dava l'ultima mano a un suo lavoro di scienza civile; il dì 10 moriva, desiderato da quella che perdeva un'occasione quotidiana di dolci patimenti, e di meriti non compensabili se non da Dio, perdeva l'amico rispettoso e riconoscente: nè per averne da lungo tempo prevista la perdita poteva il cuor suo non sentirne l'acerbità. Quand'ella venne in Parigi, recò seco, come retaggio d'onore e d'amore, uno scritto che in lode di suo marito aveva dettato lo storico Pietro Colletta; e stampandolo in paese dove non era interdetto, desiderò ch'io aggiungessi alcune parole intorno a un'altra opera di suo marito: il che feci di buon grado, toccando di studii alquanto alieni da miei, per offrire un tributo e al magistrato degno e alla coniugale pietà, e per avere occasione a accennare d'alcune cose concernenti quel regno da me non mai visitato, ma per memorie di libri e di amici amato, quasi direi, come patria. Egli è come uno scherzo del caso che si stampasse da un Thomassin, lo scrittarello di un Tommaséo in lode d'un de' Thomasis: ma non è caso che i nomi di due napoletani si trovassero congiunti al nome d'un nativo di quella terra la qual diede al regno colonie e ne ricevette migrazioni frequenti; che il memore affetto d'una donna fuor d'Italia stringesse insieme i tre nomi; e che accanto a due già ministri d'un grande Stato risorgente a speranze di libertà, esuli e scrittori ambedue, si leggesse un terzo che con meno sapere, ma forse con più pericoli e patimenti, doveva prendere parte, nell'intervallo di due esigli, alle cose d'una città il cui nome vale per quel di più regni, i cui monumenti non si comprano con le ricchezze di nessun impero, e la cui storia rimane parte cospicua nella vita d'Italia e d'Europa, anzi dell'intera specie e del pianeta.

Attratta dalla compagnia d'un amico, e dal desiderio non di novità vane e distrazioni femminili, ma di quegli intellettuali piaceri che fino alla morte continuano l'educazione dell'anima, donna Lucia se ne venne a Parigi; e oltre al suo proposito vi prolungò di tre anni il soggiorno, ritrovata una patria del cuore e della mente, una patria di memorie più forse che di speranze tra gli esuli italiani che ci vivono in colonia dispersa e talvolta discorde, ma forse più nelle apparenze che nell'intimo, e meno fieramente o freddamente discorde che altri esuli d'altre genti. Perchè gli Italiani, talvolta impronti lodatori delle cose proprie, per una disgrazia che io direi privilegio della loro indole, sono sovente calunniatori di sè, e quasi godono parere men buoni del vero; sicchè fra loro la vanità è vizio men che altrove frequente, e anco perciò giudicato più importuno e ridicolo. La valente donna, senz'arti di lusinga e senza forse avvedersene, raccoglieva intorno a sè non pochi de' più cospicui tra gli esuli, e de' meno unanimi, accostantisi a lei e tra sè, non per le attrattive della bellezza e della gioventù, della nobiltà o della ricchezza, o di quell'ingegno brioso col quale le donne parigine maestrevolmente consociano nei crocchi loro gli uomini de' più diversi partiti e costumi, ma con la schiettezza del senno e la cordialità dell'affetto.

Anco agli uomini di cuore men tenero la cordialità in questa donna pareva pregio notabile. Pellegrino Rossi, che l'aveva conosciuta in Firenze, rammentava con grande rispetto le cure da lei prestate all'infermo marito. Non credo che, fatto uomo di Stato, e' la vedesse di frequente in Parigi: ma essa non cercava la fama nè il fascino delle apparenze; la sincerità del cuore voleva, e sapeva discernerla. Amica ai pregiati e agli amati dagli amici suoi, tuttochè nuovi a lei; nella fortuna modesta, con le astinenze proprie trovava modo d'essere ospitalmente quasi splendida verso di loro. E per dimostrare come il senno del cuore in lei dominasse i pregiudizi ai quali il sesso chiamato più forte assai volte si piega non senza colpa, rammenterò come tra quelli ch'essa accoglieva in sua casa fosse un esule siciliano. Or la Sicilia era a lei nome infausto: perchè nel 1820 mandato il de' Thomasis ordinatore di quella preziosa e pericolosa parte del regno, la furia popolare inferì non degnamente contr'esso; sicchè, appena vestiti, potettero egli e la moglie sottrarsi, lasciando alla depredazione la più cara delle suppellettili, ventimila volumi. E qui mi sia conceduto notare, che negli odii fatali tra que' due belli e infelici paesi quasi sempre mi parve ne' Napoletani scorgere le ire e i dispregi men acri. Ma certo è che, non potendo nè il breve stretto, nè la sorte delle armi, nè divisa corona, nè odio partirli sì che possano perpetuamente astiarsi con sicurezza e bestemmiarsi con gloria, il meglio è, di necessità fare dall'una e dall'altra parte virtù, e, congiungendo le forze a vincere l'unico ostacolo che li fa essere o parere irreconciliabilmente nemici, soffrirsi a vicenda, compatirsi, nel nome d'Italia confessarsi fratelli.

Questa gentile tolleranza del nome siciliano era tanto più da lodare in lei, che accoppiavasi a quell'amore, quasi passionato, che delle cose loro dimostrano i Napoletani. Di che vo' recare un saggio che rende onore alla rara franchezza la quale mise un giorno a penoso cimento l'affettuosa cortesia dell'animo suo. Cadendo il discorso di taluni fra gli scrittori napoletani d'allora (rammento cose di venticinque anni sono), a me venne toccato della cura, al mio parere, soverchia, che altri ponevano nella lingua divisa dall'arte dello stile; onde quell'affettazione dell'antico la quale meno che ad altri si conveniva ad ingegni naturalmente potenti di pensiero e a vivide fantasie. O che ella udisse questo da me, o che le fosse riferito, non ben mi sovviene: ma il fatto è che un giorno, entrando bruscamente di questo, proruppe in parole fuor del solito abbondevoli e amare, le quali non si potevano ad altri indirizzare che a me, a me riguardato da lei sempre con amorevolezza indulgente. E il discorso andava tant'oltre, che un Napoletano presente, quasi sbigottito, tentava di porle freno; ma io, sorridendo, lasciavo dire, e in quello sfogo di carità patria mi compiacevo; nè però me le dimostrai quindi meno affezionato o men riverente. E ritornata in patria, tenne meco, quantunque impediti da troppi ostacoli, colloquio di lettere; e spesso rinnovava gl'inviti, offrendomi in Napoli fraterna ospitalità, con fede viva ch'io volessi e potessi accettare: della qual fede, più che degli stessi inviti, m'onoro.

Ebbe in Napoli intorno a sè uomini ragguardevoli per fama d'ingegno e per dignità di sentire; tra gli altri Alessandro Poerio, già esule, e figliuolo e fratello d'esule e di carcerato; il quale, dopo dedicati all'Italia gli studii dottamente eleganti, doveva, con modestia più rara del coraggio, semplice milite, sacrificarle in Venezia la vita. Ma venendo i tempi più e più bui, gli esigli e le morti e le carceri e i terrori e i sospetti facevano intorno a lei solitudine: di che ella, esperta ormai della vita, e usa a compatire e trovare conforti in sè stessa e nel cielo, si sarà men per sè che per gli altri doluta; nè avrà punto scemato della benevolenza agli assenti, ma fatto più vivo il desiderio de' perduti e l'affetto ai pochi rimasti. Che anzi, non saprei se per porgere ai più prudenti cagione onesta di ritirarsi, e a sè scuse della loro prudenza o se per provare i costanti (ne' quali esperimenti severi e dolorosi le anime forti e delicate paiono compiacersi), ella si era negli ultimi anni ricoverata in una villetta, così come in Parigi, non tanto per prolungare il soggiorno dispendioso quanto per abituarsi alla solitudine nel bel mezzo della frequenza cercata sì di lontano, s'era scelto un alloggio fuori di porta. Se l'annegazione è combattimento (ed è de' più forti); questa donna può dirsi che avesse fin dalla gioventù combattuto: e addestrata a queste lotte morali non cogli uomini ma con sè stessa, si trovò forte a sostenere le battaglie dei dolori corporei, dai quali altri dolori del cuore dovevano quasi propagginarsi.

Quando si dice che le imperfezioni de' sensi son testimonio di facoltà interiori imperfette, o gastigo d'abusate! Ecco un'anima che non ha certamente bevuto a gran sorsi al torrente delle voluttà della vita, gli ultimi anni segnatamente legata a organi infermi, e pur conservare la delicatezza e il vigore suo intimo. Quando si dice che gl'incomodi della vecchiaia, e massime l'illanguidimento o la perdita de' sensi, è cagione o effetto dell'irrigidire delle affezioni o dello smorire de' pensieri! Ecco in un corpo robusto per sanità, ma debilitato dal troppo vivo sentire, conciliarsi dolorosamente insieme e il supplizio della sordità, e irritabilità tanta di nervi da portare il tremito nelle membra, e da toglierle il conforto dello scrivere di sua mano agli amici, condannandola al penoso esercizio di dettare la parola del cuore. Quando si dice che la sordità porta sempre la mestizia uggiosa e i sospetti cupi, e che, disamorata, disamora altri da sè, e li respinge! Ecco, nell'ingrossare e nel chiudersi dell'orecchio, rimanere qui fine e aperto e rassegnatamente ilare il sentimento. È compassione, ma non maraviglia, a pensare che la buona inferma non solo non pretendesse consolazione di visite e di colloquii, ma che, pietosa più d'altrui che di sè, parte per gentilezza d'animo e parte per cura della dignità propria, fino il desiderio ne sopprimesse. Lasciando stare che in certi tempi e paesi certe parole non si possono profferire a alta voce, sì che le odano servi e vicini, e che, quando di tali parole se ne ha dentro, il non esprimerle è tormento forse più grave dell'essere soli: ma essa sapeva che le parole verèconde del cuore, le argute dello spirito, le profonde e tremende dell'anima, non si guidano.

Il paragonare l'un coll'altro gli umani piaceri risica d'essere ozioso e falso giuoco d'ingegno; il paragonare i dolori, oltre che falso, è crudele, o a noi stessi o ad altri. Chi cercasse quale sia perdita più grave, della luce degli occhi, o di quella che per l'orecchio viene all'anima dalla parola, potrebbe dire che dall'orecchio, per chiuso che sia, l'arte può quasi sempre far giungere un qualche spiracolo di suono all'anima; che al sordo rimane la parola propria e gli altrui scritti e i cenni, e, quel che più vale, la lingua viva del viso e degli occhi, verso cui quella della voce stessa è assai volte fioca. Ma al cieco non tanto è desiderabile la gioia del verde e l'armonia de' colori, e l'aspetto del cielo che inalza e amplia i pensieri, e il godimento di per sè della luce indefinita, che è all'uomo quasi un secondo respiro (onde le tenebre lo premono e affogano); quanto è desiderabile il poter conoscere nei lineamenti o nel volto della faccia l'interna indole e la varietà degli affetti de' cari suoi, i quali a lui orbato paiono quasi meri suoni volanti per l'ombre, e di loro non può assicurarsi se non per il più materiale senso del tatto, il qual rende i risalti delle forme, e non quell'espressione che è il loro linguaggio, e fa da esse sfavillare l'idea. E la sua notte gli è come catena che d'ogni parte lo stringe, e che al suo andare è inciampo e pericolo, e, peggior noia del pericolo, incertezza incessante. La mano altrui, non sempre cara, nè pia sempre, è a lui occhio; a lui, robusto ancora, il vigor delle membra non è sostegno ma ingombro: egli è come fanciullo che ha bisogno di guida; e un fanciullo è più forte di lui, e padrone di lui. I suoi segreti, prima che giungere al suo orecchio, passano innanzi a occhi stranieri, che freddi o esploratori o beffardi li guastano, li frantendono, li calunniano: e nell'accento dell'altrui voce egli sente o gli par di sentire la noncuranza crudele; e sulle altrui labbra sorprende col sospetto quel sorriso profano che co' suoi occhi non vede. Che se la casa del cittadino deve, secondo il detto di quell'antico, avere le mura di vetro; se trasparente dev'essere l'anima dello scrittore, e poter nella luce pubblica collocare senza vergogna le intime cose che medita e sente; ai segreti però de' suoi cari e degli infelici il suo pensiero vorrebbe essere non sepolcro ma tempio, e poterli, come fuoco sacro, da ogni alito custodire. Or il cieco non può più accogliere in sè la religione del segreto altrui; e a ogni foglio che giunga, gli è forza temere che l'importuna scoperta d'un altrui verecondo dolore o d'un fallo non gli faccia sentire più amara la caligine che lo circonda. Che se il disgraziato fosse per più disdetta scrittore; se dovesse per primo penosamente venire nella mente raccogliendo e ordinando le notizie e i pensieri, e all'opera del componimento tener sempre presente un testimone o sbadato o troppo intento, o freddo o crudele, che or colla lentezza or colla fretta, or col troppo abbassare or col troppo alzare la voce, or coll'interrogare or col rispondere frantendendo lo distraesse, anzi lo straziasse; se nel sentirsi rileggere egli avesse a tremare o a fremere degli scambii presi, degli altrui spropositi aggiunti a' suoi proprii, delle confusioni inestricabili, le quali egli stesso non può raccapezzare se non con isforzo più travaglioso della meditazione; se ormai gli fossero interdetti i graditi esercizi di letture in altri idiomi; se il greco e il latino e lo stesso italiano gli entrasse per gli orecchi non pur senza bellezza nè vita d'armonia, ma contraffatto ne' numeri e negli accenti; se quel che gli era delizia, gli diventasse martoro; se quasi impossibile gli si rendesse il soddisfare al debito della lima, che col maturarsi degli anni si fa sempre meglio sentita necessità dell'ingegno; se gli antichi lavori da correggere e da rifondere, se i nuovi d'immaginazione e d'affetto e d'erudizione da imprendere molti e varii e importanti al suo cuore e agli intendimenti della sua vita, gli si rappresentassero come rimorso; se i doveri che lo legano ai suoi cari e agli infelici lo condannassero ad altri lavori tediosi richiedenti il lento raccogliere di notizie minute e di autorità e di vocaboli; se il dover mettere a prova la pazienza di chi gli assiste fosse tentazione e rimprovero continuo alla sua morbosa impazienza; se la povertà a lui togliesse il diritto d'ottenere la diligente opera altrui; se alle cure dello scrittore si sopraggiungessero altre più intime e più acute; se uomini sconoscenti imponessero a lui que' doveri ch' e' non assunse, e da lui con crudele affettazione di stima insultatrice aspettassero quello ch' e' non promise e che dare non può; e, riguardandolo come un morto, gli imputassero di non saper fare quel che non sanno e non vogliono fare i vivi; se l'altrui mancamento o se i casi che cospirano contro agli sventurati lasciassero a lui, bisognoso e bramoso d'occupazione incessante, intervalli di solitudine inerte, in cui, come aria nel vuoto, fanno impeto le memorie affannose e i lugubri presentimenti; se l'occupazione gli fosse da noie interotta e squarciata; se alla tenebria che lo invade si accompagnasse la smania del dolore, sì che innanzi sera egli si ritrovasse abbattuto più che il mietitore sotto la sferza del sole, e fin dal mattino cominciasse a invocare la sera; il fatto sarebbe alquanto più grave: ma queste non sono che singolarità d'eccezione, minuzie delle quali nel gran giro delle umane miserie non si può e non si deve tenere di conto. Il fatto si è che ne' ciechi d'ordinario l'umore è men tetro, più operoso l'ingegno: perchè la parola continuamente corrente da anima a anima è una luce di cui la visibile pare una semplice immagine; e perchè non distratto dal bagliore e dal tremolio degli oggetti di fuori, il pensiero più si raccoglie in sè stesso, e alle cose soprasensibili con più bramoso movimento e più libero si solleva. Ma secondo le indoli e le sorti varie della vita variano i gradi dell'infelicità, variano secondo i casi e le occasioni; e quello che pare ad altri e che da noi stessi temevasi tormento più insopportabile, è il meno; e siccome dal fonte della voluttà zampilla l'amaro, così dall'amarezza dolcezze inaspettate e ineffabili. E l'anima umana è tal mistero ad altri e a sè stessa, che non può nè in altri nè in sè misurare nè la profondità delle miserie nè la sublimità de' conforti.

Quel che avrà fatta a Lucia de' Thomasis la solitudine più mesta, doveva essere, ben più che le infermità sue, la tristizia de' tempi. Perch'ella amava la patria d'amore non furibondo nè ostentato, ma costante e modesto. La speranza in Dio, la memoria de' nobili affetti e delle onorate amicizie, la lettura di libri buoni, e della Sacra Scrittura principalmente, l'esercizio della carità verso i poverelli e gli afflitti, erano le sue consolazioni quotidiane, la società del suo cuore. E il soccorrere e consolare altrui dice il Ranieri che a lei era quasi porto riposato, dopo la marea delle notti passate in vigilie travagliose. Alle altre infermità s'aggiunse da ultimo la malattia del cuore, che con lenta angoscia la combattè e la distrusse. Il dì 22 di dicembre del 1858 pose termine al suo penare; e consolata dell'aspetto e delle cure de' non molti parenti e amici rimasti fedeli, andò a ricongiungersi ai due sospirati angioletti nella cui memoria fra le angustie terrene ella fruiva la conversazione del cielo.

Tra gli amici fedeli al suo dolore, il più memorando di tutti fu quell'Antonio Ranieri del quale il nome è congiunto con più che aurei vincoli al nome di Giacomo Leopardi. Dai men creduli alla generosità dell'anima umana potevasi sospettare che quella devozione quasi più che figliale allo scrittore infelicissimo, venisse non dico da ignobile voglia di consociare il proprio a un nome lodato, ma dalla riverenza all'ingegno, dalla conformità degli studii, dal piacere e dal profitto di una dotta familiarità, dalla singolarità stessa de' mali d'un uomo povero nell'agiatezza de' suoi, con affetti domestici e senza famiglia, nè esule nè cittadino, nè morto nè vivo. Ma noi vediamo pazientissime cure e perseveranti dal Ranieri prestate a una donna quasi sola nel mondo, inferma, attempata, non ricca, non dotata di quegli spiriti vivaci o di quella squisita coltura d'ingegno che compensano i malori degli anni e la miseria de' casi; una donna i cui pregi, quanto più veri, tant'erano men noti al mondo, e che non poteva di sè lasciare altra fama se non quella che il confortatore suo le darebbe con l'affettuosa parola. Io vorrei che nella parola mia fosse tanta virtù non dico da rimeritarnelo degnamente, ma da aggiungere la consolazione pur d'un istante ai premi inestimabili ch'esso del suo ben fare ritroverà nella propria coscienza. E credo che il miglior modo di dimostrare a lui la mia gratitudine, sia parlargli di Giacomo Leopardi, e cogliere questa dolorosa occasione per dire cose che da gran tempo serbavo nell'animo, io non pur non corrivo ma restio a dichiarare i miei sentimenti o atti frantesi o calunniati. E egli, il Ranieri, intenderà che dichiarazione o, se così piace, confessione, non scusa, è la mia.

Sin da quando il Leopardi dava in luce a Milano i suoi Dialoghi, io giovanissimo e già dissenziente da lui, dicevo in lettera al suo editore signore Stella, che quello pareva a me il libro meglio scritto che fosse uscito da assai tempo alla luce. Le mie opinioni letterarie svolgendosi, non ispetta a me dire se in meglio o in peggio, senza ritrattare quel primo giudizio, con altri lo temperai; e, più che le opinioni letterarie, mi consigliò a temperarlo il pensare le conseguenze che dalle dottrine del Leopardi potrebbe trarre la gioventù italiana, troppo abbisognante d'affetti e d'idee che dalla sconsolata diffidenza e dall'ozioso lamento la muovano alle operose speranze e agli atti animosi. Non è, però, ch'io non riconoscessi l'erudizione mirabilmente maggiore degli anni, e la copia eletta delle vecchie memorie filologiche rinfrescate in lui da cert'aria di studiata peregrinità; e l'arguzia dell'ingegno, lontana per vero dalla greca snellezza, ma non senza un sentore degli spiriti greci. E quel suo stile tuttavia pare a me de' più corretti e più proprii; limpido, se non splendente; parco nelle particolarità, se non nell'intero; laboriosamente accurato, se non pensato fortemente; non negligente del numero, se non corrente con variata armonia; non affettato, se non sempre di vena; se non potente d'originalità, singolare. Ma dalle infermità del suo corpo e dell'animo, e più ancora dalla credenza sua alla possibilità di discredere, mi pareva e mi pare che venga alla maniera di lui non so che di appassito nel vegeto, di mortificato nel vivente, di squallido nella più squisita eleganza. Le immagini congegnate con finezza, più sfuggevoli che delicate; gli affetti, che prorromperebbero confidenti, penosamente repressi, e dall'abituale sforzo di reprimerli fatti più e più languidi; le idee, nel molto sapere, scarse; i ragionamenti deboli, e troppo mischiati ai lamenti: i lamenti stillati assai volte per lambicco rettorico, e che più tengono della fissazione che della passione veemente. Queste cose dovevansi, è vero, esporre con accompagnamento di lode, di commiserazione, e d'assenso ai sentimenti retti e generosi che pur da quelle ornate imprecazioni traspaiono, e le smentiscono nobilmente. Perchè il Leopardi, nell'atto di porre ogni studio a trasfondere in altrui il dubbio asseverante e i dispetti contro la natura matrigna, confessa ch'egli non vorrebbe agli uomini invidiare le gioie che dice negate a sè: come se quei doni d'ingegno e di stile, quella potenza d'amore, la qual si manifesta nella stessa affannosa ostentazione del disamore non fossero compensi abbondevoli alle miserie sue tante; come se in uomini forniti di membra diritte e robuste non fossero disgrazie incomparabilmente maggiori. E certamente il Leopardi, affermando d'odiare il genere umano, calunniava sè stesso; e non poteva non smentire co' proprii pensieri la parola stampata, purchè rivolgesse gli occhi suoi stanchi ad Antonio Ranieri, il cui aspetto era sufficiente a riconciliarlo con gli uomini tutti, fossero pur tanto rei quanto il Leopardi era misero ed erudito. Ma le poche parole ch'io di lui scrissi, con la stessa brevità dimostrano che non era in me passione, la qual sempre è loquace; colla risolutezza dimostrano persuasione profonda, libera sincerità. Senonchè ad altri piacque avvelenarle col proprio odio, e fin coll'amore; ad altri piacque aggiungerne di quelle ch'io non ho profferite; ad altri rapportare a lui stesso, con delazione crudele più verso di lui che verso di me, giudizi tranquilli da me espressi in privato colloquio, annunziandoglieli come minaccie di guerra da nuocere pubblicamente al suo nome, e così lacerando quell'anima abbastanza piagata. Qual fosse allora la mia intenzione, qual sia ora il mio animo, il Ranieri è degno d'intendere: e io, come farebbe il più intimo allo sventurato amico suo, ringraziandolo di quanto egli fece per esso, sulla sepoltura di questa donna che abbiamo entrambi onorata gli tendo la mano, non in atto di cerimonia letteraria o di ostentata degnazione, gli tendo la mano inchinando la fronte.

Dalle cose accennate si può a qualche modo ritrarre l'immagine di Lucia de'Thomasis. Fu di statura non grande; e, prima che gli anni e le infermità, la faceva parere ancora più breve il portamento modesto e la noncuranza d'ogni ornamento e d'ogni arte, e fors'anco l'abito del molto sentire e patire. Nel colorito e nell'aria del viso teneva, com'ho detto, un po' dello spagnuolo; e la voce sonora più che di donna, faceva rammentare, questa essere una quasi eredità delle famiglie patrizie, ma in lei rispondeva convenientemente alla forte sincerità degli affetti. Ne' suoi atti non ombra d'affettazione, ma una semplice e quasi umile dignità. Senza ostentazione d'ingegno il discorso; nel quale però si mostrava il senno, e la consuetudine d'uomini ben parlanti, saputi ascoltare ed intendere. Non smanie che rendono fastidiosa la femmina letterata; ma agli uomini ornati di lettere molto rispetto, senza lusinghe, e ossequio con libertà di giudizio. Giudicava breve ma giusto, talvolta fino. Scriveva corretto, ma come s'addice a donna. Se la sua vita forse non ebbe gioventù, il suo cuore non ebbe vecchiezza. Non molle agli altrui difetti nè rigida; ai poveri rispettosa; ferma nelle pure amicizie e fervente: ragguardevole per un nativo e alla ragione soddisfacentissimo, temperamento di delicatezza femminile e di virile franchezza.

IN MORTE DI GIOVANNA MANNELLI

Al Sig. Luigi Mannelli.

Permetta che, appena noto a Lei, quasi punto alla venerabile donna, io aggiunga alle condoglianze d'intimamente amici, e di ben più autorevoli, le mie, che posso dire non men cordiali, perchè il mio stato mi dona l'amara, ma pur preziosa, facoltà di sentire vivamente nell'animo gli altrui dolori. Nè io già presumo di consolare, ottimo Signore, i suoi; ch'anzi credo al dolore puro consolazione efficace lo stesso dolore. Nella perdita patita da Lei i buoni piangono una perdita propria; perchè l'affettuosa riverenza ch'Ella portava alla compagna della sua vita, da chiunque la conobbe sentivasi debita alle sue doti rare. La memoria degli anni unanimemente passati con essa, e la speranza di ricongiungersi eternamente a lei e agli altri suoi cari, Le faccia sostenere la vita, per meglio meritare questo premio a' suoi patimenti porgendoci gli esempi che ha sempre dati (e ne abbiamo grande bisogno) del buon Cristiano e del buon cittadino. Unirò (vorrei esserne degno) alle sue le mie preci, per essa, che già, spero, prega beata per noi, per la patria.

Accennando in questi versi al nome de' Galilei, meritamente aggiunto all'illustre casato di Luigi Mannelli; accennasi alla casa di Dante Allighieri, da lui posseduta, e alla figliuola del Galilei, Suor Celeste, alla figliuola di Dante, Suor Beatrice, che trovò ricovero dell'esilio nel Chiostro di Santo Stefano dell'Ulivo in Ravenna [1].

> Voce dal cielo udii: « Scrivi, *beata,*
> *Lei beata, che in Dio visse e morì.* »
> Dice lo Spirto: *Or posa, o affaticata,*
>   E, come un coro d'Angeli,
>   Lo stuol di sue bell'opere
>   In alto la seguì.

[1] Ottavia è la figliuola di Giovanna e Luigi Mannelli, amabile donna premorta alla madre.

Messaggere di lei, salìan già prima
A Ottavia sua nel sempiterno dì:
E scendon or dalla beata cima;
    E dalla sua memoria
      Tra cielo e terra un' iride,
      Luigi, a te florì.

Senti la pia che dice: Or ti consola;
Son finiti, o Luigi, i miei dolor'.
Serba a' figliuoli della mia figliuola
    Di tua virtù l'esempio;
      I nostri in lor rivivano
      Immacolati amor'.

Gl'insegna amar la patria. Anch'io l'amai;
Compiansi e i vecchi e i suoi recenti error':
E ancor più l'amo; e de' venturi guai
    Italia mia commisero,
      Perchè gran cosa è Italia
      Negli occhi del Signor.

Quel Cieco sommo, che dagli astri il vero
Colse, e lo raggia alle lontane età
(Tu redasti il suo nome; e al cimitero
    Sul letto di mia requie
      Col nome del battesimo
      La gente leggerà

MANNELLI GALILEI), quel Cieco, e Dante
(Tu, Luigi, hai la casa ov'ei vagì),
Parlan d'Italia meco: e le due sante
    Figliuole de' due miseri,
      Le due povere vergini
      Che il chiostro al ciel nutrì,

Orano sempre per l'Italia meco,
Più radianti nel virgineo vel,
Che di lor fama il gran poeta e il Cieco;
    E in region più splendida
      Che i padri lor, si spaziano
      Celeste e Bice in ciel;

E ai padri il cuor ne gode. E in compagnia,
Umile donna, anch'io seggo di lor;
E va del par con esse Ottavia mia;
    Come figliuole unanimi,
      Con lei che fu tua moglie,
      Pregan su' tuoi dolor'.

Dai dolor' che consacri e acqueti in Dio,
Gioje ad Ottavia tua crescano e a me.
Sempre (e tu 'l senti ben) teco son io;
    Teco di Dio nel tempio,
      Teco nel letto vedovo;
      La tua Giovanna è in te.

A Luigi Mannelli, nella morte di Giulia, unica figliuola rimastagli.
A' dì due giugno 1867.

Nell'andare stasera a Marignolle, non m'aspettavo un annunzio che più m'accuora quanto più ci ripenso. Che diranno fra sè l'avo e il padre nel guardare quei poveri figliuoletti che cercano indarno la madre, quando la parola e gli esempi materni più che mai si richieggono a prevenire i pericoli della vita? Ricordandoci quale ella fu, dobbiamo ben crederla tuttavia prossima a' suoi figliuoli e loro educatrice possente; ma la solitudine ch'ella lascia nell'amata sua casa non può non essere un gran dolore. Quand'anco da un taglio tormentoso l'uomo s'attenda certissima sanità, non può non ne sentire lo spasimo. Chiediamo a Dio forza e luce ne' languori e nelle tenebre nostre. Non risponda per lettera; ma creda, prego, alla viva condoglianza del suo...

La Cont. Paolina Raineri-Biscia di Bologna, nata contessa De-Bianchi, morta d'anni ventuno.

Con le Preghiere che io, ignoto a voi, Paolina, dettavo nella mia solitudine, orava a Dio la pura anima vostra; e da essa le mie preghiere acquistavano grazia dinnanzi al Signore, com'aura che, passando sui fiori novelli, s'imbeve degli aliti loro soavi. Adesso insegnate voi, prego, all'anima mia orare meno indegnamente, e impetrare consolazioni a chi patisce, al vostro diletto a cui tutte le ricordanze della passata gioia son volte in dolore. Per esso voi siete preghiera vivente a Dio; e con voi tende le tenere mani, quasi ale di cantico, il vostro bambino che vi precedette nel volo, e vi chiamò a sè con un cenno al cielo, come corpo che dal suo peso è tratto con empito irresistibile a terra.

A tre anni d'aspettazione amorosa succedettero undici mesi di contentezza, come a' lunghi sudori del buon colono segue l'allegrezza de' fiori e la dolcezza de' frutti. Il dì diciassette di marzo, quel dì che io, un anno innanzi il vostro nascere, uscivo da una carcere piena d'onorate e consolatrici memorie, voi da questa carcere terrena saliste nella libertà sempiterna a festeggiare, nella primavera che mai non sfiorisce, il dì ventiquattro d'aprile, quando compirà l'anno che dall'altare, come veramente sacra cosa, fu tolta e posata sul vostro bel capo la nuziale ghirlanda.

Ma siccome i canti che un labbro amato diffonde e le parole che al foglio affida una mano lontana, e le vesti e le ghirlande che una persona desiderata posa, dopo portate per breve tempo, non fanno che quella mano, quel labbro, quella persona non siano tuttavia vive; così non sola la vostra immagine, quasi sogno virgineo, è intera tuttavia ne' pensieri del vostro diletto, ma con lui siete e in lui, Paolina, tutta voi stessa; e gli ridite di quelle parole che neanche a voi, buona, avrebbe potuto ispirare la terra.

Come effluvio che dall'erbe e da' fiori si leva e si confonde alla nuvola, e poi riscende rugiada confortatrice dell'erbe e de' fiori; egli farà del dolore conforto; e nel compatire a chi patisce avrà consolazioni ineffabili, come fiori che, coltivati da mano fida, spuntano intorno a un consacrato sepolcro. E il cuor suo gli dirà: Sei consorte d'una cittadina del cielo; sii degno di lei.

Al Sig. Prof....,
VEDOVO.

Se pare a Lei che l'inclusa non dica cose da espormi a interpretazioni maligne, la mandi per la posta urbana, di grazia: se, no la tenga, e mi dica che dire e come. Mi dovetti far leggere intero un foglio del loro giornale, per cogliere l'intento di cotesta società, se potevo. Ecco come non piccola parte delle ore mie se ne vanno. Nella giornata che Le raccontai, tacqui d'una faccenda che corre incessante tra le altre faccende mie, come un ruscelletto tra' fiori, che li innamora di sè: dico, l'interrompere la lettura e far notare per il Dizionario voci e modi raccolti da libri e da labbra vive. Delle quali fatiche i lettori mi rimeritano come Ella sa; ma io so da gran tempo che l'attendere dall'opera dell'ingegno riconoscenza o compassione in Italia, gli è come chiedere al gennaio di Siberia una ghirlanda di fiori. Intanto mi fugge il tempo a correggere i miei poveri versi e le prose.

E a proposito non so se di prosa o di verso, nella seconda stanza, *Altra eri sorella;* nè *l'uno e l'altro* paiono bassi a Dante; ma questo mi pare meglio, e il *quasi* più attemperato al caso; e l'*eri* farebbe parere che non sia ora. Avevo corretto *a tutte e due sei madre*, perchè mi suonava più pieno una vocale di più, e perchè il *tutti* mi forniva idea d'interezza, *E tutti e due* è modo più comune al linguaggio odierno; ma l'*ambedue* ora mi pare che coll'origine stessa presenti la protezione di Maria che circonda la figliuola e il marito *(scuto circumdabit te veritas — scuto bonæ voluntatis tuæ coronasti nos — sub umbra alarum tuarum protege me)*, e mi pare che meglio unisca i due con Maria in una triade d'amore.

Grazie ch'Ella mi creda degno di leggere nell'anima sua. Non è un discredere il suo, ma un credere infermo, a cui darà forza il dolore, forza l'amore della sua figliuoletta. Ella sentirà bene, e già sente, che il dirle *sii buona perch'io che ti vo' bene lo voglio, perchè lo vuole il dovere, lo vuole l'utile tuo*, è comando o preghiera impotente; e non porgendo della sua volontà la ragione suprema, non è ragione. E, quando trattasi della pace di tutta la vita, o della meno infelicità, l'affetto c'insegna abbondare in aiuti, la stessa ragione umana vi ci obbliga. Può l'uccellino saltellar sulla terra, e ha come reggersi posando sui tremuli rami, come scendere a un acquicella e libarne una stilla, e, bevutala, guardare in alto; ma egli è nato alle gioie dell'alto, a librare in quel vuoto che è pieno d'aria vivifica, in quel sole che di lontano gli arride e lo comprende di sè, le gracili piume.

Benedica Dio la sua bimba e Lei.

MARIANNA LO SCHIAVO.

A chi per uomo potente accattasse una parola di lode (e v'è chi l'accatta dove comprarla non può; e confessa così la miseria della terrena potenza), io una parola negherei; non la nego a chi piange di legittimo e puro dolore. Non la nego a ignoti chiedenti in nome della religione domestica e della morte; perchè non m'è ignoto il dolore; e tutti in esso quanti patiscono, sono a me familiari e consorti.

Pegni dell'amor tuo, molte vite desti, o Marianna, al tuo sposo: nell'ultima che tu gli lasci, Dio a lui ti toglie. Ma non solamente nel mettere una nuova creatura alla luce, la madre si trova alle prese coll'angoscia della morte: e prima e poi le sue gioie sono miste d'affanni, nelle sue cure è travaglio e ansietà ineffabile: l'amore stesso è una soave ma quasi continuata agonia; e quando pure esulta de' proprii figliuoli, la madre (come dell'amor suo con potente parola dice il popolo) ci muore sopra.

Quante madri in affanno! quante innanzi tempo rapite ai teneri figliuoletti! Consentiamo a chi geme non visto, non compianto dal mondo; condogliamo a chi riman solo senza guida nell'aspra via lunga, senza difesa nelle battaglie della vita.

Serbate, orfani poveretti, come tesoro inesauribile, la

memoria di vostra madre morta; fatela al padre rivivere non tanto nelle fattezze quanto nell'amore e nella bontà dell'anima vostra. In ogni cosa da fare o da dire, che importi, volgetevi a vostra madre come a viva e presente; domandate: Ne sareste contenta voi, madre mia?

Sacro il culto delle memorie, educazione consolatrice agli spiriti, educazione incessante per infino alla morte. E le domestiche fanno sacre le patrie ricordanze; e laddove non è il fondamento della famiglia, ivi la patria è mal sicuro edifizio, e le acque e le bufere tra breve ne faranno rovina.

LAURA ALVISI.

Lettera a Francesco Salghetti pittore, di Zara.

Siccome voi d'Italia in Dalmazia a me già scrivevate e della vostra arte, amata sì degnamente, e del primo nascere di quell'amore che poi la religione e la virtù benedissero; così ora di Dalmazia in Italia scrivete a me, consenziente nell'anima più che mai, delle meste commemorazioni che ogni anno fate di quell'affetto, reso più sacro a voi dalla morte, e a cui l'arte vostra consacrò, col linguaggio de' colori, eloquente più d'ogni scritta parola, un nobile monumento. È già tredici anni che l'autunno a voi reca questa solennità mesta e cara, celebrata con preci e con opere di carità. E quand'io feci leggere a Cesare Guasti il libro che dice d'Angelica vostra, e a voi quello dov'egli con pietà sì soave piange la propria vedovanza; voi per l'anima della sua diletta non mai vista, come per fida sorella dell'unica diletta da voi, ordinaste preghiere a Dio, con pensiero d'artista e di Cristiano. Il dottore Giacomo Alvisi di Belluno per simile dolore piangeva in quest'anno; e ciascun ottobre anche a lui, colle memorie della morte, riporterà, fatte per lontananza di tempo più presenti e per esperienza più preziose, le memorie d'una vita che di pura luce e tranquilla illuminò la sua vita. Questo vantaggio ha sopra la passione l'affetto, che converte in doveri i bisogni del cuore, gl'istinti in meriti di virtù; che, serbando il dolore come tesoro dell'anima, ne rattempera l'amarezza, lo fa quasi raggio mitemente velato da nuvole trasparenti, promettitrici di pioggia feconda. Dal piacere abusato l'uomo misero trae dolore; dal ben custodito dolore ha conforti ineffabili e dignità.

Non è, nonchè amore vero, non è vera gioia se non quella che passò per la via del dolore. E coloro possono dire d'amarsi, che prima o poi hanno saputo piangere insieme, o l'uno dell'altro piangere. Suggello necessario all'amore è la pietà, o sia d'interni o d'esterni, o di passeggieri o di continui malori; nè senza ragione in questa divina parola *pietà* si contemperano le idee di venerazione religiosa, di generoso affetto, d'umile riverenza: tanto la pietà è maggior cosa che la compassione inerte o molle, o superba e oltraggiosa. Nobile sentimento è il compatire, più nobile il condolere; perchè non può essere mai disgiunto da rispetto all'altrui patimento. E il rispetto della persona amata è rispetto di sè; così come i dispregi avviliscono il dispregiatore troppo più che non facciano il dispregiato. Ma quello è rispetto più facile e più felice, che può andare congiunto alla stima; e stima è un principio di ammirazione. Nutriva dell'amore un sentimento profondo il poeta che così lo dipinge: « La lor concordia e i lor lieti sembianti, Amore e maraviglia e dolce sguardo. » Prima la concordia degli spiriti, senza cui non è unione intima; poi la letizia del concordare, la quale non si sfoga in allegria clamorosa, chè allora non sarebbe armonia. Da questo concordare tranquillo, l'amore; nell'amore, quell'umiltà vereconda che ci fa parere l'amato da più di noi, che ci ispira maraviglia dell'essere fatti degni dell'amor suo, che c'incuora a farcene degni. La dolcezza dello sguardo viene ultima; in cui modestamente s'accolgono, come il frutto nel fiore, come nel gaio verde d'aprile la messe ondeggiante del luglio e il vitto dell'anno, s'accolgono tutte le significazioni più spirituali, e le consolazioni continue dell'amore, e i legittimi frutti perenni.

Dalle infermità che gravarono la sua vita, Laura Alvisi dedusse vigore a meglio sentire l'affetto, a meglio conoscere il vero, a più caritatevolmente esercitare verso i patimenti altrui la pietà. Il non si poter dissipare nei sollazzi che sono alle anime volgari misero vanto e occasione di volgari pericoli, raccolse in sè stessa l'anima di lei; com'acqua che, stretta tra alte ripe sassose, non si dilata stagnante, ma corre fecondatrice; come poggio che dal soggiacente terreno s'innalza e lo signoreggia, e par che cerchi bramoso il libero cielo. Romita in sè, pronta sempre a scendere da quell'altezza per consentire a ogni dolore, senza punto rancore verso i più lieti di lei, senza punto disdegno verso deboli o di cuore o di senno, distinta dal mondo ma non divisa, ella lo riguardava con occhio sereno, ne conosceva i difetti senza mettere in mostra con quelli il proprio avvedimento, avvedimento malcauto che spesso ci fa delatori meno de'difetti altrui che de'nostri. In quella generosità era prudenza, non arte nè cómputo; quella modestia conseguiva i vantaggi che mal cerca l'orgoglio, tanto meno rispettato quanto più ambisce d'essere. Sapendo conoscersi e intendere altrui, ella non si doleva del non essere conosciuta e intesa da altri; e le era assai che leggesse nell'anima sua l'uomo che l'ebbe cooperatrice e ispiratrice d'atti buoni, consigliera veggente de'propositi e scritti suoi, col senno acuito dall'amore, colla mente ornata di studii silenziosi incessanti. Non però nota a lui solo. I pochi ai quali il suo riserbo e le sue infermità non contesero i colloquii di lei, ne apprezzarono le rare doti con quella gioia che, nell'andare per via nuova, scopresi a un tratto valle riposta tra poggi con acque vive e ombre fide. La lode di donne valenti, compagne sue nell'esilio, la fa, dopo morta, meglio nota a noi tutti; le tenebre del sepolcro dolorosamente la illustrano a noi. Così quella nube che mesta errava per l'aria d'un giorno mesto, il sole, sceso già dietro al monte, le manda il saluto d'un raggio, e la dipinge di bei colori riflessi nelle acque che sommessamente sospirano.

ANNINA PIERANTONI.

Nata negli agi, ma non cresciuta nella frequenza di grandi città che fanno intorno all'anima solitudine, da Montòpoli forse più che da Pisa, e certamente dalla avvenenza di sua madre e dallo schietto operoso senno paterno, attinse quella semplicità graziosa e quella dignità di modestia che la fece schiva e de' vani ornamenti e del festeggiare a pompa e del rallegrarsi per cerimonia; la fece gelosa del porre ogni gioia nella gioia del marito e nella custodia de' sei figliuoletti; famigliare la fece alla povera gente, ai cognati sorella non meno che al suo Giuseppe, figliuola onoranda alla suocera venerata.

La famiglia de' Pierantoni condoleva a quella in cui nacque la buona Annina, per le infermità de' fratelli di lei come fossero suoi proprii fratelli; e nel felice matrimonio di Regolo si consolava dell'acerba morte che dianzi le rapì quella Elvira in cui la bellezza della persona faceva parer più possente l'arte delle musicali armonie. A Regolo Annina dopo sett'anni sereni, al fratello di lui Elvira sul primo parto, dovevano dunque esser tolte da quella miliare che umilia la scienza, è pure una specie di progresso nella via de' dolori, che vinta vince, a' corpi ancor pieni di vita è rapido insieme e lento tormento.

Congiunte nell'affinità delle nozze, le due famiglie più si

stringono nella affinità delle lagrime. Sia quasi simbolo a entrambe quel fratel vostro, o buona Annina, che, non potendo se non con pena esprimere quel che sente nel suo stato mestissimo, diffonde per tutt'intorno uno spirito di soave serenità, e ci ammaestra a patire. Ma la famiglia de' Pierantoni, strettamente congiunta di sangue a quel Michele che della sua conjugale e paterna pietà ci ha lasciato memorabile documento, questa famiglia dove il fratello maggiore serba autorità e cuor di padre, e due altri fratelli e due sorelle han sacra al Signore la vita, e il voto spontaneo con le opere rinnovellano; dove il già marito ad Annina amò rimanersi modesto, è gli uffizii proffertigli ricusò per non lasciare la casa diletta e la madre, questa famiglia rara abbia a' suoi lutti conforto dal pensiero che tali esempi sopra un'intera città, sopra tutto un popolo spargono benedizione.

Alla vedova del Prof. Federico Ozanam.

Il dì dell'Arcangelo mi reca un annunzio, accolto come se venisse dal cielo; perchè mi reca fiducia che il buon Federico, di cui l'affetto conserva la memoria di me viva nella sua degna moglie, preghi per me nel soggiorno della verità e della vita. Egli dall'alto m'insegni a rendermi meritevole delle sue lodi. Di queste lettere così belle farò pubblica menzione, non perchè il nome di suo marito, Madama, ne abbia di bisogno, ma perchè gl'Italiani si ricordino di quel che debbono a lui, e sappiano nella intellettuale e nella vita morale imitarlo. E se non lo fo ragionandone a lungo e di tutte le altre opere, mi siano scusa le occupazioni sempre più gravi, e le tenebre sempre più meste.

Alla vedova del Sig. Prof. Grottanelli.

BIBLIOTECARIO DI SIENA.

Non so s'Ella abbia ricevuto, con una mia polizza di visita, una parola di condoglianza, dettata da stima e da gratitudine alla bontà che dimostrò sempre a me l'egregio di Lei marito. Onora e lui e Lei il suo dolore. Viva, Signora, ad esempio di pietà coniugale; giacchè dagli affetti domestici, conservati santamente, si forma una patria. E accetti l'augurio rispettoso del suo.....

ALLA MEDESIMA.

Se dalle deboli parole mie riconosce un qualche sollievo il nobile suo dolore, alla bontà del suo animo devesi questo, chè dimostra com'Ella sia degna del nome che porta. E questa è a me stesso consolazione ne'miei non lievi dolori; onde a me tocca ringraziarla, e ne La ringrazio di cuore. E, desiderandole continuati e accresciuti i conforti che Dio Le serba in una memoria onorata e diletta, con affetto riverente mi dico...

Scritto di Mons. Bindi in onore di F. Grottanelli.

ALLA MEDESIMA.

Le scrivo nel giorno che la nostra Religione consacra alla memoria de'defunti, e che deve rieccitare nell'animo, Signora, di Lei ricordanze dolorose ma care. Care, perchè a doppio titolo sacre; e rieccitarle, dicevo, non risvegliarle, perchè in Lei sempre vegliano, e son viva parte della sua vita. La Religione santa che il suo Francesco amò veramente, e che a Lei lo rese più degno d'amore vero, ha la virtù di far germogliare consolazioni ineffabili dagli stessi dolori. Essa ha a monsignor Bindi dettate queste parole di riverenza affettuosa, che sono di per sè un nobile monumento. Ringrazio Lei dell'avermele fatte leggere; e, desiderando che nel mitigare gli altrui dolori Ella trovi il sollievo de' proprii, mi dico...

Alla vedova del Sig. Avv. G. Faggiani.

Non prima d'oggi sento la perdita amara a Loro, acerba anco a me. Lo sapevano i miei; ma (conoscendo quanto io pregiassi l'egregio uomo), tacevano. Dio solo può consolare tali dolori; e vuole che noi li sentiamo per averne merito e farci migliori. Consolazione grande è il pensiero che la vita di lui fu una lunga preparazione, parte con atti di sincera pietà, parte con patimenti sofferti cristianamente e a Dio dedicati. Mia moglie non viene, come vorrebbe, essendo a letto gravemente malata. Gradisca le nostre scuse e condoglianze di cuore. Mi comandi ove posso.

Al Dott. Regolo Pierantoni.

Raccolta di prose e versi nella morte d'Annina sua moglie.

9 Novembre 1871.

A onore mi reco che tal figlio e tale marito qual Ella è, abbia voluto me, insieme con altri buoni e valenti, interprete del suo sacro dolore. Se la condoglianza sincera fosse consolazione agli afflitti, non la virtù dell'ingegno o del nome, ma l'intenzione dell'animo potrei sperare che desse un qualche sollievo a Lei che ha patito e patisce. Ma consolatrici davvero saranno a Lei le preghiere della sua buona moglie che scenderanno in benedizione sul capo de' suoi figliuoletti.

Al Sig. Conte A. M.
VEDOVO.

Condolgo di cuore: ma, d'altra parte, il nobile vostro dolore, onorandovi, conforta me.

MARIA SCUTELLARI.

Marietta Scutellari, nata in Zara, di Sebastiano Rossi veneziano, maritata in Ferrara, coltivò gli studii, aiutata dal Migliore e dal Fortis. La sua casa, non nobile, fu ambito ricetto ad illustre società di ricchi, di titolati, di magistrati d'ogni ordine, da' quali ottenne, pia com'era, grazie di beneficenza e di giustizia segnalate. Il Canova in sua casa albergava, di Ferrara passando; e se alquanto avesse indugiato, nella casa di lei, anzichè in Venezia, avrebbe reso l'ultimo spirito. Vincenzo Monti, il Byron, e il Varano, e il Savioli, e il Pindemonte, e il Foscolo, e altri chiari uomini con lei ebbero corrispondenza di lettere; ed ella raccomandava loro i giovani di belle speranze. Liberalissima, e avveduta a velare la liberalità presentando lavoro a chi ne mancava; pronta a soccorrere, e di suo e di sussidii raccolti tra gli amici, ogni giovane che mostrasse non infelice amore alle arti; amica sincera in ogni varietà d'opinioni e di fortuna, e per gli amici disposta a cedere de' comodi e della volontà propria; conciliatrice di inimicizie, di belle amicizie annodatrice.

Al Sig. Prof. Giuseppe Camillo Mattioli.

In un giornale mandatomi di costà, leggo un grande vostro dolore. I miei figliuoli, che conobbero lei, consentono ad esso; e se io condolgo che so quel che sia perdere una madre buona, che so come l'immagine della vostra a voi portasse la patria nell'esilio, e come vi fosse conforto nell'esilio entro la patria, potete credere. Sola la Religione (e voi siete degno d'averne lo sperimento) può da tali strazi dell'anima dedurre forza consolatrice. Rammentatemi ai vostri fratelli. Scrivo per mano della Caterina, io che tanto scrissi già per la vostra.

Al Sig. A. D. nella morte d'uno de' suoi genitori.

Troppo benigne le parole da Lei nel giornale di Napoli dette di me. La sua lettera m'annunzia ora un dolore domestico, del quale il simile, tuttochè vecchio, io sento ancora come recente; onde so condolere. Sola la Fede può rendere meno amara la terrena solitudine, facendo de' vivi e de' defunti un'immortale famiglia.

Al Sig. Conte Gino Cittadella Vigodarzere.

Quando il dolore le lasci un momento di tregua, voglia, di grazia, additarmi scritto o persona che mi porga una qualche notizia esatta intorno a quel ch'io non posso sapere de' primi anni del padre suo degno, tanto pregiato da me. Non vengo a pregarne lei stesso per non esacerbare la piaga recente; e però m'astengo pur da una visita; perchè non saprei, entrando nella sua casa, nè non voler vedere la signora Contessa, della quale egli mi parlava con tanto affettuosa venerazione, nè chiedere di conoscerla appunto adesso. Ella, signore, le dica che pochi condolgono più vivamente al dolore di lei.

JOLE VANNETTI.

Può nella commiserazione celarsi lusinga, vanità nel dolore. Ma se io qui commemoro una giovanetta morta, mai non veduta da me, so bene di non adulare il dolore dei genitori che non conosco; e lo fo per dedurre da quel che m'affermano di lei testimoni degni di fede, un esempio e un augurio, segnatamente per le giovani donne che si destinano al ministero dell'ammaestrare e dell'educare.

Quello che il padre per amore dell'Italia patì, sin dagli anni più teneri svolse in lei il sentimento e l'intelletto di patria. Ma perchè quel sentimento prendeva gli auspizii dal dolore, che rafferma l'anima senza indurarla, e salutarmente previene la malattia degli sdegni superbi; la Jole Vannetti sapeva amare la patria d'amor verecondo e mite senza quelle boriose avventataggini che più si disdicono a donna. La squisita coltura del facile ingegno non freddò, come suole in donne parecchie, gli affetti domestici, i cui affanni divengono anch'essi consolazioni ineffabili, desiderate. Di sua madre gioì tanto più caramente, quanto più per sua madre patì spasimando; nel seno materno versò le sue lagrime; dalle braccia materne sorretta, morì. L'amicizia fu in modo raro sentita da lei; l'amicizia che compisce l'educazione del cuore, ch'è più potente dell'amore a formare lo spirito, e dalla quale non poche anime elette ricevettero le ispirazioni più memorande per tutta la vita.

E queste condizioni, congiunte alla cura assidua, alla modesta operosità, alla pietà caritatevole verso gli altrui patimenti, promettevano far di lei una buona maestra, e d'altre maestre educatrice; di che grande in vero è il bisogno. Più vengono moltiplicando le scuole, e più cresce il pericolo d'insegnatrici che educare non sappiano, che i difetti presi dal commercio delle maggiori città diffondano nelle terre minori. La giovanetta, da quanti la conobbero avuta in pregio, avrebbe saputo principalmente dal cuore dedurre aiuti alla propria e alle altrui menti, non le ingombrare di quella erudizione materiale, inutile e morta, che è vanto di tante scuole odierne, che all'ingegno femminile è peso intollerabile o smania fastidiosa; avrebbe saputo le cognizioni necessarie unificare e avvivare nel bello, formare alunne liete dell'incessante ordinato lavoro, contente di gioie semplici, amiche fide, e che amassero la patria non nella piazza ma nella famiglia, che d'amarla provassero non fremendo, ma compiangendo, non discorrendo con clamori petulanti, ma soccorrendo con pudica pietà paziente.

Di tali maestre non potendo essere copia grande, non resta se non desiderare che le mediocri, le inette, le pericolose, non vadano almeno per le campagne disseminando il contagio della loro pedanteria; che, per ora almeno, prescelgansi ne' luoghiccioli maestre nate ivi stesso o lì vicino, le quali, se poco idonee, non apporteranno di fuori i mali esempi e le idee torte: e ciò insinattanto che le madri stesse e le sorelle e le prossime congiunte non possano far della casa il vestibolo della scuola e del tempio.

TERESA PRUDENZANO.

Sull'altare domestico, tra lumi accesi, tra veli e fiori, la posano morta, la offrono i suoi genitori a Dio; come Abele le primizie del campo; egli lieto, esse in lagrime che irrorano il fiore caduto, e rendono accetto il dolore come preghiera.

Nè la morte nè il lungo patire scompose l'armonia delle tenere forme, più pietosa la fece e più eterea: come l'artista che con lento lavoro infonda nell'opera sua spirito più delicato.

Nove mesi portandola, o madre, nel tuo seno, gioisti nel tuo soffrire, colla speranza d'una vita novella; altri nove mesi fecero la tua figlioletta matura alla vita degli Angeli. Quante gioje affannose in sì breve spazio raccolte, quanti affanni soavi!

Del suo placido e mesto sorriso consolò per sei mesi la madre; per tre lunghi mesi più non sorrise, ma patì senza piangere, quasi per risparmiare ad altri le ambascie, quasi presaga del Cielo.

A testimone e consolatrice de' tuoi dolori, posasti a capo della tua figlioletta l'immagine della Vergine addolorata; e su quella immagine ella si reclinò; e al far dell'alba, volò da questa notte d'angoscia, volò nell'immenso della luce che mai non si spegne.

Ivi l'attendeva lo spirito del suo fratellino; in questo mese medesimo, e due anni, tolto alla terra, dove passò un mese solo, lasciando a' suoi genitori, con meno memorie, meno materia di pianto. Ah le memorie nutricano l'amore e il dolore.

Tua madre e tuo padre, Teresa, ti veggono, negli spasimi delle convulsioni tendere senza grida le mani a loro, più in segno di affetto che di lamento, men per chiedere soccorso che per incuorarli; sentono l'estrema tua languida voce, non più così armoniosa come nei primi dì che arridesti alla luce; più a fondo però la sentono dentro all'anima, non come suono che vien di sotterra, ma quasi mesto canto tra le ombre ondeggianti a un raggio di luna, e un venticello leggiero le commuove, e consente che si ricompongano, e sospira sommesso con esse.

Del tuo velo terreno non resta a' tuoi che una ciocchettina de' tuoi nascenti capelli; i quali la madre sognava veder nereggianti sul candore del vergine seno; sognava posarvi la nuziale ghirlanda: ma più fragranti e men caduche ghirlande serbavansi, Teresa, a te.

Resta l'immagine che ti ritrae composta nella tua baricina, vivente nella morte, con gli occhi velati come per dolce sonno. E il sonno era a te, viva, negato; e la vigilia delle tue notti era tacita e queta, come pensosa tra degli altrui dolori e del Cielo.

Ora tu vegli sui tuoi genitori, tacita ma presente; che non veggono te nel tormento del male, ma con gli occhi della fede amorosa ti contemplano beata; e nelle lagrime loro la luce degli occhi tuoi si rifrange.

Vegli sulle tue sorelline; che certo sarebbero state dalla voce di te viva, non meno che dalla voce materna, educate: perchè gli affetti e gli esempi fraterni s'imprimono potenti nell'anima e memorandi. Ma le tue ispirazioni dal Cielo, e le ricordanze pie che sul labbro de' tuoi genitori suoneranno di te a temperare colla mestizia armonicamente ogni gioja, a santificare colla religione il dolore, le educheranno.

Dio buono t'assunse a sè; e la grazia che t'ha nel battesimo fatta consorte ai redenti nella libertà dello spirito, l'Amico de' parvoli e degli afflitti volle che fosse a te confermata nel secondo de' suoi sacramenti. Sublime società, che fa essere partecipi d'una comune vita il vecchio, e l'infante, il dotto e il semplice, il potente e il mendico, la donna florente di giovanile bellezza, e l'epilettico a cui la vita è fitta di rinnovate agonie; il mortale che piange pentito delle sue innumerabili colpe, e l'immortale che ascende di quaggiù per aggiungere alle stelle la luce della sua immacolata innocenza!

Or chi sa quanto in culla quest'anima novella avvertisse delle cose e di sè? Se nel germe invisibile è il vivente intero, nell'infante non è egli già tutto l'uomo? Chi conosce l'infanzia, altri che quel Dio che l'ha creata sì bella? La madre un poco: e anche perciò la madre ama tanto. Chi penetra negli arcani d'un'anima? Chi può tener dietro a' suoi svolgimenti, come l'occhio, acuito dal microscopio, segue nella tenera pianticella il palpitare incessante e il succrescere della vita?

Quand'ella aveva lo sguardo lungamente intento nella lampana appesa dinanzi al Redentore bambino, badava ella soltanto al luccicare di quella fiammella; e nessuna impressione spirituale da quell'immagine le veniva? Di sottilissime quasi fila componesi la gran tela degli affetti e delle idee onde s'intesse la vita.

Se non all'infante, sarebbero ispiratrici le immagini sante a chi circonda di quelle la culla di lui; che, posando in esse lo sguardo innocente, v'imprime, più che una memoria, un vivente ritratto di sè; come il raggio della luce di Dio, raccolto in un foglio, vi disegna in un tratto i lineamenti di quella sembianza che gli anni muteranno, che il dolore o la morte sfigurerà.

Come la rondinella, invigorite dall'amore le gracili penne, raccoglie le piume più morbide e le filolina più fine per assettare a' suoi piccini provvida il nido; e così voi raccogliete, o genitori, pei vostri figliuoletti le più pure immagini, i suoni più miti, le parole più elette, i più belli esempi e più generosi. Raccoglieteli sin dalle prime; chè non sapete quand'eglino incominceranno a giovarsene; e l'anima, innanzi ancora che il corpo esca dal grembo materno, principia il suo divino lavoro.

La madre vive nel dolce peso affidato alle sue viscere; la madre e il padre nell'infanzia del loro bambino sentiranno, com'alito di primavera rinnovellato, lo spirito degli anni innocenti, ringiovaniranno nel figlio giovanetto, nei primi virginei affetti di lui risentiranno l'amore forse più puramente che mai; a' nati dalla propria figliuola saranno genitori più esperti, e forse più teneri, che lei stessa; moriranno benedicendo, consolati di vivere nelle generazioni superstiti, che conservino il nome loro e le memorie e le fattezze; e i lontani nepoti rappresenteranno il ritratto e risuoneranno l'idioma degli antenati, le cui spoglie da secoli serba il sepolcro.

Pensiero consolatore e tremendo! Rivivano, e, come piante moltiplicate dal germe, dal tallo, dal frutto, moltiplichino gli esempi degni; i men degni siano come nuvola che si dilegua e si converte in rugiada o in pioggia queta.

Il tesoro dei figli, confidatoci da Dio e dalla patria, temiamo di perderlo; ma del non lo saper degnamente custodire e far che fruttifichi, ancora più, o genitori, temiamo.

FRANCESCO PRUDENZANO

A NICCOLÒ TOMMASÉO.

« Le scrivo coll'animo addolorato per l'immatura morte della mia dilettissima sorella Eloisa, che lasciò la terra nella notte del dì 17 corrente mese, in Manduria, mia patria. Giovanetta, entrò nel monastero delle Servite, e si sacrò suora con gioia, prendendo il nome di Maria Raffaella. Passò la breve sua vita in pregare e far bene ai poverelli, e togliere del cibo a sè stessa per darne a loro. Abbelliva il suo volto un sorriso d'affetto quasi materno. Paziente ne'dolori, raccomandava a tutti la pazienza e la rassegnazione ai divini voleri; e pregava sempre, non per sè sola, ma per quanti avean bisogno di pace, e sopratutto per que'che non pregano mai. Sospettando di tisi, i medici consigliarono mutamento d'aria e di vitto: onde ella, con licenza de'superiori suoi, si viveva da un anno accanto alla madre ottuagenaria, e alla minore sorella Teresa. E veniva migliorando; quando colta dal colera che rivisitò questa povera terra, finì la vita terrena in venerdì, giorno sacro ai dolori di Maria, della quale era devotissima. Nell'agonia, baciando l'immagine del Crocifisso, con fievole voce disse: *O buon Gesù, io sono nelle vostre mani;* e spirò. La sua bell'anima è in luogo di pace: ma sulla terra gemono i cuori della madre, della sorella, e di me, che non ho potuto, in tanta lontananza, accorrervi e raccogliere l'ultime sue parole, l'ultima sua preghiera. »

Nè arrossisco nè temo di dare in luce questa lettera, a me privatamente diretta, nella quale un uomo che dettò scritti lodati, da poterli, o madri, leggere i vostri figlioletti con piacere innocente, piange la morte d'una sua buona sorella, monaca caritatevole, e che non depose nel chiostro gli affetti della propria famiglia. Nè questo è l'unico esempio di monache e frati che sanno tanto più generosamente amare quanto più puramente, e alle altrui miserie compatire. Nè questa sola si viveva contenta nel chiostro; ma gli stessi distruggitori de' chiostri confessano che non poche sono alle quali abbandonarli sarà gran dolore: e tutti sanno e vedranno, che Religiosi onorandi per sapere e virtù, discacciati dalle case loro e dispersi, troveranno pur modo di rifarsi in vita comune a qualsiasi costo, e non oziosa. E più d'un Municipio sente l'utilità dell'opera loro; e a tuttavia approfittarne ha già preso provvedimento. La legge abolitrice sarà dunque smentita e dannata da' fatti, dal suffragio d'autorevoli, e dalle invitte necessità dell'umana natura. Nell'atto appunto che badasi a sperperare le vecchie istituzioni religiose, si fa sentire il bisogno di somiglianti istituzioni novelle. Ecco un fatto del quale non un frate nè un prete, non un addetto alla Società laica di S. Vincenzo de' Paoli (fatta ora segno a ingiurie in cui non sai se sia più indegna dell'Italia la illiberalità o la goffaggine; ma che attestano per lo meno credulità superstiziosa e puerile paura), ma un medico dotto ed umano e alla libertà schiettamente devoto, Giuseppe Barellai, ci si fa ben credibile testimone. L'Italia tutta conosce e riguarda con gratitudine l'istituzione da lui iniziata degli Ospizii Marini; acciocchè le generazioni affralite e deformate, e non solamente de' poveri, abbiano o sanità e vigore, o sollievo alle infermità immedicabili, dai salutari estivi lavacri. Ogni anno viene crescendo il numero degl'infelici beneficati così; e in Viareggio all'uso loro una casa si sta edificando. Ad albergarli, a nutrirli, potevansi bene raccogliere le somme occorrenti; ma cuori che prestino ad essi cure materne, non si trovano a prezzo. Il dottor Barellai era degno di rinvenire questo compenso inestimabile alle liberali sue cure. L'istesso in Viareggio rinvenne una donna pia, che dapprima voleva entrare in un monastero, ma adesso, trovando nella terra nativa esercizio al suo sentimento religioso, e, direi quasi, pascolo alla sua fame del bene, insieme con altre compagne, all'Ospizio Marino consacrerà, essa l'aver suo, essa e loro le cure. Venute a' bagni in quest'anno le alunne del Collegio di Pisa, tutte d'agiate famiglie, si tennero a onore non solamente raccogliere offerte all'Ospizio, ma esse stesse portargliele, e impreziosire l'offerta con versi affettuosi e riverenti, dettati da una di loro: ai quali, in nome de' poverelli, rispose, interprete degna, Giannina Milli; rispose come il suo ingegno e il suo cuore sa. Gli autori della legge che abolisce i Conventi, e che non si sdegnano della *tolleranza* esercitata anco di viva forza acciocchè non si sviino dal loro santo ministero le sacerdotesse dell'ordine Corintio (non posso dire più chiaro), non credo che il Machiavelli li avrebbe onorati di lode grande. Il Machiavelli intendeva che le coscienze non si offendono impunemente; che l'unità dello Stato non si consegue con la disunione degli animi. Il concordare degli animi fece le battaglie di Legnano e di Lèpanto; il discordare ha fatto le battaglie di Custoza e di Lissa.

Al Sig. Prof...

Avete un angelo che pregherà e per voialtri e pei fratellini venturi, se Dio destina a voi e alla vostra compagna queste gioie affannose e cure tremende. Ma se altri Dio ve ne dona, non li battezzate con nomi di casato, sibbene di Santi, nomi assai meglio augurati. Ho mostrate le oneste vostre querele (e io pienamente consento al Lambruschini, che ne parlerà al Matteucci); ma poca speranza c'è che intendano e vogliano. Una irrequietezza barcollante e restia, che si chiama progresso; una viltà svergognata, timida degli schiamazzi inverecondi, non de' modesti rimproveri nè de' rimorsi, è la nostra maledizione. Al vostro discorso potrei dar lode e dovrei in molte cose; ma d'ora innanzi da siffatti lavori m'è forza astenermi. Fra tre giorni avrò sessant'anni, e tante cose mi restan da compire, da correggere, da ordinare. Dio vi consoli e vi guidi.

IN MORTE D'UN FANCIULLO.

A ogni minuto secondo una vita umana s'accende quaggiù, una si spegne. Gli uomini giacciono languenti tra i fiori, lieti danzano sulle spine; e sotto ai fiori e alle spine è il sepolcro. Tutta la terra è un sepolcro: un sepolcro e un altare. I cantici della gioia e i treni della morte si confondono insieme; e il dolore fa più delicate e più potenti le armonie, che, più alto salendo, si contemperano al concento de' cieli e all'inno degli Angeli.

Nel primo aprirsi alla luce, cadono, come fiori, vite tenere a mille: lungo desiderio e cura sollecita ai genitori, poi più lungo sospiro. Appena appariti, svaniscono a guisa di visione; nè dal tempo che stettero sulla terra misurasi il desiderio che lasciano di sè negli afflitti che muoion la vita.

La madre misera nella memoria li tiene, quasi come già nel seno materno; li piange morti, come se sentisse il vivo piangere di loro languenti; non pensa al bene ch'essi posseggono, ma solo a quel che a lei manca. Oh potesse la madre avere essa stessa la scienza medicatrice de' suoi pargoletti; o almeno avessero sempre i medici cuore di madre! Ma chi non può con parole significare quel che patisce, pare a molti sovente che non patisca.

Al debole occhio dell'uomo par piccolo e nulla quel che non vede: ma l'amore e la carità sono come lenti che aiutano il debole sguardo a discernere il pregio e la verità delle cose. La carità fa sue proprie, più che le gioie, le lagrime degli ignoti: l'amicizia con vincoli di parentela spirituale congiunge i lontani, ed è una seconda maternità.

Compatire: potente parola, in cui la sapienza del popolo ha raccolte le idee della benevolenza e della indulgenza, la comunione della pietà, il sacro consorzio de' dolori!

Dai fiori posati, o fanciullo, sulla tua sepoltura, si svolga uno spirito di preghiera, e le tue benedizioni chiami su tutti noi, quasi rugiada educatrice di fiori degni del cielo.

IN MORTE D'UN ALTRO. FANCIULLO.

Dond'è che il fanciullo ispira in noi tanto amore, egli che non può ancora intendere l'amore nostro, nè saprà misurarlo se non quando la forza degli anni e dei dolori lo farà maturo ad amare? Perch'egli sente, che è il meglio dell'intendere; e sentendo indovina; e ci fa lieti dell'indovinare come dal sentimento la sua intelligenza si svolga, come la nostra parola per l'insita virtù dell'anima sua si fecondi, come il suo apprendere sia un creare. Perchè nella sua debolezza è una forza che cerca la luce; e la luce dell'alto lo attrae a sè, e lo fa crescere più nello spirito che nelle membra; perchè la sua sommessione e la timidezza e il pudore son pieni di gentile dignità e di leggiadri ardimenti. Perchè, siccome nella gioia operosa dell'alba riman della pace e della freschezza notturna, siccome, alla primavera insinuandosi i rigori del verno e gli estivi calori, rendono più gradita nella sua varietà la bellezza; così si contempera in quegli anni primi il gaio al mesto, e dalle sollecitudini della tema si fa più vigile o più riconoscente l'amore. Perchè nel fanciullo ci si rappresentano le persone e le cose che abbiamo amate e che amiamo; e l'ombra languida delle memorie prende corpo e colore di vive speranze; e la potente unità dello spirito esercita gradevolmente sè stessa, comprendendo in un solo affetto il prossimo e lontano passato col prossimo e lontano avvenire. Perchè l'uomo innocentemente qui si abbandona all'amore di sè, conciliandolo all'amore d'altrui, e godendo che questo prevalga; perchè, nel fare atto d'autorità, si sottomette al più debole, e ne'servigi più umili gli si presta, quasi altero della propria ubbidienza. Perchè, nel fare il bene, sente di riceverlo; sente, insegnando, d'apprendere. Perchè, siccome nel fiore il frutto, nel germe la pianta, e non una sola ma forse innumerabili; nell'infante è l'adulto, in una vita più vite, che di lui nasceranno; nel crescere dell'uomo è simboleggiato il crescere dell'intera società.

Cadono le delicate foglie del fiore; ma l'alito ne rimane nel lino che asciuga le nostre lagrime; e quest'umore e quell'aura si uniscono, come il nostro spirito si unisce allo spirito de'nostri cari. Sappiamo di non li dover piangere, e pur piangiamo.

Per albo del Conte Carlo Niccolò e della Contessa Teresa Mariscotti.

MEMORIA DI TRE LORO BAMBINI MORTI.

Com'alito di fiore, che per brev'ora conforta chi lo educò, gira intorno alle pianticine sorelle, poi si leva invisibile; con noi fosti per poco più di tre anni, Maria; poi la Vergine santa ti volle a sè. Poco più di tre anni stette con noi Giuseppe, il tuo fratellino; e un cenno della mano tua gracile fu possente a toglierlo in alto. Un'altra Maria ci era data acciocché dopo men di quattr'anni imparassimo a piangerla; e le voci di voi due, già celesti, ressero com'ale il suo volo a affisarsi nel lume divino di lei che in terra fu madre immacolata, e tanto altamente esultò, e pianse tanto.

La madre che, dopo tante cure tra liete e penose, ma tutte con lieto animo sostenute, perde il figliuolo delle sue viscere, di tutte le memorie che in mesi e in anni raccolse nell'anima, fa tesoro a sè di dolore; e la morte gliele ravviva, le fa sentire l'inavvertito sin ora; quel ch'era sparso, congiunge; quel ch'era confuso, distingue; ogni minimo svolgersi di quello spirito amato le si rappresenta per gradi; le fa rivedere il lume fuggevole d'ogni sorriso, le fa risentire la pura armonia d'ogni accento: e ogni atto pare annunzio di bontà, ogni parola raggio di speranza, sì che la fa parere a sè medesima sconoscente delle consolazioni che ne' figli le restan il paragone accorato degli estinti co' vivi. Il dolore, come soffio di fredda brezza, riscuote col suo brivido, e sgombra le nuvole de' pensieri superbi: il dolore conturba sul primo, quindi purifica le anime che si fanno meritevoli di giovarsene; è provvidenza di Dio; sotto questa o quella forma, è necessità della vita.

Il dolore è bisogno: chi ne rifugge, mal comprime l'istinto invincibile dell'umana natura, che vuole forza, e ne' forti esercizii si viene educando. Testimone la madre che, tormentandosi nel vedere i patimenti della sua creatura, non però la abbandona, avida di bere, com'aria vitale, gli spasimi della sua lunga agonia: testimone quel padre che il già freddo corpicciuolo della sua bambina, del suo bambino, non lascia toccare a mano estranea sebbene fidata, l'adorna del vestitino festivo, gli cinge la ghirlanda alle nozze del cielo, con le mani proprie lo compone nella sua baricina; e il suono della zolla che cade sovr'essa e par che ricopra una parte viva del cuore di lui, gli è come un addio di speranza piena di fede, una preghiera invocante.

Io vorrei che i corpi diletti, non chiusi entro a quattr'assi, comunicando con la terra e quindi con l'aria viva, nutrissero di sè l'erbe e i fiori, e conversassero, quanto si può, col cielo anche prima d'essere dalla beata risurrezione immutati. Ma certamente dalla memoria delle persone amate fioriscono pensieri e affetti degni del cielo, purchè noi si voglia; certamente più sottile fragranza e più avvivatrice esce dalle ispirazioni (se ponete mente a sentirle) che mandano a voi, genitori afflitti, i perduti figliuoletti innocenti. Perduti no: chè, con gli Angeli custodi alle anime loro, sono fatti angeli custodi essi stessi de' genitori e di ciascun de' fratelli e sorelle, lasciati al cimento quaggiù della vita. Il canto d'uccellino o l'armonia di strumento nella prossima stanza, la viva parola di voce nota e desiderata che ci annunzii la presenza di persona non vista, non fanno in noi impressione tanto intima, nè c'inducono a credere così fermamente come le voci di questi angioletti che dì e notte nell'anima ci ragionano le cose superne, e della terrena e della celeste fanno una sola famiglia.

Consolatrice degli afflitti, Maria, nel dì che la Chiesa commemora i tuoi dolori.

ISCRIZIONI

A

SPIRIDIONE ARTALE

NELLE NOZZE SUE CON ERNESTA

FIGLIA ALL'ARTISTA E CITTADINO RARO

FRANCESCO SALGHETTI

AUGURII DI FIGLIUOLI DEGNI DELLA MADRE DI LEI

DELLA NOSTRA

MATTEO, FRATELLO.

A

GIULIA GENTILE FARINOLA

CHE DA LUIGI RIDOLFI

ABBIA FIGLI EREDI DELLE AVITE VIRTU'

RINGRANDITE ALL'UOPO DE'TEMPI.

NELLE NOZZE
DEL CONTE DI LARDEREL
PIU' CHE ELEMOSINA AI POVERELLI COLL'ORO,
O RICCHI, VOI FATE
COLL'ESEMPIO CARITÀ.

CRESCETE E MOLTIPLICATEVI
DICONO I POVERI BENEDICENTI
A CUI DALLA VOSTRA GENEROSITÀ
SCENDONO RIVI DI CONSOLAZIONE PERENNI.

MEMORI DELL'ORACOLO
QUEL CH'È DI DIO RENDASI A DIO
LA FAMIGLIA DEI LARDEREL
LE RICCHEZZE AVUTE DAL CIELO
COLLOCANDO NEL SENO DEI POVERI
LE RIPONGONO IN CIELO MOLTIPLICATE.

AL MARCHESE G. G. F.
NELLE SUE NOZZE CON...
OFFRE S. B.
DALLA MEMORIA
DELLA TENUE OPERA DATA ALL'INGEGNO DEGLI SPOSI
AUGURANDOSI CONSOLAZIONI
CHE SEMPRE CONTINUINO E ACCRESCANO
L'ALLEGREZZA DI QUESTO DI'.

ALLA COMPAGNA
DI N. G. TAMBURINI
CHE ABBIA FIGLIUOLI, DAL SENTIMENTO DEL BENE
EDUCATI AL CULTO DEL BELLO
E DA MODESTE VIRTU' PREPARATI AD OPERE GENEROSE
MEMORIA DI
N. T.

NELLA CHIESA
EDIFICATA DALL'INGEGNO
DI G. C. PAROLARI
PER GRAZIA DI DIO PARROCO MEGLIO CHE VESCOVO
S'INGINOCCHIA IN PENSIERO
E SPARGE FIORI CHE LA POVERA CONTADINELLA
COL PIEDE INNOCENTE PASSANDO CONSACRI
N. TOMMASÉO.

A una fanciulla nel donarle il *Da Kempis*, Parigi, 1835.

N. T.
QUESTO LIBRO VI LASCIA,
POVERO IN APPARENZA, MA RICCO DI CONSIGLI
CHE, SEGUITI,
SARANNO GUIDA E CONSOLAZIONE ALLA VOSTRA VITA
O MARIA.

Mandando un libro a chi lo visitò nella carcere.

ALLA SUA PIA E CORAGGIOSA VISITATRICE
QUESTO CENNO D'INDELEBILE RICONOSCENZA.

ALLA MIA CATERINA

SAPPIA MERITARSI LA STIMA DE'BUONI

CHE IN QUESTE CARTE LE LASCERANNO MEMORIA DI SÈ.

ALLA N. D.

GIOVANNA MANNELLI-GALILEI

N. T.

CHE PER TEMA DI GIUNGERE IMPORTUNO

NON VIENE A ESPRIMERE DI VIVA VOCE

LA GRATITUDINE CHE DALLA STIMA È FATTA PIU' DOLCE.

ALLA SIGNORA FRANCESCA ALEXANDER

DIO CONSERVI A LUNGO

LA MANO CHE IN FRUTTI DI BENE CONVERTE

I FIORI DEL BELLO

N. TOMMASÉO.

AL SIGNOR

FRANCESCO ALEXANDER

DEGNO DI TAL CONSORTE

E DI TALE FIGLIUOLA

N. T.

CON LA FAMIGLIA

MANDA AUGURII DI CUORE.

Due intitolazioni alla Strenna degli Ospizii Marini.

AL P. M. RICCI

CHE PREGHI PERCHÈ L'ITALIA TROVI NE' SUOI MARI

UN LAVACRO.

ALLA SIGNORA MARCHESA

MARIANNA CAPPONI FARINOLA

CON AUGURII

CHE NEL 1870 VEGGA RINSANICARE

IL PARLAMENTO E TUTTE LE SCROFOLE ITALIANE.

Sotto un quadro di Francesco Salghetti, rappresentante Angelica sua moglie morta, che, in atto d'orare, ascende da un'aria oscura in cielo sereno.

OH PIU' CHE AI PRIMI TEMPI, AMATO MIO,
SII MADRE AI FIGLI NOSTRI; AMAMI IN LORO.
PREGO CHE ABBIATE IN CIEL VOSTRO TESORO,
CH'OGNI SOSPIRO A ME V'INNALZI E A DIO.

A
GIROLAMO TOMMASÉO

NEGOZIANTE PROBO INGEGNOSO

STIMATO DA' SUOI CITTADINI

MORTO D'ANNI 54 ADDI' 26 LUGLIO 1835

I FIGLIUOLI DI LUI CON CRISTIANO AMORE EDUCATI

E IL GENERO SUO COOPERATORE E LA MOGLIE DESOLATA

PONEVANO.

—

CATTERINA TOMMASÉO.

NATA CHEVESICH

IL DI' 22 DI LUGLIO 1838 IN ETÀ D'ANNI CIRCA 63

SI RICONGIUNSE AL MARITO

CON PURA TENEREZZA AMATO SINO ALLA MORTE

LA FIGLIUOLA E IL GENERO

CHE LA VIDERO MORIRE

IL FIGLIUOLO LONTANO, E PIU' DI TUTTI INFELICE

IMPLORANO, O MADRE, LA TUA BENEDIZIONE

E SI CONSOLANO NELLA MEMORIA

DELLA TUA SOFFERENTE E AFFETTUOSA VIRTU'.

—

A

PIETRO ARTALE.

XXIII ANNI DOPO LA SUA MORTE

DOMENICO PRIMOGENITO SUO CRESCIUTO NEL DOLORE

CO' FRATELLI SPIRIDIONE E MATTEO

CON LA MADRE DIAMANTE

PONGONO QUESTA MEMORIA D'AFFETTO

1868.

A
FRANCESCO E A MARIA ARTALE
INSIEME VISSUTI A TARDA VECCHIAIA
IN POCHE ORE D'INTERVALLO RICONGIUNTI DALLA MORTE
I NATI DI PIETRO LOR FIGLIUOLO
CON LA MADRE LORO DIAMANTE DIVISI DI SOGGIORNO
PREGANO UNANIMI PACE.
1868.

ORTENSIA CAPPONI
ESEMPIO D'ANIMO DIGNITOSO, DI SENNO MODESTO
VISSUTA AI DOVERI E AGLI AFFETTI
DI CRISTIANA, DI MOGLIE, DI MADRE, NEL QUINTO PUERPERIO
FU RAPITA ALLA FAMIGLIA INFELICE
ADDI' 5 MAGGIO 1844
IN ETÀ DI 29 ANNI, MESI 5, GIORNI 16
E QUI SEPOLTA, COME ELLA ORDINO',
IN MEZZO AI DUE CARI BAMBINELLI GINO E ROBERTO
CHE L'ASPETTAVANO IN CIELO.
ATTILIO INCONTRI
PIANGENDO ADORA IL CONSIGLIO DI DIO
CHE TOLSE A LUI TALE COMPAGNA
E TALE GUIDA
A
LODOVICO, FERDINANDO, CARLO
FIGLI SUPERSTITI.

AD

AGNESE CORSI

DONNA D'ANIMO E DI MENTE RETTA

MORTA IL 24 LUGLIO 1844 IN ETÀ D'ANNI 60 E MESI 6

DOPO LUNGO E CRISTIANO PATIRE

E DOPO AVER VISTA MORIRE ORTENSIA INCONTRI

NATA CAPPONI

A CUI TENNE LUOGO DI MADRE

CAROLINA GHERARDI NIPOTE

E MARIANNA GENTILE FARINOLA NATA CAPPONI

ALTRA SUA ALLIEVA RICONOSCENTE

PREGANO LA PACE DE' SANTI.

Sul sepolcro di Carolina Becattini.

MADRE MIA,

CESARE, AUGUSTO BECATTINI

FRATELLI MIEI

ARIODANTE LE BRUN A NOI PATRIGNO ANZI PADRE

DIO VI CONFORTI, AMATI MIEI,

A NON PIANGERE LA PACE CHE, DOPO 23 ANNI DI VITA,

EGLI HA DATA

ALLA POVERA CAROLINA.

Fatta da un Marmista, ritoccata, ma di poco, da me. Recasi per fare onore al marmista di Settignano:

FAUSTINA MARRUCELLI NE' BOCCONI

ANIMA MODESTA

RICCA D'AFFETTI GENTILI E CORDIALI CONSIGLI

CON FORTE RASSEGNAZIONE

SOFFRÌ L'ANGOSCIA DI LUNGHE MALATTIE

TRA LE AMOROSE CURE DE' SUOI

NELL'ETÀ DI ANNI 31, MESI 7, GIORNI 26

A' DI' 7 D'AGOSTO DEL 1869

MORÌ NEL SENO DI QUELLA RELIGIONE

CHE DALL'INFANZIA INFORMÒ LA SUA VITA

ALL'AMATA CONSORTE, ALL'OTTIMA MADRE

IL MARITO E L'UNICO FIGLIO

Q. M. P.

ANTONIETTA OROBONI

CHE DEL TUO SORRISO ABBELLISTI LA VITA

AI GENITORI E AI PARENTI

SEPOLTA DI 16 ANNI

QUANTE GIOJE CI TOGLI E QUANTE SPERANZE!

PREGA PE' TUOI.

SETTEMBRE 1836.

MARINA GHERARDI D'ESTE
PIA CON INGEGNO
MODESTA CON AFFETTO
DEL GOVERNO DOMESTICO ESPERTA
NEL SOCIALE CONSORZIO ONORATA E CARA
MORTA COL FIGLIOLETTO DATO APPENA IN LUCE
ADDI' 6 MAGGIO 1841
IL MARITO DOLENTE GIOV. ANTONIO MIAGOSTOVICH
A TE, MOGLIE RARA,
PREGA L'ETERNO RIPOSO.

———

A
LUCREZIA ARABIA
NATA DE' MARSICO CHE NELLA BELLEZZA DEL VISO
SPIRAVA IL SENTIMENTO DELLE COSE DIVINE
NELLA DIGNITÀ QUASI MESTA DELL'ALTA PERSONA
LA MODESTIA DELL'ANIMA GENEROSA
BENEFICA PERCHÈ CAPACE DI GRATITUDINE
GIOJA DELLA FAMIGLIA
MORTA D'ANNI 25
ADDI' VIII DI SETTEMBRE DEL 1862
DI VIOLENTO IGNOTO MALORE
OTTO DI' DOPO IL FIGLIUOLETTO VITTORIO,
DI QUARANTADUE MESI
CHE QUI DORME CON LEI.
ALLA MOGLIE PIISSIMA GIUSEPPE IL MARITO
CHE NE FU BEATO QUATTR'ANNI
E PERDUTI I TRE PEGNI DELL'AMOR SUO
ALL'ANGOSCIA DI MEMORIE TERRIBILMENTE CARE
NON HA CONFORTO CHE LE SPERANZE IMMORTALI.

ALDEGONDA CONTESSA GAMELIN

DE' MARCHESI DE SABOULIN

NATA MORI UBALDINI

BELLE IN GIOVENTÙ EBBE LE FORME

BELLE SIGNORILMENTE LE MANIERE IN VECCHIEZZA

BELLA DI PACE CRISTIANA,

DOPO LUNGO PATIRE, LA MORTE

A DI' 12 MAGGIO 1685.

IL MARITO E I FIGLI, O PIA,

INVOCANO LE TUE PREGHIERE.

A

LAURA MARESIA

NEL 1827 NATA IN FELTRE

DALLE SALESIANE EDUCATA IN VENEZIA

MORTA NEL 1865 IN FIRENZE, ESULE DALLA TERRA SOSPIRATA

CON MUNIFICO AMORE

ALLA MOGLIE IL CUI SENNO E IL CUORE

GLI FU CONFORTO E CONSIGLIO

GIAN GIACOMO ALVISI

CON RICONOSCENZA RIVERENTE.

VIRGINIA MENOTTI
DOPO IL SUPPLIZIO DI CIRO FRATELLO
VOLUTO INDARNO SALVARE
TRAVESTENDOSI PER ESSO IN CARCERE
ESULE PER VOTO DA MODENA
FIGLIA D'ESULI
VEDOVA DAL 1835 DI LUIGI DE' PII DI SAVOIA
CITTADINA MADRE
CONSOLATRICE DE' DOLORI ALTRUI GENEROSA
MORÌ DA CRISTIANA DOPO LUNGO PATIRE
CONTANDO I SUOI CON GLI ANNI DEL SECOLO
RICCO DI ROVINE E SCOPERTE E DISINGANNI
RICCA ESSA D'AFFETTI AFFANNOSI.

SANTORRE DI SANTAROSA
IL PIÙ COMPITO ITALIANO DEL SECOLO
NARRATORE DELLE PROPRIE VICENDE SCHIETTO
DEVOTO A LIBERTÀ E A RELIGIONE
PATRIZIO CON MODESTIA, POVERO CON DIGNITÀ
PRODE E AFFETTUOSO
PADRE ED AMICO
MINISTRO DI STATO CON CUORE DI CITTADINO
ESULE PRECETTORE CON MENTE DI MAESTRO
SEMPLICE MILITE CON ANIMA DI CAPITANO
NACQUE A TORINO, MORÌ COMBATTENDO A SFATTERIA
MONUMENTO IN ITALIA GLI MANCA
MA EGLI ALL'ITALIA MONUMENTO.

Nel mandare la precedente iscrizione stampata.

ALLA DEGNA FIGLIUOLA

DI SANTORRE DI SANTAROSA

E DI CARLOTTA CORSO DI VIANO

IN UN GIORNO DOLOROSAMENTE SOLENNE AL SUO CUORE

OFFRE QUESTE PAROLE DEL CUORE

PIU' DEVOTAMENTE CHE A PRINCIPE NON FAREBBE

UN IGNOTO

NON IGNARO CHE MAGGIOR D'OGNI GIOJA E D'OGNI GLORIA

È IL BEN PENSATO DOLORE.

Altre iscrizioni per il monumento di Savigliano.

Nel dinnanzi.

SANTORRE DEROSSI DI SANTAROSA

EBBE IN CORPO ROBUSTO, ANIMA DELICATA;

PENSARE SEVERO, SENTIRE MODESTO,

ESPERIENZA DELLE COSE NON PER PROFITTARNE A SÈ,

DEGLI UOMINI, PER COMPATIRLI,

MODERAZIONE E VIGORE, SINCERITÀ E CORTESIA,

LEALTÀ MAGNANIMA, RELIGIONE MEDITANTE.

SAVIGLIANO

AL FIGLIO INCOMPARABILE

IN NOME D'ITALIA TUTTA.

Dal lato a diritta.

NATO NEL 1783

MILITE DAL 95, SINDACO IN PATRIA NEL 1807,

DAL 12 VICE PREFETTO ALLA SPEZIA;

PER VARII GRADI CIVILI E MILITARJ,

MINISTRO ALLA GUERRA NEL 1821

PROCLAMÒ LO STATUTO,

CONCILIÒ ORDINE E LIBERTÀ,

TEMPERANZA E CORAGGIO.

Dietro.

S'EDUCÒ IN PATRIA ALL'ESILIO.

IN SAVONA I CITTADINI LO LIBERANO

DALLA CARCERE E DAL PATIBOLO; IN FRANCIA,

PRESO, CONFINATO,

LASCIA ACCORATO QUEL SUOLO DILETTO;

IN INGHILTERRA, SCRIVENDO PER GIORNALI E FACENDO SCUOLA

SOSTIENE LA POVERTÀ DIGNITOSA.

VA NEL 24 A COMBATTERE PER LA GRECIA;

MAL ACCOLTO, SCUORATO SENZA SDEGNO O QUERELA.

Dall'altro lato.

A NAVARINO COMBATTE DA GREGARIO

A DI' 11 MAGGIO DEL 25 IN SFATTERIA

ASSALITA DALL'ARMI EGIZIE,

VA INCONTRO ALLA FINE PRESENTITA,

DOPO BACIATA L'IMMAGINE DE'FIGLIUOLI.

INDARNO CERCATO IL CADAVERE.

ILLUSTRÒ COLLA MORTE LA VITA, CON LA VITA LA MORTE.

FINE.

INDICE

Prefazione . . . . Pag. III
PARTE I. — La famiglia. . . . . » 1
    Per nozze. — Alla madre . . . . » 8
    Al padre di giovane sposa che va lontana da lui. . . . . » 9
    Per le nozze di Vincenzo Solitro con Maria Bosio. A Vincenzo e Giulio gemelli . . . . » 11
    Nelle nozze di Alfonso Zecchini con Emilia Clinestz. Al dott. Pierviviano padre di lui . . . . » 13
    A Spiridione Artale, nelle sue nozze con Ernesta figlia di Francesco Salghetti pittore. . . . . » 16
    Educazione della donna nel matrimonio . . . . » 19
    Il matrimonio. — Frammento . . . . » 43
    La vedova. Virgilio, e frate Guido da Pisa . . . . » 45
    La donna di Virgilio, e la donna d'Armannino . . . . » 48
    Dammara e Creusa . . . . » 51
PARTE II. — Educazione — Di quella educazione che incomincia colla vita . . . . » 55
    Dell'educazione d'una fanciulla . . . . » 70
    Giornale scritto da una madre . . . . » 82
    Giornale d'una bambina. Dal primo al quint'anno d'età . . . » 97
PARTE III. — Beneficenza — Dei sussidii dotali, e d'altre istituzioni di pubblica carità . . . . » 109
PARTE IV. — La patria — La Matelda di Dante . . . . » 185
    La pia di Dante (da lettera) . . . . » 191
    Sacco di Lucca (14 giugno 1314) . . . . » 192
    L'assedio di Tortona . . . . » 199
    La Donna d'Ancona (dipinto del signor Filippo Giuseppini) . . » 210

INDICE.

Lettera d'una Madre e d'una Sorella (dal Veneto). Guerra del 1859. *Pag.* 213
Corona che le donne esuli di Venezia deposero nel cimitero di Torino a onore di Guglielmo Pepe . . . . » 217
Lettera scritta a me dalla madre di Alessandro Poerio, morto a Venezia d'onorevole ferita nella sortita di Mestre . . . . . . » 219
L'Italia. A un pittore. 1859 . . . . » 220
L'Italia. A uno scultore . . . . » 222
Intorno alle lettere di Stanislao Bechi scritte poco innanzi la morte, e di tre dame polacche alla vedova, dopo la morte di lui . . » ivi
Alla vedova di Stanislao Bechi . . . . » 229
A un Napoletano, che s'adoprava in pro degli orfani di Stanislao Bechi . . . . » 230
A un giovane Lucchese che scrisse di Stanislao Bechi . . . . . » ivi
D'un discorso greco recitato in Atene, commemorandosi le feste olimpiche (da lettera) . . . . » 231
Della parola *Oscitanza* . . . . » ivi
Le donne italiane . . . . » 232
Sopra lo stesso argomento . . . . » 237
Al signor Angelo Colombo . . . . » 239
La donna forte . . . . » ivi
Lo studio del tedesco . . . . » 244
Dell'istruzione. — Dialoghi di Raffaele Lambruschini (lettera all'autore) . . . . » ivi
La famiglia del letterato . . . . » 246
La pedante . . . . » 252

PARTE V. — L'ingegno — Degli studii che più si convengono alle donne . . . . » 255
La donna dotta . . . . » 261
Pensieri . . . . » 310

PARTE VI. — Memorie — A donna greca . . . . » 313
La generosità . . . . » 315
La grazia . . . . » 316
Ritratto . . . . » 317
Il Marchese Antinori. Alla Signora C. M. B. . . . . » ivi
Alla Sig. Marchesa Teresa Visconti d'Aragona milanese, maritata in Francia . . . . » 321
Al Sig. Senatore Alessandro Rossi . . . . » 322
Al Signor Giovanni Sforza . . . . » ivi
Al medesimo . . . . » 324
Esempi di religiosa equità (da lettera) . . . . » ivi
A Spiridione Artale, altro genero di Francesco Salghetti . . . . » 327
A Giuseppina figliuola di Francesco Salghetti . . . . » 328
Al Sig. Cav. Luigi Venturi, nelle nozze della figliuola di lui . . » 329
Al medesimo . . . . » ivi
Al Sig. March. Domingo Franzoni, nelle nozze della sua figliuola col figliuolo del Duca di S. Clemente . . . . » 330
Alla Sig. C. Di B... . . . . » 331
Al Sig. Conte Francesco Fenzi, a Sebenico in Dalmazia . . . . » ivi
Al Prof. L. C. . . . . » 333
Per albo di Donna Veneziana . . . . » 334
Venezia . . . . » ivi
Per albo di Donna Russa . . . . » 335

INDICE.

Altri scritti per Albo	Pag. 336
Per albo del Sig. P. B.	» 337
Per albo d'una famiglia di Chiavari	» 338
Alla Sig. Angelica Puccio, per l'albo d'un suo conoscente . . .	» ivi
Alla medesima	» 339
Per albo d'una cugina del Sig. Ministro Castagnola di Chiavari .	» 340
Ancora per albo	» ivi
Per albo d'uomo in pubblico uffizio	» 341
Per albo d'un amatore di musica	» ivi
Altro simile	» 342
Al Sig. Michele Bertolami	» ivi
Alla Sig. March. B. F. V.	» ivi
Ai due fratelli Sig. Niccola e Pasquale Castagna	» 343
Alla Sig. Contessa...	» 344
Al Sig. March. A. P.	» ivi
Al Sig. Natale Ballerini	» ivi
Al Prof. Girolamo Fanti	» 345
Al Sig. Generale La Marmora	» ivi
Al Sig. Avv. Mancini	» 346
A una Suora di Carità	» ivi
Alla Sig. Giannina Milli	» 347
A un Consigliere del Comune di Firenze	» ivi
Al Sig. Consigliere...	» 348
Al Sig. Conte...	» ivi
Alla Signora...	» 349
A una signora di Rovereto, invitandola a soscrivere per il monumento da innalzarsi a Girolamo Savonarola	» ivi
Alla Sig.... invitandola a soscrivere al monumento da innalzarsi a Girolamo Savonarola	» 350
Alla Sig. Lucia de Zolt	» ivi
Alla Sig Marchesa Farinola	» 351
Alla medesima	» 352
Alla Sig... l'autore mandando un suo libro	» ivi
Al Sig. Dott. N. Castagna. Per giunte da lui fornite al Dizionario.	» 353
Alla Sig. Eufemia Cabbani di Cipro	» ivi
A una Sig. Americana	» ivi
Alla Sig. F. R. C.	« 354
Alla Sig. A. P.	» ivi
Alla medesima	» 355
Per presente ricevuto, alla Sig. P. G.	» ivi
Memorie funebri. — La contessa Antonietta Verri-Leoni . . .	» 356
Lucia de'Thomasis. — Al Sig. Antonio Raineri	» 367
In morte di Giovanna Mannelli. — Al Sig. Luigi Mannelli . . .	» 383
A Luigi Mannelli, nella morte di Giulia, unica figliuola rimastagli	» 385
La cont. Paolina Raineri-Biscia di Bologna, nata cont. De-Bianchi, morta d'anni ventuno	» ivi
Al Sig. Prof....	» 386
Marianna Lo Schiavo	» 388
Laura Alvisi. Lettera a Francesco Salghetti pittore, di Zara . .	» 389
Annina Pierantoni	» 392
Alla vedova del Prof. Federico Ozanam	» 393
Alla vedova del S. Prof. Grottanelli	» 394

Alla medesima . . . . *Pag.* 391
Scritto di Mons. Bindi in onore di F. Grottanelli. Alla medesima. » *ivi*
Alla vedova del Sig. Avv. G. Faggiani . . . . » 395
Al dottor Regolo Pierantoni. Raccolta di prose e versi nella morte
    d'Annina sua moglie . . . . » *ivi*
Al Sig. Conte A. M. vedovo . . . . » 396
Maria Scutellari . . . . » *ivi*
Al Sig. Prof. Giuseppe Camillo Mattioli . . . . » *ivi*
Al Sig. M. D. nella morte d'uno de' suoi genitori . . . . » 397
Al Sig. Conte Gino Cittadella Vigodarzere . . . . » *ivi*
Jole Vannetti . . . . » *ivi*
Teresa Prudenzano . . . . » 399
Francesco Prudenzano a N. Tommaséo . . . . » 403
Al Sig. Prof.... . . . . » 405
In morte d'un fanciullo . . . . » 406
In morte d'un altro fanciullo . . . . » 407
Per albo del Sig. Conte Carlo Niccolò e della Cont. Teresa Mariscotti,
    Memoria di tre loro bambini morti . . . . » 408
Iscrizioni . . . . » 411

NUOVE OPERE DI CESARE CANTÙ
pubblicate dalla Ditta Giacomo Agnelli
IN MILANO

BUON SENSO E BUON CUORE

CONFERENZE POPOLARI

LIBRO DI LETTURA E DI PREMIO

Un bel vol. in-16: L. 4 50

PORTAFOGLIO D'UN OPERAJO

LIBRO DI LETTURA E DI PREMIO

Un bel vol. in-16: L. 2 50

MILANO

STORIA DEL POPOLO E PEL POPOLO

LIBRO DI LETTURA E DI PREMIO

Un bel vol. in-16: L. 2

☞ Sono in corso di ristampa il **Buon senso e Buon cuore** e il **Portafoglio d'un operajo** in formato economico per renderne più facile l'acquisto al Popolo, a cui l'Autore e l'Editore li hanno dedicati.

Altre nuove Pubblicazioni
della DITTA GIACOMO AGNELLI in Milano

I PADRONI, GLI OPERAI
E
L'INTERNAZIONALE

LIBRO DI LETTURA POPOLARE E DI PREMIO
DEDICATO AGLI OPERAI ITALIANI
DI
IGNAZIO SCARABELLI
PROF. D'ECONOMIA POLITICA NELL'UNIVERSITÀ DI FERRARA

Un bel vol. in-16: L. 2

IL TEATRINO SENZA SCENE
OVVERO
DIALOGHI DA RECITARSI
IN OCCASIONE DI ESAMI O DI ALTRE SOLENNITÀ SCOLASTICHE
PER
ISTITUTI MASCHILI E FEMMINILI

Un bel vol. in-16: L. 1 50

ELEMENTI DI SCIENZA MORALE
O^r NATI SUI PROGRAMMI MINISTERIALI
AD USO
DELLE SCUOLE NORMALI
per cura del prof.
GIUSEPPE MANFREDI

Un bel vol. in-16: L. 1 50

RETURN TO the circulation desk of any
University of California Library
or to the
NORTHERN REGIONAL LIBRARY FACILITY
Bldg. 400, Richmond Field Station
University of California
Richmond, CA 94804-4698

ALL BOOKS MAY BE RECALLED AFTER 7 DAYS
- 2-month loans may be renewed by calling (510) 642-6753
- 1-year loans may be recharged by bringing books to NRLF
- Renewals and recharges may be made 4 days prior to due date.

DUE AS STAMPED BELOW

FEB 0 8 2002

12,000 (11/95)

LD 21-95m-7,'37

CPSIA information can be obtained
at www.ICGtesting.com
Printed in the USA
BVHW071834050522
636133BV00002B/62